国家社科基金后期资助项目
出版说明

后期资助项目是国家社科基金设立的一类重要项目，旨在鼓励广大社科研究者潜心治学，支持基础研究多出优秀成果。它是经过严格评审，从接近完成的科研成果中遴选立项的。为扩大后期资助项目的影响，更好地推动学术发展，促进成果转化，全国哲学社会科学工作办公室按照“统一设计、统一标识、统一版式、形成系列”的总体要求，组织出版国家社科基金后期资助项目成果。

全国哲学社会科学工作办公室

国家社科基金
GUOJIA SHEKE JIJIN HOUQI ZIZHU XIANGMU
后期资助项目

我国犯罪论体系的阶层化改造

The Stratificational Reformation of Criminal Theory System in China

梁云宝 著

法律出版社
LAW PRESS · CHINA

基金项目
国家社会科学基金后期资助项目，项目批准号：16FFX014

目　　录 Contents

第二编　本体论

序：山川之气谓之云 学术之珍谓之宝

欣闻梁云宝的博士论文终于要成书出版了，他邀我为他的新书作序，我有些发蒙，因为时间过得太快了，快到我对他是哪一年毕业的都淡忘了。经过努力回忆仍未能准确忆起，最终，还是梁云宝自己告诉了我，他是2012年3月博士毕业的。原来，梁云宝博士毕业已八年多了，这么多年过去了，博士论文现在才出版，会不会已经过时？还有作序的必要吗？对此，我心中充满了疑惑。但是，在我读了由当初25万字的博士论文变为如今国家社科基金后期资助成果30多万字的书稿后，我改变了自己的想法。此书出版，可喜可贺；为之作序，欣然怡然。

梁云宝的博士论文题目是《我国犯罪论体系的阶层化改造》，这个议题在数年前曾一度是中国刑法学界热点，各位方家纷纷著书撰文献言，平面与阶层的犯罪论体系之争不亦乐乎，一时之间竟令青年学子无所适从。在我的指导下，同时也是因为梁云宝博士对此理论话题的兴趣使然，最终他也选定了此题研究。梁云宝博士的研究源于他所关注的我国平面四要件犯罪论体系所存在的缺陷，为此，他立于价值变革论的立场，在本体变革论基础之上提出对我国犯罪论体系进行改造。他认为，在入罪与出罪上，我国刑法的"犯罪概念"与四要件犯罪构成之间存在着难以调和的内在矛盾，这使得在四要件犯罪论体系下定罪标准一元化不可得，而定罪标准二元化不可取，在本体上会成为推动我国犯罪论体系向阶层化方向发展的重要动力。为此，从犯罪论体系工具属性的角度看，犯罪论体系的变动以有效应对犯罪为目标，且较之价值属性而言，它的变动似乎更加容易实现。但是，单纯犯罪论体系本体上的优劣，鲜有成为推动其实质变动的根本动力，充其量只是在原有基础上对犯罪论体系进行自我优化的动力，价值属性才是既有的犯罪论体系在不断变动中得以发展的关键。随着人权理念的发展和我国法治事业的持续深入，我国犯罪论体系必将因价值承载的拓展而获得一次深度的自我完善，价值承载的拓展会构成我国犯罪论体系变动的根本动力。从而，在犯罪论体系的发展路径上，这种改造不是一蹴而就而是一条渐变的本土化之路，也是一条实质上倾向于移植论而形式上倾向于维持论和改良论之路。此外，梁云宝的博士论文还系统地提出了认识错误、因果关系、出罪事由、期待可能性等在检验犯罪论体系优劣上的地位和作用，且在论证过程中往返于理论与实际，不失为一种值得重视的研究视角。

在2012年梁云宝博士毕业时，梁云宝的这篇论文选题当时正热。2016年，梁云宝以这篇博士论文为基础，成功申请到了国家社科基金后期资助课题。2018年年底，他顺利完成了该课题。与之前的博士论文比较，本书作为结项成果，在有关问题的研究上更加完善和深入，梁云宝在其这部著作中对他与国家社科基金同名的博士论文进行了较大幅度的修改，原博士论文共六章25万字，修改后为八章30多万字，新增近10万字。新增的部分主要是对犯罪论体系价值承载的内容进行了全面修改，并拓展了秩序价值之外的内容；对认识错误理论、因果关系理论等检验犯罪体系优劣的标准进行了深度修改；对我国犯罪论体系阶层化改造的践行路径进行了实质性修改。修改之后的博士论文，内容更丰富，体系更完整，创新也更突出。相信这本学界迟来的犯罪论体系的厚重作品，能够为我国刑法学界犯罪论体系以及整个刑法教义学的研究起到良好的推动作用。

对于年轻的梁云宝副教授而言，这是他的第一本学术专著，相信未来定会佳作迭出，但第一本的意义是无法取代的；同时，第一本专著的产生，也是梁云宝同学与我的学术缘起。我认识梁云宝是在2004年的武大珞珈山，那一年也是我在武汉大学法学院任教的第二年，梁云宝是2004级武汉大学法学院刑法学硕士，我给这一届同学讲授外国刑法总论课程，也是迄今为止我一直在给刑法研究生同学开设的一门课程。犹记当年武汉大学法学院刑法学科点气氛浓厚，马克昌老先生身体健康，时常和学生们交流传经布道，其他大教授们也都坚持给本硕博同学们授课，各位大家虽风格迥异，但却同样备受好评；彼时的同学们学习态度积极，硕士阶段发表论文的大有人在。梁云宝所在的班级给我的印象尤深：一是他们这一届同学颜值都非常高，当然梁云宝除外；二是他们这一届同学学术气氛非常活跃，他们非常喜欢思考和讨论问题，上课时气氛活跃，时常对老师提问热烈争论。有如此形式与实质相统一的这届同学，其学业也都非常优秀。班上的陈璇、苏青、李冠煜等后来都走上了刑法学研究之路；许强、汤媛媛、聂辉、李连歌、齐同富、张经中等同学则成为实务中的优秀代表；梁云宝、张晶则成为我在东南大学法学院招收的博士生。2006年梁云宝从武大硕士毕业以后，考取了安徽省人民检察院公务员。在外人看来这是难得的好工作，事实也的确如此。但是，好的未必是适合自己的。经过一年多的工作，梁云宝发现，他还是喜欢待在学校的感觉，喜欢看书，喜欢课堂，喜欢写文章……这种身在曹营心在汉的煎熬，最终使他克服重重阻力选择了辞职，决定报考我的刑法博士。经过一年时间的准备,梁云宝终于如愿考上了东南大学法学院的博士生。也许是体会过生活和工作的艰辛,梁云宝特别珍惜他的博士阶段读书生涯。从 2009 年 3 月入学之后到 2012 年 3 月博士毕业,他孜孜不倦勤奋异常,并在学术上崭露头角。博士毕业时,梁云宝因优异的学业成绩被顺利留校。

从梁云宝 2012 年博士毕业至今已有八年时间,八年,真是不短时间,尤其对一位年轻学子而言。刚工作的那几年,高校学术"青椒"的艰辛在彼时的他身上体现得特别明显。梁云宝不属口齿伶俐之人,作为教师,他的口才并没有先天优势,如何站稳站好讲台,将满腹经纶深入浅出地转化为学生们能接受的语言和知识,他煞费苦心,备课时付出了很多。最终,他练成了学生们喜欢的"宝哥",上课风趣幽默自如而得体,各种理论案例信手拈来,终于不再为课堂苦恼。作为学术新人,如何在家庭生活和课堂教学之外,忙里偷闲进行学术写作,也曾让他苦恼多多。好在,生活是最好的老师,时间是最好的见证,他最终练就了一身平衡术,并在各种磨难的锻炼下终于取得了一个又一个学术成果。迄今为止,梁云宝已在《中国法学》《政法论坛》《法学评论》《政治与法律》等期刊发表论文近 30 篇,成功主持了两个国家社科基金项目,此外还有多项省部级课题,获江苏省第十四届哲学社会科学优秀成果二等奖、第四届董必武青年法学成果奖等多项奖励。这样的成绩,对于一个青年学子来说,无疑是可喜可贺的。现在的梁云宝,已在学术之路上褪去了青涩,越来越独立,越来越成熟,越来越有学者范。回首往事,梁云宝的学术之路有些曲折,**青春岁月珞珈读硕,顺利就业寻梦受挫,兜兜转转东大读博,最终留校炼成"宝哥"**。由梁云宝主讲的"'80 后'40 人 20 讲全国青年刑法学者在线系列讲座"第十一讲"中国刑法中的医疗过失"成功落下帷幕,这一活动让学界见证了梁云宝对刑法教义学的精耕细作以及学术光芒。作为"80 后"青年刑法学者中的佼佼者之一,相信梁云宝未来学术之路定能披荆斩棘出类拔萃。

在这个纷扰的社会,梁云宝特别沉静,为人平凡朴实、自适其适;不好追名逐利,不慕物质享受;很多年轻人都会的东西,他好像都不会。他常常沉浸在自己的学术世界里,物我两忘。当然,这也使他的学术和社会之间有那么一丝丝隔膜,理论和实践之间有一丝丝障碍;他自己也意识到了,并努力改变,成效非常显著,他的文章从选题到内容到表达都更加接地气了,也因此越来越受欢迎。"雄关漫道真如铁,而今迈步从头越。"在完成了基本的"学术谋生"之后,梁云宝要好好思考今后如何打造自己的学术特色和学术标签,并在未来的人生旅途中进一步完成"学术谋道"。就一个真正的学者而言,“什么是你的贡献”是一个永远不会过时的问题。

山川之气谓之云,学术之珍谓之宝。希望梁云宝在未来的岁月里,养山川之气,探学术之珍,成一家之言,扬东南之兴。

以上所言,与作者共勉。

刘艳红

2020 年 7 月 8 日

自 序

刑法者,国之重器也!

回望历史,这片古老的土地孕育出了璀璨的文明,其中耀眼的是历史悠久的成文法。当那些深埋于地下因故重现天日的铜器、简牍、丝帛载着问答、判例而逗漏出往日成文法的精深时,我们无不为之自豪。可是,深入历史我们又不得不无奈地承认,法治不是我们的优良传统。对此,每每掩卷我都付之以沉默。

有成文法却无法治,就成为这个古老的国度走向复兴并续写辉煌文明进程中亟待治愈的伤痕。如果说,历史上我国成文法的演进历程大体可归纳成一部刑民(法)发展史,那么,在刑民(法)不分的时代,刑法的光芒就显得格外耀眼。究其原因,这是因为迄今为止,没有任何一部法律像刑法这般古老而直指人性的善恶,也没有任何一部法律像刑法这般精确而掌控生命的予夺。因而,法治的关键在于刑治。

事实上,近现代以来即便是那些最为宅心仁厚的思想家,也时时呼吁要警惕国家这头哪怕表现得极为温顺的"利维坦"。限制国家刑罚权,驯服"利维坦"那吃人的恣意,在智慧的一次次交锋和尝试后,逐渐凝结出罪刑法定原则,在其指引下,构成要件在精细化的构建道路上一骑绝尘。至此,人只能是刑法的起点和归宿,只能是刑法的目的而非手段,终于由抽象走向具体,由理想贴近苍生。放眼域外,感同身受那凉热,被视为那剂能够治愈我们"有成文法却无法治"伤痕的良药。

欧几里得说:"几何之内没有专为帝王铺设的捷径!"(There is no royal road to geometry)同样,在发掘并尊崇人的价值的刑法之内,也不可能存在一条专为我们这个古老民族铺设的走向复兴的捷径。为此,我国的刑法学人付出了艰辛的努力。他们中有埋首实践、躬行实证为苍生立德的人;他们中有置身异国、遍寻经籍为苍生立功的人;他们中有躲进书斋、深究学理为苍生立言的人……其间,受诸多主客观条件的制约,这些努力中难免不时夹杂些"慈悲"的色彩、"买办"的特点和"偏执"的情怀。但是,据此以鄙夷的态度斥之为"假和尚""假洋鬼子"和"老学究",无疑并不可取。

其实,正是这种"摸着石头过河"的努力才汇聚出一股推动我国刑法发展的强大时代潮流,并深刻地影响着裹挟在其中的我们每个人。我国刑法要散发出璀璨的人性光芒,就应当允许做出各种各样的尝试,并能包容不完美,甚至是失败。在前仆后继的努力中,不完美和失败的尽头一定会迎来一轮冉冉升起的共和国法治的旭日。当然,在这一过程中,我们不应忘记也不能忘记脚下这片土地所背负着的沉重的历史包袱,唯有扎根于它才能长出法治的长青之树,并经得住岁月和风雨的洗礼。

而在历史的深处,那些苦心孤诣地全面导入尊崇人的价值的刑法,不应轻易地成为嘲笑的对象。但是,不缺乏工具属性的刑法,也不宜贸然升格为让人顶礼膜拜的图腾。倾听人民的心声,打破旧时的用法陈规,以人为本,尊崇人的价值,一切因为人,一切为了人,守住改造他/她让这些鲜活的个体复归社会的教育刑底线。站在这条底线上极目远眺,在那浓墨重彩的我国法治图景中,他们终将会成为我们!

掩卷,再次付之以沉默。

希冀,在这片古老的土地上,在这再度繁荣的时节里,在那阳光不曾照进的角落里,那穿越千年的刑法再次焕发活力时,能一并燃起人性的法治火光。而我,愿以绵薄之力去守护这星星之火。

梁云宝

第一编　价值论

刑法血淋淋的演进路径一再昭示：人类最为关键而残酷的斗争，与其说往返于派别系属之间，或者信仰与理性之间，不如说始终纠结在个人与超个人之间。若似此，则追忆康德（Immannuel Kant，1724—1804），刑法之底蕴方才历久弥新：人——出于自然，而超于自然的精灵——在任何时候，都至少应当成为一切行为寻求目的之原初起点与终极归宿。

刑罚，一副羁绊生命的沉重枷锁，作为国家应对犯罪而遴选的措施之一，在文明世界的今天，依然延续着余下的命脉，承载着未竟的使命。如果一项制度在对人们较为一致的价值取向的游离下，建立了合理性，然后凭借自身客观力量的施展，逐步使反对它的人们在利弊权衡上，无奈地倾向于它再到依赖于它时，那么，该项制度便完成了由青涩到加冕显赫王冠的渐变过程。在人类前行的漫长历史中，这并不鲜见，清末以降中国的法治即为其中的一例。

既然无法摆脱，那么在人性的拷问下导入尊重人的价值取向，将其构建得精巧一些，无疑是对人作为终极目的理念的贴近。诚然，近代以前积淀出的半部刑罚史，之于人类的不名誉，绝不亚于与之相对的犯罪史。这深深地刺痛了启蒙思想家犀利的眼睛和柔软的心灵，于是，在血与火的对抗中，无数翘楚甘愿耗尽眼泪和心血去描摹出那迸发于生命底色的呻吟：以人为本，发现人、尊重人、重视人的价值。这最终成为一面引领时代潮流的鲜明旗帜，震古烁今。聚集在这一旗帜下的刑法学无疑将在人权保障价值取向的标尺衡量下纳入时代的内涵，于是，从理念到制度、从宏观到微观，刑法学焕发出崭新的生命活力，也呈现一派清晰的演进路径，一似华美的秋叶在季节深处所析出的脉络。

其间，罪刑法定原则与犯罪构成之间的联系，更是呈现出从无到有、从形式到实质的基本构架，这几乎浓缩了人权保障的半部历史，而为此做出贡献且世代相传的巨擘无疑绕不开康德、费尔巴哈（Feuerbach，1775—1833）、贝林

(Ernst Beling,1866—1932)……溯及历史,我国四要件犯罪构成系特定时代因特定因素而渊源于苏联(俄)20 世纪 50 年代初步定型的“犯罪客体—客观方面—犯罪主体—主观方面”①的特定产物。苏联的犯罪构成理论在学者彼此激烈的交锋而趋于定型的历程中受当时强势的政治因素介入,犯罪构成一再被赋予特定的政治内涵,这样当中国在引入该犯罪构成后该内涵难免得以继受,并且在当时的背景下这一内涵具有正当性。然而,时局的变迁诱引了客观情势的变更,改革开放使我国重心转向经济建设后,不同于西方宪法人权内涵,我国宪法将消灭剥削和消灭贫穷作为终极追求,在此基础上构建上层法的价值,这赋予了我国人权独特的内涵,也成为我国刑法为之奋斗的目标和内在的价值承载。实际上,尽管我国人权价值理念的发展受域外影响,但改革开放以来随着我国经济持续高速增长所驱动的民主与法治加速化,人权价值理念在不断获得认可、拓展的同时,其逐步发展出专属于我国的自身内容。其中,极为醒目的是,在我国早已完成了消灭剥削这一追求后,我国法的人权价值追求一开始就是立足于并服务于消灭贫穷这一目标的。换言之,消灭贫穷是我国人权价值的逻辑起点。这构成了我国社会主义法治人权价值最为坚实的内容。在此基础上,我国人权价值的内涵在反复的实践中逐步向发展权等延伸,并稳步渗入我国法学理论与司法实务的肌体中。与此相适应,《中华人民共和国刑法》(1997 年修订)第 3 条最终阐明了能够坚实捍卫人权的罪刑法定原则的轮廓,即“法律明文规定为犯罪行为的,依照法律定罪处刑;法律没有明文规定为犯罪行为的,不得定罪处刑”。于是,在这样的进程中,我国四要件犯罪论体系所承载的价值,不可避免地直面来自这一标尺的衡量。

① 参见何秉松:《犯罪构成系统论》,中国法制出版社 1995 年版,第 32 ~ 33 页。

第一章　犯罪论体系之价值承载

四要件犯罪论体系到底被赋予了和应当赋予怎样的价值，是一个关乎我国犯罪论体系演进方向的根本性问题。犯罪论体系的发展史清晰地显示，一国（地区）的犯罪论体系既有工具属性的一面，也有价值属性的一面。形式上看，相较于价值属性，立足于工具属性的立场，犯罪论体系的变动以实现对犯罪的有效应对似乎更加容易。但是，忽视甚或无视犯罪论体系的价值承载这一实质，在工具属性意义上机械地进行犯罪论体系的优劣比较和变革，充其量只是一国（地区）犯罪论体系在原有基础上进行自我优化的动力之一。这预示着，价值属性才是一国（地区）既有的犯罪论体系在不断变动中生死存亡的关键。就价值属性而言，我国四要件犯罪论体系在继受和发展过程中所承载的价值呈现经由秩序价值向人权价值转换的清晰脉络，这一逻辑演进路线为：秩序主导→秩序下的人权→人权优位。当下，我国四要件犯罪构成正处于“秩序主导→秩序下的人权”的嬗变中。

第一节　四要件犯罪论体系之政策性根基

一、四要件犯罪论体系所承载的秩序价值

四要件犯罪论体系对秩序价值的承载，主要体现在它所指向的政策性根基上。尽管对秩序价值的亲和并非四要件犯罪构成所独有的属性，但继受苏联（俄）四要件犯罪论体系后在当时的背景下这一体系，对秩序价值的承载一度是其肩负的主要使命。历史地看，它具有合理性，无可厚非。

追溯历史，在东西方意识形态严重对立的特殊时期，苏联刑法学者运用马克思主义批判大陆法系刑法学的弊端，并在主客观相统一基础上将犯罪构成整合为主客观要件的统一。例如，对我国刑法理论及实务影响极大的苏联刑法学者 A. H. 特拉伊宁就认为：“犯罪构成乃是苏维埃法律认为决定具体的、危害社会主义国家的作为（或不作为）为犯罪的一切客观要件和主观要件（因素）的总和。”[①]

---

① ［苏联］A. H. 特拉伊宁：《犯罪构成的一般学说》，薛秉忠等译，中国人民大学出版社 1958 年版，第 48～49 页。

新中国成立后，在废除民国时期旧法统后，意识形态在其特殊的时期塑造出在定罪中不可或缺的犯罪构成，即以苏联(俄)犯罪构成理论为蓝本而架构起来的四要件犯罪构成。这样，在价值承载上，我国的犯罪构成甫一诞生便带有浓厚的苏联(俄)时期犯罪构成为政治服务的色彩，由此引发的否定犯罪构成与罪刑法定原则之间存在实质性联系的问题不可避免，这也造成了我国四要件犯罪构成先于罪刑法定原则而存在及秩序价值是其主要承载和践行的价值之事实。

具体而言，随着十月革命的胜利，一个有别于封建社会与资产阶级社会的新生政权横空出世，从而拉开了意识形态对峙的帷幕。在马克思主义的大旗下，意识形态逐步跃升为权威至上的裁判者。因此，苏联(俄)刑法理论的研究毫无例外地接受来自意识形态的审查与裁判。就犯罪构成而言，苏联(俄)初期犯罪构成的确立交织着血腥的政治肃反运动，而其后犯罪构成在刑法理论与实务中的勃兴，更是连接着依托频繁的政治运动以获取秩序稳定的确信，转向部分依托“一劳永逸”的法律机制以取得稳固的秩序所推动的探索。尽管贯穿苏联全部历程，其始终未能有效地解决好政治与法律在秩序价值追求中的角色定位，但不宜据此全盘否定上述探索本身的巨大意义。

例如，A. H. 特拉伊宁系苏联(俄)时期研究犯罪构成学说的第一人，他在意识形态的约束下，从破坏资产阶级法制的角度对资产阶级犯罪构成理论进行了认真的批判，[①]认为“在社会主义的刑法体系中，犯罪构成的学说应当以犯罪的阶级性的一般学说和它的实质定义和形式定义为基础”，[②]并主张“犯罪和犯罪构成这两个概念，都充满着深刻的政治意义与法律意义”，[③]而刑法分则条文规定的犯罪构成，是由苏维埃刑事立法保卫工农政权、保卫无产阶级专政的基本任务决定的。[④] 再如，A. A. 皮昂特科夫斯基直言：“作为法律概念的犯罪构成应该标明犯罪的实质，揭示出它的政治内容，揭示出它对苏维埃制度基础和社会主义法律秩序的危害性。”[⑤]

可以说，对秩序价值的追求及对单纯政治手段的扬弃，是拉动苏联(俄)时期犯罪构成理论前进的两架马车。与此相适应，犯罪构成不可避

---

① 参见[苏联]A. A. 皮昂特科夫斯基等编：《苏联刑法科学史》，曹子丹等译，法律出版社1984年版，第43～44页。

② [苏联]A. H. 特拉伊宁：《犯罪构成的一般学说》，薛秉忠等译，中国人民大学出版社1958年版，第43页。

③ 同上书，第59页。

④ 参见何秉松：《犯罪构成系统论》，中国法制出版社1995年版，第27～28页。

⑤ 薛瑞麟：《犯罪客体论》，中国政法大学出版社2008年版，序第Ⅻ页。

免地成为秩序价值的捍卫者，并扎根于此。其中，类推制度和社会危害性理论可谓典型的适例。尽管 A. H. 特拉伊宁也论及了正当防卫、紧急避险、索贿、自首等排除刑事责任的根据，①但其旨趣更多地并非出于人权价值的考量，而是国家在惩处犯罪以维护秩序过程中国家公权对个人私权的适度让渡——这是近现代宪法意义上限制公民权利中无法克减的权利在刑法中的体现；同时，苏联（俄）时期刑法理论与实务对罪刑法定原则否定的基本立场，可与之相印证。而 A. H. 特拉伊宁在 1929 年出版的《苏维埃刑法总则》一书中，抛弃犯罪构成是刑事责任根据的观点，将社会危害性作为刑事责任的根据，并以此为中心建立犯罪论体系，②更多的是政治统率刑法、秩序主导价值的结果。

在我国，新生的人民政权扎根后，四要件犯罪论体系理论前后经历了移植期、沉寂期与发展期③，其所征表出来的对秩序价值的承载鲜明而有力。尽管 1979 年以前我国尚无一部统一的成文刑法典，但在党的政策（精神）④、以往作为刑法法源的习惯、新中国成立后的刑法大纲草案及刑法草案等的指导下，刑事司法实务是求之于四要件犯罪论体系来完成定罪科刑的。并且，这一做法延续了近 30 年。其突出的特点即政策（精神）为刑法的灵魂，是刑事法律活动的最高准则，定罪量刑必须冠以或变相冠以“思想反动”“反革命”等政治性术语，从而获取政治上的主动与支持。例如，钟枚生被判“集体偷粮罪”，可谓例证。在该案中，为“顺理成章”实现入罪，钟枚生父亲的阶级成分由“贫下中农”提升至“地主”。⑤ 再如下面，1977 年的李 × 流氓案亦为适例。

---

① 参见［苏联］A. H. 特拉伊宁：《犯罪构成的一般学说》，薛秉忠等译，中国人民大学出版社 1958 年版，第 272 ~ 278、282 ~ 283 页。

② 参见杨兴培等：《“犯罪客体”的反思与批评》，法律出版社 2009 年版，第 13 页。

③ 关于四要件犯罪构成在我国演进的坎坷路径，可参见何秉松：《犯罪构成系统论》，中国法制出版社 1995 年版，第 45 ~ 56 页。

④ 我国学者武树臣先生将新中国成立后的法律实践模式称为“政策法”，即“在管理国家和社会生活的过程中，重视党和国家的政策，相对轻视法律的职能；视政策为法律的灵魂，以法律为政策的表现形式和辅助手段；以政策为最高的行为准则，以法律为次要的行为准则；当法律与政策发生矛盾冲突时，则完全依政策办事；在执法的过程中还要参照一系列的政策”。参见武树臣等：《中国传统法律文化》，北京大学出版社 1994 年版，第 772 页。

⑤ 参见都快：《一份无罪判决书迟到 25 年》，载《政府法制》2011 年第 30 期。

江苏省南京市中级人民法院刑事判决书

(77)中法刑字第2207号

公诉机关:上海铁路局南京分局公安分处。

被告:李×,男,二十四岁,安徽省阜阳县人,家庭出身革命干部,本人成份学生,捕前系南京铁路分局南京机务段机车司炉。现在押。

被告李×流氓一案经本院审理查明:

李犯自一九七三年至一九七七年二月期间,先后在常州、铜陵、南京等地及在旅客列车上,化名季涛、李黎明、李燕平、杜志平、杜向明等,冒充机车副司机、司机,谎称其父是上海市金山某厂党委书记,其母是解放日报记者、编辑,进而以迁移户口等手段,骗取女方信任,以恋爱为名先后奸污沈××等女青年四名(其中女知青两名),奸污妇女林××一名,猥亵女青年及妇女十二名(其中女知青三名,女青年六名),强行奸污妇女未遂一名。

李犯思想反动,有攻击伟大领袖和导师毛主席的反动言论。

综上所述,李×道德败坏,流氓成性,长期以来共奸污、猥亵女知青、女青工等十八名,罪行严重,情节恶劣,严重地危害社会治安;但鉴于李×坦白认罪态度较好,根据党的"坦白从宽,抗拒从严"的政策精神,依法从宽判处流氓犯李×有期徒刑捌年。(刑期自一九七七年六月二十五日起至一九八五年六月二十四日止)

如不服本判决,可在接到判决书的第二天起的五日内,向本院提起上诉书,上诉于江苏省高级人民法院。

江苏省南京市中级人民法院

一九七七年九月二日

1979年刑法颁行后,四要件犯罪论体系的政策性根基并没有实质性转变。究其原因,虽然我国的重心转向了经济建设,但这需要一个过程,四要件犯罪构成受当时氛围的约束,不可避免地延续着既有的政策性根基,这与其所承载的秩序价值一脉相承。"我们认为,惩办与宽大相结合政策是我国犯罪构成的基本依据和指南,犯罪构成是这一政策的具体化、规范化。"[①]实际上,"惩办与宽大相结合政策"作为我国刑法制定的依据,在历次刑法修正草案中多次被载明而得到了实质性延续。我国部分学者亦指

① 樊凤林主编:《犯罪构成论》,法律出版社1987年版,第181页。

出:“坦白从宽、抗拒从严”“惩办与宽大相结合”“宽严相济”的上位政策,均具有深厚的政治基础。①

不过,在秩序价值呈主导之势的格局下,若无罪刑法定原则对国家刑罚权的节制,则刑事政策所谓的“宽大”的一端不宜解读为对人权价值的高扬。事实上,罪刑法定原则在立法上的消极面向即要求拒绝立法者的恣意,其内容围绕着反对政治挂帅或民粹主义,反对不同政策上的需求,而破坏刑法的平等体系而展开。② 另外,罪刑法定原则在我国刑法典中确立前后的经验与教训,恰恰从正反两面诠释出其所包含的科学性。因为至少单纯宽大的刑事政策从未有效地完成节制国家刑罚权的使命。宽大的刑事政策更多的是在秩序价值框架下对人权的适度考量,在无罪刑法定原则的前提下其与严厉的刑事政策并非等价意义上的“两极化的刑事政策”,而是被赋予了对严厉刑事政策的从属性,这从之前仅有历次声势浩大的“严打”战役却无“宽大”运动即可见端倪。因此,丧失了罪刑法定原则对国家刑罚权的节制这一根本,膨胀的国家刑罚权能够轻而易举地弱化或虚化宽大的刑事政策,由此出现的所谓的“宽缓”也不过是更好地趋向或不影响秩序价值而让渡出的附属物。

比较地看,当前我国刑事法治取得了值得肯定的实质性进展。事实上,1979 年刑法确立了与罪刑法定原则无法兼容的类推制度,但在直到 1997 年刑法废除该制度为止我国司法实务中并没有多少例具体判例,且每一个类推判例的作出主审法官都是极为谨慎的,因此,该制度一直被域外指责为侵犯人权的规范性依据多少有些名不副实。正是基于这一点,我国立法者在 1997 年刑法修订中果断废除了这一制度,这一问题得到了根本性解决。同时,自习近平主席执政以来,在理论界和实务界的共同努力下我国的赦免制度再次发挥出活力。例如,习近平主席 2015 年 8 月 29 日签署主席特赦令,根据第十二届全国人大常委会第十六次会议 29 日通过的《全国人大常委会关于特赦部分服刑罪犯的决定》,对参加过抗日战争、解放战争等四类服刑罪犯实行特赦。再如,习近平主席 2019 年 6 月 29 日签署主席特赦令,根据第十三届全国人大常委会第十一次会议 29 日通过的《全国人大常委会关于在中华人民共和国成立七十周年之际对部分服刑罪犯予以特赦的决定》,对九类服刑罪犯实行特赦。自此,在严厉打击、惩

① 参见陈瑞华:《义务本位主义的刑事诉讼模式——论“坦白从宽、抗拒从严”政策的程序效应》,载《清华法学》2008 年第 1 期。

② 参见郑逸哲:《罪刑法定主义七十年》,载林山田、许玉秀等合著:《刑法七十年之回顾与展望纪念论文集(一)》,台北,元照出版有限公司 2000 年版,第 95 ~ 96 页。

处罚犯的同时,"宽大"的一端得到了发展。

换言之,在我国刑法典确立罪刑法定原则前,带有鲜明政治色彩的"惩罚与宽大相结合"的政策,承担着社会整体性或局部性治安稳定器的功能,鲜明地贯穿着秩序价值,但其隐含的弊害相当明显。因为"惩罚与宽大相结合"的政策之核心内容是区别对待。这难免受到类似于"对其所谓重罪进行违宪的'刑法超载主义',就其所谓非重罪部分采行'法定司法失职主义'"①的诟病,即"惩罚与宽大相结合"的刑事政策之"宽"在缺乏罪刑法定原则的节制下,极易异化为对所谓"非重罪"之处罚予以空洞化、松弛化及执行减刑化,甚至在秩序价值的推动下,不惜以此为代价将省出的人力、物力、财力等用以对付非法监禁,并带有明显刑罚剩余色彩的所谓"重刑犯",以满足社会所期待的安全感。

二、四要件犯罪论体系仍要对秩序价值进行承载

如后文所述,我国 1997 年刑法叙明了罪刑法定原则,这开启了我国四要件犯罪论体系在价值承载上的划时代篇章。但是,我国的四要件犯罪论体系仍然不会完全放弃对秩序价值的承载,这也是我国法治在这一阶段向前发展的保障。

一方面,即使在"政策法"遭受诟病而逐步式微,也不宜认为其在当下彻底丧失了影响力。笔者以为,司法实务中大量存在的不当的对刑事个案的"指示""批示""批复"等,无疑是"政策法"本质内涵的延续,是对四要件犯罪构成之秩序根基的注解。尽管现行宪法分别赋予了审判机关及检察机关以独立行使审判权(第 131 条)与检察权(第 136 条),且部门法也对相应内容予以展开,但 1997 年刑法施行后一些不当的"指示""批示""批复"等依旧存在。当然,随着我国法治的推进和发展,"指示""批示""批复"等呈现出不涉及刑事个案处理的良好态势,审判权、检察权的独立性得到了保障,这是值得肯定的。

另一方面,受法律概念存在的不确定性和开放性、词语的不确定性、法条的概括性等因素的影响,对法条的解释不可避免,从而提升了严格依照成文法定罪量刑的难度。在此,有必要指出,严格依照成文法定罪量刑,不等于存在或认可了罪刑法定原则,二者之间至多是一种必要关系。因为,严格依据成文法定罪量刑在价值承载上可以是完全的秩序价值,这在域内

① 参见郑逸哲:《法学三段论法下的刑法与刑法基本句型(一)——刑法初探》(增修 4 版),台北,作者 2009 年自版,第 678 页。

外封建社会的刑法典中并不鲜见,如"【疏】曰:'犯罪之人,皆有条制;断狱之法,须凭正文。若不具引,或致乖谬,违而不具引者,笞三十'"①。而罪刑法定原则一定是以人权为价值承载的纲要。否则即使刑法典中出现了"从旧兼从轻"的规定,也不宜认为是罪刑法定原则之"形式的侧面"内容(禁止溯及既往)。例如,"狱官令(二二=拾遗七七六页)规定:'犯罪未发,及已发未断决,逢格改者,若格重,听依犯时格。若格轻。听从轻法。'换言之,新法不溯及既往;但如新法比旧法为轻,则为被告利益起见,听从新法"②。

就解释而言,它绝非一个局限于事实的判断问题,更是一个涉及价值的选择问题。在刑法典未叙明罪刑法定原则而秩序价值强势的氛围中,奢求解释选取彰显人权价值的立场而弱化秩序价值,更多的是脱离实际的愿景。例如,"有些刑法分则条文写得比较概括,没有把犯罪构成的某些特征详细列举出来,但是这不等于说,这种犯罪就不要求具备上述四个方面的条件。在这种情况下,则要求运用犯罪构成理论,通过对法律的一般含义和它的政治目的性的理解来加以解决"③。

再如,1982年10月的一天晚上6时许,周某在本厂白酒车间接酒房当班时,竟不顾同班工人的极力阻止,故意往已装了850公斤的酒箱内撒尿;1983年7月2日下午,周某又在本厂白酒车间,不顾他人劝阻,向酒用的黄水井内拉大便。检察院以流氓罪起诉,法院以同罪做了有罪判决。④ 尽管1979年《刑法》第156条规定了毁坏公私财物罪,但此时的我国刑法解释学说欠发达,以"并不限于物理性损坏,而是指有害于物之效用的一切行为(效用侵害说)"⑤解释"毁坏"尚不可能。因此,基于社会治安状况考虑冠以"妨害社会管理秩序罪"中流氓罪之名的惩处,就是在秩序价值助推下求诸严重的社会危害性达到"具备"四要件犯罪构成从而实现入罪的。

在刑法典叙明罪刑法定原则之后,秩序价值仍有一席之地。例如,盗窃数额的推算法是不利于犯罪嫌疑人和被告人的解释,有违反罪刑法定原则之嫌。1997年11月4日最高人民法院《关于审理盗窃案件具体应用法律若干问题的解释》第5条中规定,明知是盗接他人通信线路、复制他人电信号码的电信设备、设施而使用的,"盗窃数额无法直接确认的,应当以合

---

① 戴炎辉编:《唐律通论》(2版),台北,元照出版有限公司2010年版,第10页。

② 同上书,第11页。

③ 杨春洗、甘雨沛等:《刑法总论》,北京大学出版社1981年版,第111页。

④ 参见王运声主编:《刑事犯罪案例丛书(流氓罪)》,中国检察出版社1990年版,第189页。

⑤ [日]西田典之:《日本刑法各论》,刘明祥、王昭武译,武汉大学出版社2005年版,第191页。

法用户的电信设备、设施被盗接、复制后的月缴费额减去被复制前6个月的平均电话费推算;合法用户使用电信设备、设施不足6个月的,按实际使用的月平均电话费推算”。此后,这一立场为2013年4月2日最高人民法院、最高人民检察院《关于办理盗窃刑事案件适用法律若干问题的解释》第4条第4款所延续。并且,盗窃罪中盗窃数额的推算法在范围上有所扩大,即盗窃电力、燃气、自来水等财物,“盗窃数量无法查实的,以盗窃前6个月月均正常用量减去盗窃后计量仪表显示的月均用量推算盗窃数额;盗窃前正常使用不足6个月的,按照正常使用期间的月均用量减去盗窃后计量仪表显示的月均用量推算盗窃数额”。应当说,在民事领域用这一推算法来计算侵犯财产权价值并作为救济赔偿的依据,或许问题不大。但是,在刑事领域罪刑法定原则包含着不得做出不利于犯罪嫌疑人、被告人的解释的内容,而推算法恰恰是在实际难以查证的情况下入罪化地做出不利于犯罪嫌疑人和被告人的推断,是与罪刑法定原则抵触的。其背后的深层次根源是一旦行为人存在上述不法行为,如果无法查明盗窃数额而推定无罪,客观上就会放纵对现实中大量存在的针对电力、燃气、自来水等盗窃的惩处。因而,兼顾被害人立场的秩序维护就成为上述盗窃罪司法解释的基本立场。

第二节　四要件犯罪论体系之罪刑法定原则根基

一、四要件犯罪论体系对人权价值的展开

罪刑法定原则在我国刑法典中阐明后,四要件犯罪论体系在人权保障理念的推动下,顺应法治国发展的潮流开始寻求罪刑法定原则的根基。并且,四要件犯罪论体系所承载的人权价值,在我国刑法典阐明了罪刑法定原则后,更多地征表为对该原则所内含的人权保障机能的展开。晚近以来,“以人为本”理念下“把权力关进制度的笼子里”更是能够根本性地推动和保障罪刑法定原则对人权价值的展开。

具体而言:在我国刑法发展史上,刑法典条文阐明罪刑法定原则具有划时代的意义。对此,无论给予如何的褒扬都不为过。自此以后,四要件犯罪构成与罪刑法定原则紧密联系在一起,开启了其对人权价值承载的历程,这使四要件犯罪论体系从诞生之日起,就与罪刑法定原则格格不入地成为过往。相应地,四要件犯罪论体系主要是秩序价值的守护神也成为历史的遗迹。

如果说，一部成文刑法典的适用就是一部刑法解释的过程，那么，我国刑法典阐明罪刑法定原则之后，实质性的变化是立足于犯罪嫌疑人和被害人的角度，对国家刑罚权进行限制以达到人权保障目的在刑法解释中极为醒目。举例来说，2002 年 7 月 8 日最高人民法院、最高人民检察院、海关总署《关于办理走私刑事案件适用法律若干问题的意见》第 12 条中规定，对单位和个人共同走私普通货物、物品偷逃应缴税额为 5 万元以上不满 25 万元的，应当根据其在案件中所起的作用，区分不同情况做出处理；但无法认定单位或个人起主要作用的，对个人和单位分别按个人犯罪和单位犯罪的标准处理。显然，这是立足于将无法查明的不利后果作出了有利于犯罪嫌疑人和被告人的解释，是对罪刑法定原则所秉持的人权价值的一次彰显。

并且，在罪刑法定原则的引导下四要件犯罪论体系甚至具有一定的人权价值止损功效。比如，形式上看，1997 年刑法开篇就规定“惩罚犯罪，保护人民”的刑事立法目的，但由于人民与公民是两个内涵不同的概念，因而形式地看这存在侵犯人权的巨大风险，即部分属于“公民”却不属于“人民”的犯罪嫌疑人、被告人可能得不到刑法的应有保护。

换句话说，刑法固然有其目的，但细察历次刑法草案可知，刑事立法目的并不是必须要予以阐明条款，这也为域外刑事立法例所印证，而在刑法的制定依据和任务的“必备”条款中意识形态色彩之脉络由浓转淡。因此，“惩罚犯罪，保护人民”的立法目的大抵是意识形态弱化的背景下弱化意识形态时急功近利的立法表述，但“保护人民”有其固有的语境，脱离了这一语境可能会导致它与罪刑法定原则之人权保障机能相抵触。这是因为，在我国既有的法律体系中“人民”和“公民”是两个不同的范畴，其中，前者是一个政治术语及中国特色的术语，与“敌人”相对应。不同地，“公民”则与政治关系不大，是一个传统的法律术语，并以国籍为判断标准。在政治运动频仍的背景下“保护人民”有其固有的语境，即新中国成立后刑法草案一再阐明的“严格区分敌我矛盾和人民内部矛盾”；在政治运动退潮而集中精力搞经济建设后，刑法一如既往地承担着“保护人民”的重任，但 1979 年刑法毅然省略了“严格区分敌我矛盾和人民内部矛盾”的表述，这一立场在 1997 年刑法典中得到了延续。于是，“刑法目的”的既有表述因缺乏显性的传统固有语境的支撑，在形式上沦为追求人权价值而刑法政治化弱化过程中的“烂尾工程”。由此造成的困境是：属于“敌我矛盾”的犯罪，对于犯罪嫌疑人和被告人之人权我国刑法应持怎样的立场？毕竟，属于“公民”且为“人民”所包含的主体以及不属于“公民”却为“人民”所包含的主体(如无国籍人)实施的犯罪,是我国刑法要“惩罚”的,同时犯罪嫌疑人和被告人也是我国刑法要“保护”的。但是,属于“公民”却为“人民”所排斥的主体,以及不属于“公民”也为“人民”所排斥的主体所实施的犯罪,是我国刑法要“惩罚”的。问题是对他们刑法应不应当“保护”直接拷问着我国刑法的人权价值承载。

笔者认为,我国刑法的这一规定经得住拷问。理由是,我国刑法“惩罚犯罪”以“保护人民”是一个注意规定。它并不意味着,在“人民”之外的行为主体实施了中华人民共和国刑法规定的犯罪,就仅受刑法“处罚”,其基本人权不受刑法“保护”,而是说我国刑法针对犯罪嫌疑人、被告人的基本人权都会予以保护。相应地,我国刑法也完成了对刑法也是犯罪人人权大宪章的历史重任的承担。唯有如此,我国刑法才能避免在条文规定不明确时该条文不当地沦为侵犯犯罪嫌疑人、被告人人权的规范性依据。其实,这也是我国刑事法律实践的基本立场。

例如,未成年人毒品再犯就是典型的适例。不满18周岁的未成年人因走私、贩卖、运输、制造、非法持有毒品罪被判过刑,此后又犯毒品犯罪的,能否被认定为毒品再犯,在实务和理论中颇具争议。究其原因,当《刑法修正案(八)》将不满18周岁的人犯罪排除在(一般)累犯之外(第65条),且增设了未成年人免除前科报告义务(第100条第2款),同时我国《刑事诉讼法》第286条及相关司法解释确立未成年人犯罪记录封存制度,对条文的不同理解出现不同的结果。如果认为未成年人犯罪记录封存制度的性质仅限于犯罪封存不被滥用,而不具有消灭犯罪前科的功效,用“犯罪前科消灭”来解释我国的犯罪记录封存制度是恣意的扩大化解释,[①]那么,会倾向于未成年人毒品犯罪不构成累犯但具有毒品再犯的外观(形式)时应适用《刑法》第356条关于毒品再犯条款的立场。实务中,有判例支持了这一立场。被告人陈某(1992年3月出生)于2008年1月因贩卖毒品罪被重庆市某区人民法院判处有期徒刑7个月,同年5月刑满释放。2015年5月10日陈某在贩卖冰毒(净重0.85克)过程中被民警抓获。对此,主张未成年人毒品犯罪记录应当作为毒品再犯依据的观点十分醒目。[②] 不同地,如果认为未成年人犯罪记录封存具有消灭犯罪前科的功效,那么,“在任何情况下,只要行为人犯罪时不满18周岁,就应当无条件

---

① 参见钟文华:《犯罪记录封存语境下的毒品再犯认定》,载《中国检察官》2014年第12期。

② 参见高蕴嶙、周玉林:《未成年人毒品犯罪记录应作为毒品再犯的依据》,载《人民法院报》2016年2月24日,第6版。

地排除毒品累犯和毒品再犯的适用”①。

面对这一分歧,立足于罪刑法定原则所彰显的犯罪嫌疑人、被告人的人权价值,才能把握我国刑法在未成年人毒品再犯上的准确立场。换句话说,一方面,在人权价值指引下为避免重复评价,未成年人不成立累犯即不成立毒品再犯。这是因为,毒品累犯和毒品再犯是一种包含关系,毒品再犯包含毒品累犯,重合的内容是前后两罪均为毒品犯罪,两罪之间的时间间隔为 5 年以内,且前后两罪的处罚均为有期徒刑以上刑罚,即毒品累犯是满足特定条件的毒品再犯或特殊的毒品再犯。据此,无论是 2000 年 4 月的《全国法院审理毒品犯罪案件工作座谈会纪要》要求单一适用毒品再犯条款,还是 2008 年 12 月的《全国部分法院审理毒品犯罪案件工作座谈会纪要》,要求同时引用累犯和毒品再犯条款但量刑时不得重复从重,都是择一适用的立场,这避免了对同一内容的重复评价,而量刑从重规则的统一性使针对同一内容的毒品累犯或毒品再犯择一从重很难出现质的差异。不过,随着《刑法修正案(八)》将不满 18 周岁的人犯罪排除在(一般)累犯之外,对不满 18 周岁的未成人实施的这种特殊的毒品再犯就不能以(毒品)累犯的名义进行从重处罚。这要求在同一内容上必须要实质性地排除我国刑法分则第 356 条关于毒品再犯的适用,否则不满 18 周岁的人不构成(一般)累犯的规定就会被掏空内涵,进而导致不满 18 周岁的人不构成毒品(一般)累犯的规定被虚化。② 可见,不满 18 周岁的人不构成累犯的规定否定了 2015 年 5 月的《全国法院毒品犯罪审判工作座谈会纪要》中未成年人“同时构成累犯和毒品再犯”的可能性。另外,为了避免刑罚倒挂,未成年人不成立累犯的也不能成立毒品再犯。“如果认定未成年人可以构成毒品再犯并从重处罚,将导致未成年人实施性质更严重的暴力犯罪不构成累犯,实施性质相对较轻的毒品犯罪却构成毒品再犯,因而受到从重处罚。这明显会造成刑罚适用的体系性矛盾与失衡。”③在此意义上,我国刑法分则未规定未成年人毒品再犯条文并非立法疏漏。

---

① 胡东飞:《毒品累犯与毒品再犯竞合之处理》,载《法商研究》2017 年第 1 期。

② 其实,即便未成年人前罪因刑罚不适格,再次实施毒品犯罪时不满 18 周岁,也不得适用《刑法》第 356 条的规定,否则将出现量刑上的不合理现象,即前罪刑罚轻的(管制、拘役等)未成年人再次实施应判处有期徒刑以上刑罚的毒品犯罪时,因成立毒品再犯其刑罚重于前罪刑罚的,(有期徒刑以上)未成年人再次实施应判处有期徒刑以上刑罚的毒品犯罪时的刑罚(因不成立累犯)。

③ 何荣功:《未成年人不应构成毒品犯罪再犯》,载《检察日报》2016 年 1 月 13 日,第 3 版。

二、四要件犯罪论体系之人权价值根基仍须巩固

到目前为止，可以认为，我国改革开放以来的刑事法治发展路径，大抵浓缩了西方漫长的人权保障演进历史，但我国四要件犯罪论体系迥异于阶层化犯罪论体系，突出体现为长期以来其与罪刑法定原则之间的实质性联系不大；不过随着人权保障理念在我国的渐入人心，及罪刑法定原则在我国刑法典中的确立，四要件犯罪论体系已经逐步与罪刑法定原则之间建立起了从无到有、从形式到实质的联系，只是即使在当下也不宜盲目地认为罪刑法定原则在我国确立了牢固的根基。这与前已述及的我国四要件犯罪论体系曾历史性地承担起贯彻秩序价值，并仍然肩负着这一使命渊源甚深。

我国是成文法历史悠久的国度，但遗憾的是法治却不是我国的优良传统。长久以来，法律在现实的“挑战—应对”模式下带有强烈的实用理性色彩。查阅文献资料不难发现，罪刑法定原则在新中国成立之前的刑法典中已然出现。1910 年《大清新刑律》第 14 条规定：“凡律例无正条者，不论何种行为不得为罪。”这是罪刑法定原则在我国刑法典中首次出现。其后，《中华民国暂行新刑律》第 10 条规定：“法律无正条者，不问何种行为，不为罪。”1935 年《中华民国刑法》第 1 条规定：“行为时之法律，无明文科以刑罚者，其行为不为罪。”但其人权保障机能屡因时局动荡等因素的影响而被虚化、消解，故法典化的罪刑法定原则大体被悬置。新中国成立后，法律的价值在“文化大革命”结束后才真正凸显并得到了认真对待。“那个时候亟须制定一部刑法，结束无法无天的日子”，“我们刚刚进行刑事立法的时候，更强调的是社会的保障……怕就怕遗漏犯罪”。① 对秩序价值极度渴求下颁行的 1979 年刑法，不免深深烙上了时代的印迹。

我国首部刑法典中罪刑法定原则在缺位的同时类推制度法典化，既是在意识形态指引下受苏俄刑法模式影响的结果，也是秩序价值与实用理性合一的征表，这种影响在修订后的刑法中同样存在，在当下仍然不能轻言业已消除殆尽。因此，即使 1997 年刑法中的罪刑法定原则只采取了消极侧面的表述，即“法律没有明文规定为犯罪行为的，不得定罪处刑”，其人权保障机能在秩序价值下也难免受到某种程度的弱化，甚至虚化。

例如，河北省卢龙县领导为达到非法侵吞某私人企业的目的，以贪污、挪用公款罪将该企业告上法庭。县法院原院长贾某庭审调查得知，该企业

---

① 张军、姜伟、郎胜、陈兴良：《刑法纵横谈（总则部分）》，北京大学出版社 2008 年版，第 6、7 页。

属于名为集体实为私人合伙的红帽子企业，企业主身份为农民，故贪污罪与挪用公款罪的犯罪主体不适格。然而，基于“县里几个领导在碰头会上决定”的压力，贾某身处没有证据与县里领导决定的矛盾中，但恪守良知的结果却是被同级领导革去院长职务，贬为司法局的一般干部，而该企业主最终被县法院以“贪污罪、挪用公款罪、非法拘禁罪”判处有期徒刑7年。[①]

再如，2009年6月，马鞍山市花山区人民法院以危害公共安全罪，分别判处盗窃窨井盖团伙何某等人二年至四年不等有期徒刑。法庭审理查明，该盗窃团伙以何某为首，在2008年9月至2009年2月，由何某驾车流窜至马鞍山多条交通干道，先后将106块窨井盖盗走，后用铁锤将窨井盖砸碎低价销售。盗窃窨井盖为何以危险方法危害公共安全罪定罪？该案主审法官表示，近年来因窨井盖被盗而造成的“窨井吃人”悲剧频发。本案中涉及的窨井盖处于道路两侧，是行人、车辆过往较多地区。因此，尽管盗窃井盖者的直接目的是为了卖废铁赚钱，但其行为却可能导致车辆倾覆与人员伤亡，危害了不特定人的公共安全，故依危害公共安全罪惩处。[②]类似的判例在我国并非个案，如发生在云南的“伍瑞正、伍兴文以危险方法危害公共安全案”（同样是盗窃窨井盖）[③]。该类案例所折射出的罪刑法定原则人权保障机能的不彰，及社会危害性标准的强势，并不难发现。

在德国，晚近以来的动态是越来越多的刑法学者反对借助于抽象的危险犯来保护超个人的法益。应当说，这是值得我们认真对待并用建设性思维来反思我国当前的危险犯理论。例如，就现实中存在的因盗窃窨井盖引起的“窨井吃人”现象而言，不宜求诸危害公共安全罪甚至是盗窃罪来解决。因为，被害人及其家属因行为人盗窃窨井盖受到的侵害具有侵权法、保险法、行政法等诸多救济途径，在被害人穷尽救济途径之前刑法应恪守谦抑性，这是为域外刑法理论与实务所支持的，而盗窃窨井盖的行为人般经济条件较差（单个窨井盖价格低廉），现实中行为人多迫于生计而实施盗窃行为。因此，以具体危险为由惩处行为人实施的社会危害性并不大且尚有诸多救济途径的行为，凸显的莫不是刑罚权的膨胀和人权保障的暗弱，这值得我们省思和警惕。

作为法治国精华浓缩的罪刑法定原则，在秩序价值的淫浸下其社会保

---

① 参见郭国松：《恪守法官的良知究竟有多难？》，载《南方周末》2002年12月5日，第5版。

② 参见周学林等：《开轿车半年盗窃百余窨井盖》，载《安徽商报》2009年6月19日，第13版。

③ 参见《伍瑞正、伍兴文以危险方法危害公共安全案》，载国家法官学院、中国人民大学法学院编：《中国审判案例要览（2006年刑事审判案例卷）》，人民法院出版社、中国人民大学法学院出版社2007年版，第84～86页。

护机能无论在形式上还是实质上都不难取得超越人权保障机能的地位，故罪刑法定原则之积极侧面，即"法律明文规定为犯罪行为的，依照法律定罪处刑"，即使是出于"限制司法机关"的本意，秩序价值也会迫使其额外地承担起社会保护机能，这在维系社会治安稳定的政策性需求及以此作为四要件犯罪构成的（部分）根基下，其愈加突出。2011 年 5 月 1 日施行的最高人民法院《关于〈中华人民共和国刑法修正案（八）〉时间效力问题的解释》第 2 条第 2 款[①]关于判处死缓同时决定限制减刑的时间效力的规定，清晰地征表出在秩序与人权的价值博弈中人权价值取向的凋敝。

此外，在罪刑法定原则被我国刑法典阐明后，与"惩罚与宽大相结合"的刑事政策一脉相承且政治色彩依旧浓厚的"宽严相济"的刑事政策，其核心内容同样是区别对待，而在刑事一体化框架下，该原则的人权保障机能被弱化的风险始终存在，尤其是在社会整体性或局部性治安呈现令人产生担忧的状况时，"秩序下的人权"价值取向会使得司法解释借助罪刑法定原则难以明晰的边界为社会治安提供"整治"路径。这正如拉德布鲁赫曾指出的："但目前司法已抵挡不住一种诱惑，司法原本应依据刑法条文作出有利被告人的阐释，现在却走刑法条文的极端，尽量利用不利于被告人的解释，对于未来的刑法，这种弹性条文解释也许是灾难。"[②]这种高度危险的法律政策，无非是对社会整体性或局部性治安状况担忧。因此，在刑法典业已确立了罪刑法定原则轮廓的情形下，其人权保障机能更多地彰显于已为此起彼伏的"专项整治行动"等所代替的统一阵地战式的"严打"所维系的"安全感"，及贯穿为省出人力、物力、财力以更加严厉地惩治"重刑犯"而让渡出对"非重罪"的惩处予以空洞化、松弛化及执行减刑化之间。其有益价值可以被阐释，为对被积压的罪刑法定原则之人权保障机能的限缩式释放，也是对不时遭受扭曲的罪刑法定原则的适度性还正。也许，正是在此意义上归属于刑法新派的李斯特虽首倡刑事政策学，却一反常态地道出了振聋发聩的格言：罪刑法定原则是刑事政策不可逾越的樊篱！

令人遗憾的是，我国学者在论及相关问题时要么避而不谈或轻描淡写，直接生吞活剥德日的阶层化构成要件理论；要么单纯以犯罪论体系为

---

① 该条款规定："被告人具有累犯情节，或者所犯之罪是故意杀人、强奸、抢劫、绑架、放火、爆炸、投放危险物质或者有组织的暴力性犯罪，罪行极其严重，根据修正前刑法判处死刑缓期执行不能体现罪刑相适应原则，而根据修正后刑法判处死刑缓期执行同时决定限制减刑可以罚当其罪的，适用修正后刑法第五十条第二款的规定。"

② ［德］拉德布鲁赫：《法学导论》，米健、朱林译，中国大百科全书出版社 1997 年版，第 97 页。

全部内容进行比较分析并妄断优劣。笔者以为，在我国犯罪论体系的讨论中，省略四要件犯罪构成的根基或无视、否定四要件犯罪构成的政策性根基，直接在罪刑法定原则基础上展开四要件犯罪构成，均属于脱离我国刑事法治客观现状的片面观点。其不得要领之核心在于主观地建立起人权保障理念与实现载体之间的必然联系，忽视了受制于诸多客观条件实现载体对人权保障理念能否实质性地贯彻及贯彻力度，也忽视了我国法治发展在人权价值上孕育出的新内涵。

犯罪论体系之价值承载，在当下的域外犯罪论体系的演进中已然不成为问题。不过，在日本，阶层化构成要件的价值承载也经历了痛苦的阵痛期。“二战”后初期，日本刑法没有随着宪法的变化而立即重新制定，关于刑法的目的观，也没有立即为迎合新的民主宪法而有深刻变化。① 理论上关于行为无价值和结果无价值的争论，在实质上逐步异化为对刑法目的的分歧——这与日本刑法典中罪刑法定原则的缺失不无关系——最终结果无价值论成为日本支配性的学说，构成要件的保障机能得以巩固，而行为无价值论也走向了二元的行为无价值论。只是当下在日本不论是主张犯罪的本质是法益侵害还是规范违反，也无论在犯罪论上是采取结果无价值还是行为无价值，均强调保护人权的宪法价值对刑法目的的限制。② 而在德国，纳粹政权战败后西欧传统的自由主义对刑法理论，也进行了实质性的除纳粹化的必要“清理”和人权保障理念的适度“还正”，但这种“清理”与“还正”是借助“不明确法概念的空泛性”之内容替换来实现的。③ 故而，“二战”后，在犯罪论体系上经历了结果无价值到行为无价值的蜕变之后，德国的刑法目的观不仅没有趋向权威主义、国家主义，却彰显出了《基本法》的民主自由价值④。

但鉴于特定时期形成的四要件犯罪论体系的特殊根基，其价值承载却成为我国犯罪论体系的完善，或变更中无法回避又棘手而事关全局的问题，也是犯罪论体系自身完善的先决条件。所以，在妥善解决犯罪论体系之价值承载后，再探讨作为价值载体的犯罪论体系本身的优劣，实质性意义似乎更大。只是四要件犯罪论体系在逐步与罪刑法定原则之间建立起

---

① 参见大谷实、前田雅英：『エキダイテイング刑法總論』、有斐阁、1999 年、頁 3。

② 参见丁慧敏：《刑法目的观转变简史——以德国、日本刑法的袪伦理化为视角》，载《环球法律评论》2011 年第 2 期。

③ 参见郑逸哲：《法学三段论法下的刑法与刑法基本句型(二)——刑法进阶》，台北，作者 2006 年自版，第 599 ~ 600 页。

④ 丁慧敏：《刑法目的观转变简史——以德国、日本刑法的袪伦理化为视角》，载《环球法律评论》2011 年第 2 期。

实质性的联系并获得新的根基后，其原有的政策性根基并不会自动丧失或消亡——四要件犯罪论体系依旧承担着维护秩序价值的使命。

问题是我国罪刑法定原则的暗弱，不仅体现在其额外地承担了社会保护机能及该机能对人权保障机能的比较优势，更体现在消极侧面的罪刑法定原则采取了单纯空洞的费尔巴哈式的表述，较之域外其缺少了相应的精确化表述、配套措施或制度保障，这难免使人权保障机能有被弱化或虚化甚至异化之虞；而刑事司法中已呈现的相关弊害，值得省思和警惕。如从交通肇事到生产经营非食品原料、"碰瓷"、偷窨井盖，危险方法五花八门，以危险方法危害公共安全罪越来越显示出背离罪刑法定原则的口袋罪特征。[①] 再如，不时出现的违反罪刑法定原则的"无效"司法解释，2000 年《关于审理扰乱电信市场管理秩序案件具体应用法律若干问题的解释》第 1 条关于非法经营罪的解释即为适例。[②]

作为罪刑擅断对立面的罪刑法定原则以保障人权为旨趣，但在现代刑法中罪刑法定原则仅是保障人权被证实了的有力手段，并非唯一手段。故而，四要件犯罪构成的人权价值根基并不以罪刑法定原则为限，审判实践认可了的超法规的违法性阻却事由等"排除犯罪性行为"，无疑也涵盖其中。

就罪刑法定原则而言，无论如何，域外罪刑法定原则并不曾放弃坚持至少定罪量刑之"行为时"判断的底线。如意大利、奥地利、韩国、泰国等刑法典予以了明示；德国、法国刑法典更是规定为"行为前"；基于《日本宪法》第 31、39 条等对罪刑法定原则的明示，为避免立法上的重复，故未在刑法典中阐明该原则，但宪法中也明确强调了"行为时"；即使瑞士等国的罪刑法定原则立法例中未明确"行为时"，学理上也一致对此持肯定的态度，一如我国。问题是交织着秩序价值与强势的社会保护机能，理论上的"行为时"在法律实务中的贯彻因扩张解释等的虚化而相当乏力。因此，我国刑法典至多确立了有效保障人权之载体的框架。虽然"罪刑法定主义固能避免法官之专横，保护个人，但此种主义之绝对采用，却有过分偏重立法而轻司法之感"[③]，但立法权暗弱的现状，使其在我国不成为问题，且对罪刑法定原则内涵的滞后性把握及异化，使该原则的内涵在我国大有"不识庐山真面目"的窘困，而四要件犯罪构成的一些缺陷更弱化了对罪刑法定原

---

① 参见孙万怀：《以危险方法危害公共安全罪何以成为口袋罪》，载《现代法学》2010 年第 5 期。

② 参见刘树德、王勉：《非法经营罪罪状"口袋径"的权衡——对法释[2000]12 号第 1 条的质疑》，载《法律适用》2002 年第 10 期。

③ 蔡墩铭：《刑法总论》(修订 8 版)，台北，三民书局 2009 年版，第 12 页。

则之人权保障机能的落实。故而,罪刑法定原则仅凭费尔巴哈式的空洞表述之一己之力,在与四要件犯罪构成的价值承载发展中劣势明显,由此产生的在定罪中可能出现的对人权保障力度的问题,就是逻辑延伸上的当然结论。

第二章　走向法治国之犯罪构成的价值基底

域内外文献资料明确显示，在人类法治的进程中，人权价值系成文刑法典的首要价值取向，并非当然成立的命题；相反地，在持久的秩序与人权的交织中，经由秩序价值向人权价值的推进，才是法治国进程中的常态。或许，恰恰是洞悉了法治国的诸相，德国的 Jürgen Habcrmas 坚信："法治国在总体上显得不是一个已完成的产品，而像一个易生病的、易犯糊涂的计划，这个计划着眼在一个变幻莫测的形势下，一个合理的法律秩序应被维护、被更新、被扩张，或者干脆重新设计。"①刑法作为标注社会秩序最后的界碑，在这一进程中的发展尤为引人注目。如果我们将审视的目光聚焦于作为人权价值核心载体的罪刑法定原则，那么犯罪构成与该原则建立实质性联系，及我国刑法对人权价值内涵的拓展，无疑经受着现实一次次的检验和修正而令人印象深刻。

第一节　阶层化犯罪论体系对人权根基之探求

一、犯罪论体系之秩序价值根基

众所周知，古典犯罪论体系（贝林—李斯特体系）是刑法史上第一套成型的犯罪阶层体系，而宾丁（Binding，1841—1920）在构成要件理论的发展进程中，起着上承以费尔巴哈为代表的前期构成要件理论、下启后期古典学派构成要件理论的作用。其将犯罪标识区分为行为、行为之违法性、行为之有责性、犯罪类型及其在刑法上之意义的体系。② 显然，宾丁的构成要件理论与其后贝林的"行为构成要件理论"存在诸多相似之处，但却不是第一套成型的犯罪阶层体系。究其根源，笔者以为宾丁的构成要件理论，与罪刑法定原则之间无实质性联系，其承载的核心价值依旧为秩序，是根本原因之一。

---

① 郑永流：《德国"法治国"思想和制度的起源与变迁》，载夏勇编：《公法》（第2卷），法律出版社2000年版，第83页。

② 参见洪福增：《刑法理论之基础》，台北，三民书局1977年版，第8页。

易言之,宾丁的构成要件理论以其规范论为根基,而其规范论严格区分刑罚法规(Gesetz)与概念上先行于刑罚法规之规范(Norm),认为犯罪就是否定规范、反抗规范、违反规范,刑罚则是对于否定规范之犯罪之再否定,而借此维持法之权威,并根据犯罪所造成之法秩序损害之大小,决定对犯罪者的刑罚之轻重(法律的应报论、客观主义)。[①] 这与西方法学理论中自然法与实定法之分密切相关,且宾丁所处的时代恰呈现自然科学理论及其方法一统天下的格局,刑法学也难免在其面前接受检视,并深受影响。由于规范先于刑罚法规,行为的犯罪性必须通过规范来判断,而刑罚法规仅是“推断”不成文之规范的一种方法。因此,宾丁容认类推适用的同时,对罪刑法定原则至少持怀疑的态度,即可依据刑罚法规之规定而创造出可罚行为之犯罪。“如果类推适用一项规定,那么被适用的法律条款就并非该规定,因为该条款在成文法中未明确规定,它只是不成文法而已。”[②]

尽管宾丁并不反对赋予规范以保障自由的功能,“法律通过各种禁止或命令来迫使人们限制恣意”,“以在最大限度内确保人们的自由,规范的限定本身不是目的,而只能是手段,其目的是保障自由”[③],但“(宾丁)所采取之法律的应报论,虽接近(康德)之主张,其思想所带有的国家主义色彩,则接近(黑格尔)之立场”[④]。质言之,在宾丁看来,规范的制定主体是国家而非国民,规范系对于行为的命令或禁止,“也是国家为实现其目的,而对其国民或国家机关命令为实现其目的所必要之行为,或禁止为有害于实现其目的之行为的一种国家意思的表现”[⑤]。这决定了上述宾丁构成要件理论虽将“行为”视为独立成立犯罪要件之一,但其构成要件理论的实质为规定于刑罚法规中的构成要件,是针对国民行为的,且是国家所为之无价值判断形式。因而,宾丁的构成要件理论未能跳出以维护国家法秩序为本旨的窠口,也未能展开罪刑法定原则之人权保障机能,这也有着深刻的时代根源。

宾丁所处的时代恰是德国由分裂走向统一,并由衰弱逐步走向强盛的时代,费尔巴哈毕生所倡导的市民刑罚概念,虽然开启了刑法近代化之门,但大陆法系浓厚的国家主义氛围抑制了市民社会的健康发展,使倚重心理强制说的罪刑法定原则所承载的人权价值难以有效地展开,兼罪刑法定原

---

① 参见陈子平:《刑法总论》(2008 年增修版),中国人民大学出版社 2009 年版,第 18 页。

② 马克昌主编:《近代西方刑法学说史》,中国人民公安大学出版社 2008 年版,第 255 页。

③ 同上书,第 256 页。

④ 陈子平:《刑法总论》(2008 年增修版),中国人民大学出版社 2009 年版,第 18 页。

⑤ 靳宗立:《刑法总论 I ——刑法基础理论暨犯罪论》,台北,作者 2010 年自版,第 147 页。

则因缺乏具体的制度支撑,其效果此时与其说是为了保护国民免于官僚机构的专横对待,毋宁说更多的是为了确保君主的统治意志能够有效地得以贯彻。① 且德国的法律理论与实务中警察国家思想始终如幽灵般隐现,从而形成了定罪中秩序价值对人权价值的强势,犯罪构成的人权价值根基暗弱。

而由人权保障思想及权力分立理论角度观之,刑法的制定主体只能是国民或其代表(机构),由此阐释罪刑法定原则之精义,则"'罪刑法定主义'并不以'法定性'为满足,而更致力于实现保护市民免于司法恣意——及免于立法恣意的'目的性',方为圆满"②,即罪刑法定原则获得了限制刑罚权以保障人权的价值蕴含。此时,国家权力应该仅是单纯通过刑罚法规,提示出纯粹记述性并有作为犯罪加以处罚之可能性的行为,但该当于该形式的行为是否违法,则应通过国民法的确信予以决定。③ 恰在此意义上,贝林的"行为构成要件理论",对贯彻罪刑法定原则所承载的人权价值有实质性贡献。

此外,需要指出:域内外传统通说均主张罪刑法定原则的思想渊源包括1215年英国大宪章(Magna Charta/The Great Charter)第39条,然而这一传统通说因备受质疑正在逐步丧失其优势地位。大宪章系英王约翰(King John,1161—1216)于1215年6月15日在伦敦泰晤士河Runnymede大草原之休战会议中,应北方男爵(Barons)废止专制统治、回复古代及习惯法自由权利要求,并采纳Stephen大主教建议所签署的重大历史文件。④ 大宪章原文共75行(line),并无条目之分,但为契合现代法之形式要件,后世译者将其划分为63条(Clause)。⑤ 其中,第39条为:"No free man shall be seized or imprisoned, or have his rights and possessions taken from him, or outlawed, or exiled, or in any way destroyed; ***nor will we go upon him, nor send upon him***, except **by the lawful judgment of his equals** or by the law of the land."

对此,我国台湾地区学者周冶平将其译为:"任何自由人非依适法裁判

---

① 参见沢登佳人:『罪刑法定主义の历史的意义への反省』,『犯罪と刑罚(上)——佐伯千仞博士还历祝贺』,有斐阁、1969、頁48。

② 郑逸哲:《法学三段论法下的刑法与刑法基本句型(二)——刑法进阶》,台北,作者2006年自版,第33页。

③ 参见沢登佳人:『罪刑法定主义の历史的意义への反省』,『犯罪と刑罚(上)——佐伯千仞博士还历祝贺』,有斐阁、1969、頁70~71。

④ 参见王玉成:《社会变迁中之罪刑法定原则》,台南,大伟书局1988年版,第204~205页。

⑤ See Sarum, Magna Charta, 1215, A History of the Document and A Guide of its Translation by Elsie Smith, phd. B. A(University of London), Sarum Cathedral Library. p. 6.

或国家法律，不得逮捕、监禁、剥夺领土、剥夺法律保护或予以放逐；亦不得以任何方法使之毁灭。***朕亦不赴彼处，亦不向彼处派人。***”①而王玉成先生则基于对“**by the lawful judgment of his equals**（同一身分之人）”及“**nor will we go upon him, nor send upon him**（大宪章原文为：nec super eum ibimus, nec super eum mittemus）”等的细究，将其译为：“任何人非经同一身分之人依国家法律及适法裁判，不受逮捕、监禁；或侵害权利及财产、剥夺其法律之保护、或放逐或以任何方法予以毁灭。吾亦不自行或派人扰民。”②若此，则视大宪章第39条为罪刑法定原则的思想渊源，着实不妥。③

毕竟，在专制集权的政治体制下“罪刑法定”之形式所承载的实质性内涵，大抵无异于我国古代法律所要求的（严格）按照成文法定罪之旨趣，即建构在自由主义与民主主义之上的罪刑法定原则与（严格）按照成文法定罪之间的实质性联系甚少，其中前者以人权为精髓，后者以秩序为纲要，且主要是对官员科以遵守法律的义务以维护集权统治；而由上述大宪章签署的时代背景观之，其第39条之“限制君主刑罚权”的旨趣是通过习惯法来实现的，这明显悖于习惯法不得为法源、权力分立理论等的要求，因此，“限制君主刑罚权”更宜诠释为君主为维护集权统治而做出的让步，但这并未实质性地打破秩序下的人权之整体格局。部分日本学者曾将该区别如表2－1所示：④

表2－1　罪刑法定之区别

项目	大宪章第39条	法国《人权宣言》	近代欧陆刑法
拘束对象	君主（刑罚权）	国家（刑罚权）	法官（擅断）
拘束手段	习惯法	议会制定之成文法	议会制定之成文法

二、犯罪论体系之人权价值根基

宾丁系“二元的规范论”者，其中“规范创造违法行为，刑罚法规创造

① 王玉成：《社会变迁中之罪刑法定原则》，台南，大伟书局1988年版，第206页。

② 参见王玉成：《社会变迁中之罪刑法定原则》，台南，大伟书局1988年版，第207～209页。

③ 时至今日，该类观点在我国台湾地区逐渐成为有力之学说。与之相关，诸多学者要么指出大宪章中限制王权的部分只是罪刑法定原则思想的滥觞（林钰雄等），要么根本不提及大宪章，直接从17世纪自由主义的发展谈起，间接否定其与罪刑法定原则之间的实质性关系（林东茂等）；要么直接否定大宪章对近现代意义上罪刑法定原则的实质性意义（郑逸哲等）。在日本，否定说同样存在，如泷登佳人、横山晃一郎等。参见［日］大塚仁：《刑法概说（总论）》（第3版），冯军译，中国人民大学出版社2002年版，第60页。

④ 王玉成：《社会变迁中之罪刑法定原则》，台南，大伟书局1988年版，第213页。

犯罪行为”，但其过分强调规范在定罪中的地位却忽视刑法本身的作用，无疑使成文“刑法规定的指令”飘忽不定，既不利于实务操作，也无助于人权保障，从而备受诟病。不过毋庸置疑，宾丁区分规范与刑罚法规以探究违法性的本质，意义重大。这不单体现为宾丁将行为之违法性求诸规范之违反，赋予今日刑法学之违法性理论不可动摇的基础，[①]更体现为深受宾丁规范论影响的贝林将构成要件理论阶层化，并完成了构成要件理论与罪刑法定原则之间的实质性联系，即行为违反规范即为违法，此系犯罪成立要件，而要处罚违反规范之行为，其前提是存在刑罚法规——刑罚法规规定的“定型”，系贝林所谓的“构成要件”。

质言之，贝林批判地继承了宾丁的实定法之规范理论，认为“犯罪为违法（违反规范）之行为，其意义尚欠明确，事实上，此违反规范之行为犹须适合于刑罚法规之内容规定，然后方构成犯罪”。[②] 这样在折衷调和自然法与实定法的基础上，就定罪而言为实现人权保障理念之期许，贝林将构成要件严格置于实定法之根基上。贝林指陈：“我想特别强调的是，行为的构成要件符合性决不只是与刑法分则相关的概念——属于刑法分则的，只是单个的构成要件（复数）——毋宁说是一般的犯罪要素这种认识……这种认识特别地意味着使刑法理论在迄今为止仍未得到充分论述的刑法第2条（罪刑法定主义的宣言）的原则之中得以实证化了。”[③]即贝林力图通过将构成要件符合性作为独立的要素纳入犯罪概念，从而使法官受成文法的节制以排除司法擅断，实现构成要件贯彻罪刑法定原则之人权保障机能的旨趣。可见，贝林的构成要件理论大抵在宾丁规范论的基础上进一步廓清了违法与犯罪的界限，并基本克服了宾丁在构成要件理论与罪刑法定原则之间造成的紧张关系，从而开启了对实定法在定罪中绝对地位的探索。也正是在这个意义上，构成要件符合性与违法性区别开来并形成了阶层，且构成要件的阶层化与构成要件集客观要件与主观要件于一体，并行不悖且承袭至今。“（古典犯罪理论）行为、构成要件该当性与违法性系行为人内心主观以外的客观事实，故属于客观要件；罪责则系行为人内心的主观心态，故属于主观要件。客观要件与主观要件分得清清楚楚。”[④]“这个体系（古典犯罪论体系）在现代德国信条学中至今仍然适用的基础性范畴，

---

① 参见靳宗立：《刑法总论Ⅰ——刑法基础理论暨犯罪论》，台北，作者2010年自版，第148页。

② 韩忠谟：《构成要件与刑法理论之体系》，载蔡墩铭主编：《刑法总则论文选辑（上）》，台北，五南图书出版有限公司1984年版，第163页。

③ ［日］西原春夫：《犯罪实行行为论》，戴波、江溯译，北京大学出版社2006年版，第30页。

④ 林山田：《刑法通论（上册）》（增订10版），台北，作者2008年自版，第184页。

是建立在这样一种认识基础上的：不法与罪责之间的关系就像犯罪的外部方面和内部方面之间的关系一样。”①**因此，规范与刑罚法规之区分及其与罪刑法定原则所承载的人权价值的实质性联系，是犯罪构成要件趋于阶层化的原动力。**

其后的刑法学者恰恰沿着宾丁与贝林开启的方向推进的，因为贝林倚重构成要件贯彻罪刑法定原则之人权保障理念的主观意图与客观效果，并未达到“毕其功于一役”的境地。易言之，为了排斥司法恣意贯彻罪刑法定原则之意图，贝林在犯罪论体系中赋予构成要件符合性以独立的机能，并否定构成要件符合性与违法性之间的关联（贝林晚年对此做出了部分修正），甚至可以认为贝林的构成要件符合性，就是对罪刑法定原则之人权保障内核的具体展开，社会保护机能更多的只是其客观效果，且其构成要件理论因绝对排斥法官的价值判断，也难以达到实质性发挥出人权保障机能的客观效果。因此，贝林的客观的、记述性的、价值中立的构成要件随后就在规范的要素与主观的要素面前而破绽尽显并被修正。“在这个意义上，贝林以后犯罪论的历史乃是逐渐深化构成要件符合性与违法性之间关联的历史，就是理所当然的。”②而构成要件符合性与违法性二者关系的逐步亲密化，无非是罪刑法定原则之人权保障机能对社会保护机能比较优势之征表。因为，构成要件符合性大抵以实定法为依据，而此时违法性与构成要件符合性之间的关系，通常是在“例外与原则”或“实质与形式”立场上加以阐释的，③即违法性是以保障人权的出罪为实质内容。与此相适应，罪刑法定原则开启了由形式化向实质化嬗变的历程。甚至有学者认为：“就犯罪论体系演变过程，可以发现支配着罪刑法定原则内容的基础，与其说是‘法治国原理’的转变，倒不如说是‘法实证主义’、‘新康德主义价值哲学’、‘实存主义’等更为基础理论的演变。”④这种分歧并非从根本上否定规范论对构成要件向阶层化推进与完善的步伐，其间规范论内涵本身也屡经更迭演进。

“在宾丁幸运地奠定却并未走远的道路上，我们必须跨出重要的一步，在刑法学道路上走得更远，越过法律规范，走向文化规范。”⑤在规范论上

① ［德］克劳斯·罗克辛：《德国刑法学　总论》（第1卷），王世洲译，法律出版社2005年版，第121页。

② ［日］西原春夫：《犯罪实行行为论》，戴波、江溯译，北京大学出版社2006年版，第34页。

③ 参见陈子平：《刑法总论》（2008年增修版），中国人民大学出版社2009年版，第82页。

④ 靳宗立：《刑法总论Ⅰ——刑法基础理论暨犯罪论》，台北，作者2010年自版，第194页。

⑤ 马克昌主编：《近代西方刑法学说史》，中国人民公安大学出版社2008年版，第308～309页。

迈耶(M. E. Mayer)并不否定与宾丁之间的承袭关系,但其规范论的内容有实质性调整,即迈耶在宾丁"规范—刑罚法规"框架上发展出"文化规范—刑罚法规"结构。就迈耶的规范论而言,一般认为法是由法规范与文化规范所构成:文化规范系植根于社会生活的宗教性、道德性、习俗性的规范,其以社会上的一般人为规范对象,而法规范是文化规范的沉淀,无文化规范之要求,即使形式上符合刑法的规定,也不得科以刑罚;法规范以国家机关为规范对象,是在"违反者之行为搅乱一般由文化规范加以维持的社会秩序,而造成该当社会之人的利益受到毁损之场合,负起恢复受到搅乱的秩序、保护受毁损之法益之任务的规范"①。

迈耶为彰显罪刑法定原则之人权保障机能,主张法规范对公民具有保障功能却无规范作用,而行为规范是通过文化规范传递给公民的,这延续了规范与法规分离的基本结构。也正是在此意义上,迈耶才能实现对犯罪阶层体系的推进——规范论所坚持的违法与犯罪的分离赋予了构成要件符合性与违法性的相对独立性,但构成要件符合性是违法性的重要认识根据,二者关系如同烟与火的关系,而文化规范作为法规范的根底,使法规范无法摆脱对抽象的、超实定法的文化规范的依赖,更使罪刑法定原则由形式化走向了实质化。毕竟,刑罚法规系对于以法官为中心的国家机关发布命令,以拘束其擅断、恣意,同时为突出人权保障机能即便形式上具备构成要件符合性的行为,只要欠缺文化规范的支撑,就不构成犯罪,这无疑容忍了超法规的阻却事由,限缩了犯罪圈,且罪刑法定原则增加了"禁止溯及既往"的侧面,与之相对犯罪阶层体系趋于实质化;但文化规范的抽象性不可避免地导致了对违反规范之犯罪解释的力所不逮,模糊了罪与非罪的界限,这受到了诸多诟病,而文化规范对法规范的支配地位,则被认为是"使自然法复活的理论",其所受的评价历来毁誉参半。

开创了评价规范与决定规范二分法的迈兹格(Edmund Mezger)受新康德主义哲学的影响,承认一种独立于实定法的价值,并主张刑法的目的是保护法益,不法的实质内容在于行为对法益所造成的实害或者威胁。② 在迈兹格那里,法益是一个自在的概念,其以实定法和超实定法之法(übergesetzliches Recht)为根据,而刑法中更存在一种超实定法之法,且必须用于司法之概念建构,紧扣法律的实证基础而存在。③ 但就规范理论而言,迈兹格关于评价规范与决定规范之区分的实质性意义,更多地在于开

① 靳宗立:《刑法总论 I ——刑法基础理论暨犯罪论》,台北,作者2010年自版,第150页。

② 参见陈璇:《刑法中社会相当性理论研究》,法律出版社2010年版,第6页。

③ 参见马克昌主编:《近代西方刑法学说史》,中国人民公安大学出版社2008年版,第334页。

创了刑罚法规内含规范理论，这否定了迈耶规范理论所主张的文化概念优先于实定法的论调，从而将规范理论纳入实定法之中，摆脱了此前刑法对虚幻的超刑罚法规的规范理论的依赖，自此原本求诸自然法引领的规范理论在实定法框架内确立了成长的根基——这必然导致对与规范理论之间存在密切联系的构成要件中，包含了价值内容的承认——最终确立了实定法在定罪中的绝对权威，并进一步夯实了罪刑法定原则的根基。

迈兹格的规范理论，对罪刑法定原则与构成要件理论影响深远。与迈耶相同，迈兹格也主张刑罚法规所规定的构成要件，具有使所禁止的违法加以明确以贯彻罪刑法定原则的功能，①而在违法性阶层中对超法规的违法性阻却事由的承认，同样是以出罪为其实质内容，这不过是对罪刑法定原则所承载的人权价值的又一次注释而已。同时，将规范理论纳入实定法之中，违法性判断的重点便转入了行为是否与现实的法律规范相抵触，而禁止是由刑罚法规所产生的，这与构成要件符合性的判断在本质上差别并不大，这样构成要件就成为违法性的“存在根据”。即在迈兹格看来，构成要件不再是判决的对象，而是对其范畴内所有行为的评价标准，被看作伴随例外辩解保留条件的违法性判决，于是，构成要件与违法性的区别只在于通过构成要件得出的“法律的无价值判断”是暂时的，②这样两阶层构成要件理论应运而生，但两阶层犯罪论体系对罪刑法定原则之人权保障机能的贯彻，稍显乏力。因此，后世褒贬难免集于一身。

其实，迈兹格时期的纳粹刑法已然废除了罪刑法定原则。因为，“刑法秩序和罪刑法定主义绝不相容，而是有自己固有的基本要求：不为了形式的安定性而遵循罪刑法定主义，而是确保基于民族整体的法确信所应处罚的行为一定受到处罚；广泛注意活生生的不成文法；不拘泥于文义来适用法律，而是依其精神和立法意旨”③。不过，迈兹格对规范与法规区分的坚持，致使构成要件的阶层化方向在理论上并未出现根本的变动；而承认构成要件中的价值内容，进一步模糊了构成要件符合性阶层与违法性阶层的界限，且二者原则与例外的定位，“只不过是一种单纯的说明形式，并不具有实体性的意义”，④由此衍生的弊害是，“其不法理论不同于一般的客观违法性理论，不仅客观违法性理论阐述得并不透彻，其主观不法要素的理

---

① 参见靳宗立：《刑法总论Ⅰ——刑法基础理论暨犯罪论》，台北，作者2010年自版，第151页。

② 参见刘艳红：《犯罪构成要件：形式抑或实质类型》，载《政法论坛》2008年第5期。

③ 郑逸哲：《法学三段论法下的刑法与刑法基本句型(二)——刑法进阶》，台北，作者2006年自版，第593页。

④ 张明楷：《外国刑法纲要》(第2版)，清华大学出版社2007年版，第76页。

论也根据不足"[①]。

其后,韦尔策尔(Hans Welzel)在对传统的法益侵害理论进行发难的基础上确立起一般国民规范理论(社会相当性理论),同时架构起目的主义犯罪阶层体系。韦尔策尔与新康德主义保持了明显的距离,推崇黑格尔的"现实与追求价值的综合体",即存在内含秩序,价值根源于物质,法律对生活材料仅是单纯的描述而非规制,从生活秩序中可以导出法秩序,亦即方法一元论,并将其与他的刑法观相连。[②] 在韦尔策尔看来,所有处于共同体生活的历史形成之社会道德秩序之内的行为,都是社会相当的行为;社会相当性既是一个功能性的秩序概念(funktionaler Ordnungsbegriff),又是一个价值性的秩序概念(werthafter Ordnungsbegriff)。[③] 在目的主义犯罪阶层体系架构上,韦尔策尔批判地采纳了 N. Hartmann 的伦理学见解,萃取出"目的行为""意志自由"等概念,发展出了目的行为论,并主张"人的违法观"、社会相当性理论等。这同样有着深刻的时代背景。

目的主义犯罪阶层体系草创之初,恰逢纳粹刑法的崛起时期,也是秩序极端蔑视人权时期。"只要是为了国家利益,无论多么罪大恶极也可以逍遥法外,而一旦与国家利益相悖,则合法的行为也会遭受惩罚。"[④]这必然要求刑法的构成要件开放化,且纳入时代的价值内容以服务于政治。例如,纳粹法官求诸"犯罪类型"的扩张和"目的论法律解释"等抛弃刑事法,对具体犯罪的定义及某行为是否真的满足了该犯罪的先决条件,以满足纳粹世界观。[⑤] 因此,韦尔策尔作为"纳粹专政的刑法意识形态论者之一"(英戈·穆勒语),其刑法理论不可避免地带有为纳粹主义粉饰的色彩。例如,韦尔策尔赞成制定危害德意志民族尊严的构成要件:"在未来的刑法中,应该明文制定刑罚规定处罚蔑视德意志民族及其代表人物(纳粹领导人)的历史成就。"再如,韦尔策尔也赞成在核心刑法与卑鄙行为惩罚法(Heimtückegesetz)中,以刑罚来保护两种"由国家掌握的伟大共同体力量:由国家主控的运动及其组织,以及军事武力",因为"除了具有政治方向的民族外,尤其肩负其历史使命和有组织的共同体力量是一种共同体荣誉的

---

① 马克昌主编:《近代西方刑法学说史》,中国人民公安大学出版社 2008 年版,第 337 页。

② 参见蔡桂生:《韦尔策尔犯罪阶层体系研究》,载《环球法律评论》2010 年第 1 期。

③ 参见陈璇:《刑法中社会相当性理论研究》,法律出版社 2010 年版,第 10 ~ 11 页。

④ [德]英戈·穆勒:《恐怖的法官——纳粹时期的司法》,王勇译,中国政法大学出版社 2000 年版,第 22 页。

⑤ 同上书,第 140 页。

肩负者”。[①] 因此，在强大的“利维坦”面前，罪刑法定原则被舍弃，犯罪的本质被界定为违反对民族共同体所负的义务，法官是被领导者，法律是领袖的命令及单纯的民族和国家利益的大宪章……此种氛围下，韦尔策尔目的主义犯罪阶层体系中“目的”“人的违法观”“社会相当性”等包含着对上述人权保障理念逆反的纳粹种族主义的容纳，无非是“适者生存法则”逻辑延伸下的当然结论。

前已述及，在纳粹政权战败后，西欧传统的自由主义对刑法理论进行了除纳粹化的必要“清理”和人权保障理念的适度“还正”，只是最终采取的却是“不明确法概念的空泛性”之内容替换的“妥协方式”。如韦尔策尔一贯坚持“社会相当性”的判断标准是“共同体当时的道德架构”，但对“社会相当性”的地位及其功能始终无法给出明确的立场：时而被视为行为的特征和构成要件的固有原则，时而被视为习惯法的阻却违法事由，时而被视为合目的性限缩构成要件的一般原则；而关于刑法所应保护的价值：1944 年为“对民族、国家和领导（阶级）的忠诚，对于国家权力的服从，以及备战”，1947 年则易为“对他人生命、健康、自由和财产的尊重”。[②]

由以上可见，架构在一般国民规范理论（社会相当性理论）根基上的目的主义犯罪阶层体系，在建立之初是可以实现与罪刑法定原则相分离的，只是在战后才积极寻求与罪刑法定原则之间的实质性联系，并重新替换了价值根基，这使战后的目的主义犯罪阶层体系之内涵实质上走向了新康德哲学的价值思想，[③]从而才获得了正面的支持。此外，韦尔策尔对开放的构成要件的提倡、目的行为论的构建等大抵出于同一立场。与上述时代背景相关，目的主义犯罪阶层体系潜含了自身难以克服的诸多弊端，如过失犯、不作为犯的目的性难以说明。

因此，有学者戏谑道：如果一种容器既能装尿又能盛酒，那么这种容器令人尊崇的高贵价值何在？韦尔策尔的目的主义犯罪阶层体系恰是这种容器。尽管这一批判过于苛刻，但其包含了值得肯定的合理成分。

只是目的主义犯罪阶层体系为犯罪论体系的演进贡献了不可或缺的有益素材，“目前德国的体系通说，是新古典与目的论的结合”[④]。其就是

---

① 郑逸哲：《法学三段论法下的刑法与刑法基本句型（二）——刑法进阶》，台北，作者 2006 年自版，第 587 ~ 588 页。

② 郑逸哲：《法学三段论法下的刑法与刑法基本句型（二）——刑法进阶》，台北，作者 2006 年自版，第 600 页。

③ 参见林东茂：《刑法综览》（修订 5 版），中国人民大学出版社 2009 年版，第 34 页。

④ 林东茂：《一个知识论上的刑法学思考》，台北，五南图书出版有限公司 2001 年版，第 36 页。

吸纳了目的主义犯罪阶层体系所主张的将故意、过失由有责性阶层移至构成要件符合性阶层，而承认主观构成要件与客观构成要件。且犯罪论体系作为一种载体，其本身的价值固然重要，但其能承载的价值和应承载的价值似乎更为重要。在我国犯罪论体系的演进过程中，这应当给予我们更多发人深省的启示。因为，社会相当性理论及建立在此基础上的目的主义犯罪阶层体系，在刑法史上所经历的对罪刑法定原则的背离与还正，恰恰从正反两个方面证实了人权价值理念的逐步勃兴及秩序价值对人权价值的循序让位。

不过，在当下即便身处法治国的欧陆，也不时遭遇秩序与人权两种价值间的紧张关系，但域外阶层化的构成要件实质性地承载了罪刑法定原则的人权保障价值，并毫无例外地成为保障人权的忠诚卫士以抵御强大的“利维坦”，是恪守不渝的确信。当然，阶层化犯罪论体系对人权价值的彰显，并不意味着其业已放弃了对秩序价值的承载。毕竟，刑法在任何社会均发挥着难以替代的社会控制机能，而这必然内化在作为定罪凭借的犯罪论体系中。就阶层化犯罪论体系而言，构成要件符合性阶层对秩序价值的承载不可或缺，但贯穿阶层化犯罪论体系位阶的核心红线无疑是人权价值取向。例如，在对被告人不利的范围内，罪刑法定原则享有绝对的支配性，即“积极构成要件是否满足采法定主义，但就消极构成要件问题采法理主义；形式违法性固由构成要件该当性所征表，但实质违法性得由超法规的不成文阻却违法事由所否定；即使行为违法，亦非当然有责，法有明文之积极责任要件外，法无明文而以‘无期待可能性’阻却责任要件必须不存在”[①]。

第二节　域外平面化犯罪论体系对人权根基之探求

一、欧陆平面化犯罪论体系根基之转型

在欧陆诸国中，阶层化犯罪论体系当以德国为先锋，而平面化犯罪论体系则大抵以意大利[②]、法国为翘楚。故而，对意大利、法国平面化犯罪论

---

① 郑逸哲：《法学三段论法下的刑法与刑法基本句型（二）——刑法进阶》，台北，作者 2006 年自版，第 30 页。

② 在意大利，犯罪构成理论中存在“二分法”、“三分法”及由“三分法”发展起来的“新的二要件论”“犯罪构成多样说”的争论，笔者以为“二分法”是典型的平面化的犯罪构成，而“三分法”及与“三分法”之间无原则性分歧的“新的二要件论”“犯罪构成多样说”则属于阶层化犯罪构成的范畴。当下，“三分法”系意大利刑法理论中居于优势性地位的学说。

体系的根基进行分析，能够勾勒出欧陆平面化犯罪论体系根基的轮廓，甚至可以认为意大利、法国平面化犯罪论体系根基的转型，就是欧陆平面化犯罪论体系根基转型的缩影。

（一）意大利犯罪论体系根基之转型

1930年10月19日墨索里尼签署公布了"罗科刑法典"，其后该刑法典虽几经修订但效力一直延续至今。"罗科刑法典"开篇即阐明了罪刑法定原则："任何人不得因未被法律明文规定为犯罪的行为受到处罚，也不得被处以法律未规定的刑罚。"然而，置身于法西斯政权之下罪刑法定原则，仅有"保证法律规范确定性的作用"，其保障人权的本旨难免遭到了"抑制"，且"抑制"的途径为"代理性法规"，即通过宪法赋予法律无时间限制地授权行政机关在非常广泛的范围内制定刑法规范。① 可见，在消解罪刑法定原则对国家刑罚权的限制上，意大利采取的虚化方式迥异于德国赤裸裸地删除了罪刑法定原则的手段。

尽管意大利古典的二分理论（犯罪构成"二分说"）从犯罪是一个"理性的实体"出发，主张犯罪集"物理力"（客观要件）与"精神力"（主观要件）于一体，由此架构理论导致了犯罪构成本身无法容纳"合法化原因"的尴尬，但古典的二分理论的提出"本含有限制国家刑罚权发动的意思"；②且深受20世纪30年代德国阶层化犯罪构成的影响，犯罪构成"三分说"在意大利已处于发端阶段，但其同样与业已被法西斯政权虚化的罪刑法定原则之间缺乏实质性联系。因此，此时意大利平面化的犯罪构成之根基，很难与人权价值取向之间建立起实质性联系，这一时期的刑事审判实践也提供了坚实的实证支撑。

与意大利求诸宪法以虚化罪刑法定原则方式联系紧密的是，"二战"后意大利对犯罪构成之人权价值的根基以罪刑法定原则为核心予以了还正，其主要围绕着两个方面进行：其一，通过宪法途径的还正；③其二，通过刑法典本身的还正。就前者而言，《意大利共和国宪法》第25条规定："除依据在行为实施前已生效的法律外，不得对任何人进行处罚。"虽然意大利刑法学者之间的分歧依旧存在，但大多数学者认为，该条宪法规范包含了

① 参见［意］杜里奥·帕多瓦尼：《意大利刑法学原理》（注评版），陈忠林译评，中国人民大学出版社2004年版，第29页。

② 同上书，第108～109页。

③ 这可以认为是对罪刑法定原则的宪法化，由于我国尚无违宪审查制度，且该制度受诸多主客观因素的制约短时间内难以确立，因此，罪刑法定原则的宪法化对我国的参考意义相当有限。

罪刑法定原则的全部内容。[①]

同时,意大利宪法法院通过对刑法条文的合宪性司法审查,释放出强大的动态干预能量,从而彰显出对人权价值取向的倾斜,这有效地强化了犯罪构成之人权保障的根基。“宪法法院的违宪宣告一般表现为两种形式:一种是宣告有关条款完全违宪,从而导致该条款被废除;另一种是宣告有关条款部分违宪,从而导致对该条款作出新的合宪性司法解释。”[②]例如,《意大利刑法典》第559条规定了通奸罪,但该罪的主体却局限于妻子,因此,意大利宪法法院分别于1961年、1968年及1969年宣告该条违反了《意大利共和国宪法》第3条与第29条确立的配偶平等原则,并最终废除了通奸罪条款。这一举措将妻子的通奸行为除罪化,缩小了犯罪圈,无疑是对犯罪构成之人权价值根基的巩固。

就后者而言,意大利法西斯政权战败后虚化罪刑法定原则的“代理性法规”得到了彻底的清理,相对于“保证法律规范确定性的作用”位阶更高的罪刑法定原则的保障人权作用得以还正,并与犯罪构成之间重新建立了联系,而作为罪刑法定原则基本内容的“法律专属性原则”更是具有了宪法意义,人权价值获得了双重保险;同时,罪刑法定原则本身的内涵在保障人权意义上也得到了拓展。

例如,2006年2月24日第85号法律《对刑法典关于监禁犯罪的修改》第14条第1款规定:“如果处罚为监禁刑并且后来的法律仅规定处以财产刑,已科处的监禁刑立即依照第135条的规定转换为相应的财产刑。”[③]

再如,禁止类推原则是罪刑法定原则的重要内容,现代国家强调禁止类推的主要目的是保障公民自由,但在对被告人有利的某些特殊情况下可以类推适用正当防卫条款,为不少学者所赞同。[④] 毕竟,“对扩大公民自由的类推持赞成态度,是意大利刑法自古典学派以来的历史传统”[⑤]。只是部分学者以“适用有利于被告的类推,实际上不是‘填补’法律的空缺,而

① 关于意大利刑法学者如何理解该宪法规定与罪刑法定原则之间的关系,可参见[意]杜里奥·帕多瓦尼:《意大利刑法学原理》(注评版),陈忠林译评,中国人民大学出版社2004年版,第17～18页。

② 黄风:《意大利刑法及其新近的发展》,载黄风译注:《最新意大利刑法典》,法律出版社2007年版,第6页。

③ 同上书,第5页。

④ 同上书,第9～11页。

⑤ [意]杜里奥·帕多瓦尼:《意大利刑法学原理》(注评版),陈忠林译评,中国人民大学出版社2004年版,第37页。

是在破坏法律规定的一种秩序"[①]为由，否定有利于被告人的类推。

此外，为削弱犯罪构成的秩序价值根基，"二战"后的意大利颁布了一系列法律以减缓"罗科刑法典"中的严重镇压色彩，意大利的立法机构甚至试图制定一部新刑法典，但最终因阻力过大而胎死腹中。不过，刑法学者所提出的部分改革措施为后来的单行法律所采纳。于是，"罗科刑法典"的严厉性在人权价值取向的旗帜下，借助法官自由裁量权的方式被进一步淡化，这也为犯罪构成的根基向人权价值倾斜，提供了不可或缺的条件。

值得一提的是，在意大利犯罪构成的根基转型中引人注目的是犯罪构成"三分说"的勃兴。前已述及，犯罪构成"三分说"系深受德国20世纪30年代阶层化犯罪构成的影响而在意大利发展起来的阶层化犯罪构成，且目前在刑法理论上"三分说"居于优势地位。犯罪构成"三分说"主张犯罪的成立条件包括典型事实（il fatto tipico）、客观的违法性（l' angigiuridicita` oggettiva）与罪过（la colpevolezza）。[②]

笔者以为，"三分说"在意大利的勃兴，与其说是摆脱"二分法"在犯罪论体系周延性上困境的优化选择，毋宁说是犯罪构成寻求以罪刑法定原则为主要载体的人权价值根基的理性指引。

的确，意大利的犯罪构成"二分说"理论，在体系上无法解决犯罪构成本身对"合法化原因"（出罪事由）的容纳问题。"合法化原因在这种体系中却无存身之处，后来只好将其勉强解释为因主体受'强制'而排除精神力的原因。"[③]然而，这种解释论上的"周延"颇为牵强。况且在"精神力"（主观要件）的范畴内探讨"合法化原因"（如正当防卫等），与部分"合法化原因"在性质上系客观的[④]相违背，而德日等大陆法系国家刑法理论是在违法性阶层解决正当防卫等问题的，且体系上相当周延，故就此而言"二分法"的劣势明显，而若将"合法化原因"置于犯罪构成之外来处理（相当

---

① ［意］杜里奥·帕多瓦尼：《意大利刑法学原理》（注评版），陈忠林译评，中国人民大学出版社2004年版，第39页。

② 参见［意］杜里奥·帕多瓦尼：《意大利刑法学原理》（注评版），陈忠林译评，中国人民大学出版社2004年版，第109～110页。其实，准确地说典型事实（il fatto tipico）源于德语中的"tatbestand"，即构成要件符合性，而罪过（la colpevolezza）则为有责性。当然，基于翻译的差异部分刑法学者将"三分说"的三个要件译为客观要件、违法性与主观要件。参见黄风：《意大利刑法及其新近的发展》，载黄风译注：《最新意大利刑法典》，法律出版社2007年版，第14页。

③ ［意］杜里奥·帕多瓦尼：《意大利刑法学原理》（注评版），陈忠林译评，中国人民大学出版社2004年版，第108页。

④ 作为"精神力"中客观方面的"精神损害"，如犯罪在社会中引起的恐慌，与德日违法性阶层"违法是客观的"中之"客观"差别甚大。

于我国四要件犯罪论体系下的“排除犯罪性行为”),则会陷入定罪标准二元化的窘境,即否认了犯罪构成本身在定罪中的自足性。

其实,平面化的犯罪论体系本身对罪刑法定原则之人权保障机能的贯彻潜含着功能性缺陷,甚至可以认为平面化的犯罪论体系难以与罪刑法定原则之间建立起实质性的联系,即通过平面化的犯罪论体系来实现罪刑法定原则的司法化,相当乏力。因为,在德日阶层化犯罪论体系中,构成要件符合性系对罪刑法定原则的直接贯彻,也是对该原则之人权保障机能最忠实的捍卫。另外,在违法性阶层中超法规的违法性阻却事由等无不以贯穿人权价值取向的出罪为己任。这使犯罪构成在价值根基的博弈上不会轻易倒向秩序的一端,从而置保障人权于乏力的困境。与之相对,平面的犯罪构成“二分说”无法赋予出罪事由以明确而恰当的体系性地位,这难免会削弱犯罪构成的人权价值根基。且“二分说”是通过“物理力”(客观要件)与“精神力”(主观要件)的结合,来笼统地贯彻罪刑法定原则之人权保障机能的。这样,结合出罪事由的体系性地位不难发现:若将出罪事由置于“物理力”或“精神力”之内,则不仅产生了上述体系上的周延性问题,也衍生出罪刑法定原则之人权保障机能与出罪事由的人权保障机能合二为一的弊病。这有悖于现代罪刑法定原则是人权保障的有效载体而非唯一载体的理念,也游离了现代罪刑法定原则与构成要件及相关制度的前述位阶关系。若将出罪事由置于犯罪构成之外,则除定罪标准的二元化备受诟病外,在对出罪事由进行评价时与犯罪构成的评价之间存在实质性的二次评价与交叉评价,逻辑上相当混乱;且出罪事由的评价置于犯罪构成之外,其前提是行为具备了“犯罪”的主客观要件。因此,容易给评价者以入罪的倾向性思维,再次在出罪事由的考量上极易受社会治安状况、媒体舆论、被害人的严惩呼吁等因素影响,导致在入罪与出罪的博弈上滑入入罪的误区。可见,平面化犯罪论体系“二分说”在对人权价值根基的贯彻上劣势明显,而该劣势恰恰凸显出犯罪构成“三分说”之优势所在。

细察意大利犯罪构成的“二分说”与“三分说”,最显著的差异在于后者增加了“客观的违法性”要件。① 在意大利的刑事司法实践中,“客观的违法性”只是一个纯粹的否定性因素,即行为正当化的理由。② 然而,这并不意味着“二分说”否定违法性,相反,“二分说”也认可违法性,只是在违法性的地位及功能设定上与“三分说”不尽一致而已。“‘两分法’则把违

① 其实,“典型事实”能否等同于客观要件,笔者对此持否定至少是谨慎的态度。

② 参见[意]杜里奥·帕多瓦尼:《意大利刑法学原理》(注评版),陈忠林译评,中国人民大学出版社 2004 年版,第 111 页。

法性看作犯罪的实质,认为不应当把它降格为构成要件;而且违法性是对行为与法律关系的一种判断,不属于行为本身所包含的组成部分。”[①]这导致在体系设置上其被置于犯罪概念(实质的犯罪概念)部分或客体部分[②]予以阐释。因此,有别于“二分说”所主张的违法性系对行为与法律关系的判断,“三分说”意义上的违法性与人权价值紧密相连,这有效地架起了一座连接犯罪构成与人权价值根基的桥梁。

(二)法国犯罪论体系根基对人权价值之探求

众所周知,“二战”中法国曾一度因德国法西斯政权的入侵而政息国亡,“二战”后重新复国的法国在刑事法律理论与实践中历经了一系列的变化,但在“犯罪(行为)—犯罪人(行为人)”的犯罪二元论体系上并未有实质性变更;且自1810年拿破仑刑法典确立了罪刑法定原则后,该原则所蕴含的人权价值始终被高扬,这从“二战”前甚嚣一时的废除罪刑法定原则的纳粹法学思想笼罩欧洲大陆时,法国法学家与“国际大会”(1937年巴黎、海牙)为捍卫该原则而进行的辩护,即可见一斑。[③] 因此,肯定法国犯罪构成的根基与罪刑法定原则的之间的联系,并不会招致过多的异议。问题是,这种联系是形式的还是实质的?

关于罪刑法定主义之沿革,域外刑法理论中的传统通说所持的基本立场大抵为:大宪章→独立宣言→人权宣言→近代欧陆国家刑法。即1215年的英国大宪章(Magna Charta or The Great Charter)首开罪刑法定主义之端,其后洛克(John Locke)、卢梭(Jean Jacques Rousseau)、布莱克斯顿(William Blackstone)巩固其理论基础,后来该类人权保障思想波及美洲大陆,并最终被纳入殖民地的权利典章中;在欧陆基于对专制集权的抗争,兼受美国独立运动的巨大影响,不得已求诸革命手段,最终通过人权宣言确立了罪刑法定主义,及至1810年拿破仑刑法典开启部门法中明晰罪刑法定主义之先河;其后各国刑事立法争相仿效,罪刑法定主义遂成为近代法治国家最基本原则之一。可见,拿破仑刑法典对罪刑法定原则的确立,在保障人权的意义上其功至伟,且该刑法典自1810年颁布后效力一直延续至1994年的法国新刑法生效,在此期间罪刑法定原则因标榜人权价值,获

① 黄风:《意大利刑法及其新近的发展》,载黄风译注:《最新意大利刑法典》,法律出版社2007年版,第14页。

② 在意大利,犯罪客体并非犯罪构成的要件之一,其内容是围绕着犯罪的实质而展开,因此,可以认为客体是对实质的犯罪概念的延伸。参见[意]杜里奥·帕多瓦尼:《意大利刑法学原理》(注评版),陈忠林译评,中国人民大学出版社2004年版,第87~98页。

③ 参见[法]卡斯东·斯特法尼等:《法国刑法总论精义》,罗结珍译,中国政法大学出版社1998年版,第145页。

得了广泛的社会认同而打下了坚实的根基。值得注意的是,法国1994年刑法典沿袭了1810年刑法典的做法,肯定了法国本身的犯罪理论,但该理论侧重于刑罚,而犯罪论相当暗弱。①

就犯罪构成与罪刑法定原则之间的联系而言,在犯罪构成三要素说出现以前,罪刑法定原则对国家刑罚权的节制更多地聚焦于理念及宏观指导层面,而犯罪构成中增加的法律要素,使得罪刑法定原则与平面的犯罪构成之间在原有的关系上建立起了具体的审查(微观的评价)关系,但因正当化事由等问题而引起的犯罪构成要素内容的变动,如正当防卫、紧急避险等及与之相应的犯罪构成(犯罪构成四要素说、经 Cuche 改造后的犯罪构成三要素说等),包括当下在法国处于主导地位的犯罪(行为)—犯罪人(行为人)二元论体系,都未能使正当化事由等在犯罪论体系中的合理地位得到有效解决。这难免削弱了犯罪构成之人权价值根基,且随着对犯罪构成中法律要素的质疑与地位的重新厘定,平面的犯罪构成与罪刑法定原则之间止于"形式"而不及"实质"的联系,无疑预示着罪刑法定原则在法国颇受重视的传统的式微。毕竟,在缺乏了能有力地贯彻罪刑法定原则的犯罪构成后,随着现代国家行政权的膨胀和司法自由裁量权的扩张,止步于理念及宏观指导层面的罪刑法定原则的光芒渐失,似乎并不令人过于惊诧。"法国近期的立法实践和司法实践都明显地反映出刑事法制原则的衰弱。"②

易言之,在拿破仑刑法典确立罪刑法定原则之后,犯罪构成二要素说:构成犯罪事实方面的行为和导致该行为的并决定行为心理的故意,③是刑事审判实践中的主流观点。其后,犯罪构成二要素说被 V. Molinier 系统化,其指出:"所有法律规定为犯罪并予以处罚的行为都具备两个要素:由外部行为构成的事实要素以及与行为人有关并构成'有罪性'的纯心理要素。"④1855年奥尔托兰放弃了犯罪构成要素的概念,创立了行为—行为人的二元论犯罪体系。其中,原有的心理要素被代之以"行为人或犯罪的积

① 参见[法]雅克·博里康:《法国刑事犯罪概论》,朱琳译,载何秉松主编:《新时代曙光下刑法理论体系的反思与重构》,中国人民公安大学出版社2008年版,第126~127页。

② 孙平、博胥康(Jacques Borricand):《法国犯罪二元论体系概述:行为和行为人》,载赵秉志主编:《刑法论丛》(第11卷),法律出版社2007年版,第307页。

③ 参见[法]雅克·博里康:《法国的犯罪——犯罪人二元论体系介绍》,朱琳译,载《法学杂志》2006年第6期。

④ [法]雅克·博里康:《法国的犯罪——犯罪人二元论体系介绍》,朱琳译,载《法学杂志》2006年第6期。

极主体”，而事实要素被代之以“犯罪”。[①] 1879 年阿尔芒·莱内首创犯罪构成三要素说，包含法律要素、事实要素与心理要素；不久，R. Garraud 在犯罪构成三要素的基础上吸纳了德国宾丁于 1872 年提出的“违法性”理论的部分观点，增加了“无合法根据要素”，形成了犯罪构成四要素说。[②]

进入 20 世纪，犯罪构成四要素说与犯罪—犯罪人二元论体系之间的交锋成为了主角，但后者系多数说；1925 年，Cuche 对原有的犯罪构成三要素说进行改造，并得到了斯特法尼、勒瓦瑟等一批刑法学者的支持。[③] Cuche 对原有的犯罪构成三要素说的改造主要涉及：其一，将心理要素一分为二——研究精神病与未成年的部分被置于犯罪人论中；其他部分，即故意、错误、强制、紧急避险等，被纳入严格意义的心理要素中。其二，具有证明效力的事实被置于法律要素中。因此，经 Cuche 改造后的犯罪构成三要素说，也遵循了犯罪（行为）—犯罪人（行为人）的二元论体系基本模式。在某种意义上，可以认为在犯罪构成中增加“法律要素”是对罪刑法定原则司法化的一种尝试。

1994 年法国新刑法施行后，卡斯东·斯特法尼等在其犯罪（行为）—犯罪人（行为人）的二元论体系中将“法律要素”厘定为刑法的原则（罪刑法定原则），正当防卫、紧急避险、被害人的同意等具有证明效力的事实，则纳入二元论体系之犯罪人中的“不负刑事责任的客观原因”。[④] 不可否认，“法律要素”作为犯罪构成的要件在法国受到了有力的批判，而原先的“法律要素”内容则被修正为犯罪的先决条件或刑法的原则。[⑤] 然而，“法国犯罪论体系中法律要素的提出，与德国贝林格在其犯罪论体系中提出的构成要件该当性，本质上是一样的”[⑥]。在将“法律要素”升格为犯罪的先决条件或刑法的原则后，罪刑法定原则所承担的具体的审查功能随之瓦解，罪刑法定原则之人权保障机能的发挥，不得不倚重犯罪构成诸要素的“统

---

① 参见何秉松、庞冬梅：《法国犯罪二元论体系的结构性分析》，载《黑龙江省政法管理干部学院学报》2009 年第 4 期。

② 参见［法］雅克·博里康：《法国的犯罪——犯罪人二元论体系介绍》，朱琳译，载《法学杂志》2006 年第 6 期。

③ 参见［法］雅克·博里康：《法国的犯罪——犯罪人二元论体系介绍》，朱琳译，载《法学杂志》2006 年第 6 期。

④ 参见［法］卡斯东·斯特法尼等：《法国刑法总论精义》，罗结珍译，中国政法大学出版社 1998 年版，第 336 ~ 375 页。

⑤ 参见［法］雅克·博里康：《法国的犯罪——犯罪人二元论体系介绍》，朱琳译，载《法学杂志》2006 年第 6 期。

⑥ 何秉松、庞冬梅：《法国犯罪二元论体系的结构性分析》，载《黑龙江省政法管理干部学院学报》2009 年第 4 期。

一”来完成,平面的犯罪构成之人权价值根基趋于弱化。

同时,正当防卫、紧急避险等正当化事由若被置于严格意义的心理要素中,则会衍生出客观与主观在属性上的混乱;若被纳入二元论体系之犯罪人中的“不负刑事责任的客观原因”,则客观的属性得到了认可,但因“法律要素”在犯罪构成中的删除,而罪刑法定原则之人权保障机能的发挥又须求诸犯罪构成之“事实要件”与“心理要件”的统一来实现,于是,罪刑法定原则所承载的人权价值与正当防卫、紧急避险等正当化事由所征表的人权价值便“合二为一”地一次性完成,这与前述的意大利犯罪构成“二分法”将出罪事由置于“精神力”中所陷入的困境相当,也使平面的犯罪构成难以有效地于人权价值中汲取养分。

因此,严格地说法国犯罪构成与罪刑法定原则之间的联系——尤其在“二战”前后,并不存在类似于德国、意大利等犯罪构成根基的转换问题,其路径演进主要为犯罪构成如何进一步加强与以罪刑法定原则为核心载体的人权价值之间的联系,令人遗憾的是尽管理论与实务双重的探索不断,但收效甚微。法国犯罪构成在大陆法系中地位暗弱,与此不无关系。

二、英美犯罪论体系根基之转型

“因循先例”是英美法系的传统,即使在当下的英美等刑法领域内判例法依旧居于主导性地位。在罪刑法定原则的沿革中,即使排除1215年的英国大宪章,英美也都发挥了不可替代的作用。然而,英美法系对人权价值的展开,更多地求诸“正当程序”(due process)。因此,如何理解所谓的“正当程序”就成为阐释英美犯罪构成之根基的枢纽。

关于英美法系是否存在罪刑法定原则,理论上的分歧泾渭分明。肯定说主张,英美法系虽然有着浓厚的判例法传统,但在自己的立法与司法实践中肯定了罪刑法定原则,其方式迥异于大陆法系在宪法与刑事实体法中予以阐明,而是在“正当程序”的形式下走向罪刑法定,主要依赖于诉讼保障和宪法原则来实现。[①] 在域外,关于罪刑法定原则渊源的传统通说构架,承认了英美在该原则确立过程中不可或缺的作用。即使对英美法系存在罪刑法定原则的质疑,也主要是形式意义上的,在实质上并未否定该原则。例如,有学者认为:“英国在这种情况下(罪刑法定思想形成的以大宪章为母体的法支配原型),直到现在没有出现所谓罪刑法定主义说法。只把罪刑的法定理解为法支配的原理本身。(戴西的宪法论主张:‘任何人

① 参见夏成福:《大陆法系、英美法系罪刑法定原则之比较》,载《现代法学》1994年第1期。

都必须服从法院适用的法律，只要违法就应受到处罚，对其他人不得处罚。’）”①

否定说主张，罪刑法定原则与“正当程序”在历史渊源、具体内容、精神实质等方面存在根本的对立。因此，将“正当程序”与罪刑法定原则联系在一起，有“包办婚姻”“拉郎配”之嫌。② 尽管在英美法系中政府基于社会契约而产生的理念早已成为历史的遗迹，但个人主义的观点依旧焕发着强大的生命力：个体是第一位的，政府是第二位的；政府行使的强制性权力必须获得被统治者的同意。③ 故而，笔者以为，否定说有诸多值得商榷之处。就“历史渊源”而言，不应过分地将罪刑法定原则局限于个别部门法内，而应立足于一个国家的宏观法律体系，以及罪刑法定原则核心价值的基本立场，否则就有悖于当前日本刑法中并无罪刑法定原则，而理论与司法实践的主流观点无不将其奉为圭臬之现实。另外，如前所述域外关于罪刑法定原则渊源的理论动向，虽排斥该原则与英国大宪章之间的联系，但并不否定该原则与美国权利典章等之间的联系。

就“具体内容”而言，以“正当程序”的原初内涵来否定其与罪刑法定原则在内容上的交集，系方法论欠缺妥当性的征表。诚然，在域外不同时期的“正当程序”与罪刑法定原则之内涵不尽一致，但得到充实完善是大抵的演进方向，因此，应进行历史的动态分析；同时，源于各自传统形成的差异性文化，致使两大法系在人权价值的承载上所侧重的刑事实体及程序分歧相当明显，但法治国在孕育及发展中的诸多共性为二者的相互渗透提供了丰厚的土壤。在日本，主张明确性原则、适正的刑罚法规系罪刑法定原则的内容，始终处于理论上的优势性地位，且该立场也为审判实践的判例所印证。例如，日本的西田典之指陈：“我国宪法第 31 条规定，‘任何人非经法定程序……不得对其科处刑罚’，其旨趣与美国的联邦宪法并无不同，对于所有不明确的刑法法规，均可根据宪法第 31 条认定其因违宪而无效。我国的最高裁判所也在理论上可定明确性原则。”④在我国，台湾部分学者亦主张，罪刑法定原则在立法上的积极面向要求立法者确保“正当法

---

① ［日］福田平、大塚仁编：《日本刑法总论讲义》，李乔等译，辽宁人民出版社 1986 年版，第 17 页。

② 参见陈忠林：《技术还是价值：罪刑法定原则的价值及其实现（上）》，载 http://kyw.swupl.edu.cn/show.～aspx？id－459，最后访问日期：2013 年 7 月 26 日。

③ See J. W. Peltason, *Understanding the Constitution*, 14th *ed.*, Orlando, Harcourt Brace College Publisher, 1997, p. 5.

④ ［日］西田典之：《日本刑法总论》，王昭武、刘明祥译，中国人民大学出版社 2007 年版，第 41～42 页。

律程序",保障人民在遭受国家公权力限制时能够要求合理的待遇;[①]而张明楷教授更是将罪刑法定原则的内容划分为形式侧面与实质侧面,其中明确性、禁止处罚不当罚的行为与禁止不均衡的、残虐的刑罚系实质侧面的内容。[②] 而明确性大抵以"正当程序"为逻辑起点而展开的。故而,割裂"正当程序"与罪刑法定原则之间的联系,断章取义式地寻求论争逻辑上的周延,不免武断。

就"精神实质"而言,"正当程序"与罪刑法定原则在限制国家权力、保障国民自由上并无二致。尽管因文化传统的差异导致了大陆法系与英美法系在限制国家权力彰显人权价值的手段上颇为不同,前者着眼于刑事实体性的规制,后者侧重于刑事程序性的制约。美国甚至仅赋予刑事法官以刑罚裁量权,而将定罪权交予陪审团,这种定罪权与量刑权的分离忠于的无非是人权价值。然而,在人权价值取向的遴选和捍卫上,两大法系殊途同归,而非分道扬镳或南辕北辙。

在限制国家刑罚权以彰显人权价值的基础上,英美的犯罪构成得以展开。在贯彻人权价值上,虽然英美犯罪构成较大陆法系阶层式的犯罪构成略逊一筹,但因历史积淀而成的自由主义传统,在防止犯罪构成对单纯秩序价值根基的寻求上甚为有效。

美国的犯罪构成为双层次性的犯罪构成(Elements of Crime):犯罪本体要件(行为和心态)为第一层次,责任充足条件(抗辩事由)为第二层次。[③] 在美国,"正统刑法理论的基本要求中,犯罪行为要件,即表述为没有犯罪行为就不能追究责任的原则,最为根深蒂固,不可动摇"[④]。尽管这种双层模式的犯罪构成第一层侧重体现国家意志,更多地凸显出刑法维护秩序和保卫社会的功能,但第二层无疑侧重体现公民权利,发挥出保障人权的功能,制约国家权力。另外,由于英美法系国家刑法学者的主流观点认为,"辩护事由不存在"是犯罪的独立要素而非行为要素,审判实践中除非被告方提出辩护事由,否则控诉方大抵只须证明犯罪行为要素与心理要素成立,即可推定"辩护事由不存在"。[⑤] 兼审判中严格恪守"实体的正当程序"(Substantive Due Process),因此,在自由主义传统浓厚的美国绝少出

---

① 参见郑逸哲:《罪刑法定主义七十年》,载林山田、许玉秀等合:《刑法七十年之回顾与展望纪念论文集(一)》,台北,元照出版有限公司2000年版,第95页。

② 参见张明楷:《刑法原理》,商务印书馆2011年版,第26~36页。

③ 参见储槐植:《刑事一体化》,法律出版社2004年版,第138~139页。

④ [美]道格拉斯·N.胡萨克:《刑法哲学》,谢望原等译,中国人民公安大学出版社2004年版,第118页。

⑤ 参见赖早兴:《英美法系国家犯罪构成要件之辨正及其启示》,载《法商研究》2007年第4期。

现国家权力对个人权利的不当干涉,而在第二层次中,以排除合法辩护的形式来充实刑事责任条件,更是对人权价值的高扬。据此,域外部分刑法学者甚至认为:美国模范刑法典"将'抗辩'分为'正当化'(justification)与'免责'(excuse),实质上采纳了德国的三阶段的体系理论"[①]。

然而,若细察美国犯罪论体系中的"抗辩事由",则不难发现置于本体要件之后的"抗辩事由",无法摆脱平面化犯罪论体系在出罪事由上的固有困境。因此,牺牲犯罪论体系的周延性遂成为践行人权价值的无奈之举。"与德国理论形成对照的是,普通法法院不承认法律上的'违法性'是任何犯罪都内在具有的。所以,在承认紧急状态或者较小恶害之正当性时,普通法法院遇到了特殊的困难。这个抗辩事由通过对宪法权利、自然权利和契约权利的讨论而得到过滤,但据我所知,还没有哪个法院用广泛而原则化的语言承认这一要点。理由在于:普通法法院对立法权威的遵从超过了对刑事责任轮廓的尊崇,这一点它们已经习惯了。"[②]在此基础上该学者直陈:英美法系国家属于二元的犯罪论体系,该体系将犯罪划分为犯罪行为(犯罪行为的外部方面)与犯罪心态(犯罪行为的内部方面),认为犯罪必须是犯罪行为与犯罪心态的统一;四元的犯罪论体系是对二元体系的某种改进,主要是共产主义刑法学者关于刑事责任的文献的创造物;二元体系与四元体系共同的主要缺陷为,本质上都是主观与客观相对抗的二元论。[③] 可见,主张美国模范刑法典采纳了三阶层犯罪论体系的论调,系理论上的曲解或误读。

在英国,就犯罪成立要件而言,"根据我国法院在几个世纪以前就已经接受了的格言,犯罪有两个必需的条件,即物质条件和精神条件"[④]。即与美国的大体相当,犯罪构成的第一层包括行为、不作为等犯罪客观要素和故意、轻率、疏忽等犯罪主观要素,第二层为否定要素,包括正当性辩护事由之自我防卫、被害人同意、必然行为等和可宽恕辩护事由之麻醉、精神病、未成年、错误等。[⑤] 这样,在内容和功能上,双层次性的犯罪构成之第一层次与大陆法系犯罪阶层体系中的构成要件符合性有契合之处,第二层次则与违法性、有责性有可比拟之内容。[⑥] 然而,笔者以为英美之犯罪构

---

① [日]松宫孝明:《犯罪体系论再考》,张小宁译,载《中外法学》2008年第4期。

② [美]乔治·弗莱彻:《反思刑法》,邓子滨译,华夏出版社2008年版,第417~418页。

③ 参见周长军:《犯罪论体系的程序向度:研究误区与理论反思》,载《清华法学》2008年第3期。

④ [英]J. W. 塞西尔·特纳:《肯尼刑法原理》,王国庆等译,华夏出版社1989年版,第17页。

⑤ 参见[英]J. C. 史密斯、[英]B. 霍根:《英国刑法》,马清升等译,法律出版社2000年版,第35~113、215~303页。

⑥ 参见储槐植:《美国刑法》(第3版),北京大学出版社2005年版,第100页。

成在结构上与“客观要件→主观要件→排除要件”式犯罪构成[①]类似，尽管其受传统的自由主义之节制，但对人权价值的承载并不似德日阶层式犯罪构成以构成要件之一的形式加以展开。故“客观要件→主观要件→排除要件”式的犯罪构成，实质上与德日阶层式犯罪构成无法等同，更应归属于平面的犯罪构成范畴，若将该种模式的犯罪构成剥离英美固有的自由主义传统，则较之阶层式的犯罪构成其对人权价值的承载劣势明显；且将“排除要件”置于客观要件及主观要件之后，区分所谓的违法阻却事由及责任阻却事由，更多的是对德日语境下的阻却事由分类的妥协或向往，实质性意义甚微。

至于有学者立论于英美法系犯罪构成诸要件，分别由程序法及实体法规定而质疑双层性的犯罪构成，[②]实属不得其要的乖谬论调。实体法与程序法之划分原本是法律专业化纵深发展的产物，带有浓厚的主观或人为色彩。因此，任何国家及地区的刑事审判实务在定罪中无不集实体及程序于一身，至于究竟以何者为主，大抵是诸多因素长期累积的结果，如我国刑事审判实践就呈现出“重实体，轻程序”的倾向。即便人为地割裂实体法与程序法的理论设想，也因二者之间的天然联系而不得不以“原则与例外”的模式加以处理，这从域外日趋盛行的刑法理论体系之“犯罪论”“竞合论”“刑罚论”一分为三的设置上即可见一斑，而“竞合论”中对“一罪性与数罪性”等的阐释难以脱离诉讼法。故在犯罪构成要件的评价应置身于一国的宏观法律体系，不应局限于部门法，而人类在犯罪上呈现相似特征决定了任何国家的犯罪论体系在应对该问题上并不缺乏共性。

---

① 在我国的犯罪论体系论战中，部分学者主张犯罪构成的阶层化，并采取“客观要件→主观要件→排除要件”所谓的“阶层化”的犯罪构成模式，如周光权教授。参见周光权：《犯罪论体系的改造》，中国法制出版社 2009 年版，第 280～284 页。

② 参见彭文华：《犯罪构成本原论及其本土化研究》，中国人民公安大学出版社 2010 年版，第 52～53 页。

第三章　犯罪论体系在价值承载上之比较及矫正

第一节　犯罪论体系在价值承载上之比较

域外犯罪论体系之价值承载，无论在以往还是在当下，都绝非单一的人权价值所能概括的，因为德国、意大利、日本、西班牙等国甚至曾经历了犯罪构成绝对以秩序价值为根基的法西斯政权时代，所以，舍弃秩序价值，犯罪构成的价值承载将黯然失色；而舍弃人权价值，则犯罪构成的价值承载将不得其要。尤其是在罪刑法定原则之人权保障机能重新确立并得到尊崇后，域外大陆法系及英美法系之犯罪构成无不探求人权价值为其根基之精义。

我国四要件犯罪论体系在价值承载的演进路径上与域外基本上并无二致，不同的仅是对人权价值承载的时间先后、承载方式、承载力度和我国发展出的独特新内涵。因此，就犯罪构成对秩序价值与人权价值的承载而言，域内外犯罪构成均能够完成，且无绝对的优劣之别。

一、对人权价值的承载相对滞后

比较地看，在人权价值的承载时间上，受特定时期的影响，我国四要件犯罪构成对人权价值承载明显晚于英美法系及欧陆其他国家。一方面，四要件犯罪构成是我国借鉴苏联（俄）刑法理论的成果，在时间上它要晚于同时期域外犯罪论体系的确立，相应地在人权价值承载上具有迟延性；另一方面，我国刑法一开始并没有确立罪刑法定原则，而是继受了苏联（俄）刑法中的类推制度，类推与罪刑法定原则无法并存，这推迟了人权价值的承载时间。当然，这不是说我国不重视人权或没有人权。相反，我国宪法始终围绕消灭剥削和消灭贫穷的伟大目标进行了法的价值建构。改革开放以来重新开启的法治之路让这一目标重新焕发出了活力。并且，晚近以来，随着我国扶贫力度的深入，贫困人口急剧降低，在可见的将来消灭贫穷在我国将不再是一句简单的口号，我国社会主义法治的人权价值有着坚实的基底。只是说，在定罪上受类推制度的影响等四要件犯罪论体系对人权价值的实质性考虑要晚一些。

在英美法系国家，平面的犯罪构成因自由主义传统的拘囿，很难脱离人权价值的根基。因此,尽管这种平面的犯罪构成本身不如阶层化的犯罪构成更能有效地承载人权价值,但传统的自由主义使英美法系国家对平面的犯罪构成的阶层化改造缺乏迫切的需求和强劲的动力。例如,在英国,当法律与实际不能相合时,为使法律随社会而进步,“常达其保护人民之宗旨”,则会求诸衡平法救济。①

在大陆法系与自由主义相对而强势的是国家主义,这使四要件犯罪构成在一开始与秩序价值更有亲缘关系。推动四要件犯罪构成探求人权价值根基的是罪刑法定原则的确立和尊崇,如苏联解体后罪刑法定原则在俄罗斯法律框架下得以确立,“所谓法制原则,是指行为是否构成犯罪,是否应受刑罚处罚以及产生其他刑法后果,只能由刑法典作出规定。该原则源于俄罗斯宪法的规定,其核心内容是‘nullum crimen, mulla poena sine lege’即法无明文规定不为罪,法无明文规定不处罚”。② 在定罪上,四要件犯罪构成开始有意识地寻求人权价值的根基。

前已述及,我国四要件犯罪论体系局限于特定时期的主客观情势,其价值承载在罪刑法定原则缺位下有侧重于秩序价值的一面,但随着罪刑法定原则在我国刑法典中的阐明,我国四要件犯罪论体系对人权价值根基的探求逐渐深入。例如,司法实践中因遭受自然灾害外出谋生而重婚,因配偶长期下落不明,造成家庭生活困难与他人重婚,被拐卖而重婚等,因重婚者主观恶性较小,可不以重婚罪论。③ 但是,如后文所述,这种对人权价值的承载可能会牺牲四要件犯罪论体系的周延性。

二、对人权价值承载方式和力度相对劣势

就承载人权的方式、力度等而言,我国四要件犯罪论体系采取的方式劣势明显,力度欠缺。四要件犯罪论体系对人权价值的承载,大抵求诸犯罪概念的“但书”部分及“排除犯罪性行为”等来实现的。在四要件犯罪构成框架下只有齐备犯罪构成诸要件才成立犯罪,但依据犯罪概念之“但书”出罪长期以来为我国的刑事审判实践所支持。如张团结、张振国故意伤害宣告无罪案④:“本案中,张团结、张振国因为邻里纠纷矛盾处理不当,故意伤害他人身体,并致轻微伤,事实清楚、证据充分,足以认定。因伤害

---

① 参见[日]矶谷幸次郎:《法学通论》,王国维译,中国政法大学出版社 2006 年版,第 82～83 页。

② [俄]л. В. 伊诺加莫娃—海格主编:《俄罗斯联邦刑法(总论)》(第 2 版),黄芳、刘阳、冯坤译,中国人民大学出版社 2010 年版,第 8 页。

③ 参见赵秉志主编:《新刑法教程》,中国人民大学出版社 1997 年版,第 601 页。

④ 参见《山东省东营市中级人民法院刑事附带民事判决书》(2001)东刑终字第 20 号。

情节显著轻微，故属于侵犯人身权利的一般违法行为，不是犯罪。”由此衍生的问题是定罪标准的二元化，即四要件犯罪构成在定罪中不具有自足性，还需求诸犯罪概念的“但书”甚至“排除犯罪性行为”以出罪。

其实，就“排除犯罪性行为”的出罪而言，“排除犯罪性行为”与四要件犯罪构成在结构上到底是何种关系？刑法理论上分歧严重。尽管为维护犯罪构成是定罪的唯一标准，而主张“排除犯罪性行为”应置于四要件犯罪构成之内，在刑法理论与审判实践中居于优势性地位，但质疑的论调并非不存在。例如，有学者提出“正当行为”是否纳入四要件犯罪构成理论体系“无关紧要”，并认为在犯罪概念、犯罪构成之后独立设置专章加以论述正当行为的刑法学体系，并无不妥。[①] 在此，笔者暂且撇开定罪标准二元化不论，仅就定罪标准一元化视域下的犯罪构成与“排除犯罪性行为”之间的结构关系进行梳理。

若将“排除犯罪性行为”置于四要件犯罪构成之中，则四要件犯罪构成的诸要件与“排除犯罪性行为”之间的结构大抵有单线结构及并列结构两种。就单线结构而言，其结构如表 3－1 所示：

表 3－1　四要件犯罪构成单线结构定罪表

<table>
<tr><td colspan="5">四要件犯罪构成</td></tr>
<tr><td>客体、客观方面</td><td>→</td><td>主体、主观方面</td><td>→</td><td>“排除犯罪性行为”[②]</td></tr>
<tr><td colspan="5">客观要件　→　主观要件[③]　→　排除要件</td></tr>
</table>

不难发现，单线结构除在实质上难逃定罪标准的二元化诟病外，在犯罪构成四要件之外附加“排除犯罪性行为”（排除要件），必然造成定罪在判断逻辑上的混乱。因为，域外阶层式犯罪构成下“排除犯罪性行为”（排除要件）被划分为违法性阻却事由与责任阻却事由两种，前者被置于违法性阶层中加以阐释，而后者则被置于有责性阶层中加以阐释，而违法性阻却事由与责任阻却事由的内容，基本为我国四要件犯罪构成的“排除犯罪性行为”所涵盖。所以，在客观方面（客观要件）判断完毕时属于“排除犯罪性行为”的正当防卫即应被（部分）纳入其中，否则将导致二次（重复）判断。这从我国《刑法》第 20 条规定的作为正当防卫前提之“不法侵害”的

---

① 参见高铭暄：《对主张以三阶层犯罪成立体系取代我国通行犯罪构成理论者的回应》，载赵秉志主编：《刑法论丛》（第 19 卷），法律出版社 2009 年版，第 8～9 页。

② 这里的“排除犯罪性行为”是出罪意义上的，因此，在范围上还应包括犯罪概念“但书”部分的出罪等。

③ 四要件犯罪构成中犯罪主体的部分要素，在性质上应归属于客观要件，但基于图形结构的简化表达，笔者权且将四要件犯罪构成中主体、主观方面置于与主观要件相对应的位阶。

表述及审判实践将精神病人、幼童等的"不法侵害"纳入其中，即人抵等同于客观的违法性论立场——判断上应置于主观要件前——即可佐证一二。毕竟，实务中司法机关在对犯罪构成的某一要件符合性进行判断时，是同步考虑排除犯罪事由的。这难免会导致单线结构下的四要件犯罪构成在构成要件数量上名不副实（实际上为五个要件），而"排除犯罪性行为"与四要件无疑结构性地异化为并列式，其结构如表3－2所示：

表3－2　四要件犯罪构成并列结构定罪表

四要件犯罪构成		
客体、客观方面	→	主体、主观方面
"排除犯罪性行为"		
客观要件	→	*主观要件*
排除要件		

就并列结构而言，四要件犯罪构成在构成要件数量上名不符实（实际上亦为五个要件）的问题依旧存在，但该结构可使"排除犯罪性行为"的内容有效地纳入四要件中，也使违法性阻却事由及责任阻却事由能清晰明了且判断有序，在维持四要件犯罪构成之定罪标准一元化框架下，就犯罪构成与"排除犯罪性行为"的结构而言，并列式似乎具有比较优势。然而，在客观要件审查完毕并具备排除要件而直接出罪时，否定了主观要件的审查，但主客观相统一原理使得即使在正当防卫的审查中也要关注行为人的主观方面。故而，并列结构弊害甚多。

同时，若结合犯罪概念来看，则四要件犯罪构成与出罪事由所彰显的定罪标准二元化当确信无疑，这弱化了四要件犯罪论体系的周延性，也致使出罪事由在秩序价值（尤其是出于社会治安等的考虑）的挤兑下陷入出罪不力的窘境。例如，在"严打"及各类专项整治活动期间，审判实践中相当一部分可定性为正当防卫的案件，被处理为防卫过当的同时宣告缓刑来平衡四要件犯罪构成所承载的秩序价值与人权价值。令人欣慰的是，近年来随着辱母伤人案、昆山反杀案等社会热点案件的出现，这一问题有了根本性好转。因此，尽管在承载秩序价值，甚至人权价值上不宜认为四要件犯罪构成较之域外的犯罪构成拙劣，但相对于阶层化犯罪论体系在对人权价值的捍卫上，四要件犯罪论体系所体现出来的逻辑较为混乱，且在秩序价值的挤兑下其力度有所欠缺。

此外，四要件犯罪构成因实质违法性作为构成要件的欠缺，导致了诸要件之间的内容在不法与有责上形成交叉，故给予侵害或威胁法益的行为的否定性评价(不法)与给予行为人承担刑事责任的评价(有责)之间陷入了含混的窘境。这种定罪上的逻辑性混乱,必然削弱了四要件犯罪构成在体系上的科学性,也深刻影响着以四要件犯罪构成为载体承载人权价值的有效性。事实上,"在司法实践中,对于正当防卫的行为人几乎100%先拘留、逮捕",①似乎与此不无关系。

第二节　犯罪论体系在价值承载上的适度矫正

批判,只有与建构进行联姻时才能彰显出深层次的价值。在厘清了相较于域外犯罪构成而言四要件犯罪构成,在价值承载上并不处于绝对的劣势,只是在承载方式及力度上无比较优势后,接下来需要探析的就是如何更好地建立起四要件犯罪构成与人权价值根基之间更为紧密的实质联系,其中,核心为提供肥沃土壤并让罪刑法定原则扎下根基。这至少涉及如下方面。

一、刑事政策对刑法过度干预的适度矫正

刑法与刑事政策之间到底是何种关系？长久以来众说纷纭、莫衷一是。通常刑事政策的核心是如何有效地防止犯罪行为及如何对待犯罪人实施的受目的性支配的行为,而刑法学的核心为对犯罪成立要件进行体系化、概念化整理。因此,刑事政策与刑法学之间的差异是客观存在的。但这种客观差异性不应成为将二者完全对峙的理由;相反,如何最大化发挥各自的功效并实现二者的协调,是理论与实务长久以来努力的重点方向之一。诚然,刑法理论必须是在既有的判例、学说积累的基础上,为解决实际问题而提出的见解。在日本,晚近的域外刑法学表现出向刑事政策靠拢的动向,②福田平和大塚仁教授亦指陈,没有政策论的刑罚论是空虚的,应重视"政策和理论的有机结合"③。在德国,"只有允许刑事政策的价值选择进入刑法体系中去,才是正确之道"的见解,④也受到了理论界的重视。目前德国的刑事政策主张,"不考虑各种构成要件和罪责原则,就出于某种预

① 张明楷:《犯罪构成体系与构成要件要素》,北京大学出版社2010年版,第98页。

② 参见[日]前田雅英:《刑法学和刑事政策》,载谢望原、张小虎主编:《中国刑事政策报告》,中国法制出版社2007年版,第526页。

③ 参见[日]福田平、大塚仁主编:《刑法总论Ⅱ》,有斐阁1982年版,序言部分。

④ 参见[德]克劳斯·罗克辛:《刑事政策与刑法体系》(第2版),蔡桂生译,中国人民大学出版社2010年版,第15页。

防性的考虑，主张对所有可能‘进入司法审判’的举止方式均处以刑罚，则是难以站得住脚的”①。

然而，自师承苏联(俄)刑法学之初，我国的刑法学便带上了源自苏联(俄)秩序价值主导的色彩，这使刑法理论在对秩序价值的渴求下呈现竭力迎合刑事政策的价值目标之势，而实务中刑事政策预设的目标则大抵是求诸刑法来最终实现的。如为维护社会治安稳定的“严打”、各类专项整治活动等无不借助速审、严判来发挥功效的。一直以来，这都受到了批判。因此，与域外“刑法学向刑事政策靠拢”的趋势不同，我国的刑法与刑事政策在实务中几乎自始呈“一体化”之势，且诸多刑法学基础理论的展开主要是围绕着秩序价值取向而进行的，且即使是在刑法典叙明了罪刑法定原则后，该原则在规范刑法学内的体系性贯彻尚待完善，而刑事司法实务中该原则的根基仍须深入，更遑论通过该原则来有效地引导我国的刑事政策。以 2011 年施行的《中华人民共和国刑法修正案(八)》(以下简称《修(八)》)为例，实际上该修正案的出台，与其说是我国刑法的一次主动的自我完善，毋宁说是在刑事政策(“宽严相济”的刑事政策)的主导下又一次被动的应急式修补，这从此前人大法工委在《关于〈中华人民共和国刑法修正案(八)(草案)〉的说明》中关于刑法与刑事政策关系之间位阶的确立即可洞悉，其彰显的刑事政策对刑法的优势相当明显。

与刑法同刑事政策关系日益密切化相关的是，理论上十分警惕将刑事政策的价值考量，融入刑法中而征表出的为预防犯罪所容忍的刑事政策对刑法的过度干预。例如，李斯特认为，刑法作为犯罪人人权的大宪章要充分重视和预防因刑事政策的扩张而产生的人权侵害，主张用刑法理论来制约所谓的防止犯罪等刑事政策性目的的独裁。② 其中，罪刑法定原则及作为该原则核心理念展开的阶层化犯罪构成，无疑是“防止刑事政策过头的屏障”的刑法中人权保障价值最有效的载体。即使是主张刑事政策与刑法“体系性整体方案”的罗克辛教授也主张：“自费尔巴哈时代以来，通过罪刑法定原则来实现的威吓性预防就是刑事政策的基础原则；构成要件的动

① 参见[德]克劳斯·罗克辛：《刑事政策与刑法体系》(第 2 版)，蔡桂生译，中国人民大学出版社 2010 年版，第 53 页。

② 参见[日]前田雅英：《刑法学和刑事政策》，载谢望原、张小虎主编：《中国刑事政策报告》，中国法制出版社 2007 年版，第 528 ~ 529 页。

机机能和保障机能则是同一刑事政策之目标构想的两个方面。”①

晚近，虽然《修（八）》实质性地打破了前七次刑法修正案完全以打击犯罪为主导的思路，一改单纯入罪与加重刑罚的模式，首次大规模、全方位地在出罪及减少刑罚方面作出了积极探索。例如，废除 13 种罪名的死刑、对老年人及未成年人刑罚予以轻缓化。这无疑是我国刑法对人权保障机能的一次彰显，对四要件犯罪构成之罪刑法定原则根基的一次有效夯实和倾斜。但《修（八）》从刑法调控面、调控力度与限制有利于犯罪人的刑罚制度的适用范围上同样突出了我国刑法的严厉，②因此，《修（八）》所征表的刑罚权的膨胀及为预防犯罪而对刑事政策价值目标的融入与迎合，依旧明显。

究其根源，在“行政处罚—刑罚”二元化处罚结构下，囿于现实诸多客观条件的制约，在行政处罚一时难以收到迅速稳定社会治安的效果时，迫于社会对安全感的需求，理性而充分地探索该部门法内部的新举措、既有法规等执行上的问题及其有效解决之道，往往会被过度依赖或迷信刑罚的威慑力所取代。值得一提的是，这不是我国所独有的问题，它带有一定的普遍性。长期以来，这无疑是我国的刑事政策在应对严重的社会危害行为过程中，不自觉地带上了调节和稳定社会秩序的实用理性的强烈色彩之所在。在价值取向上，我国的刑事政策所秉持的理念更多地倾向于秩序和效率，而不是刑法更应该追求的公正与人权。尽管我国有学者主张公正、谦抑、人道是现代刑法的三大价值目标，③并影响甚巨，但“与法律永远相伴随的基本价值，便是社会秩序”④。刑法作为社会秩序的最后屏障，必然反映一国的客观情势。且犯罪论体系并非说明犯罪本质的东西，如果将犯罪仅看作为了合理确定应受刑罚处罚行为的道具⑤，那么分析其与刑罚效果之间的关系就不可或缺。只是在刑罚作为实现刑事政策的预设目标所倚重的手段的模式下，我国刑法理论与实务在犯罪圈的扩张与刑罚的效果之间建立起了趋于极端的实质性联系，尤其是在刑事“一体化”的助推下，对刑事政策效果的过分追求，导致了我国刑法的处罚范围呈难以节制的扩张

---

① ［德］克劳斯·罗克辛：《刑事政策与刑法体系》（第 2 版），蔡桂生译，中国人民大学出版社 2010 年版，第 54 页。

② 参见邢馨宇、邱兴隆：《刑法的修改：轨迹、应然与实然——兼及对刑法修正案（八）的评价》，载《法学研究》2011 年第 2 期。

③ 参见陈兴良：《刑法哲学》（修订 2 版），中国政法大学出版社 2000 年版，第 2 ~ 13 页。

④ ［英］彼得·斯坦、约翰·香德：《西方社会的法律价值》，王献平译，中国人民公安大学出版社 1990 年版，第 38 页。

⑤ 参见平野龙一：『刑法总论 I 』、东京大学出版会、1972、頁 87。

之势,实用理性甚至功利主义会一再渗入我国刑法的肌体。事实上,预防犯罪至多在对维持、稳定社会秩序起作用的范围内“有程度有限的意义”,难以受到公正而理性的对待。因此,通过刑法理论来避免刑事政策过度的扩张,培育及深化我国罪刑法定原则的根基,从而使“门神”式抽象的原则贴近现实发挥其庇护人权的强大功效,应当成为社会主义法治发展中的必要内容。

二、罪刑法定原则积极侧面的适度矫正

迄今为止,我国四要件犯罪构成真正缺乏的并非对秩序价值的强调,而是在秩序价值下如何彰显人权价值。前已述及,我国《刑法》第3条规定的罪刑法定原则兼具社会保护机能与人权保障机能。然而,这种包含积极侧面的罪刑法定原则,突出的是出罪禁止的社会保护机能,甚至可以认为积极侧面无异于入罪原则。在某种程度上,这必然压缩了其本身所兼具的人权保障机能,亦远离了以天赋人权为逻辑起点、以限制国家刑罚权为内容、以维护个人自由权利为首要或主要目标的原初意义上的罪刑法定原则。

溯及历史,罪刑法定原则作为近现代刑法机能的承担者,已由原初的人权保障机能发展到兼顾社会保护机能,即“不仅必须提供适当的方法和手段来预防犯罪,而且必须限制刑罚力的干涉,从而不会使公民毫无保护地受到‘荒蛮国家’的任意或者过分对待”①。而如何妥善处理两种机能之间的关系,是各国刑法都面临的难题。即使在德日,该问题的处理也常常在二者之间迟疑,如德国刑法将“盐酸”解释为“武器”,②日本刑法将“电力”视为盗窃罪中的“财物”,③这并非没有争议。在我国,尽管自古就有关于严格按照成文法定罪的思想,但践行秩序价值以维护特权阶级统治,是其肩负的全部或主要使命,故不宜据此认为它与发端于自然法理论、权力分立思想、心理强制说的罪刑法定原则存在关联。

尽管罪刑法定原则应否包含社会保护机能,理论上存在激烈争辩,但毋庸置疑,彻底否定罪刑法定原则蕴含的社会保护机能是不现实的。毕竟,罪刑法定原则与一般预防联系紧密,但二者之间究竟是何种关系,理论

---

① [德]克劳斯·罗克辛:《德国刑法学 总论》(第1卷),王世洲译,法律出版社2005年版,第77页。

② 参见[德]汉斯·海因里希·耶赛克、托马斯·魏根特:《德国刑法教科书》,徐久生译,中国法制出版社2001年版,第198页。

③ 参见[日]大谷实:《刑法讲义各论》(新版第2版),黎宏译,中国人民大学出版社2008年版,第167~168页。

上分歧较大。

具体而言,域外学者肯定罪刑法定原则对一般预防的作用,如"法定原则,无论对社会防卫,还是对个人自由,均是不可或缺少的"①,通常赞成罪刑法定原则的社会保护机能。我国刑法学者在罪刑法定原则是否蕴含社会保护价值上,同样存在分歧。"社会保护机能是通过对犯罪的惩治来实现的,因而属于罪刑法定的积极机能或曰扩张机能……罪刑法定的保障机能和保护机能并非势不两立,而是可以在共同的基础上统一起来并协调发展。"②"罪刑法定主义在犯罪预防目的上亦有重要的作用"③可列入肯定说。

否定说中具有代表性的观点认为,无论是绝对的罪刑法定原则,还是相对的罪刑法定原则,其精神实质都在于保障人权,社会保护机能是刑法的机能而非罪刑法定原则的机能。④ 现代刑法基于"个人—社会"本位承担了社会保护与人权保障等机能,但不宜由此认为罪刑法定原则在当下仅具有人权保障机能,这在规定了包含积极侧面的罪刑法定原则之我国,尤其如此。

否定说在逻辑上无法周延。认为刑罚、刑法规范、罪刑法定原则都是刑法的构成要素,社会保护机能主要通过刑罚及包含刑罚的刑法规范产生,人权保障机能则主要通过罪刑法定原则产生,⑤这混淆了概念、要素间的关系。尽管从一项准则的形式上看,它是一条规则还是一项原则,常常不是很清楚的,但原则具有规则所没有的深度——分量和重要性的深度,且二者的区别是逻辑上。⑥ 刑法法条固然由刑罚、刑法规范、罪刑法定原则等组成,但刑罚在位阶上低于刑法规范、罪刑法定原则,刑罚在现代各国刑法中都是刑法规范与罪刑法定原则的选择性要素,而刑罚集一般预防、特殊预防于一身的双重目的,⑦使通过刑罚及包含刑罚的刑法规范来主要

---

① [法]卡斯特·斯特法尼等:《法国刑法总论精义》,罗结珍译,中国政法大学出版社 1998 年版,第 145 页。

② 陈兴良主编:《刑事法总论》,群众出版社 2000 年版,第 167 页。

③ 黄荣坚:《基础刑法学(上)》(第 3 版),中国人民大学出版社 2008 年版,第 74 页。

④ 参见周少华:《罪刑法定与刑法机能之关系》,载《法学研究》2005 年第 3 期。

⑤ 参见周少华:《罪刑法定与刑法机能之关系》,载《法学研究》2005 年第 3 期。

⑥ 参见[美]罗纳德·德沃金:《认真对待权利》,信春鹰、吴玉章译,中国大百科全书出版社 1998 年版,第 40 ~48 页。

⑦ 参见[德]克劳斯·罗克辛:《德国刑法学　总论》(第 1 卷),王世洲译,法律出版社 2005 年版,第 36 ~51 页。[德]汉斯·海因里希·耶赛克、托马斯·魏根特:《德国刑法教科书》,徐久生译,中国法制出版社 2001 年版,第 83 ~100 页。[日]大谷实:《刑法各论》,黎宏译,法律出版社 2003 年版,第 31 ~37 页。马克昌:《比较刑法原理》,武汉大学出版社 2002 年版,第755 ~757 页。张明楷:《刑法的基本立场》,中国法制出版社 2002 年版,第 332 ~357 页。陈兴良:《刑法哲学》,中国政法大学出版社 2000 年版,第 421 ~444 页。

承担社会保护机能的观点之合理性，值得商榷。即便否定一般预防是罪刑法定原则理论基础的 Schünemann 和罗克辛等人，也不反对刑罚及罪刑法定原则能产生一般预防的效果。① 笔者以为，刑罚、包含刑罚的刑法规范、罪刑法定原则之社会保护机能是一种交叉关系，但承担人权保障机能兼顾社会保护机能的罪刑法定原则，其侧重点更应倾向于人权保障机能。

为摆脱我国罪刑法定原则突出的社会保护机能所受的诟病，其积极侧面的立法本旨被阐释为："只有法律将某一种行为明文规定为犯罪的，才能对这种行为定罪判刑，而且必须依照法律的规定定罪判刑。"②即其突出的是"依法"，是对司法机关的限制。部分学者也将其解读为不宜将法律有明文规定的必须定罪处刑理解为罪刑法定原则的应有之义。③ 张明楷教授更是主张，《刑法》第 3 条前段不是关于罪刑法定原则的规定，而是基于我国刑法分则条文的特点，为了限制司法机关的出罪权、控制司法上的非犯罪化所作的规定。④ 但从罪刑法定原则在现行刑法中的确立过程上看，其不无疑问；⑤若将视域扩大至同时代的宪法规定，则上述阐释愈加缺乏说服力。

其实，社会保护机能在域外并非完全或主要由罪刑法定原则承担。"罪刑法定主义在防杜罪刑擅断主义之流弊，肇始于十八世纪，至今尚为刑法之基本原则，惟近世文明日进，社会利益愈占重要地位，法律为保障共同利益，有时不得不限制个人利益，以资调和。"⑥带有鲜明苏联刑法痕迹的 1979 年刑法，在未规定罪刑法定原则下社会保护机能，更多地由刑法的任务、犯罪概念、犯罪构成等来承担。修订后的刑法叙明了包含积极侧面的罪刑法定原则，使兼具人权保障与社会保护两大机能的罪刑法定原则之社会保护机能得到了凸显。而还正罪刑法定原则的人权保障机能，大抵有两条路径可供选择：一是"立法中心主义"的路径，即通过刑事立法删除或省却罪刑法定原则的积极侧面，为该原则人权保障机能的彰显提供出路；二是"释法中心主义"的路径，即以"补正解释"的形式作出有利于被告人的解释，亦即积极侧面的旨趣为严禁司法权的恣意行使，防止不当入罪，以最

① 参见[德]克劳斯·罗克辛：《德国刑法学　总论》(第 1 卷)，王世洲译，法律出版社 2005 年版，第 83 页。

② 胡康生、李福成主编：《中华人民共和国刑法释义》，法律出版社 1997 年版，第 5 页。

③ 参见陈兴良：《入罪与出罪：罪刑法定司法化的双重考察》，载《法学》2002 年第 12 期。

④ 参见张明楷：《司法上的犯罪化与非犯罪化》，载《法学家》2008 年第 4 期。

⑤ 关于罪刑法定原则在我国的提出及表述的出台，可参见张军、姜伟、郎胜、陈兴良：《刑法纵横谈(总则部分)》，北京大学出版社 2008 年版，第 1 ~ 20 页。

⑥ 韩忠谟：《刑法原理》，中国政法大学出版社 2002 年版，第 45 页。

大化地消解其负面影响。显然，前者是根本之道，后者为权宜之计。

如前所述，对积极侧面所作的限制司法机关之阐释，难以让人释疑。毕竟，限制司法机关，是否有必要通过备受诟病的积极侧面的罪刑法定原则为之，值得省思。因为，追溯罪刑法定原则的渊源，其原本即被赋予了限制国家刑罚权的本旨，再通过积极侧面强调“依法”，以明示对司法机关的限制及禁止法外制裁，这与消极侧面在立法技术上是实质性的重复；而积极侧面的内容与宪法的相关规定，以及现行刑法的目的、任务，在立法技术上是形式上的重复。现行《宪法》第28条规定：“国家维护社会秩序，镇压叛国和其他危害国家安全的犯罪活动，制裁危害社会治安、破坏社会主义经济和其他犯罪的活动，惩办和改造犯罪分子。”所以，“法律明文规定为犯罪行为的，依照法律定罪处罚”，在我国刑法规定的目的和任务下，毋庸置疑，附加积极侧面的重复式表述实无必要。即使实务中出现了司法权的恣意或法外制裁，也不应简单归责于单纯消极侧面的罪刑法定原则隐含的弊害，域外刑法对罪刑法定原则的表述仅采取了消极侧面而已，故所谓的司法权的恣意或法外制裁，大抵是相关的法律规定未得到切实的落实，出现了偏差或异化。但与做出限制司法机关之解释的立场相适应的是罪刑法定原则的人权保障机能正逐步受到关注，并向还正该机能的方向推进，这应当给予肯定。

由立法技术视角观之，较之1979年《刑法》第1条，修订后的刑法省却了“刑法的指导思想”，但并不意味着我国刑法不以马克思列宁主义、毛泽东思想为指针，而是由于这在现行宪法的序言中有明文规定，同时作为国家根本大法之宪法具有至上的权威，故“根据宪法”的刑法出于立法技术考虑，省却了同一法律体系内不必要的重复式表述；同时，日本刑法典中省却罪刑法定原则的立法例，亦能提供解决思路。据此，笔者主张对罪刑法定原则之积极侧面作省却处理，社会保护机能更多地交由刑法的目的、任务等承载，还正罪刑法定原则原初意义上的人权保障机能；①在此之前，权宜之计是采取“补正解释”的立场，作出有利于被告人的解释，即积极侧面的意旨为严禁司法权的恣意行使，防止不当入罪，以最大化地消解其负面影响。

① 我国刑法学者刘艳红教授就曾指出：刑法的社会保护机能应由刑法目的与任务来体现，刑法人权保障机能应由罪刑法定原则赋予，而我国刑法目的、任务与原则都体现了相同的社会保护机能。参见刘艳红：《刑法的目的与犯罪论的实质化》，载《环球法律评论》2008年第1期。

三、彰显人权价值的适度矫正

彰显人权价值的适度矫正，是指宜对犯罪构成之价值承载作必要的调整，使当前处于秩序下的人权价值得到必要的彰显，为向人权优位的演进奠定不可或缺的基础。我国四要件犯罪构成双重性地承载了秩序价值和人权价值，尽管在价值博弈中人权价值大抵处于劣势，但四要件犯罪构成所承载的人权价值并非全然丧失了话语权，故而，对四要件犯罪构成之人权价值承载作必要的倾斜，在"秩序下的人权"价值之格局下允许秩序价值对人权价值的适度让渡，扩张人权价值的辐射范围及力度。

例如，前列的刑事司法实务中不时出现的盗窃窨井盖案被定性为"危害公共安全罪"，无疑是四要件犯罪构成所承载的秩序价值的征表，在价值承载上适度向人权价值倾斜后，宜将该类案件作盗窃罪处理或非罪化处理。

再如，我国《刑法》第 17 条第 2 款规定："已满 14 周岁不满 16 周岁的人，犯故意杀人、故意伤害致人重伤或者死亡、强奸、抢劫、贩卖毒品、放火、爆炸、投毒罪的，应当负刑事责任。"该条款所规定的 8 种犯罪，是指具体犯罪行为，还是具体罪名？全国人大常委会、最高人民检察院、最高人民法院的解释不尽一致。概括起来，大体上有罪行说、罪名说和折衷说三种。若基于四要件犯罪构成之秩序价值承载对人权价值作适度让渡的立场，则刑法在相对刑事责任年龄的人的责任范围上由"列举 + 概括"式向列举式演进、由罪行说向罪名说转换，恰恰反映了罪刑法定原则的深入和秩序价值对人权价值的适度让步，这值得褒扬。

换言之，2002 年全国人大常委会法制工作委员会《关于已满十四周岁不满十六周岁的人承担刑事责任范围问题的答复意见》明确了第 17 条第 2 款规定的 8 种犯罪，是具体犯罪行为而不是具体罪名，即已满 14 周岁不满 16 周岁的人只要实施了故意杀人、故意伤害致人重伤或者死亡、强奸、抢劫、贩卖毒品、放火、爆炸、投毒（以下简称八种罪行）8 种行为的，须承担刑事责任。这是罪行说的立场。但"应当追究其刑事责任"，究竟如何确定罪名，仍不明确。因此，作为对《刑法》第 17 条第 2 款的进一步明晰，2003 年最高人民检察院《关于相对刑事责任年龄的人承担刑事责任范围有关问题的答复》规定："相对刑事责任年龄的人实施了刑法第 17 条第 2 款规定的行为，应当追究刑事责任的，其罪名应当根据所触犯的刑法分则具体条文认定。对于绑架后杀害被绑架人的，其罪名应认定为绑架罪。"即最高人民检察院的解释是基于罪行说的立场对相对刑事责任年龄的人"依据刑法分则对具体犯罪的规定”来定罪的。

罪行说受到了诸多诟病，其中有力的批判是该说使得相对刑事责任年龄的人的责任范围相当宽泛，因为“这实际上是将相对刑事责任年龄阶段应负刑事责任的范围扩大到所有能够以故意杀人、放火、爆炸等 8 种犯罪行为触犯的罪名”①。且采取罪行说立场的解释有违反罪刑法定原则之嫌，因为这导致定罪时评价了刑法不允许评价的部分行为。② 由罪刑法定原则的角度观之，该原则要求犯罪构成的明确化，而传统的刑法理论认为行为符合犯罪构成是刑事责任的唯一根据，犯罪构成是确定这种根据的判断标准。据此，基于罪行说的立场，大前提为《刑法》第 17 条第 2 款规定的各种犯罪构成，小前提为相对刑事责任年龄的人实施了具体行为，结论为相对刑事责任年龄的人是否成立其所触犯的刑法分则具体条文规定的犯罪。问题是行为人的部分行为本因主体的不适格而被刑法排除在评价的对象之外，但罪行说的“罪名应当根据所触犯的刑法分则具体条文认定”，会不当地导致年龄对犯罪性质限制作用的丧失，从而扩大相对刑事责任年龄的人应负刑事责任的范围，这违反了罪刑法定原则。如刑法不允许评价相对刑事责任年龄的人的绑架行为，故在绑架过程中故意杀人的行为最多只能认定为故意杀人罪，但罪行说主张的“对于绑架后杀害被绑架人的，其罪名应认定为绑架罪”，这既评价了相对刑事责任年龄的人的杀人行为，又不当地评价了其为刑法所不允许评价的绑架行为（绑架行为不属于八种罪行）。可见，认为“无论是将《刑法》第 17 条第 2 款解释为八种犯罪行为，还是解释为八种罪名，行为人承担刑事责任的范围是一致的，并且应当以八种罪名承担刑事责任”③，这是对罪行说“罪名应当根据所触犯的刑法分则具体条文认定”之内容的误读，不当地舍弃了相对刑事责任年龄对犯罪性质的限制作用，评价了刑法所不允许评价的相对刑事责任年龄的人的部分行为，从而混淆了罪行说与罪名说的界限，背离了罪刑法定原则，扩大了犯罪圈，欠缺合理性。

较之 1979 年《刑法》第 14 条第 2 款规定：“已满 14 周岁不满 16 周岁的人，犯杀人、重伤、抢劫、放火、惯窃罪或者其他严重破坏社会秩序罪，应当负刑事责任。”修订后的刑法叙明了罪刑法定原则，其第 17 条第 2 款删除了“其他严重破坏社会秩序罪”内容，以列举的方式对相对刑事责任年龄的人的犯罪范围具有了相当的明确性，这无疑是“在犯罪主体方面进一

① 陈志军：《我国相对刑事责任立法之检讨》，载《法商研究》2005 年第 6 期。

② 参见张明楷：《刑法学》（第 3 版），法律出版社 2007 年版，第 264 页。

③ 徐光华：《论相对负刑事责任年龄人承担刑事责任的范围》，载《法学杂志》2010 年第 2 期。

步贯彻了罪刑法定原则”,[①]立法者的努力值得称道。毕竟,以列举方式规定杀人、重伤、抢劫、放火、惯窃罪 5 种具体犯罪的同时,以概括的方式,即带有兜底性的“其他严重破坏社会秩序罪”,规定相对刑事责任年龄的人的犯罪范围,有利于实现刑法的社会保护机能。然而,1979 年刑法施行后,最高司法机关通过司法解释不断地将一些犯罪纳入“其他严重破坏社会秩序罪”中,这实现了刑法的社会保护机能,但也致使相对刑事责任年龄的人的责任范围具有极大的不确定性,故遭受了诸多非议。因此,2006 年最高人民法院《关于审理未成年人刑事案件具体应用法律若干问题的解释》在相对刑事责任年龄的人的责任范围上,采取了罪名说立场,[②]这既是对罪行说立场的纠偏,也是对人权价值的倾斜。

罪名说认为,《刑法》第 17 条第 2 款规定的是 8 种具体罪名,而非 8 种具体犯罪行为。罪名说内部又存在狭义说与广义说的分歧,其中,狭义说主张《刑法》第 17 条第 2 款规定的是 8 种具体罪名,仅限于单纯一罪,不包括实质一罪和裁判上一罪。如有论者认为,已满 14 周岁不满 16 周岁的人在绑架过程中杀害被绑架人的,既不能定绑架罪,也不能定故意杀人罪,而应当不负刑事责任。[③] 这种观点坚持了刑事责任年龄对犯罪性质所起的限制作用,即不得评价刑法所不允许评价的相对刑事责任年龄的人的部分行为(绑架行为),但该观点不当地否定了刑法允许评价的部分行为具有独立性,即绑架过程中杀害行为从属于绑架行为,由于刑法不允许评价绑架行为,因而不能评价杀害行为。这是不合理的,因为“杀害被绑架人”作为绑架罪的量刑情节,是以绑架罪的成立为前提,在主体不适格的情况下绑架行为不符合绑架罪的犯罪构成,考虑量刑情节的杀害行为,便成为无稽之谈,但相对刑事责任年龄对犯罪性质的限制,使绑架过程中的杀害行为在性质上不是作为量刑情节,而是作为具体行为存在的。“将已满 14 周岁不满 16 周岁的人在绑架过程中故意杀人的行为认定为故意杀人罪,并不违反罪刑法定原则。”[④]

与之类似的是,相对刑事责任年龄的人盗窃、诈骗、抢夺他人财物,为窝藏赃物、抗拒抓捕或者毁灭罪证,当场使用暴力,故意伤害致人重伤或者

① 赵秉志主编:《新刑法教程》,中国人民大学出版社 1997 年版,第 12 页。

② 《关于审理未成年人刑事案件具体应用法律若干问题的解释》第 5 条规定:“已满 14 周岁不满 16 周岁的人实施刑法第 17 条第 2 款规定以外的行为,如果同时触犯了刑法第 17 条第 2 款规定的,应当依照刑法第 17 条第 2 款的规定确定罪名,定罪处罚。”

③ 参见孟庆华:《关于绑架罪的几个问题》,载《法学论坛》2000 年第 1 期。

④ 张明楷:《罪刑法定与刑法解释》,北京大学出版社 2009 年版,第 170 页。

死亡,或者故意杀人的,因年龄对犯罪性质的限制,盗窃罪、诈骗罪、抢夺罪不成立(刑法不允许评价相对刑事责任年龄的人盗窃、诈骗、抢夺行为),丧失了向第269条转化型抢劫罪转化的基础。因此,故意伤害致人重伤或者死亡,或者故意杀人的行为,只能依据第17条第2款的规定确定罪名,即故意伤害罪、故意杀人罪。2003年最高人民检察院的解释规定,相对刑事责任年龄的人绑架后杀害被绑架人和实施了《刑法》第269条规定的行为,分别以绑架罪、抢劫罪追究刑事责任。2006年最高人民法院的解释第5条、第10条对相关内容做了重大修正,进一步贯彻了罪刑法定原则。

广义说认为,《刑法》第17条第2款规定的是8种具体罪名,不限于单纯一罪,还包括实质一罪和裁判上一罪,但应当依照本条款的规定确定罪名。这为多数学者所支持。广义的罪名说的逻辑推理为——(大前提)《刑法》第17条第2款规定的各种犯罪构成——(小前提)相对刑事责任年龄的人实施了具体行为——(结论)相对刑事责任年龄的人是否成立其所触犯的《刑法》第17条第2款规定确定的罪名。此时,若相对刑事责任年龄的人实施了《刑法》第17条第2款以外的行为,如故意决水造成他人死亡的,故意决水行为因主体不适格而被排除在刑法评价的对象之外,若同时触犯了《刑法》第17条第2款的规定(故意造成他人死亡的),则依照第17条第2款规定的故意杀人罪定罪处罚。

实际上,罪行说与罪名说对《刑法》第17条第2款的解释,在"应当追究其刑事责任"的立场上是一致的,但在如何确定罪名上迥然有别。罪行说主张根据刑法分则具体条文对犯罪的规定来确定罪名;罪名说主张根据《刑法》第17条第2款本身对犯罪的规定来确定罪名。这种分歧恰恰是确定是虚化、背离罪刑法定原则还是强化、贯彻罪刑法定原则之所在,确定是突出社会保护机能还是还止人权保障机能之所在。因此,广义的罪名说既坚持了年龄对犯罪性质的限制作用,又恪守了不得评价刑法所不允许评价的相对刑事责任年龄的人的部分行为;《刑法》第17条第2款在相对刑事责任年龄的人的犯罪范围上较为明确,进一步贯彻了罪刑法定原则,又还正了罪刑法定原则的人权保障机能,防止了对相对刑事责任年龄的人的不当入罪。

折衷说,认为对《刑法》第17条第2款的解释不是一个智识性问题,而是一个政策性问题,并立足于刑法与刑事政策的一体化,进而主张该条款中的"罪"并不意味着要么是"罪名",要么是"罪行",而意味着有时候是

"罪名",有时候是"罪行"。[①] 诚然,预防犯罪是刑法的重要内容,预防犯罪与刑事政策联系紧密,但刑事政策绝不能成为对刑法解释恣意的借口;相反,刑法解释时对刑事政策的考虑,不应突破罪刑法定原则的底线。故以解释是一个政策性问题为由,得出《刑法》第 17 条第 2 款中的"罪"往返在"罪名"与"罪行"之间的结论,本质上是对四要件犯罪构成之秩序价值根基的维护,只是抵触了罪刑法定原则,是不妥当的,其必将随着四要件犯罪构成在价值承载上的变动,尤其是罪刑法定原则之人权保障机能的还正,而沦为历史的遗迹。

① 参见欧阳本祺:《对〈刑法〉第 17 条第 2 款的另一种解释》,载《法学》2009 年第 3 期。

第二编　本体论

第四章　四要件犯罪论体系之批判

我国四要件犯罪论体系，系属平面化犯罪论体系范畴，早已是域内外刑法学者的公论。例如，日本刑法学者大塚仁就将我国四要件犯罪构成划归平面的犯罪论体系；①再如，前文列出的美国刑法学者乔治·弗莱彻对英美法系二元体系与四要件犯罪论体系在本质上相同的揭示。毕竟，主客观诸要素是否齐备，并非域内外犯罪论体系区别之关键——主客观诸要素在定罪中的不可或缺是人类理性及智慧共同的财富，主客观诸要素之间在逻辑上的组合方式及其形成的内在关系，才是犯罪论体系呈现实质性差异的分水岭。

事实上，平面化犯罪论体系在主客观上鲜明的二分法，长期使得实质违法性难以成为犯罪构成的独立要件，这无疑在犯罪论体系中将排除犯罪事由陷于尴尬的地位，有效地降低了其出罪的机能，相应地，其入罪功能得以大幅提升，更滞后了排除犯罪事由理论的发展——这从英美法系及我国的排除犯罪事由理论对阶层化犯罪论体系下该理论的亦步亦趋即可证明；也使得在定罪上功能有别的不法与有责阶层含混不清，削弱了平面化犯罪论体系的科学性。与此相反，我国四要件犯罪论体系长期以来并不缺乏马克思主义哲学诸多理论的庇佑，其在哲学根基上的合理性不可谓不坚实，但这种解释论上的周延并不能彻底掩盖该体系自身所隐含的缺陷。同时，尽管四要件犯罪构成在价值承载上并非绝对劣于阶层化犯罪构成，但若着眼于犯罪构成内部诸要件对价值取向的贯彻及彼此之关联等，则二者之优

① 参见[日]大塚仁：《刑法概说(总论)》(第3版)，冯军译，中国人民大学出版社2002年版，第104～107页。

劣立显。四要件犯罪构成之客体、客观方面,主体与主观方面除因其对实质违法性无法独立涵盖,从而导致对混合的犯罪概念的依赖,以及由此产生的犯罪概念与犯罪构成之间含混不清的关系外,诸要件内部之间也问题重重。下文将试择其要点以析之。

第一节　四要件犯罪论体系之哲学基础批判

哲学的属性使任何部门法在体系化的构建中,无不探求哲学根基。历史地看,这一根基往往对一国(地区)刑法中的犯罪论体系发生着深刻的影响,有时这种影响甚至是超乎是非的方向性问题。在我国,四要件犯罪论体系受马克思主义哲学的根本制约。但是,四要件犯罪论体系本身的缺陷使它未能很好地贯彻马克思主义哲学。换言之,四要件犯罪论体系涉及的哲学理论无疑纷繁复杂,如主客观相统一、相对的意志自由理论、"整体与部分"理论、普遍联系的理论、量质互变理论等。然而,四要件犯罪构成诸要件之间"有机统一"的哲学根基及方法论,大抵为马克思主义的主客观相统一原理及"整体—部分"理论,而四要件犯罪论体系的平面化特征,未能有效地适应这样的根基和方法论。①

一、主客观相统一理论②

以主客观相统一的哲学原理作为犯罪构成的根基与方法论,并不存在可以和值得诘难之处。毕竟,域外大陆法系早期的犯罪理论及后来屡经变动的阶层化构成要件,也不是对主客观相统一的悖逆或例外;相反,它们同样坚持了主客观相统一。"古典犯罪理论承袭早期的刑法论理学,分就客观与主观的二分法以从事犯罪判断的见解,把构成犯罪的要件区分为客观要件与主观要件。"③这种融主、客观二分法为一体于犯罪阶层体系中的做法,在古典阶层体系后的犯罪阶层体系中并没有实质性的变更。二者的根本性差异,更多的在于各自对于主客观相统一原理的贯彻方式及力度不同。除此之外,英美法系"双层次性的犯罪构成"更是层次分明地恪守了

---

① 关于四要件犯罪论体系的哲学根基,已然受到学者的质疑。如刘艳红:《犯罪构成体系平面化之批判》,载《法学研究》2011 年第 5 期。

② 我国刑法学者陈兴良教授早已对主客观相统一的刑法理论进行了诘难,但其立论笔者并不赞同。参见陈兴良:《主客观相统一原则:价值论与方法论的双重清理》,载《法学研究》2007 年第 5 期。

③ 林山田:《刑法通论(上册)》(增订 10 版),台北,作者 2008 年自版,第 184 页。

主客观相统一。

须厘清的是所谓的“严格责任”，即犯罪的成立不需要犯罪意图，仅有犯罪行为即可。“尽管少数学者把严格责任当做文明的、科学的法律制度来赞扬，但几乎所有的权威学者都对此持保留意见。”①而作为“严格责任”替代措施的过失（recklessness 及 negligence）、举证责任的倒置、预先警告程序（prior warning method）等的出现，大体反映了刑事领域内“严格责任”理论因受到诸多有力的批判而日薄西山。即使由肯定说的立场观之，就适用“严格责任”的案例而言，其呈明显的两极化趋势：一类是轻罪，即“公共福利犯罪”（public welfare offences）或“违章犯罪”（regulatory offences），例如，“美国模范刑法典实际上将严格责任的适用限制在了刑罚在罚金（包括罚金）以下的轻罪的范围之内”②；另一类是危及重大人身法益的犯罪，如奸淫幼女。由于我国奉行“行政处罚→刑罚”两级体系，而属于“严格责任”范畴的“公共福利犯罪”或“违章犯罪”一般由行政法规制。因此，需要探讨的只是危及重大人身法益的犯罪。笔者以为，“严格责任”由传统的轻罪向部分危及重大人身法益的犯罪扩张，不过是立法者在自由主义理念下对重点意欲保护的重大人身法益的高度重视，以至于在保护手段上省略了主观面，这与抽象的危险犯、未遂犯等理论的产生有异曲同工之效，而因手段上的瑕疵及替代手段的出现所导致的对主客观相统一的回归，系英美法系刑法学理论趋于完善的征表。在我国，“严格责任”在刑法中缺乏生存的空间。即使在特定的不需要考虑行为人主观罪过的场合，我国刑法也是通过变通的方法来解决这一问题的。例如，2013 年 10 月 23 日《关于依法惩治性侵害未成年人犯罪的意见》第 19 条规定：“对于不满 12 周岁的被害人实施奸淫等性侵害行为的，应当认定行为人‘明知’对方是幼女。”在此，我国司法解释是通过拟制的方式来贯彻主客观相统一原理的。

大陆法系阶层式构成要件理论，借助层级分明的诸阶层对主客观相统一基本采取了由客观到主观的“递进”贯彻方式。实际上，阶层式构成要件理论在主客观相统一的贯彻上，历经了由客观到主观的绝对二分法到客观与主观相对二分法——主观要素及规范要素的发现，使构成要件纯客观、有责性垄断行为人内在要素的设想破灭。由于构成要件符合性阶层具有实质性地展开罪刑法定原则之人权保障理念，及与刑法分则个罪联系紧密的功效。因此，在审判实践中企图遵循由主观到客观的逻辑进路相当困

---

① ［美］道格拉斯·N. 胡萨克：《刑法哲学》，谢望原等译，中国人民公安大学出版社 2004 年版，第 212 页。

② 参见刘士心：《美国刑法中的犯罪论原理》，人民出版社 2010 年版，第 121 页。

难。在四要件犯罪构成中,即使遵循传统通说所宣称的由客观到主观的判断顺序,即“犯罪客体—犯罪客观方面—犯罪主体—犯罪主观方面”,司法实务也因客体与客观方面、主体、主观方面之间存在实质性的交叉重合关系,①而无法有效地贯彻,甚至有学者直陈:“‘犯罪构成’四要件(客体—主体—客观—主观)可以拿来直接定罪的,其实不然,它只是包含有犯罪一般要件的框架,不能直接定罪。”②故在贯彻主客观相统一的意义上,域内外犯罪构成理论之核心分歧在于当客观事实难以或无法查明时,构成要件理论所支持的法律事实在客观与主观之间应倾向于何者?这也划定了客观主义与主观主义边界的轮廓。若无视或忽视这一现实,则在四要件犯罪构成框架下盲目地坚持所谓的“有机统一”,其客观效果只能是主客观的分离,也导致了在主客观主义上的飘忽不定。

可见,主客观相统一绝非我国刑法所独有,而是近现代各国刑法一以贯之的理论。在位阶上,其也非与主(客)观主义对应,而与主客观相分裂对应,主(客)观主义则与主(客)观归罪对应;客观主义与主观主义是在主客观相统一基础上的价值择一遴选,客观归罪和主观归罪是在主客观相分裂基础上的价值择一遴选。因此,四要件犯罪构成在主客观相统一的基础上必将作显性或隐性的客观主义或主观主义的择一遴选。

(一)位阶关系的紊乱

就四要件犯罪构成与主客观相统一之联系而言,主客观相统一原则是特定时期苏联刑法学者运用马克思主义批判大陆法系刑法学的弊端并力图构建社会主义的犯罪构成理论过程中“提出来”的。③ 在批判中,对大陆法系刑法理论尤其是德国刑法理论“存在一些误解,再加上意识形态的原因,对德国刑法理论的不当批判,使其强调客观要素与主观要素的结合与统一”④。

若将审查的目光向前延伸,则在唯物辩证法于苏联(俄)取得支配性地位之前,唯心主义辩证法早已占据了尊崇性地位。19 世纪 30 年代,俄国拉开了工业化帷幕,在向欧陆工业化强国借鉴经验时,沙皇政府基于法

---

① 德日刑法理论的通说主张保护法益(犯罪客体)是刑法的目的,而非构成要件要素。参见丁慧敏:《刑法目的观转变简史——以德国、日本刑法的祛伦理化为视角》,载《环球法律评论》2011 年第 2 期。我国的张明楷教授也主张保护法益(犯罪客体)是刑法的目的,而非犯罪构成的要件之一。参见张明楷:《犯罪构成体系与构成要件要素》,北京大学出版社 2010 年版,第 80 ~ 87 页。

② 阮齐林:《犯罪构成理论对公诉要点与顺序的影响》,载《人民检察》2011 年第 1 期。

③ 参见何秉松:《苏联犯罪构成理论的历史与现状》,载《法学研究》1986 年第 4 期。

④ 张明楷:《以违法与责任为支柱构建犯罪论体系》,载《现代法学》2009 年第 6 期。

国的模式充斥着频仍而血腥的革命、混乱及无政府主义。因此,对于该流向的本国臣民持消极抵制的立场。相应地,被誉为“思想的王国”的德国遂取得了比较优势——此时尚未统一的德国正处于相对平静的专制主义统治下,“俄国青年会在那里被训练成更加忠实于沙皇的奴仆”,[①]于是,在德国享有盛誉的黑格尔学说大举进入俄国。“19 世纪上半期在农奴制俄国,唯心主义哲学占统治地位,黑格尔的学说被广泛介绍。”[②]在刑事法领域“刑事黑格尔主义者”蔚然成风,如 A. 帕柳姆别茨基、P. 希什金等,无非是时代潮流下的产物。其鲜明的特征是在客观与主观、客体与主体对立统一的黑格尔哲学指引下融客观要件与主观要件于犯罪构成理论中。苏维埃政权建立后,唯物辩证法对唯心辩证法的清理并没有根本动摇主客观相统一的根基,相反地,其矛头在意识形态的引导下直指欧陆“资产阶级”及其相关理论,而批判地继承了主客观相统一的犯罪构成理论。[③]

以苏联刑法理论为蓝本,四要件犯罪构成及主客观相统一在我国得以展开并延续,即犯罪构成系“刑法所规定的,体现和决定一行为的社会危害性及其程度,而为该行为成立犯罪所必需的一系列主客观要件的有机统一整体”[④]。在四要件犯罪论体系下,主客观相统一被认为是对主客观相脱离或对立的否定,从而有别于客观归罪与主观归罪。苏联刑法理论之主客观相统一是在定罪基础上的客观与主观的统一还是处罚根据上统一,不甚明确,故我国刑法理论在主客观相统一上也产生了“定罪原则论”“定罪、量刑原则论”等分歧。前者主张,主客观相统一是定罪原则;后者主张,主客观相统一既是定罪原则,又是量刑原则。

实际上,主客观相脱离或对立有两种表现形式,即客观归罪与主观归罪,且二者系相对应的范畴,处于同一位阶。在主客观相统一基础上,若突出主观要素在定罪中的作用,为主观主义;若突出客观要素在定罪中的作用,是客观主义。因此,主观主义与客观主义是一对相对应的范畴,处于同一位阶。可见,主客观相统一作为对主客观相脱离或对立之否定,应与主客观相分裂处于同一位阶,而客观归罪和主观归罪是在主客观相分裂基础上所作的价值择一遴选,客观主义和主观主义是在主客观统一基础上所作

---

① 姚海:《俄罗斯文化之路》,浙江人民出版社 1992 年版,第 127 页。

② 刘祖熙主编:《斯拉夫文化》,浙江人民出版社 1993 年版,第 249 页。

③ 严格地说,即便在当下也不能说四要件犯罪构成彻底地贯彻马克思主义哲学。例如,被害人的错误认识属于主观的范畴,但在诈骗罪中被害人因被欺骗而陷入的错误认识属于客观的构成要件范畴;再如,存在论意义上的年龄是客观的,但它在定罪中发挥的影响行为人刑事责任能力的功效,并不是被归为客观的构成要件范畴。

④ 高铭暄:《关于中国刑法学犯罪构成理论的思考》,载《法学》2010 年第 2 期。

的价值择一遴选，故主(客)观主义与主客观相统一并非同一位阶的概念。我国传统刑法理论虽区分了主客观相统一与主(客)观归罪及主(客)观主义之间的界限，但混淆了主客观相统一与主(客)观归罪及主(客)观主义的位阶关系。

众所周知，在大陆法系刑法理论中存在客观主义与主观主义的争论。其中，刑事古典学派大体持客观主义立场，刑事实证学派则基本坚持主观主义立场。然而，客观主义不等于客观归罪，其并非忽略或无视主观面；同样，主观主义并非主观归罪，其也看重客观面。但刑法理论上将主(客)观归罪与主(客)观主义相提并论，并主张主(客)观主义与主客观统一相对立的论调，并不鲜见，如“主客观相统一的原则是与奴隶制和封建制刑法中的主观归罪和客观归罪的刑事责任原则根本对立的，同时，也是对资产阶级刑法理论中的主观主义和客观主义两种片面的定罪学说的否定。主观归罪和主观主义把犯罪意思作为犯罪成立的基本条件……至于是否实施了危害社会的行为……不影响犯罪成立。而客观归罪和客观主义则把客观上发生的实际危害作为犯罪的基本条件……至于行为人对其所实施的行为及其造成的结果，在主观上是否有认识，则可以不问”①。类似观点因混淆了主客观相统一、主(客)观主义、主(客)观归罪之间的位阶关系，难免受到批判。如有论者指出，客观主义认为刑事责任的基础表现在外部的犯罪人的行为及其实害，但这绝不意味着仅有外部行为及其实害就可以成立犯罪，构成要件符合性、违法性、有责性的犯罪论体系便能说明这一点；主观主义认为刑事责任的基础是犯罪人的危险性格，但同时认为，只有当行为人的危险性格征表为外部的行为时，才能对其科处刑罚。② 更有论者指出，主(客)观主义与主客观统一的对立只是由于对主(客)观主义及主客观相统一的误解造成的一种虚假冲突，并提出了彼此之间的位阶关系。③ 令人遗憾的是，该论者未能在此基础上反思我国的犯罪论体系，并将主客观相统一向前推进。毕竟，主客观相统一与主(客)观主义并不冲突，它们是不同位阶上的范畴，不应置于同一层面。

此外，主客观相统一并非客观主义与主观主义的某种折衷。尽管客观主义与主观主义在交锋论战中，彼此都修正了一些观点缓和了立场，从而带上了折衷主义色彩，但坚持主客观相统一是客观主义及主观主义在某种程度上的折衷的论断，系实质上混淆了主客观相统一与客观主义、主观主

---

① 赵秉志主编：《新刑法教程》，中国人民大学出版社 1997 年版，第 64 ~ 65 页。

② 参见张明楷：《新刑法与客观主义》，载《法学研究》2007 年第 6 期。

③ 齐文远、周详：《对刑法中“主客观相统一”原则的反思》，载《法学研究》2002 年第 3 期。

义之间位阶关系的表现。诚然,客观主义与主观主义属于同一位阶,且二者的择一价值遴选都坚持了主客观相统一,但二者统一的内容只是一种交叉关系而非重合关系。客观主义的统一,不一定体现在犯罪构成要件中,而是体现在成立犯罪的三个条件中,主观主义的统一,既不是体现在构成要件中,也不是以客观行为为基础,而是以行为人的危险性格为基础。[①]同时,由于客观主义与主观主义在理论根基上的根本对立,要实现二者的彻底调和,被认为几乎不可能。因此,我国传统刑法理论中的主客观相统一,不是对客观主义与主观主义的折衷。

(二)必要的价值择一遴选

"借鉴"苏联刑法理论使主客观相统一在新中国成立初期的刑法理论草创阶段得以确立,并作为法治建设的积极因素发挥着功效。"拨乱反正"后,主客观相统一及四要件犯罪构成得以重新确立,客观归罪、主观归罪也得到了部分纠正。毕竟,主客观相统一不是折衷了的客观主义及主观主义,客观主义、主观主义是在主客观相统一基础上价值择一遴选。因此,主客观相统一是否仅应停留在对客观归罪、主观归罪的纠偏层面上,是否有必要在既有的基础上作择一的价值遴选,值得省思。笔者以为,主客观相统一只是理想架构而非现实形态,犯罪构成必然在其基础上作择一的价值遴选,走向客观主义或主观主义。

刑法规范的对象系人的行为,故定罪难免带上浓厚的主体认识论与价值论色彩,在判断上征表为事实与价值的合一。因为,基于"客观见之于主观"的认识属性,判断必须由客观的外部行为向主观的内心状态推进,"犯罪是行为"命题出现后,这一顺序得到了强化。即便犯罪阶层体系的创始人贝林对费尔巴哈的犯罪构成进行切割,以剔除主观要素和评价要素,[②]从而竭力撇清构成要件与价值判断的关系,使其成为与价值判断相分离的、纯粹的、记述的、价值中立的行为类型,结果也相当徒劳。行为构成要件说导致对构成要件只能进行形式的解释,必然造成在构成要件之外就违法性进行伦理的判断,[③]贝林的失败无非是事实判断与价值判断合一的一次有效反击,故而,将价值判断纳入犯罪构成就成为修正的方向。沿着这

① 参见张明楷:《刑法的基本立场》,中国法制出版社 2002 年版,第 58 ~ 59 页。

② 参见何秉松、[俄]科米萨罗夫、[俄]科罗别耶夫主编:《中国与俄罗斯犯罪构成理论比较研究》,法律出版社 2008 年版,第 216 ~ 218 页。

③ 参见张明楷:《刑法学》(第 3 版),法律出版社 2007 年版,第 122 页。

方向,陆续出现的犯罪论体系,大抵都不再试图撇清与价值判断的关系,[①]而是要么融价值判断于事实判断之中,要么实现事实判断与价值判断的分层,最终事实判断与价值判断分层的犯罪阶层体系取得强势地位。

相反地,虽同样发端于费尔巴哈的 Tatbestand,但受德国部分学者对 Tatbestand 作主观要件与客观要件的宽泛理解之影响,在俄国 Tatbestand 被译为“犯罪构成”,并在学说中被广义地解释为一定数量的必要的客观要件与主观要件,这一特征为其后的俄国(以及苏联)犯罪构成理论所继承和发展,[②]而意识形态的渗透,使其定格成以社会危害性为价值内容、以四要件结构为样态的犯罪构成理论,南进渗入我国。因此,犯罪论领域内呈现出阶层式犯罪论体系与平面化犯罪论体系两大格局。可见,主客观相统一是近代以来各国刑法一以贯之的理论,而并非意识形态渗透下犯罪构成理论之间彼此对抗的产物,更不是我国刑法所独创的思想。

在客观归罪时代,行为人的主观心理状态被忽略,或受侦察手段低劣等条件的制约而难以把握,故责任归咎于客观上引起结果、违反规范的行为人,就成为利弊权衡下包含着相对合理性的选择;在主观归罪的情形下,[③]客观的外部行为被虚化、扭曲,主观的心理状态与责任之间直接建立了因果关系。因此,主客观相统一作为对客观归罪、主观归罪之主客观相分裂的否定,是认识趋于真理化的凝聚。不过,定罪中的主客观相统一并非现实的存在形态。毕竟,当主客观不统一或难以统一时是倾向于客观还是主观,不得不为之,而这必然走向客观主义或主观主义。故而,客观主义与主观主义不仅是规范论问题,也是价值论问题;而刑法究竟应选取怎样的基本立场,受制于特定时期国家的主客观情势:当秩序价值被突出或强调时,主观主义在二者的博弈中将会更多地占据优势;当人权价值受重视或扩张时,客观主义将更多地居于强势地位。

追溯历史,费尔巴哈根据心理强制说将罪刑法定确立为刑法的原则,其要求将任何行为作为犯罪并对之科以任何刑罚,必须根据法律的规定来

---

① 以存在论的价值一元论为根基的目的行为论,回避了主观与客观的关系,主张直观的把握行为,从而改造因果行为为目的行为,但目的论的犯罪论体系并未脱离古典与新古典体系的基本范式,始终往返于事实与价值之间,从而双重地借鉴古典与非古典的犯罪论体系。但目的行为概念无法彻底与价值决定的刑法体系相容,因此,修正的方向汲取了社会行为论的合理因素,致使新古典暨目的论体系成为有力的学说。

② 参见何秉松、[俄]科米萨罗夫、[俄]科罗别耶夫主编:《中国与俄罗斯犯罪构成理论比较研究》,法律出版社 2008 年版,第 4 ~5、219 页。

③ 实际上绝对的主观归罪,除出于险恶的政治目的外,审判实践中几乎是不存在的。

确定。据此,费氏认为 Tatbestand 是"'包含在一定种类的违法行为的法的概念之中的所有特别行为或者事实的总体',外部行为或结果等客观要素当然属于构成要件,一定的目的或者特定犯罪之下的故意那样的主观性要素也属于构成要件"①,并将 Tatbestand 这一概念法律化,当违法行为包括依法属于某罪概念的全部要件时就成立犯罪。于是,罪刑法定原则与 Tatbestand 理论紧密联系在了一起。但"费尔巴哈只把犯罪行为的客观要件归入 Tatbestand 中,而把主观属性(罪过)排除在犯罪构成之外,将它们看做是犯罪人负刑事责任和具备可罚性的第二个(除 Tatbestand 之外)独立的条件"②。故在犯罪成立条件的意义上费氏对主客观相统一的把握并不缺乏真理性。后来的部分德国学者开始更为广泛地解释 Tatbestand 的内容,将犯罪行为的所有必要的客观和主观要件都包括进来,如贝尔纳。③准确地说,Tatbestand 由广义转向狭义是从贝林开始的。④ 但主客观相统一在西方并未就此止步并在定罪中被颂扬,而是顺势转向了现实形态。

在苏俄,以特拉伊宁为首的一批学者对费氏的 Tatbestand 产生了误解,即认为费氏只是将犯罪行为的客观要件归入构成要件之中,并得出罪过被排除在犯罪构成之外的结论。⑤ 这混淆了费氏的作为犯罪成立条件之一的 Tatbestand 与作为犯罪成立诸要件总和的犯罪构成的界限。而在批判发端于贝林、以新康德主义为哲学根据、以形式主义构成要件理论为基石的犯罪论体系的同时,受意识形态的渗透,苏联学者继承和发展了塔甘采夫的犯罪论体系模式,犯罪成立诸要件总和的犯罪构成最终成为压倒多数的观点。这样,主客观相统一被奉为与资产阶级刑法理论相区别的圭臬,并止步于此。相应地,罪刑法定原则长期被排除出刑法典,因为在主客观相统一框架下主观与客观诸要件总和意义上的犯罪构成,同罪刑法定原则的实质性联系不大。因与苏俄刑法学理论存在亲缘关系,主客观相统一及四要件犯罪构成在我国确立、展开的同时罪刑法定原则命运多舛,对主客观相统一的误解则成为痼疾。

实际上,定罪中单纯恪守主客观相统一,坚持犯罪成立条件总和意义上的犯罪构成,即使强调人权保障机能的一面,也因四要件犯罪构成无法

---

① [日]西原春夫:《犯罪实行行为论》,戴波、江溯译,北京大学出版社 2006 年版,第 28 页。
② 何秉松、[俄]科米萨罗夫、[俄]科罗别耶夫主编:《中国与俄罗斯犯罪构成理论比较研究》,法律出版社 2008 年版,第 4 页。
③ 同上书,第 4 ~5 页。
④ 参见林山田:《刑法特论》,台北,三民书局 1981 年版,第 10 ~ 11 页。
⑤ 参见[苏联]A. H. 特拉伊宁:《犯罪构成的一般学说》,薛秉忠等译,中国人民大学出版社 1958 年版,第 15 页。

有效地贯彻限制国家刑罚权,从而使以人权保障为己任的罪刑法定原则被排斥或虚化。这有着苏联刑法及我国1979年刑法未规定罪刑法定原则,却在定罪中坚持主客观相统一的深刻教训。因此,犯罪成立条件总和意义上的犯罪构成与罪刑法定原则的联系,更多的是形式上和历史沿革意义上的。如果说费尔巴哈在刑法中确立罪刑法定原则并将其与Tatbestand联系起来,其功至伟,那么费氏的Tatbestand在贯彻罪刑法定原则的核心价值上并不彻底。正是在贯彻罪刑法定原则核心价值的意义上,贝林才努力将主观的要素与规范的要素排除在构成要件之外。因此,尽管实际功效难以令人满意,但贝林是真正在试图实现罪刑法定原则与犯罪构成的实质性结合,而阶层式犯罪构成由此在大陆法系国家成为罪刑法定原则之人权保障机能的忠诚卫士,主客观相统一也真正获得了客观主义的现实形态。其后,阶层式犯罪构成的发展与完善,恰恰是在总结正反两面经验与教训的基础上,在客观主义与主观主义的对抗中,进一步以限制国家刑罚权为手段来贯彻人权价值的。

在定罪中奉行主客观相统一并仅止于此,突出的问题是对保障人权的积极效用甚微。因为犯罪成立条件总和意义上的犯罪构成之诸要件间的排列顺序,似乎并不重要,只要主观与客观二者齐备,即使主观先于客观的判断也并不违反该原则,故在质疑通说从客观到主观的判断顺序时,有论者提出了从主观到客观的判断顺序,①还有论者提出了二者混杂的判断顺序。② 这难以有效地避免主观要件的先行判断,在突出国家刑罚权有效行使的背景下,侵犯人权的不当入罪风险大大增加。“在许多情况下,人们是先考虑主观要件后考虑客观要件的,甚至在主客观相统一的大旗下,行主观归罪之实。”③

举例来说:

A与B素有不共戴天之仇。一日,A于阳台上浇花时忽见B驾驶摩托车经过楼下,遂捧起花盆掷向B头部,击中目标致B死亡。事后得知,B

① 如赵秉志教授主张“犯罪主体要件—犯罪主观要件—犯罪客观要件—犯罪客体要件”的判断顺序。参见赵秉志:《论犯罪构成要件的逻辑顺序》,载《政法论坛》2003年第6期。

② 如刘远教授主张四要件的排列顺序为“犯罪客观方面—犯罪主体—犯罪主观方面—犯罪客体”。参见刘远:《犯罪构成模式的反思与重构》,载梁根林主编:《犯罪论体系》,北京大学出版社2007年版,第221页。再如马荣春教授主张“犯罪主体—犯罪客体—犯罪客观方面—犯罪主观方面”的判断顺序。参见马荣春:《论四要件犯罪论体系的可取性与可改进性》,载赵秉志主编:《刑法论丛》(第20卷),法律出版社2009年版,第32页。

③ 张明楷:《刑法分则的解释原理》,中国人民大学出版社2003年版,第173页。

当时正处于飞车抢夺财物后的急速逃逸中,但A击杀B时对此毫不知情。

一般认为,所谓偶然防卫,是指行为人出于一定的犯罪故意或过失实施其行为,但符合了正当防卫的客观条件的情形。在主客观相统一的四要件犯罪论体系下,A无疑成立故意杀人罪。理由是:在偶然防卫的场合,行为人虽然客观上具有防卫效果,但由于主观上不存在防卫意图。因此,不是正当防卫,而是故意犯罪。①

显然,四要件犯罪论体系完全排除了该案准用"未遂犯"处理的可能——论以故意杀人罪未遂。在阶层化犯罪论体系下,"其固然承认杀人罪的成立要件包括死亡结果的实现,但结果之发生因有客观阻却违法事由存在,从而法律秩序并不非难此一结果,从而也应否认此一'不法结果'之发生与存在"②。于是,我国审判实践中对A刑罚的轻缓化,不得不求诸"万能"的社会危害性理论,以摆脱主客观相统一的四要件犯罪构成在人权保障机能上的不足。因此,随着罪刑法定原则之人权保障机能的还正及对主客观相统一误解的纠偏,主客观相统一走向现实形态,尤其向重视人权保障的客观主义立场倾斜,将是不可逆转之势。在我国,作为刑法客观主义的代表性人物的张明楷教授,针对偶然防卫,其在反对行为无价值论的未遂说后③旗帜鲜明地立足于结果无价值论的无罪论。他在其独著教科书《刑法学》中写道:"本书坚持结果无价值论,主张偶然防卫行为不成立犯罪。这是因为,虽然行为人主观上具有犯罪故意,但其客观行为没有侵犯刑法所保护的法益,相反刑法还允许以造成损害的方式保护另一法益。"④

二、"整体与部分"理论

在四要件犯罪论体系下,若依据犯罪构成之一元化定罪标准,则犯罪的成立须齐备犯罪构成之诸要件。在"主客观相统一"的框架下,犯罪构成诸要件之间被设定为"有机统一"关系。至于究竟如何理解犯罪构成诸要件之间的"有机统一",理论上颇为不同。

---

① 参见陈兴良:《规范刑法学》(第2版),中国人民大学出版社2008年版,第143页。

② 黄常仁,《刑法总论——逻辑分析与体系论证》,台北,新学林出版股份有限公司2009年版,第60~61页。

③ 行为无价值论的未遂说主张,偶然防卫行为没有造成法益侵害结果,相反保护了法益,结果是有价值的;但由于其行为无价值,所以成立犯罪未遂。

④ 张明楷:《刑法学(上)》(第5版),法律出版社2016年版,第208页。

如有学者主张："从各个要件的联系性质来看，犯罪构成并不是所有这些单个要件的简单相加的复合体，而是这些要件相互联系、相互作用、相互制约有机体。"①有学者认为："犯罪构成是四要件的相关要素的有机统一。缺乏任何一个方面的要件，犯罪构成的整体就不能存在。"②还有学者指陈："苏联及我国的犯罪构成体系是一种耦合式结构，将犯罪构成的四大要件先分而论之，然后加以整合，由此，犯罪构成要件之间的关系成为一种共存关系，即一有俱有，一无俱无，只有四个要件全都具备了，才说得上是犯罪构成的要件。"③

溯及哲学根基，其依据的是"整体与部分"理论。即作为唯物辩证法内容的普遍联系的定律，主张事物之间及内部的联系既具有普遍性，又具有系统性，这要求用全面、联系的观点来处理整体与部分的关系。在古希腊，亚里士多德业已提出了"整体大于它的各部分总和"命题；德国的马克思更是系统论的奠基人。所谓系统，"是指由相互联系、相互作用着的若干要素按一定方式组成的有机统一整体"④。其突出的特征为整体性与有序性。

（一）"系统论"的异化

一般认为，整体性是系统的本质特征，而"整体大于部分之和"则是辩证唯物主义系统论的核心思想。诚然，部分只有在整体中才能获得自身的规定性，从而具备特定的地位、作用和意义，并在一定的条件下释放出整体大于部分之和的能量。由于在定罪上我国四要件犯罪构成采纳了"系统论"的方法，但因诸要件之间存在交叉重叠关系，及四要件犯罪构成在价值承载上的二元化，因此，"系统论"在践行中有异化之弊端。

哲学上的"系统"以"有机性"为核心，即要求构成系统的诸要素之间相互联系、相互作用以形成"有机统一整体"。只是这种"有机性"难以有效地通过客体、客观方面、主体、主观方面的简单排列组合而体现出来——我国刑法学者对四要件犯罪构成之诸要件排列顺序的不同主张及争论，即可证明这一点，实际上四要件犯罪构成诸要件在排列逻辑上因我国刑法学者的不同"主张"走向了臆断化，整体上杂乱无章；况且四要件犯罪构成中

① 马克昌主编：《犯罪通论》，武汉大学出版社1999年版，第72页。

② 高铭暄：《对主张以三阶层犯罪成立体系取代我国通行犯罪构成理论者的回应》，载赵秉志主编：《刑法论丛》（第19卷），法律出版社2009年版，第9页。

③ 陈兴良：《本体刑法学》，商务印书馆2001年版，第217页。

④ 杨耕等主编：《马克思主义哲学概论》，高等教育出版社2004年版，第142页。

的犯罪客体与其他诸要件之间系实质性的重合。① 因此，对标榜的“有机统一”，刑法理论上除了抽象地解释何谓“有机统一”外，尚无学者系统阐释诸要件之间究竟如何具体地“有机统一”。

相应地，刑事审判实践对“有机统一”的贯彻，更让人疑窦丛生。在入罪上，刑事判决的基本结构为：事实描述→证据列举及评判→行为定性（定罪量刑），其无不对四要件犯罪构成之单个要件进行逐一或部分省却性证明，在四要件齐备而无“排除犯罪性行为”和犯罪概念“但书”情形的条件下判决入罪，而其常规陈述模式为：罪状描述＋“其行为已构成××罪”或“其行为已触犯刑律，构成××罪”，至于诸要件之间的“有机统一”从来就不是证明的内容——这也是四要件犯罪构成内部平面化结构本质使然。质言之，审判实践中四要件间的“有机统一”在整体上可以认为系诸要件的“简单相加”后剔除“排除犯罪性行为”及犯罪概念“但书”情形。因此，既有的审判实践显示哲学上的“系统论”，更多的是理论上的说教，在审判实务中其被简化或异化为“笼统论”或“加减论”，四要件犯罪构成对“系统论”的贯彻空乏无力。其消极效果是：博大精深的马克思主义哲学在刑法学四要件犯罪构成理论的“贯彻”下，呈现一派“深入浅出”或“尚未开始，已然结束”的气象。鉴于此，部分刑法学者穷本溯源地批判道：“维辛斯基式的刑法理论结构与基础本身，从今天的角度来看，不仅在实践中是失败的，而且在理论上也是行不通的。它只是特定历史条件下的一个政治产物，很大程度上与民主国家所要求的宪政与法律秩序并没有必然联系。”② 尽管该论调的合理性仍有待实践的进一步检验，但其依据的四要件犯罪构成理论所面临的窘困实非凭空捏造。

再由四要件犯罪构成对我国刑事立法目的等贯彻的角度观之，传统通说主张“犯罪概念→四要件犯罪构成→排除犯罪性行为”模式，由于这一模式渊源于苏联（俄）刑法学理论，其是在意识形态统帅下排斥罪刑法定原则背景下成型的。因此，无论是犯罪概念还是四要件犯罪构成、排除犯罪性行为，都是对社会危害性理论这一犯罪本质特征的展开，而社会危害性理论系人权保障理念暗弱下，政治推动犯罪标准浓缩秩序价值的结果——在此意义上，我国刑法学者已然指陈：“它（社会危害性理论）只是对于犯罪的政治的或者社会道义的否定评价。这一评价当然不能说是错的，问题在于它不具有实体的刑法意义。”③其突出的特点是罪刑法定原则

---

① 笔者将在“犯罪构成诸要件批判”中详加展开。

② 李海东：《刑法原理入门（犯罪论基础）》，法律出版社 1998 年版，第 3 页。

③ 李海东：《刑法原理入门（犯罪论基础）》，法律出版社 1998 年版，第 8 页。

在社会危害性理论框架下缺乏容身之所。这从继受了苏联(俄)刑法理论体系而编纂的传统刑法教科书中可窥出端倪:罪刑法定原则要么缺位,要么被“门神”式地叙明,甚至在等同于严格依照成文法定罪量刑的意义上被展开!

实际上,若细究求诸“犯罪概念→四要件犯罪构成→排除犯罪性行为”模式以定罪的逻辑,则其并非无懈可击,甚至可以认为舛误甚巨。因为,犯罪概念大抵是犯罪本质的客观化,其核心是社会危害性理论,即犯罪因具有社会危害性而应予以否定性评价;犯罪概念与四要件犯罪构成之间通常被认为系“抽象与具体”的关系,这样在定罪标准犯罪构成一元化框架下行为具有严重的社会危害性主要通过齐备犯罪构成诸要件来征表,而行为之所以符合犯罪构成(具有刑事违法性)须寻求行为具备严重的社会危害性支持,即犯罪概念与犯罪构成之间的关系等价于社会危害性与犯罪构成的关系,且“抽象与具体”关系被异化为彼此印(论)证关系,这是形式逻辑下的谬种流传,对辩证法的贯彻最终游离于辩证法之外。

我国刑法典阐明罪刑法定原则后,四要件犯罪构成之价值承载经由一元化转向二元化,同时鉴于传统理论所主张的犯罪概念与四要件犯罪构成及排除犯罪性行为之间的“抽象与具体”关系,上述模式服务于“惩罚犯罪,保护人民”的刑事立法目的时,尽管因秩序与人权的价值冲突而难以决断,但对人权的适度让渡是无疑的,毕竟“惩罚与宽大相结合”的刑事政策及与之一脉相承的“宽严相济”的刑事政策在政治主导下并不会绝对丧失怜悯情怀,但在对“系统论”的贯彻上(实际上是简单的拼凑)所彰显的“整体大于部分之和”则有反思之必要——“整体”及其与“部分之和”的差额,更多的是对秩序价值的践行,而非对人权价值的高扬,这与我国秩序的泛滥及人权的稀缺之窘迫现实颇为契合,与向人权优位演进的法治路径相距甚远,因此,向人权价值的倾斜尤显迫切而艰巨。

至于有论者提出:“对(四要件犯罪构成)每一个必要要素进行审查和评价时,均有肯定和否定两种可能性;只有四个方面的要件都一一肯定了,才能入罪,只要其中一个方面的要件被否定了,即不能入罪,只有出罪。”①这是典型的割裂整体与部分关系的片面论调。的确,若仅着眼于四要件犯罪构成,则其诸要件在入罪上采取的是“加法”,任何要件的不符合,都直接导致出罪,但四要件犯罪构成置身于传统的“犯罪概念→四要件犯罪构

---

① 高铭暄:《对主张以三阶层犯罪成立体系取代我国通行犯罪构成理论者的回应》,载赵秉志主编:《刑法论丛》(第19卷),法律出版社2009年版,第9页。

成→排除犯罪性行为”模式中，贯穿其间的是渊源于苏联（俄）的以秩序价值为纲要的社会危害性理论，忽视、无视或否定四要件犯罪构成与其联系，是对“整体与部分”理论的背离，属于断章取义的论调，虽然四要件犯罪构成不乏出罪品格，但在政治指引下这绝非重点及常态，忠顺于秩序价值才是其首要使命。

（二）有序性的臆断化

有序性是隶属于“系统论”的鲜明特征，系内部要素之间的联系有组织地遵循一定的顺序和规则，内部结构由此趋于优化，能够强化系统的整体性功能。在“犯罪概念→四要件犯罪构成→排除犯罪性行为”模式中，若坚持定罪标准一元化，则司法实务中其更多地趋于并列结构。其精确化结构如表4－1所示：

表4－1　四要件犯罪构成并列结构精确化定罪表

<table>
<tr><td colspan="10">四要件犯罪构成</td></tr>
<tr><td rowspan="3">并列结构</td><td rowspan="2">一层</td><td>客体</td><td>→</td><td>客观方面</td><td>→</td><td>主体</td><td>→</td><td>主观方面</td><td rowspan="2">入罪</td></tr>
<tr><td>↓</td><td></td><td>↓</td><td></td><td>↓</td><td></td><td>↓</td></tr>
<tr><td>二层</td><td colspan="7">出罪事由
（“排除犯罪性行为”、犯罪概念“但书”等）</td><td>出罪</td></tr>
</table>

显然，凭借定罪标准一元化的并列结构追究刑事责任时，在入罪化的诸要件叠加过程中，由于我国出罪事由涵盖了域外阶层化犯罪论体系下的违法性阻却事由（法定的和超法规的）和责任阻却事由。因此，经由“客体→客观方面→主体→主观方面”的传统逻辑顺序判定，诸要件整体上与出罪事由大抵呈并列的态势。若单个要件的判定中要件不具备或介入了出罪事由，则直接导出出罪的结论（呈“ᒣ”字形路径）；若出罪事由欠缺，则叠加出入罪的结论，即所谓的“齐备犯罪构成诸要件”（呈“ᒣᒪ”字形路径）。

例如，某动物园中母虎因发情而性格异常暴躁，急需寻公虎配种，否则极易发生老虎伤人事件，但该园并无公虎，因此，需运至异地配种。又因为老虎属于濒危动物，运输须齐备林业局批准手续，而鉴于行政审批期限一般较长，等批文已来不及，故该园遂边办理申请手续边运输母虎至异地配种，途中被查获。刑事司法实务中对非法运输濒危野生动物罪的否定，就是直接求诸该罪的客体为“国家珍贵、濒危野生动物保护制度”来出罪的——而非保护林业局的批准权。（以下简称审批运虎案）

问题是：这一呈“有序性”的诸要件排列，更多的系主观臆断而非客观事实。首先，除传统通说“客体→客观方面→主体→主观方面”的排列顺序外,刑法理论上尚有前文所列举出的诸多排列主张,而该类主张本质上无非立论者依据自身的认识附庸出一段理论的产物,主观臆断性极强,且客观方面、主体与主观方面三者实际上都是从不同侧面反映犯罪客体受到的侵害、威胁程度,揭示出犯罪的本质——严重的社会危害性。鉴于社会危害性理论系意识形态指引下秩序价值的浓缩,四要件犯罪构成在承载的秩序价值与人权价值的博弈下诸要件之间遵循"有序性"排列潜含着倾向于导出入罪结论的风险,这与其在贯彻"系统论"上衍生的弊端相当,有强化秩序价值的隐患。同时,在客体要件、客观方面要件及主体要件之后因出罪事由的出现而直接出罪,会否定对主观方面要件的审查,这必然为主客观相统一原理所排斥。

其次,就入罪而言,四要件之间在客观与主观二分法基础上客体、客观方面(甚至包括主体)之间排列顺序的差异,并不会导致实质性的分歧。审判实践中《人民检察院刑事诉讼规则》第281条规定起诉书的主要内容为:被告人的基本情况、案由和案件来源、案件事实、起诉的根据和理由。其中,至为关键的案件事实、起诉的根据和理由涉及事实与评价两部分,且先事实后评价。然而,"在'案件事实'部分夹杂大量的'评价'性概念,如'窜至''盗窃''作案''非法''分赃'等,这种做法忽视了事实和评价的界分。"[①]不过,这对求诸四要件犯罪构成以入罪而言,并非实质性障碍——这备受潜含侵犯人权隐患的诟病——忽视二者界分的判决无不以"事实清楚""证据确切充分"等为由据以定罪量刑,而这不必然导致对四要件犯罪构成"整体性"贯彻社会危害性理论或罪刑法定原则等的否定,毕竟"有机统一"不以诸要件之间的特定顺序为必要条件。可见,四要件犯罪构成框架下诸要件之间的传统排列顺序,更多的是实践理性的产物或认识趋于科学化的凝聚。由于四要件犯罪构成之间缺乏必要关系的递进,因此,传统通说所主张的顺序至多具有"指导"作用,而缺乏"强制"规格。与此相对,四要件犯罪构成诸要件在理论上的"杂"序化及实践中证明的"择要"化,遂成为可能和奇观,而内部结构趋于优化以强化整体功能的"有序性",要么异化为政治服务的手段,要么止于空洞的说教或难以企及的愿景。

第二节　四要件犯罪论体系之入/出罪理论批判

四要件犯罪论体系中主客观要件之内容在不法与有责上的混乱,导致

① 阮齐林:《犯罪构成理论对公诉要点与顺序的影响》,载《人民检察》2011年第1期。

了我国混合的犯罪概念实质性地充当了实质违法性判断的角色，但传统刑法理论在解释论上的周延，赋予了四要件犯罪论体系下入/出罪理论混杂不清的特征，这在我国混合的犯罪概念及排除犯罪事由上征表得十分明显。

一、混合的犯罪概念批判

我国现行《刑法》第 13 条规定的犯罪概念系混合的犯罪概念，包括确立犯罪与排除犯罪两部分，其中前者可称为非“但书”部分，后者为“但书”部分，[①]均具有入罪与出罪两大功能，但结合《刑法》第 3 条规定的罪刑法定原则及四要件犯罪构成等因素来看，其出罪功能明显暗弱，在许多情况下犯罪概念的出罪功能甚至沦为政策性导向的附庸，这蕴含着迟延我国业已开启的刑事法治化进程的隐患。然而，迄今为止，我国刑法学者在争论犯罪概念时大抵聚焦于“但书”部分，鲜有论及非“但书”部分的入罪功能，更遑论其出罪功能。

（一）混合的犯罪概念之入/出罪功能二元化

尽管域外刑法学说及立法例对犯罪概念的表述不尽相同，但其大抵均被划分为形式的犯罪概念、实质的犯罪概念与混合的犯罪概念三种。混合的犯罪概念由苏联的 H. Д. 杜尔曼诺夫发其端，其指陈犯罪系“危害社会的、违反刑事法律的、有责任能力的和依法应受惩罚的作为或不作为”[②]，即犯罪的形式特征是以违法性、罪过和人的责任能力为条件的应受惩罚性，而实质特征是行为的社会危害性。实际上，这一混合的犯罪概念，同样是苏联（俄）刑法学者在意识形态的裹挟下，对资产阶级刑法理论中形式的犯罪概念进行批判所孕育出的实质的犯罪概念基础上成型的。苏联（俄）刑法理论中实质的犯罪概念及混合的犯罪概念相继被我国 1950 年的《中华人民共和国刑法大纲草案》及 1954 年的《中华人民共和国刑法指导原则草案》所采纳，1979 年颁布的新中国第一部刑法典首次正式确认了这一混合的犯罪概念的效力。我国现行《刑法》第 13 条规定的犯罪概念，继承 1979 年《刑法》第 10 条而来，即我国《刑法》第 13 条规定的犯罪概念系

---

① 现行《刑法》第 13 条规定：“一切危害国家主权、领土完整和安全，分裂国家、颠覆人民民主专政的政权和推翻社会主义制度，破坏社会秩序和经济秩序，侵犯国有财产或者劳动群众集体所有的财产，侵犯公民私人所有的财产，侵犯公民的人身权利、民主权利和其他权利，以及其他危害社会的行为，依照法律应当受刑罚处罚的，都是犯罪，但是情节显著轻微危害不大的，不认为是犯罪。”

② ［苏联］A. A. 皮昂特科夫斯基等：《苏联刑法科学史》，曹子丹等译，法律出版社 1984 年版，第 22 页。

混合的犯罪概念。

“法律概念可以被视为是用来以一种简略的方式辨识那些具有相同或共同要素的典型情形的工作性工具。”①德日刑法犯罪论中大抵是在犯罪概念下直接展开构成要件理论，“将犯罪定义为具备构成要件符合性、违法性与有责性三项属性的行为，即形式意义的犯罪概念，目的在于合乎逻辑地整理犯罪，建立体系”②。而形式的犯罪概念与实质的犯罪概念之争讼，连接着犯罪本质学说及作为构成要件理论核心内容的违法性理论，违法性理论基本上是对犯罪本质学说的具体展开，这架构起了犯罪概念与构成要件理论之间实质的“纲”与“目”的关系。究其根源，在自然法与实定法二分法上发展起来的规范（Norm）与法规（Gesetz）的分离，导致了违法与犯罪的分野，其后的刑法学者以此为起点不断探索完善，最终确立了违法性理论在犯罪论体系中至今不可动摇的基础，且规范与法规的分离在罪刑法定原则的人权保障机能的推动下，酝酿出推动犯罪构成阶层化的原动力，古典犯罪阶层体系之后的犯罪阶层体系（包括目的论犯罪阶层体系）无不延续了贝林、李斯特开创的犯罪构成阶层化的合理内核。

与之相对，我国刑法学界对犯罪概念阐释采取了特有的二重结构，即作为犯罪基本属性的严重的社会危害性、刑事违法性、应受刑罚性（三特征说）与作为犯罪具体特征的四要件犯罪构成。③ 传统通说认为，相当严重程度的社会危害性既是犯罪概念的本质属性，也是犯罪构成的本质属性，且犯罪概念与犯罪构成之间表现为抽象与具体的关系。④ 因此，要切实把握我国刑法中的犯罪，必须全面把握这一二重结构。但笔者认为，我国犯罪概念所特有的二重结构及其彼此交织不清的关系，深刻地影响着我国犯罪概念的功能——集入罪与出罪两大功能于一身，而结合我国罪刑法定原则确立的历史，其二元化功能更加明显。

1. 混合的犯罪概念之入罪功能

在刑法典叙明罪刑法定原则前，犯罪概念的非“但书”部分，兼具有入罪与出罪功能，但出罪的功能相对暗弱，这在践行秩序价值之类推制度等助推下其入罪功能愈加明显。“为了使我们的司法机关能及时有效地同刑法虽无明文规定，但实际上确属危害社会的犯罪行为作斗争，以保卫国家

① ［美］E. 博登海默：《法理学：法律哲学与法律方法》，邓正来译，中国政法大学出版社 1998 年版，第 501 页。

② 曾根威彦：『刑法总论』（第 3 版）、弘文堂、2007、頁 46。

③ 参见王世洲：《中国刑法理论中犯罪概念的双重结构和功能》，载《法学研究》1998 年第 5 期。

④ 参见马克昌主编：《犯罪通论》，武汉大学出版社 1999 年版，第 75～76 页。

和人民的利益，就必须允许类推。”[①]这是当时刑法理论中的主流观点，对法律实务影响甚为深远。“按照类推原则确定的犯罪行为，同样具有违反刑法的特征，即这种行为是依照刑法第十条确认的犯罪行为，是按第七十九条规定的条件和程序认定的。”[②]易言之，在刑法“无明文规定”的情势下，基于整体治安状况等秩序价值的考量，要实现对“犯罪”的惩处——入罪——必须求诸犯罪概念之严重的社会危害性属性，因为该属性是类推制度的重要存在根据，是四要件犯罪构成完成形式上入罪的实质性根据，如轰动一时的迟志强案。

1997年修订的刑法在废除类推制度的同时确立了罪刑法定原则，由此衍生出来的问题是：我国犯罪概念所具有的入罪功能，是否因罪刑法定原则的确立而成为历史的遗迹？笔者对此持怀疑至少是保守的态度。毕竟，类推制度被废除后，犯罪概念之严重的社会危害性要发挥入罪功能，大抵并非依靠赤裸裸地对抗罪刑法定原则，或粗暴地凌驾于刑事违法性之上，而是更多地借助于刑法对秩序价值的倚重下，寻求社会保护机能、扩张解释等现代刑法所允许之形式，变相突破刑事违法性要件。

例如，《浙江省高级人民法院关于审理交通肇事刑事案件的若干意见》（浙高法〔2009〕282号）就自首作出解释：“交通肇事后报警并保护事故现场，是道路交通安全法规定的被告人交通肇事后必须履行的义务。人民法院依法不应将交通肇事后报警并在肇事现场等候处理的行为重复评价为自动投案，从而认定被告人自首。”同时又规定：“交通肇事逃逸后向有关机关投案，并如实供述犯罪事实的，可以认定自首。”显然，这违背了罪刑法定原则所要求的不得作出不利于被告人的解释。尽管2000年最高人民法院《关于审理交通肇事刑事案件具体应用法律若干问题的解释》规定“交通运输肇事后逃逸”系行为人在发生了构成交通肇事罪的交通事故后，“为逃避法律追究而逃跑的行为”。但单纯采取文理解释有失偏颇，以不救助被害人（不作为）为核心理解和认定逃逸，才是应然之道。[③] 若似此，则行为人“交通肇事后报警并保护事故现场”的行为与交通肇事后逃逸的行为，在定罪上并无本质性区别，在量刑上就“主观恶性”而言也无实质性不同。因此，在自首上将二者区别对待，缺乏实质性根据，而该解释本身则属于违背罪刑法定原则的类推解释。

其实，在相对罪刑法定原则的旗帜下刑法的双重机能是并重的，个人

---

① 高铭暄：《中华人民共和国刑法的孕育和诞生》，法律出版社1981年版，第126页。

② 杨春洗等：《刑法总论》，北京大学出版社1981年版，第90页。

③ 参见张明楷：《刑法学》（第4版），法律出版社2011年版，第634页。

自由得到保障的同时社会秩序亦得以顾及,[①]更毋庸说与社会保护机能更加难以脱离联系的我国《刑法》第3条之“中国特色”的罪刑法定原则。这里尤需强调社会危害性与刑事违法性之间的交叉重叠关系。

长期以来,社会危害性与刑事违法性被公认为我国犯罪概念的两大基本属性,且二者之间的关联被定位为:刑事违法性系以社会危害性为依据,是由社会危害性所决定及派生的属性。[②]“只有当危害社会的行为触犯了刑律的时候,才构成犯罪。行为的社会危害性是刑事违法性的基础;刑事违法性是社会危害性在刑法上的表现。”[③]单纯地立足于严重的社会危害性与刑事违法性之间的逻辑思辨,二者的关系似乎条分缕析、清晰明了,但若结合犯罪构成尤其是违法性理论来分析,上述关系则混杂不清,甚至舛误尽显。前已述及,违法性理论肇始于规范与法规的分离,其后的形式违法性论与实质违法性论、主观违法性论与客观违法性论、行为无价值论与结果无价值论拓展了违法性理论的内涵,并奠定了其在犯罪论体系中的基础性地位。[④]随着以德日刑法学理论为先锋的大陆法系刑法学理论在我国渐获认同和展开,社会危害性理论的传统通说地位正逐步丧失其根基,这加剧了社会危害性与刑事违法性之间的紧张关系。

笔者以为,传统通说所坚守的社会危害性与刑事违法性之决定与被决定(基础与表现)关系,是以否定或排斥刑事违法性之实质违法性意涵为前提的,即刑事违法性仅限于单纯地违反刑法法规。这样,即使在类推制度(1979年《刑法》第79条)的框架下,“法无明文规定”却具备严重社会危害性的行为也不致因缺乏刑事违法性而难以入罪。毕竟,经社会危害性否定或排斥了实质违法性后的刑事违法性,实质上丧失了实际内容而轮廓极为模糊,在秩序价值左右下赋予行为单纯地违反刑法法规的属性以入罪——寻找赖以定罪判刑的“最相类似的条文”,实非难事。在此意义上,“依照类推原则确定的犯罪,也是符合行为违法性这一特征的”[⑤],即使罪刑法定原则叙明后,在社会保护机能、扩张解释等合理形式下满足单纯地违反刑法法规之刑事违法性属性,亦非难事。

张明楷教授曾指出:我国刑法理论一般认为,犯罪的刑事违法性,是指

---

① 参见陈兴良:《罪刑法定主义》,中国法制出版社2010年版,第182页。

② 参见杨春洗等:《刑法总论》,北京大学出版社1981年版,第88页。

③ 高铭暄、马克昌主编:《刑法学》,北京大学出版社、高等教育出版社2000年版,第49页。

④ 关于形式违法性论与实质违法性论、主观违法性论与客观违法性论、行为无价值论与结果无价值论的聚讼,可参见余振华:《刑法违法性理论》,台北,元照出版有限公司2001年版,第63~87页。

⑤ 杨春洗等:《刑法总论》,北京大学出版社1981年版,第90页。

犯罪是违反刑事规范的行为，即刑事违法性系行为违反了刑法，是形式意义上的刑事违法性（形式违法性）；而侵害法益是违法性的实质，是实质违法性；形式违法性与实质违法性的关系，就是刑事违法性与社会危害性的关系。① 然而，“事实上，形式的违法性亦与实质的违法性，同样具有实质上的违法”②。因此，即使是形式违法性与社会危害性之间也并非单纯的决定与被决定（基础与表现）关系，而是一种交叉重叠关系。恰是这种交叉重叠关系衍生出了社会危害性与刑事违法性之间的冲突，也埋下了犯罪概念与四要件犯罪构成之间的不协调。易言之，建基于犯罪概念之上的四要件犯罪构成，至少具备在形式上可以对犯罪概念之刑事违法性属性展开的作用，即违反刑事规范行为之入罪，在形式上借助齐备四要件犯罪构成的诸要件来完成；在实质上其至少是对犯罪概念之社会危害性属性的展开，即具备严重的社会危害性行为之入罪，也得求诸齐备四要件犯罪构成的诸要件来完成。传统通说宣称：“从整体上看，犯罪构成是通过其诸方面要件的齐备来具体体现犯罪概念中的两个基本特征（社会危害性与刑事违法性）的。”③但社会危害性与刑事违法性之间的交叉重叠，无法不使对犯罪概念基本属性具体展开的四要件犯罪构成诸要件与社会危害性、刑事违法性之间的关系趋于笼统、抽象，甚至诸要件之间出现实质性的重叠。在四要件犯罪构成中，犯罪客体是被侵犯的法益，而犯罪客观要件、主体要件与主观要件，都是从不同角度说明行为侵犯的是何种法益以及侵犯程度。④ 由此导致的问题是：四要件的齐备或有机统一如何量化社会危害性与刑事违法性？实际上四要件中的任何一个要件本身均不能说明行为的社会危害性与刑事违法性。因此，四要件中各要件的独自作用和意义是什么并不明确，也难以明确。张明楷教授指出：社会危害性、刑事违法性作为犯罪的特征，系文理解释的结论，其出发点仅限于解释犯罪的特征，而没有考虑犯罪概念对于建构犯罪论体系的作用。⑤ 笔者深以为然。于是，求诸前述的基本属性与具体特征之二重结构来阐释犯罪，实为无奈之举。与此相适应，域内外违法性理论在犯罪论中的体系性地位迥然不同，在我国形式违法性及实质违法性与犯罪的本质联系在一起而置于犯罪概念中加以阐释，这异于德日等国在形式的犯罪概念下展开构成要件理论，并在违法

① 参见张明楷：《刑法学》（第2版），法律出版社2003年版，第99～101页。
② 林山田：《刑法通论（上册）》（增订10版），台北，作者2008年自版，第308页。
③ 马克昌主编：《犯罪通论》，武汉大学出版社1999年版，第75～76页。
④ 参见张明楷：《刑法学》（第2版），法律出版社2003年版，第134页。
⑤ 参见张明楷：《刑法学》（第3版），法律出版社2007年版，第80页。

性阶层中探讨形式违法性与实质违法性问题。

实际上,形式违法性并非指行为只是具有形式上的违法,而无实质上的违法,其只是仅仅从法律的形式规定——构成要件该当行为又不存在阻却违法事由——即可判断其违法性;实质违法性系指行为对受法律规范保护的法益造成的实害或危险。[①] 即形式违法性与实质违法性是从不同角度来阐释违法性的,而非将浑然一体的违法性恣意地一分为二。“前者(形式违法性)系着眼于刑法规定的形式,藉刑法分则各本条明定的各个犯罪类型,搭配刑法总则规定的阻却违法事由来判断违法性;后者(实质违法性)则旨在探讨该当于构成要件,又无阻却违法事由的行为,何以具有违法性的理由。”[②]可见,德日违法性理论中形式违法性与实质违法性与我国作为犯罪概念的刑事违法性属性之内涵迥然有别,但二者并非毫无可比性。

导源于苏俄的严重的社会危害性,系犯罪概念的本质属性,揭示了犯罪的本质,而德日是将犯罪之本质置于实质的违法性中并借助法益侵害与规范违反来阐释的。因此,在这意义上严重的社会危害性与德日刑法学中实质的违法性地位及功能大抵相当,而作为混合的犯罪概念属性之一的刑事违法性则至多相当于德日形式的犯罪概念下的构成要件符合性属性。若此,则“构成要件符合性→违法性→有责性”三阶层之构成要件与犯罪概念在形式与实质的布局上经由形式到实质,层次相当分明,也使形式的违法性与实质的违法性并不抵触且相辅相成;而“犯罪客体—犯罪客观方面—犯罪主体—犯罪主观方面”之四要件犯罪构成在诸要件布局上则是实质先于形式或二者交叉进行——犯罪客体是刑法所保护而为犯罪所侵害的社会关系,“这就是实质性的价值判断”,[③]且犯罪构成诸要件与犯罪概念基本属性之间的关系含混不清,量化基本无从谈起。纵使主张犯罪客体是对社会危害性的展开,其他三要件是对刑事违法性特征的细化,并硬生生地建立起四要件犯罪构成受罪刑法定原则节制的联系,以彰显人权保障机能,则仍难逃包含了价值判断之犯罪客体在传统诸要件排列顺序中过于前置而易于入罪并侵犯人权的诟病;若为坚持由形式到实质、由客观到主观的判断过程以保障人权而删除犯罪构成中的犯罪客体要件,[④]在“犯罪

① 参见林山田:《刑法通论(上册)》(增订10版),台北,作者2008年自版,第308页。

② 王乃彦:《两岸犯罪成立要件之比较》,载(台湾)《军法专刊》2009年第4期。

③ 参见周光权:《犯罪构成理论与价值评价的关系》,载《环球法律评论》2003年秋季号。

④ 张明楷教授甚至认为,犯罪客体是刑法所保护的法益,是刑法的目的问题,不是构成要件。参见张明楷:《犯罪构成体系与构成要件要素》,北京大学出版社2010年版,第80~87页。

客观方面—犯罪主体—犯罪主观方面”框架下诠释犯罪概念之基本属性与犯罪构成之间的抽象与具体关系，则在犯罪概念中交叉重叠的社会危害性与刑事违法性，在犯罪构成中却异化为完全意义上的实质性重叠，①这将更加弱化刑事违法性包含的形式违法性内涵，虚化罪刑法定原则的人权保障机能，助长社会危害性标准成为定罪中的终极标准，扩张犯罪概念的入罪功能。

2. 混合的犯罪概念之出罪功能

犯罪概念之严重的社会危害性属性，在对秩序价值的追求下具有入罪功能，但在以人权价值为取向或“秩序下的人权”价值取向下，求诸四要件犯罪构成可以实现出罪的功能；而犯罪概念的“但书”部分，通过对“情节显著轻微危害不大”之严重的社会危害性的否定，也同样获得了出罪功能。申言之，我国犯罪概念之出罪功能包括两种。

一是消极的出罪功能。“社会危害性是犯罪的本质特征……这一特征还表明，某种行为是否具有社会危害性和这种危害性的大小，是区别犯罪与非犯罪的重要标志。”②在刑法典叙明罪刑法定原则之前，带有鲜明政治色彩的“惩罚与宽大相结合”的刑事政策，承担着社会整体性或局部性治安稳定器的功能，尽管其潜含的弊害相当明显。因为“惩罚与宽大相结合”的刑事政策之核心内容是区别对待。这难免受到类似于“对其所谓重罪进行违宪的‘刑法超载主义’，就其所谓非重罪部分采行‘法定司法失职主义’”③的诟病，即“惩罚与宽大相结合”的刑事政策之“宽”在缺乏罪刑法定原则的节制下，极易异化为对所谓“非重罪”之处罚予以空洞化、松弛化及执行减刑化，甚至在秩序价值的推动下不惜以此为代价将省出的人力、物力、财力等用以对付非法监禁并带有明显刑罚剩余色彩的所谓“重刑犯”，以迎合政治决策层与一般国民所期待的虚幻的安全感。在此意义上，我国犯罪概念之消极的出罪功能恰恰与彼时刑事政策所具有的宽缓的一

① 我国刑法学者黎宏教授认为：在罪刑法定原则之下，犯罪只有一个特征，就是行为符合刑罚规范的规定，即具有刑事违法性。参见黎宏：《罪刑法定原则下犯罪的概念及其特征——犯罪概念新解》，载《法学评论》2002 年第 4 期。但其承认《刑法》第 13 条关于犯罪的总则性规定，意味着在判断某一行为是不是符合刑法分则某一条文规定时，不能仅从形式上观察，必须从该行为的社会危害性的实质方面来考量，且刑事违法性与社会危害性并非同一层次上的概念。这种逻辑思辨的新解其实同样无法克服作为犯罪概念展开的四要件犯罪构成因社会危害性与刑事违法性之间交叉重叠而带来的混杂关系，即使是删除犯罪客体后的犯罪构成，也难逃社会危害性与刑事违法性完全的实质性重合而陷入困境。

② 杨春洗等：《刑法总论》，北京大学出版社 1981 年版，第 88 页。

③ 参见郑逸哲：《法学三段论法下的刑法与刑法基本句型(一)——刑法初探》(增修 4 版)，台北，作者 2009 年自版，第 678 页。

面相吻合,这有别于犯罪概念"但书"部分所孕育的积极的出罪功能,是宏观意义上的出罪功能。

另外,即使罪刑法定原则叙明之后,与"惩罚与宽大相结合"的刑事政策一脉相承且政治色彩依旧浓厚的"宽严相济"的刑事政策,其核心内容依旧是区别对待,而在刑事一体化框架下该原则的人权保障机能被弱化或虚化的风险始终存在,尤其是在社会整体性或局部性治安呈现出令政治决策层产生担忧时,秩序下的人权价值取向会使得司法解释借助罪刑法定原则难以明晰的边界为社会治安提供"整治"路径。"但目前司法已抵挡不住一种诱惑,司法原本应依据刑法条文做出有利被告人的阐释,现在却走刑法条文的极端,尽量利用不利于被告人的解释,对于未来的刑法,这种弹性条文解释也许是灾难。"①这种高度危险的法律政策,无非是政治决策层因对社会整体性或局部性治安状况担忧,而在罪刑法定原则框架下无奈地作出追求或放任的一次注脚而已。因此,在刑法典业已确立了罪刑法定原则轮廓的情形下,我国犯罪概念的出罪功能更多地彰显于已为此起彼伏的"专项整治行动"所代替了的统一阵地战式的"严打"所维系的"安全感"的间隙,以及贯穿于为省出人力、物力、财力以更加严厉地惩治"重刑犯"而让渡出的对"非重罪"的惩处空洞化、松弛化及执行减刑化之间。其有益价值可以被阐释为对被积压的罪刑法定原则之人权保障机能的限缩式释放,也是对不时遭受扭曲的罪刑法定原则的适度性还正。或许,正是在此意义上归属于刑法新派的李斯特才一反常态地道出了振聋发聩的格言:罪刑法定原则是刑事政策不可逾越的樊篱。因此,犯罪概念之消极的出罪功能,在刑事政策宽缓的一端相对明显一些。

二是积极的出罪功能。其实,我国犯罪概念所秉持的积极的出罪功能,大抵求之于"但书"部分。焦聚于犯罪概念"但书"部分是否具备出罪功能,我国刑法理论中长期以来就存在肯定说与否定说的对立,其中肯定说基本居于优势地位,但肯定说中也存在不同观点的分歧,而晚近的动向是在维持定罪标准之犯罪构成一元论的基础上,确立犯罪概念"但书"部分对犯罪构成的实质性解释作用,以"内化"的形式发挥"但书"的出罪功能。但否定说并非没有地位,如 1986 年陕西汉中发生了我国首例"安乐死"案,1991 年 4 月汉中地区中级人民法院对涉嫌故意杀人罪被起诉的蒲连升、王明成,依据犯罪概念"但书"出罪,即两被告人行为已属于剥夺公民生命权利的故意行为,"但情节显著轻微,危害不大,不构成犯罪",而作

① [德]拉德布鲁赫:《法学导论》,米健、朱林译,中国大百科全书出版社 1997 年版,第 97 页。

出无罪判决。一审后检察院以定性错误为由提出抗诉，但二审法院维持了一审判决。[①] 再如，上海市静安区人民检察院诉张美华伪造居民身份证案。[②] 上海市第二中级人民法院认为我国《刑法》第 13 条的规定，揭示了犯罪应当具有社会危害性、刑事违法性和应受刑罚惩罚性等基本特征，其中作为犯罪本质特征的社会危害性是“认定犯罪的基本依据”，“某些表面符合刑法分则规定的犯罪构成客观要件的行为，只要它属于刑法第 13 条规定的对社会危害不大不认为是犯罪的行为，则也就不具有刑事违法性和应受刑罚惩罚性。因此，把握行为的社会危害性程度，是界定罪与非罪的关键”。可见，审判实践中是支持直接依据犯罪概念之“但书”出罪的。

质言之，犯罪概念“但书”部分发挥出罪功能必须以犯罪构成在定罪中是唯一的且最终的标准为前提，否定借任何理由脱离及符合犯罪构成却直接依据犯罪概念的“但书”宣告某种行为无罪的论调和做法。毕竟，犯罪概念不是认定犯罪的具体标准，但“也对司法机关解释、适用刑法有关犯罪的具体规定起着重要的作用，即司法机关对具体犯罪的构成要件应当进行实质的解释”[③]；而“但书”部分“涉及司法官的自由裁量权的问题”，[④]这决定了“但书”部分发挥出罪功能的形式，能且只能是对犯罪构成的实质性解释，将“情节显著轻微危害不大”的精神内化到运用犯罪构成认定犯罪的过程中去。此外，在四要件犯罪构成模式下，为满足罪刑法定原则的形式性要求不得不确立犯罪构成在定罪中的一元性标准，而社会危害性是通过四要件犯罪构成综合、整体地反映出来，这样要维持犯罪概念积极的出罪功能，不可避免地求诸实质的解释论的方法。与此相适应，犯罪概念的“但书”部分在司法过程中呈现不同的表现形式，如公安机关的不立案、检察院的不起诉或撤诉、法院的宣告无罪等。

（二）混合的犯罪概念入/出罪二元化功能之弊害

“法律是一个有意识服务于法律价值与法律理念的现实。因此，法律概念直接指向了法律理念。”[⑤]但“概念的专横乃是‘产生大量不正义现象

---

① 张波：《刑法学的若干基本理论探讨》，载《现代法学》2004 年第 6 期。

② 参见《上海市静安区人民检察院诉张美华伪造居民身份证案》，载《中华人民共和国最高人民法院公报》2004 年第 12 期。

③ 张明楷：《刑法学》（第 3 版），法律出版社 2007 年版，第 83 页。

④ 参见张军、姜伟、郎胜、陈兴良：《刑法纵横谈（总则部分）》，北京大学出版社 2008 年版，第 93 页。

⑤ ［德］G. 拉德布鲁赫：《法哲学》，王朴译，法律出版社 2005 年版，第 31 页。

的根源’”①。我国混合的犯罪概念同样难以克服这一弊端。前已述及,我国现行的混合的犯罪概念承袭于1979年《刑法》第10条,其更早的渊源为苏俄刑法典中的犯罪概念。众所周知,苏俄刑法典中包含实质内容的犯罪概念是在批判资产阶级形式的犯罪概念基础上孕育出来和发展起来的,带有浓厚的意识形态色彩。② 我国刑法典中的犯罪概念大体上继受了这一特色,但罪刑法定原则叙明后犯罪概念的意识形态色彩逐渐淡化,并有为“秩序下的人权”价值取向所替代之势。只是意识形态的残余及“秩序下的人权”价值取向赋予了我国混合的犯罪概念之二元化功能以诸多弊端。这至少包括以下几个方面。

1. 对罪刑法定原则的异化

我国混合的犯罪概念与罪刑法定原则之间是否存在冲突?该问题自1997年刑法修订之初就聚讼纷纭,且至今未有定论。肯定说认为,我国的犯罪概念之社会危害性属性与罪刑法定原则之间存在冲突。其中,肯定说内部又存在不同具体观点的分歧。

例如,有论者认为罪刑法定原则有其基本要求,它对犯罪概念的确立提供了一定的规范标准,而混合的犯罪概念包含了规范标准与社会危害性标准,社会危害性的笼统、模糊、不确定不利于体现罪刑法定原则,更是类推制度的理论基础,且其系社会政治的评估,并非法律规范上的概念。③

再如,“我们应当看到犯罪的形式概念与罪刑法定主义在内在精神上的一致性,以及犯罪的实质概念与罪刑法定主义在逻辑上的相悖性。就此而言,实质主义是值得警惕的”④。甚至有论者更为担忧地指陈,社会危害性基于其超规范性特征,“不仅通过其‘犯罪本质’的外衣为突破罪刑法定原则的刑罚处罚提供一种貌似具有刑法色彩的理论根据,而且也在实践中对于国家法治起着反作用”⑤。

结合前文相关分析,笔者以为我国混合的犯罪概念所具有的社会危害性,与刑事违法性之基本属性与罪刑法定原则之间的矛盾是客观存在的,且犯罪概念之社会危害性标准所具有的入罪与出罪功能在“秩序下的人权”价值取向下,尤其在为维系社会治安稳定的政策性导向下,会使入罪功

---

① [美]E. 博登海默:《法理学:法律哲学与法律方法》,邓正来译,中国政法大学出版社1998年版,第508页。

② [苏联]A. A. 皮昂特科夫斯基等编:《苏联刑法科学史》,曹子丹等译,法律出版社1984年版,第15~29页。

③ 参见樊文:《罪刑法定与社会危害性的冲突》,载《法律科学》1998年第1期。

④ 陈兴良:《刑法知识论》,中国人民大学出版社2007年版,第217页。

⑤ 李海东:《刑法原理入门(犯罪论基础)》,法律出版社1998年版,第8页。

能取得对出罪功能的优势性抑或压倒性地位。这在独具“中国特色”的罪刑法定原则的助推下，入罪功能的扩张风险倍增，而以此为原点罪刑法定原则的社会保护机能将愈加压缩其人权保障机能，有陷入异化之虞。质言之，我国罪刑法定原则的社会保护机能，及人权保障机能完全能够与混合的犯罪概念之入/出罪的二元化功能相契合，在“秩序下的人权”价值取向及维系社会治安稳定的政策性导向下，犯罪概念的社会危害性标准并不难突破罪刑法定原则所包含的形式合理性要求，从而扩张入罪功能，这无疑会对我国刑事法治化进程产生不可估量的负面影响，值得警惕。

2. 对犯罪构成的“干涉”

在理论上，四要件犯罪构成应当是定罪时唯一的且最终的标准。然而，在四要件犯罪论体系下，社会危害性是实质评判标准，但其并非犯罪构成的要件，而在四要件犯罪构成中能够独立充当实质评判标准的唯有犯罪客体，但排除犯罪事由求诸犯罪客体充当实质评价标准的设想难以企及：若犯罪客体前置，则尚未进行客观要件的判断，就要进行排除犯罪事由的判断，实在难以想象；若犯罪客体后置，则在排除犯罪事由的冲击下犯罪客体将丧失独立性，[①]也无法承担起实质评判的功效。因此，针对这种结构性缺陷，苏联刑法学者只是求诸犯罪构成诸要件的合力来弥补的——通过诸要件的齐备来征表社会危害性；至于社会危害性，则被阐释为犯罪的本质特征而被置于犯罪概念中，从而造就了实质的或混合的犯罪概念及其与犯罪构成之间含混不清的关系。于是，围绕着这一结构缺陷逐渐展开了定罪标准一元化与二元化的争论。

检阅刑法学文献，A. A. 皮昂特科夫斯基与 A. H. 特拉伊宁是苏联时期两位最著名的刑法学权威，[②]其中前者于 1954 年发表了《社会主义法制的巩固与犯罪构成学说的基本问题》一文，主张《苏俄刑法典》第 6 条对犯罪行为所规定的一般概念，仅负有从政治上对苏维埃刑法中的犯罪行为做一般说明的任务。[③] 对此，A. H. 特拉伊宁提出了尖锐的批判：“这种说法把政治评价和法权评价割裂开来，从而歪曲了苏维埃刑事立法中政治原则与法权原则的相互关系；这种说法是直接违背苏维埃刑事立法的总的方针和

---

① 实际上，在我国已有部分学者主张犯罪客体后置，如许发民教授，对其具体批判可参见后文。

② 参见何秉松：《犯罪构成系统论》，中国法制出版社 1995 年版，第 50 页。

③ 参见[苏联]A. H. 特拉伊宁：《犯罪概念和犯罪构成》，载中国人民大学刑法教研室编译：《苏维埃刑法论文选译》，中国人民大学出版社 1956 年版，第 4 页。

苏维埃立法者一再表述的意志的。"[①]即围绕着赞同与否定"把犯罪概念和犯罪构成割裂开来的'二元论'观点",苏联的刑法学者内部形成了较大的分歧。苏联(俄)刑法学理论在我国展开后,该问题随之而来;同时,在社会危害性与刑事违法性关系、犯罪概念"但书"等问题的助推下,定罪标准问题更加突出而棘手。

1997年修订的刑法之犯罪概念承1979年刑法而来,实质性变动不大,尽管修订后的刑法叙明了罪刑法定原则,但由于该原则附加了"中国特色",故其与我国兼采社会危害性、刑事违法性标准的混合犯罪概念"衔接紧凑"。易言之,罪刑法定原则之"中国特色"承担的社会保护机能连接着先于人权等价值的秩序价值。因此,无法容纳社会危害性的纯粹形式的犯罪概念难以为我国刑法所接受,这在废除类推制度,犯罪的刑事违法性特征得到强化后,实质合理性寻求"安身立命"之所定义的犯罪概念,尤其如此。而纯粹的实质的犯罪概念,因缺乏形式正义之法治国的基本特征,易陷入罪刑擅断侵犯人权,大抵沦为了西方法治进程中的历史遗迹,西方刑事法律文化的强势介入,使它也难以成为我国权威的既定法律规范。此外,批判资产阶级刑法中形式的犯罪概念未能揭露犯罪的阶级实质,[②]以及与之相应的实质犯罪概念的立法例,使得与此渊源颇深的我国刑法之犯罪概念,必然融入相关的实质内涵。我国刑法典叙明罪刑法定原则后,犯罪概念在采纳社会危害性标准贯穿社会保护机能的同时,在秩序价值下对人权价值予以了重视,这集中反映在同样作为社会危害性载体的"但书"部分。如果说罪刑法定原则积极侧面在犯罪概念上征表为突出社会保护机能之社会危害性标准的入罪机制,那么其消极侧面在犯罪概念上的征表至少为彰显人权保障机能之"但书"的出罪机制。

而四要件犯罪构成任何一个要件均无法容纳社会危害性,这导致其被置于犯罪概念中,而实质判断是犯罪成立不可或缺的。因此,苏联刑法学者"解释论"上的周延,无法根本性解决四要件犯罪构成在定罪中的自足性问题(定罪标准一元化),从而无法阻止定罪中对犯罪概念的依赖,形成犯罪概念对犯罪构成的"干涉"(定罪标准二元化)。因此,定罪标准一元化与二元化分歧的核心在于:如何解决定罪中不可或缺的却又不是犯罪构成要件的社会危害性问题。定罪标准一元论主张,由犯罪构成诸要件及排

① [苏联]A. H. 特拉伊宁:《犯罪构成的一般学说》,薛秉忠等译,中国人民大学出版社1958年版,第52页。

② 参见[苏联]A. A. 皮昂特科夫斯基等:《苏联刑法科学史》,曹子丹等译,法律出版社1984年版,第19~20页。

除犯罪事由合力解决,即齐备诸要件而无排除犯罪事由的,则具有社会危害性;定罪标准二元化则主张,应交由犯罪概念解决。与之相适应,定罪标准一元化必然主张,四要件犯罪构成绝非纯粹形式的,其蕴含了价值判断——通过对行为是否符合犯罪构成诸要件的判断得出是否违法的结论,从整体上说明行为的社会危害性是否达到了应追究刑事责任的程度。然而,上述结构缺陷的客观存在,使犯罪概念在定罪中能发挥实质的评判功效。

例如,在陆勇涉嫌妨害信用卡管理罪和销售假药罪一案中,沅江市人民检察院认为,陆勇的行为是买方行为,且是白血病患者群体购买药品整体行为中的组成行为,寻求的是印度赛诺公司抗癌药品的使用价值。所以,尽管陆勇有违反《药品管理法》第 39 条第 2 款的行为,但不属于销售行为,也没有侵犯他人的生命权、健康权,不构成销售假药罪;在妨害信用卡的管理上,陆勇通过淘宝网购买 3 张以他人身份信息开设的借记卡,并使用其中户名为"夏维雨"的借记卡的行为,属于购买使用虚假的身份证明骗领信用卡的行为,但情节显著轻微,危害不大,根据《刑法》第 13 条的规定,不认为是犯罪。[①] 显然,这在罪与非罪间做了灵活处理,社会危害性标准获得了质的超越性,更倾向于价值判断,犯罪构成的标准服从了犯罪概念的标准。因此,在定罪标准上呈现犯罪概念与犯罪构成双重标准,且犯罪概念标准高于犯罪构成标准,但其实质基本为社会危害性标准。

当前,就我国存在的围绕着定罪标准一元化与否的问题而言,其争议焦点大抵有二:一是犯罪概念"但书"的出罪与犯罪构成的关系问题;二是"排除犯罪性行为"与犯罪构成的关系问题。由于"排除犯罪性行为"既包括法定的阻却事由和超法规的阻却事由,而超法规的阻却事由与犯罪概念之"但书"联系紧密。因此,定罪标准二元化之重心,难免向犯罪概念与犯罪构成的关系倾斜。

虽然部分学者竭力否定定罪标准二元化,主张"但书"之出罪功能表现在其指导法官实质地理解与适用犯罪构成之解释机能上,即犯罪构成是认定犯罪的唯一标准,社会危害性不是直接认定犯罪的标准,司法者仅以社会危害性为指导实质地解释了犯罪构成要件。[②] 这无疑恪守了犯罪构成在定罪中至上地位,维持了定罪标准的一元化。然而,在四要件犯罪论体系下定罪标准二元化无论在理论上还是实务中都是难以否定的事实。

---

① 参见沅江市人民检察院:《关于对陆勇妨害信用卡管理和销售假药案决定不起诉的释法说明书》,载 http://www.hn.jcy.gov.cn/xwfb/qwfb/gg/2015/content_47624.html,最后访问日期:2018 年 3 月 5 日。

② 参见张明楷:《刑法学》(第 3 版),法律出版社 2007 年版,第 83 ~ 84 页。

例如，有学者主张犯罪概念的“但书”对罪刑法定原则存在突破，即行为在具有刑事违法性的前提下可能不构成犯罪，这样犯罪的认定分为两步：第一步，看是否符合犯罪构成，如果不符合，则直接排除其犯罪性（形式判断）；第二步，如果符合犯罪构成，再看是否情节显著轻微危害不大，如果是则不认为犯罪，否则才认为犯罪（实质判断）。① 即犯罪概念之社会危害性判断标准高于犯罪构成包含的社会危害性判断标准。其逻辑上的推论为：犯罪概念可以作为定罪的直接依据。这样定罪标准无疑是犯罪概念与犯罪构成二元化的。其实，定罪的二元化标准长期以来在刑法理论与实务中并非没有话语权。

例如，有学者主张犯罪的社会危害性、罪过、犯罪行为，也包括犯罪构成，都属于定罪根据的范畴，犯罪构成是定罪的根据之一，并在定罪根据中占有重要的地位，但并不是唯一的定罪根据。② 再如，“在考察某种行为是否构成犯罪时，固然必须根据刑法条文的规定，同时需要认定该行为的社会危害性程度，如果行为情节显著轻微危害不大的，就应当适用刑法第 13 条但书的规定，不认为是犯罪”，且“在判决宣告无罪时，可在宣告无罪判决的法律文书中，同时引用刑法第 13 条和刑事诉讼法第 15 条第 1 项的规定作为法律根据”。③

笔者以为，承认定罪标准的二元化，无非是容忍定罪中犯罪概念对犯罪构成的“干涉”，前列的“安乐死”案与张美华伪造居民身份证案即可例证。前已论及，我国犯罪概念兼具入罪与出罪两大功能。如果这种干涉以出罪为内容又不抵触基本的正义价值，那么尽管可能面临诸多诟病，但在性质上其仍属于保障人权的手段之一。毕竟，保障的程度如何是水平问题，最差的保障手段仍不失为探索，而保障人权与否则是态度问题，是探索与诟病的分界线。然而，问题是我国犯罪概念的入罪与出罪功能在“秩序下的人权”价值取向下（尤其在为维系社会治安稳定的政策性导向下），二者的博弈只会使入罪取得对出罪的优势性或压倒性地位，这潜含着以迟延刑事法治化进程为代价的巨大风险；而在司法实务中犯罪概念的“但书”适用率低，且会造成标准失衡，如不构成犯罪所受到的劳动教养甚至比构成犯罪所受到的刑罚处罚还重，故在缺乏与行政法之惩处措施有效衔接的情况下，“但书”规定的出罪并非福音。④ 可见，利弊权衡之下定罪标准的

---

① 参见储槐植：《刑事一体化》，法律出版社 2004 年版，第 485 ~ 486 页。

② 参见杨春洗：《刑法基础论》，北京大学出版社 1997 年版，第 238 ~ 239 页。

③ 高铭暄、马克昌主编：《刑法学》（上编），中国法制出版社 1999 年版，第 74 ~ 75、81 页。

④ 参见陈兴良：《社会危害性理论：进一步的批判性清理》，载《中国法学》2006 年第 4 期。

二元化之论调与做法，实非可取。

二、排除犯罪事由批判

在四要件犯罪构成中因缺乏类似阶层化犯罪论体系下“不法”与“罪责”的明确划分。因此，将排除犯罪事由（“排除犯罪性行为”）区分为违法阻却事由与责任阻却事由，更多的是对德日语境下阻却事由分类的向往，实际意义有限，但因我国刑法典规定了正当防卫、紧急避险等法定阻却事由，而审判实践中超法规的违法性阻却事由是存在的，且排除事由在检验定罪标准一元化与否及入/出罪上效果显著，故有在比较基础上阐释的必要。

（一）法定阻却事由

在四要件犯罪论体系下正当防卫、紧急避险等法定阻却事由是否符合犯罪构成，历来是定罪标准一元化抑或二元化的试金石，而这又与四要件犯罪论体系的出罪机制联系紧密。

若坚持定罪标准一元化，则会主张在四要件犯罪构成中考虑法定阻却事由。然而，既有的现实是在叙明法定阻却事由与犯罪构成间不协调并认可将法定阻却事由纳入四要件犯罪构成中的论者，迄今为止尚无法确证法定阻却事由在四要件犯罪构成中的位置。究其根源，恐非该类论者智力不济，而是四要件犯罪构成自身独特的内部结构，决定了任何一个构成要件本身均无法独自容纳法定阻却事由。

例如，有学者主张“二层次四要件犯罪构成论”，[①]即合理的犯罪构成结构为“犯罪客观要件—犯罪主体—犯罪主观要件—犯罪客体”（其中包括两项内容：一是犯罪客体的特征与概念；二是排除犯罪客体的情况——正当化行为。前者的功能为犯罪客体的界定；后者的功能为犯罪客体的认定）。若似此，则因“二层次四要件犯罪构成论”之第二层次为犯罪客体要件，而其涵盖了可以否定犯罪客体的正当化行为，这实际上变相否定了犯罪客体的独立性——正当化行为存在与否成为犯罪客体侵犯与否的判断标准，也实质性地将四要件犯罪论体系中犯罪客体的内涵置换为违法性。其结果必然导致我国包含了实质违法性的传统犯罪概念难以为继，而正当防卫、紧急避险等正当化行为在四要件犯罪论体系下被认为系主客观的统一，其中必要而相当的防卫行为及避险行为属于客观方面要件，这是对同属于客观方面的危害行为的否定，防卫的意思及避险的意思属于主观方面

① 参见许发民：《二层次四要件犯罪构成论——兼议正当化行为的体系地位》，载《法律科学》2007年第4期。

要件，这是对主观罪过的否定。因此，“二层次四要件犯罪构成论”下正当化行为之成立有二次评价之嫌，更有罪刑法定原则之人权保障机能与排除事由的人权保障机能合二为一的弊病，甚至可以认为“二层次四要件犯罪构成论”与“客观要件→主观要件→排除要件”具有实质上的一致性。

其实，在四要件犯罪构成内部为法定阻却事由谋求具体而明晰的位置之论调，不外乎赋予排除事由以独立性与依附性两条路径：前者的实质是在四要件上增加一个消极要件；后者是赋予排除事由对四要件中单一或多个要件具有依附性。由此形成了排除事由与四要件之间单线结构或并列结构模式。不过，无论哪种路径，都将不可避免地导致对与四要件犯罪论体系配套的犯罪概念、犯罪构成等进行大刀阔斧的改造，其结果恰恰是四要件犯罪论体系本身的分崩离析。① 这种悖逆初衷的结局，是煞费苦心地固守四要件犯罪论体系框架的论者难以接受的。

于是，如前所述，因排除事由与四要件之间的关系不同，在四要件犯罪论体系下其结构有单线及并列之别，其中单线结构难逃定罪标准二元化之诟病，故并列结构具有比较优势。只是这难以克服无形中增加了定罪的要件，使四要件犯罪构成名不副实；况且由于犯罪客体要件前置，而客观方面、主体与主观方面三者系从不同侧面反映犯罪客体受到的侵害、威胁及其程度，揭示犯罪的严重的社会危害性属性，且社会危害性理论亲缘于秩序价值。因此，四要件犯罪构成在承载的秩序价值与人权价值的博弈下潜含着倾向于导出入罪结论的风险。另外，在犯罪客体要件、犯罪客观方面要件及犯罪主体要件之后因出罪事由的出现而直接出罪，会否定对主观要件的审查而悖逆主客观相统一原理。可见，在四要件犯罪论体系下定罪标准一元化是难以企及的愿景。

若坚持定罪标准二元化，则会主张在四要件犯罪构成之外考虑法定阻却事由。客观地说，法定阻却事由在我国的定罪中相对于四要件犯罪构成，是具有相对独立性的。因为，“在犯罪构成学说的范围内，没有必要而且也不可能对正当防卫和紧急避险这两个问题作详细的研究”，②这是苏联时期有力的学说。受其影响，“在正当防卫、紧急避险等这一类排除犯罪

① 例如，部分学者对犯罪构成体系进行逻辑考察，主张将正当化事由纳入四要件犯罪论体系中，以解决其与犯罪构成之间的逻辑矛盾，最终转向了扬弃四要件犯罪论体系而认可阶层化犯罪论体系的立场。参见葛磊：《我国犯罪构成体系的逻辑考察》，载陈兴良主编：《犯罪论体系研究》，清华大学出版社 2005 年版，第 144 ~ 174 页。

② ［苏联］A. H. 特拉伊宁：《犯罪构成的一般学说》，薛秉忠等译，中国人民大学出版社 1958 年版，第 272 页。

性的行为的场合，没有犯罪构成形式的存在。因为随着社会危害性的被排除，刑事违法性也被排除，犯罪构成也就当然不存在了。这种评价是由社会主义刑法学所强调的犯罪构成的实质特征决定的"①。此种影响在当下的我国刑法理论上依旧存在，这从犯罪论体系中"排除性犯罪行为"独立于犯罪构成理论即可见端倪。

因此，尽管"事实上，司法机关在对犯罪构成的某一要件符合性进行判断时，总是会同时考虑排除犯罪的事由；而非待所有构成要件符合性判断结束后，再考虑排除犯罪的事由"②，但渊源于苏俄的、长期占据通说地位的四要件犯罪构成理论，并非在犯罪构成内融入正当防卫、紧急避险等正当化事由。这样，"不构成犯罪的情形（正当防卫、紧急避险等）作为犯罪构成的例外，不应在犯罪构成体系中考虑，而应当在犯罪构成体系之外，作为正当化事由专门加以研究"，③甚至，法定阻却事由在形式上具备了犯罪构成要件，可称为形式上构成了犯罪或外表是犯罪，其在形式上是违法的行为，但在实质上并不违法，而是有益于社会的，受法律保护或容忍的行为。④ 这对理论和实务有相当的影响。例如，至今仍有学者坚持认为："将所有问题（包括法定阻却事由）统统直接并入犯罪成立体系，对司法运用来说并非一种最优安排……'排除犯罪性的行为'应该作为一种特殊形态在犯罪成立体系之外，另行以专章形式设定不同的主客观标准专门讨论。"⑤该类观点在本质上同样是容忍定罪标准的二元化。

追溯历史，法定阻却事由是否符合犯罪构成，在苏俄也曾出现过彼此对立的观点。例如，T. B. 采列捷里等持肯定论的立场：某种例外的场合行为人所实施的行为，虽然形式上符合刑法典所载的犯罪构成的各种特征，但由于特殊情况的存在而不再是危害社会的行为，那么符合犯罪构成的诸事实特征的总和，就成为一种不能作为刑事责任基础的空洞的形式。⑥ 相

① 马克昌主编：《犯罪通论》，武汉大学出版社 1999 年版，第 69 页。

② 张明楷：《刑法学》（第 3 版），法律出版社 2007 年版，第 99 页。

③ 陈兴良：《本体刑法学》，商务印书馆 2001 年版，第 220 页。陈兴良教授在其后的《违法性理论：一个反思性检讨》一文中指出："我个人主张将正当防卫、紧急避险等正当化事由作为一个违法性判断的问题，纳入犯罪论体系中该考虑，这样做的直接后果是直接采纳大陆法系中构成要件该当性、违法性、有责性的递进式结构，摒弃苏俄及我国刑法学中犯罪客体—犯罪客观方面—犯罪主体—犯罪主观方面的耦合式结构。"陈兴良：《违法性理论：一个反思性检讨》，载《中国法学》2007 年第 3 期。

④ 参见杨春洗：《刑法基础论》，北京大学出版社 1998 年版，第 242～244 页。

⑤ 冯亚东：《中德（日）犯罪成立体系比较分析》，载《法学家》2009 年第 2 期。

⑥ 参见[苏联]T. B. 采列捷里、B. T. 马卡什维里：《犯罪构成是刑事责任的基础》，载《苏维埃刑法论文选译》（第一辑），中国人民大学出版社 1955 年版，第 68 页。

反地,B. H. 吉梁斯基等则持否定论的立场:正当防卫行为形式上具备犯罪的要素,但由于缺乏社会危害性特征。因此,不符合犯罪构成。① 类似的情形在我国同样存在。尽管部分学者竭力主张犯罪构成是犯罪成立的唯一标准,即既否认犯罪概念等是认定犯罪的具体标准,又否认法定阻却事由是宣告无罪的具体标准,“司法机关只能根据刑法规定的犯罪构成认定行为是否成立犯罪,而不是直接以社会危害性的大小认定犯罪。如果行为符合犯罪构成,当然成立犯罪;如果行为不符合犯罪构成,自然不成立犯罪”,②但在犯罪论体系中,法定阻却事由同样被置于犯罪构成之外加以阐释的。③ 这种格局直到犯罪构成由客观(违法)构成要件与主观(责任)构成要件两阶层组成之见解的提出,才得到了实质性改观,定罪之犯罪构成一元化标准在逻辑上才逐步趋于周延,即作为“完全不符合犯罪构成”的法定阻却事由,在犯罪论体系中是作为客观(违法)构成要件之违法性阻却事由(紧急避险可能是有责性阻却事由)加以阐述的。④

(二)超法规的违法性阻却事由

在四要件犯罪论体系下,犯罪本质、犯罪概念与犯罪构成要件三位一体之犯罪客体直接导致了交织在定罪标准一元化与否的争论中犯罪客体难以确立明确而具体的位置。理由是:其一,若坚持定罪标准二元化,则犯罪概念在入/出罪上无疑发挥着功效,即使依据传统学说不涉及犯罪概念非“但书”部分之出罪机能,其“但书”部分也将承担起出罪机能,而超法规的违法性阻却事由作为排除事由的重要内容,在四要件犯罪构成内部无论是提倡单线结构还是并列结构的排除事由均会发挥出罪功效,因此,这将得出超法规的违法性阻却事由在四要件犯罪论体系中具有双重位置的结论;其二,若主张定罪标准一元化,则会否定犯罪概念“但书”部分对超法规的违法性阻却事由的容纳,这样超法规的违法性阻却事由只能“容身于”四要件犯罪构成内,而排除事由在四要件犯罪构成中呈单线结构或并列结构使得事实判断与价值判断交织难辨,必然导致超法规的违法性阻却事由位置飘忽不定,这影响其出罪功效的发挥。至于少数学者坚持犯罪构

① 参见[苏联]B. H. 古梁斯基:《苏维埃刑法理论中关于犯罪构成学说的几个问题》,载《苏维埃刑法论文选译》(第一辑),中国人民大学出版社 1955 年版,第 43 ~ 44 页。

② 张明楷:《刑法学》(第 3 版),法律出版社 2007 年版,第 83 页。相同的表述,参见张明楷:《刑法学》(第 2 版),法律出版社 2003 年版,第 106 页。

③ 参见张明楷:《刑法学》(第 2 版),法律出版社 2003 年版,第 258 ~ 271 页。

④ 参见张明楷:《刑法学》(第 3 版),法律出版社 2007 年版,第 174 ~ 194 页。

成中犯罪客体具有规范评价功能与出罪机能之论调，[①]也难免会使超法规的违法性阻却事由前置，而四要件犯罪论体系在入/出罪上对入罪的倾斜，会弱化甚至虚化超法规的违法性阻却事由的出罪功效。

不过，**若穷本溯源地探析超法规的违法性阻却事由及实质违法性的体系性地位，则会发现其在四要件犯罪论体系中的地位更为尴尬。**

所谓超法规的违法性阻却事由，系指无刑法明文规定的违法性阻却事由。“行为纵令该当构成要件而且并不符合刑法上明文所规定的违法性阻却事由，若符合整体法秩序，亦可否定违法性之事由。”[②]其主要包括自救行为、义务冲突（用于否定不作为犯的成立）、被害人承诺。

超法规的违法性阻却事由起源于新古典学派实质违法性中主张法规与规范分离的文化规范理论，“Mayer 则认为犯罪所违反者，乃系国家所承认的文化规范，而并非单仅违反刑法规范，因此导出超法规违法事由的概念”[③]。这样，在阶层式犯罪论体系下，即使构成要件该当行为并不具备法定的违法性阻却事由，也未必具有违法性。在域外，“目前学说与实务，均接受实质违法性的观念”[④]。与此相应，对超法规的违法性阻却事由的承认，也已是共识，这致使违法性阻却事由走向了开放化。但刑法理论上对超法规的违法性阻却事由的态度依旧谨慎，“只是，所希望的是尽可能把违法性阻却事由理解为具体条文基础的东西，只有在不可能用条文来解释时才应该承认超法规的违法性阻却事由”[⑤]。而审判实践中也往往做法不一。例如，在日本，尽管东京高等法院（东大泼泼罗剧团案）与东京地方法院（舞鹤归国者救护局案）的判决都认可了超法规的违法性阻却事由，但最高法院在 1963 年与 1964 年的两次判决中都否定了这一理论。[⑥]

前已阐释，作为我国犯罪概念基本属性的社会危害性与刑事违法性系交叉重叠关系。这使实质的违法性在域内外犯罪论体系中的地位迥然有别，从而导致了超法规的违法性阻却事由在刑法理论与实务中迥异的地位与命运。在域外阶层式犯罪论体系中，超法规的违法性阻却事由一般被置于违法性阶层中加以阐释，并与实质的违法性相对应；在我国，由于违法性

① 参见童伟华：《犯罪客体研究——违法性的中国语境分析》，武汉大学出版社 2005 年版，第 114～125 页。

② 陈子平：《刑法总论》（2008 年增修版），中国人民大学出版社 2009 年版，第 173 页。

③ 靳宗立：《刑法总论 Ⅰ——刑法基础理论暨犯罪论》，台北，作者 2010 年自版，第 152 页。

④ 林东茂：《刑法综览》（修订 5 版），中国人民大学出版社 2009 年版，第 79 页。

⑤ ［日］大塚仁：《刑法概说（总论）》（第 3 版），冯军译，中国人民大学出版社 2002 年版，第 321 页。

⑥ 参见［日］大谷实：《刑法总论》，黎宏译，法律出版社 2003 年版，第 187 页。

理论是在犯罪概念的刑事违法性属性中展开的。因此,在坚持定罪之四要件犯罪构成一元化标准框架下,超法规的违法性阻却事由在四要件犯罪构成中就难以获得正当而明晰的地位。但我国司法实务中被害人的承诺、推定的承诺、自救行为、自损行为、义务冲突等超法规的违法性阻却事由,事实上是存在的。① 因此,刑法理论上必须做出相应的“合理”解释。这恰恰是传统通说的在四要件犯罪构成之外以专章的形式补以“排除犯罪性行为”的根源和动力。

毕竟,即便认为实质违法性在四要件犯罪构成中是以犯罪客体或犯罪客体与其他全部或部分要件加以展开的,实际上超法规的违法性阻却事由确实“至少涉及两方面要件(客体与主观方面)”②,但被置于犯罪构成中任何一个要件中加以阐释,都存在逻辑与体系上的不周延,同时也有割裂违法性判断之嫌。然而,以专章形式置于犯罪构成体系之外加以阐释所延伸出的更大的问题在于:超法规的违法性阻却事由与四要件犯罪构成大体处于同一位阶,这默许了定罪标准的二元化。即超法规的违法性阻却事由在犯罪论体系中超然地位的获得,也是以牺牲定罪标准的一元化为代价。

为摆脱传统通说在超法规的违法性阻却事由上陷入的困境,有学者提出:“我国刑法中的排除犯罪性事由并不符合或者具备犯罪构成的全部要件,只是在客观方面与某些犯罪相类似。”③但其缺陷同样明显。张明楷教授一针见血地指出:“既然正当防卫、紧急避险(同样包括超法规的违法性阻却事由)只是在客观方面与某些犯罪类似,因为需要说明其不构成犯罪或者不符合犯罪客观要件,那么,就应当在客观要件中(或之后)将正当防卫、紧急避险作为消极的构成要件论述,而不应在犯罪构成之后、更不应在罪数之后论述正当防卫、紧急避险。”④

其实,犯罪概念借助超法规的违法性阻却事由形式发挥出罪功能,在超法规的违法性阻却事由于四要件犯罪构成体系中地位不甚明确也难以明确的情况下,该出罪功能极易沦为秩序价值或以社会治安稳定为导向的附庸,且超法规的违法性阻却事由在域外审判实践中适用也相当谨慎,而法官基于自身的风险考量,在自由裁量范围内,排斥超法规的违法性阻却事由之适用,造成犯罪概念的出罪功能让位于入罪功能,并非不可想象。例如,审判实践中一部分可定性为正当防卫的案件被处理为防卫过当同

① 参见张明楷:《刑法学》(第3版),法律出版社2007年版,第174页。

② 参见冯亚东:《犯罪构成与诸特殊形态之关系辨析》,载《法学研究》2009年第5期。

③ 马克昌主编:《刑法学》,高等教育出版社2003年版,第120页。

④ 张明楷:《违法阻却事由与犯罪构成体系》,载《法学家》2010年第1期。

时，宣告缓刑来平衡各方利益以规避法官自身风险。此种情势下期待法官会适用在形式上“无刑法明文规定”的超法规的违法性阻却事由以出罪，不无疑问。

例如，2008年9月，张某以1.9万元买了一名外籍妇女刘某后，二人预谋由刘某从国外物色妇女，之后卖出去赚钱。2009年刘某回国听陈某说想找对象，遂以到中国内地找对象为名带陈某偷越边境到河南某市，经张某托人寻找到买家王某，陈某被王某相中，并当场商定价格付给张某1.8万元，陈某也表示同意嫁给王某。王某付过钱后将陈某带走一起生活。2009年5月，张某和刘某被公安机关抓获。[①] 审判中，被害人承诺能否阻却拐卖妇女罪的成立则分歧明显，而构成犯罪的肯定意见居于优势地位。

第三节　四要件犯罪论体系之犯罪客体要件批判

一、犯罪客体之实质

四要件犯罪构成中犯罪客体之实质究竟为何，是一个应提升至四要件犯罪论体系扬弃与否的高度加以探究的问题。在对四要件犯罪构成的质疑中，对犯罪客体的诘问由来已久。例如，20世纪80年代中期我国刑法学者业已对“犯罪客体是一切犯罪的构成要件”之合理性提出了异议：犯罪行为侵犯了一定的社会关系，反映的是犯罪行为的本质，这属于犯罪概念范畴，没有必要将犯罪客体作为犯罪构成要件之一。[②]

然而，在四要件犯罪论体系下系统地批判犯罪客体，并最终开启了犯罪论体系固守论、改良论及重构论聚讼之门，理应归功于张明楷教授。张明楷教授在犯罪客体等价于法益的设定意义上否定了“法益是一切犯罪的构成要件”。理由有三点：其一，犯罪客体的意义已然被包含在犯罪概念之中；其二，犯罪客体是被侵犯的法益，但要确定某种行为是否侵犯了法益及侵犯了何种法益，是由犯罪客观方面、主体、主观方面综合反映的；其三，否定犯罪客体是犯罪构成要件，不会给犯罪的认定带来困难。[③]

实际上，若细查典籍，则会发现对犯罪客体等价于法益的设定并非我国刑法学者的创举，相反地，其是苏联时期刑法学不可或缺的内容之一。

---

① 参见付黎明：《被害人承诺能否阻却拐卖妇女罪成立》，载《检察日报》2010年7月6日，第3版。

② 参见张文：《犯罪构成初探》，载《北京大学学报》（哲学社会科学版）1984年第5期。

③ 参见张明楷：《法益初论》，中国政法大学出版社2000年版，第249～251页。

诚然,积极的一般预防与法益理论系德国刑法学的两个重要成就,其中前者解决“为什么要处罚”,后者回答“处罚什么”。[①] 尽管反对法益概念的政治化等论调由来已久,且在当下依旧有力。例如,“在对于刑法的法益概念的定义上,根本不必考虑到所谓的政治决定、政策或经济、财政上的考虑在内,因为这些决定和考虑,并不符合刑法的本质,所以对于‘刑法意义下’的法益概念,当然不容许羼杂这些有关于‘非刑法意义的考虑’在内”[②]。再如,德国的罗克辛也不否定,通过刑法规范来保护意识形态上的目的设定,是受到禁止的。[③] 只是在意识形态的审查下,法益理论终究沦为苏联刑法学者所竭力批判的资产阶级刑法理论的“糟粕”;又由于法益是法律所保护的“客体”,其另一身份为“保护客体”。因此,苏联刑法学界在对法益理论的批判中犯罪客体与其建立了实质性联系,而在重新建构的犯罪客体理论中“能够揭示刑法阶级本质”的“社会关系”说完全替代了“虚伪的法益论”内涵,其肇始者为 A. 皮昂特科夫斯基。“20 世纪 20 年代,年轻的苏维埃学者 A. 皮昂特科夫斯基在其撰写的《苏维埃刑法总论》(1924 年)、《苏维埃刑法分论》(1928 年)中,首次提出‘把犯罪客体看作是某个具体阶级社会的社会关系’的新观点。”[④]即使在德国,彻底撇清法益概念与政治之间的联系,也绝非易事及一以贯之的客观事实。例如,纳粹政权时期的德国甚嚣尘上的是“刑法秩序是民族及国家利益的大宪章”论调,刑法难免沦为对抗“损害民族的不法”(völksschädliches Unrecht)的一种反应,因此,刑法目的缺乏恒定性而异化为“民族重新”(völkische Erneuerung)的政治目的的同义词,相应地,法益概念根本就是政治上的意识形态的代名词。[⑤]

据此,笔者认为,若认可刑罚是应对犯罪的遴选,则在“处罚什么”(关乎犯罪圈的划定)上难免介入价值内涵,而价值立场的分歧直接导致犯罪圈的交错而非重合。否则将无法解释虐待动物、堕胎等行为在德国成立犯罪,而在我国甚至不构成“违法”。与之相应,在刑法所保护的利益或社会

---

① 参见[美]马库斯·德克·达博:《积极的一般预防与法益理论——一个美国人眼里的德国刑法学的两个重要成就》,杨萌译,载陈兴良主编:《刑事法评论》(第 21 卷),北京大学出版社 2007 年版,第 443 页。

② 陈志龙:《法益与刑事立法》(第 3 版),台北,作者 1997 年自版,第 38 页。

③ [美]马库斯·德克·达博:《积极的一般预防与法益理论——一个美国人眼里的德国刑法学的两个重要成就》,杨萌译,载陈兴良主编:《刑事法评论》(第 21 卷),北京大学出版社 2007 年版,第 459 页。

④ 薛瑞麟:《犯罪客体论》,中国政法大学出版社 2008 年版,第 272 页。

⑤ 参见陈志龙:《法益与刑事立法》(第 3 版),台北,作者 1997 年自版,第 44 ~ 46 页。

关系上——这连接着刑法的目的、任务,刑法并不缺乏行使国家权力的属性,因此,即使刑法学因一代代学者的不懈追求而愈加独立化,也不宜彻底否定刑法所蕴含的政治属性;同时,若基于人权价值的立场,则"刑法系规范国家刑罚权的法律,而刑罚权又源自国家主权,故与其他法律相形之下,刑法较具政治性"①,这恰恰划定了犯罪客体分歧的边界。其实,我国刑法学者在刑法政治化立场上的新近态势主要有去政治化(祛除刑法政治化)与避政治化(回避刑法政治化)两种相异的主张,前者以陈兴良教授为代表,后者以张明楷教授为先锋,但刑法的限政治化(认可并限制刑法政治化)似乎更为可取。

渊源于苏联(俄)的犯罪客体,尽管其内涵模糊不清,但在与法益的交锋中一直凭借意识形态的力量奠定着难以撼动的优越地位,因此,初期犯罪客体的实质无非意识形态统帅下政治合法化审查"不法行为"之工具。随着向市场经济的转轨,刑法的政治色彩渐趋弱化,曾发挥实质功效的犯罪客体在人权价值理念的扩张下意识形态的根基逐步垮塌,其原本空洞的内涵只能委身于同样岌岌可危的社会危害性理论、混合的犯罪概念及客观方面、主体、主观方面共同完成的征表中。例如,曾经无法证明,也无须证明而政治化了的犯罪客体,如今在起诉书及判决中仅以陈述性或说明性的方式出现,这种泥菩萨式的尴尬实在是对其犯罪构成要件身份莫大的讽刺! 即构成要件意义上的犯罪客体概念经由实质蜕变为形式。同时,犯罪客体通常被认为系一般客体、同类客体与直接客体三位一体,故犯罪客体的体系性地位并非单纯的犯罪本质、犯罪概念等独自能够替代;相反地,犯罪客体体系性地位的确立只能合犯罪本质、犯罪概念等之力,才能完成。

质言之,将犯罪客体在位阶上单纯设定为犯罪本质、犯罪概念等论调,并不可取。在"犯罪客体要件必要说"意义上,引入法益概念并将其设定为直接客体的论调("我们并不反对将'法益'这一外国刑法理论中的重要概念引入中国刑法学的犯罪客体理论中,即将犯罪客体修正为刑法所保护的法益也未尝不可"②)不会根本性地动摇传统的犯罪客体三位一体的体系性地位。在"犯罪客体要件不要说"意义上,将犯罪客体的体系性地位置于犯罪概念同等的位阶上的看法("犯罪客体的功能在于揭示犯罪的本质特征,这一功能不是犯罪构成要件所应具备的,而是犯罪概念的功

---

① 林山田:《刑法通论(上册)》(增订10版),台北,作者2008年自版,第57页。

② 赵秉志:《犯罪构成理论不宜动摇——解析犯罪构成体系及其要素之争》,载《检察日报》2004年4月1日。

能”①)不宜认为是全面的。毕竟,犯罪概念与犯罪本质在我国传统刑法学中呈交织状态,在刑法典中与刑法的目的、任务等难以割裂,因此,即便立足于“犯罪客体要件必要说”的立场,也只是删除了犯罪客体中直接客体的地位而已。至于在“犯罪客体要件必要说”意义上将犯罪客体置换为法益,因法益的内涵在域外同样难以清晰厘定,且法益在犯罪本质、犯罪概念、刑法的目的、任务等上的使用并不鲜见,故若在此意义上,则法益与传统的犯罪客体之体系性地位在祛除直接客体后大抵相当,也能够成为其实质。

另外,即使当下犯罪客体的价值也不宜完全否认,至少在构建刑法分则体系所依据的标准上,同类客体依旧承担着重要角色(尽管有缺陷)。

此外,下文将进一步阐述需要突出的两点。

(一)对刑法目的或任务之设定无法彻底撇开政治

当包含犯罪客体之四要件犯罪构成在苏联刑法理论中确立时,法益在犯罪论体系中难免被降格至犯罪构成要件的层面——这使德国与我国的“法益”地位、结构、功能等迥然不同。**问题是:将犯罪客体设定为犯罪构成之要件,是否是对法益刑法的忠实贯彻?** 答案是否定的。

近现代以来的刑法大抵是一部行为刑法与法益刑法。德国刑法学者更是直陈:“纯粹的行为人刑法从来没有出现过。”②这也为阶层化犯罪论体系在德国的演进及始终居于通说地位所印证:构成要件符合性与违法性均以行为为判断对象,而有责性则以行为人为判断对象。刑事立法与刑事裁判以法益为基础,则是德国法治进程中逐步形成的传统。“刑法通说上之法益概念,是指个人或全体的价值或利益,对其所可能造成之侵害或危险,是构成要件所欲加以防阻的,此即法价值(Rechtswert)或法利益(Rechtsinteresse),法益在犯罪论体系中之地位与行为刑法相呼应,因为行为刑法评价之对象,正是以法益侵害之外界变动结果为重点。”③法益是在犯罪本质或任务的意义上被阐释的。

法益刑法备受称道及尊崇之处是对国家刑罚权的限制。然而,一部法益概念的演进史无非是一部游走在规范主义与实证主义之间的历史,这使确定而清晰的法益概念成为难以企及的奢侈品,但这并不影响法益的功能由限制国家刑罚权的设想演变为扩张。“刑法一度曾——至少在理论

---

① 陈兴良:《本体刑法学》,商务印书馆 2001 年版,第 210 页。

② [德]冈特·施特拉腾韦特、洛塔尔·库伦:《刑法总论 Ⅰ——犯罪论》,杨萌译,法律出版社 2006 年版,第 38 页。

③ 高金桂:《利益衡量与刑法之犯罪判断》,台北,元照出版有限公司 2003 年版,第 40 ~ 41 页。

上——仅仅局限于惩罚损害个体权利的行为,但如今也禁止危害国家认为值得用刑罚加以保护的任何个人或者非个人的利益。”①以赌博罪为例,“禁止赌博完全是出于一种政治上的需要(直接由政府控制的赌场和各种形式的彩票除外,因为它们符合对人们的美梦的幻想,据说也能有效地符合征税的目的)。”②再如,在个人法益基础上确立归属于超个人法益(国家法益)的伪证罪、脱逃罪、窝赃罪、妨害公务罪等。因此,在刑法所保护的利益或社会关系上(刑法的目的、任务等),法益概念与政治之间便有了难以廓清的边界。

实际上,依据法益足以建构起完善的刑法体系,但既存的刑法都脱离不了一定的政治属性。“因为国家是属于统治阶级的各个个人借以实现其共同利益的形式,是该时代的整个市民社会获得集中表现的形式,因此可以得出一个结论:一切共同的规章都是以国家为中介的,都带有政治形式。”③这或许是不少学者在保护法益的基础上补以规范违法的理由。毕竟,国家对刑法规范的设定或认可并不会游离于刑法目的、任务等之外——在此意义上,保护法益与维护规范似乎能够获得共同的基础。

就法益保护而言,德国及意大利晚近的动态是将法益的依据求诸宪法,这更加使得法益摆脱不了政治的嫌疑。如罗克辛主张:“对刑事立法者预先规定的唯一限制,存在于宪法的原则之中。一个在刑事政策上有拘束力的法益概念,只能产生于我们在基本法中载明的建立在个人自由基础之上的法治国家的任务。这个任务就对国家的刑罚权规定了界限。在此之后,人们就可以说:法益是在以个人及其自由发展为目标进行建设的社会整体制度范围之内,有益于个人及其自由发展的,或者是有益于这个制度本身功能的一种现实或者目标设定(Gegebenheiten und Zwechsetzung)。”④再如,意大利的 F. Bricola 也提出法益侵害作为犯罪的实质不是出于理性的需求,而是宪法的要求。⑤ 当然,该类观点所招致的批判声不绝于耳:罗克辛在提出上述观点后并没有从宪法原则推导出法益概念,而是直接转入

① [美]马库斯·德克·达博:《积极的一般预防与法益理论——一个美国人眼里的德国刑法学的两个重要成就》,杨萌译,载陈兴良主编:《刑事法评论》(第21卷),北京大学出版社2007年版,第457页。

② [意]杜里奥·帕多瓦尼:《意大利刑法学原理》(注评版),陈忠林译评,中国人民大学出版社2004年版,第89页。

③ 《马克思恩格斯全集》(第3卷),人民出版社1960年版,第70~71页。

④ [德]克劳斯·罗克辛:《德国刑法学 总论》(第1卷),王世洲译,法律出版社2005年版,第15页。

⑤ 参见[意]杜里奥·帕多瓦尼:《意大利刑法学原理》(注评版),陈忠林译评,中国人民大学出版社2004年版,第92~93页。

法益概念范围的界定或法益概念的运用中,[①]而 Schunemann 在捍卫法益概念的同时,直陈了联邦宪法法院拒绝进行法益保护推导的态度;[②]意大利刑法学者的批判更是尖刻而有力。[③]

在我国,“惩罚犯罪,保护人民”的刑事立法目的及刑法任务中“国家安全”“人民民主专政的政权和社会主义制度”等,无非是政治倚重刑法的直观表露。即使主张以二元论的“法益”代替犯罪客体并设定为犯罪目的和任务的论者,为实现与德日语境下传统法益理论的衔接,也不得不模糊刑法的政治属性。这从“将保护法益确定为刑法的目的,符合马克思主义的法学原理”[④]等缺乏论证的空泛表述,即可见一斑。同时,承前文分析我国的刑事立法目的与罪刑法定原则之人权保障机能间存有抵触之处。因此,将犯罪客体作为犯罪构成的要件,并非是对法益刑法之限制国家刑罚权的贯彻,实际上犯罪客体更多的是对秩序价值的展开,在政治过分介入下放纵的不过是“依据”刑法入罪的恣意。

(二)犯罪本质之补充

在当下,尽管欧陆关于犯罪本质的学说已经不再局限于狭义的法益侵害,也表现为规范违反,但法益始终是犯罪论中的核心概念。“现在德国的通说,虽然名称仍然是法益侵害说,但实质内容已经包括了相当多的规范违反说的内涵。”[⑤]在日本,对规范违反说的批判始终是阐释犯罪本质时绕不开的内容。例如,“刑法规范即便是纳入伦理规范,也不是为了强加进特定个人的伦理与道德,而是必须充分考虑由伦理所维护的价值即法益是否存在,而这种法益是必须达到要用刑罚这样的强力制裁以便在国家的范围内予以保护之程度的共同利益”[⑥]。不过,将犯罪本质理解为违反社会伦理规范的侵害法益的行为,以消除法益侵害说与规范违反说之间的对立,

---

① 参见[德]克劳斯·罗克辛:《德国刑法学 总论》(第1卷),王世洲译,法律出版社2005年版,第15~18页。

② 参见[德]Schünemann:《法益保护原则——刑法构成要件及其解释之宪法界限之区集点》,何赖杰译,载许玉秀、陈志辉合编:《不移不惑献身法与正义——许乃曼教授刑事法论文选辑》,台北,新学林出版股份有限公司2006年版,第227~248页。

③ 参见[意]杜里奥·帕多瓦尼:《意大利刑法学原理》(注评版),陈忠林译评,中国人民大学出版社2004年版,第94~97页。

④ 张明楷:《法益初论》,中国政法大学出版社2000年版,第199页。

⑤ 熊琦:《德国刑法问题研究》,台北,元照出版有限公司2009年版,第101页。

⑥ [日]西田典之:《日本刑法总论》,刘明祥、王昭武译,中国人民大学出版社2007年版,第23页。

并不缺乏足够的强有力的支持者,如大谷实[①]、大塚仁[②]、野村稔[③]等。

我国的情况截然不同:犯罪本质是求诸社会危害性理论阐释的。准确地说,"社会危害性"概念是启蒙思想家的贡献,而将其注入意识形态的内涵则是苏联(俄)刑法学家的杰作——前已述及,社会危害性理论在苏联(俄)的确立系刑法政治化的结晶。尽管刑法学巨擘贝卡里亚开创性地提出:"我们已经看到,什么是衡量犯罪的真正标尺,即犯罪对社会的危害。这是一条显而易见的真理……"[④]但在意大利犯罪本质并非是对"社会的危害"的展开,而是求诸法益侵害来阐释的。"人们现在普遍认为犯罪的实质在于对法益的侵害。这一概念符合维护个人自由的传统,而个人自由则是全部现代刑法赖以存在的根基。"[⑤]即使在实质的犯罪概念意义上——"规定犯罪的目的在于为社会关系(包括各种政治、经济、文化等方面的社会关系)的有序发展提供基本保障"[⑥]——以内容极不确定的价值判断为基础的范畴,也无法为立法者提供一个明确的划分罪与非罪的标准。因此,犯罪的实质概念的作用从"教义构建"转移到了刑事政策领域,[⑦]便不足为奇。可见,社会危害性理论在意大利刑事法领域退守一隅,与意识形态的进退得失关系不大,而是该理论自身隐含的缺陷使然。德国的情形如出一辙:"义务违反说和社会危害性说在历史上一直试图取代法益说,虽然未能实现这个目的,但成功地对法益侵害说进行了补充与拓展。"[⑧]

在马克思主义理论框架下,"孤立的个人反对统治关系的斗争"(统治关系破坏说)长久以来被认定为关于犯罪本质的论断而受到我国刑法学者的尊崇和恪守。虽然传统通说极力辩称"犯罪是孤立的个人反对统治关系的斗争这一论断适用于一切犯罪"[⑨],但该论断实际上并非是关于犯罪本质的完整论断——新中国成立后,毛泽东在实践基础上关于严格区分敌我

---

① 参见[日]大谷实:《刑法讲义总论》(新版第2版),黎宏译,中国人民大学出版社2008年版,第84页。

② 参见[日]大塚仁:《刑法概说》(总论),冯军译,中国人民大学出版社2002年版,第90~91页。

③ 参见[日]野村稔:《刑法总论》,全理其、何力译,法律出版社2000年版,第80~81页。

④ [意]贝卡里亚:《论犯罪与刑罚》,黄风译,中国法制出版社2005年版,第82页。

⑤ [意]杜里奥·帕多瓦尼:《意大利刑法学原理》(注评版),陈忠林译评,中国人民大学出版社2004年版,第88页。

⑥ 同上书,第85页。

⑦ 同上。

⑧ 熊琦:《德国刑法问题研究》,台北,元照出版有限公司2009年版,第108页。

⑨ 马克昌主编:《犯罪通论》,武汉大学出版社1999年版,第10页。

矛盾和人民内部矛盾理论的提出,是对统治关系破坏说的扬弃。因此,在马克思主义框架下犯罪本质划定的范围,既包括属于敌我矛盾的"孤立的个人反对统治关系的斗争",又包括属于人民内部矛盾却未"反对统治关系"的公民间的刑事纠纷。若似此,则罪刑法定原则能够摆脱既有的在犯罪主体人权上——仅限于"保护人民",而非全体公民——陷入的困境。以此为衡量标尺,则与统治关系破坏说颇为相似的"敌人/仇敌刑法(Feindstrafrecht)"之舛误尽显。

"敌人刑法"以"效(功)能论/规范论"(Funktionalismus/Normativismus)①为根基,而规范论不问人的目的是什么,只关心规范的生存目的,及自我实现并单纯解释规范体系的运作,且效力是规范特有的存在方式——"不谈效力,无以论规范"。因此,基于人性尊严、客观法秩序之维持与体系不正义的考量,在德国既有的法实践体系下敌人刑法无证成的空间,而在生物科技蓬勃发展的风险社会,关于"行为基因"的研究可能导致敌人刑法的基本架构理念产生比"基因歧视"更为严重的宪法问题。② 该类批判并非没有适应于统治关系破坏说的余地。易言之,单纯的统治关系破坏说易陷入刑法政治化的泥潭,导致对属于公民范畴的"敌人"惩处的恣意与残虐——这恰是 Schünemann 所批判的错误趋向:"敌人是'现实中的非人格(aktuell Unpersonen)','对待他们要像对付野兽那样预防其危险'。"③毕竟,一部近现代刑法限制国家刑罚权的历史,也是一部渐趋尊崇人性的历史,其实体与呼唤毫无例外地表明:**罪犯也是人!**

尽管新中国成立后的我国刑事审判实践不免令人沮丧,但调整后的方向仍值得期待。而单纯的统治关系破坏说与法益理论并不抵触,是在马克思主义框架下走出犯罪本质误区的根本。质言之,"犯罪和现行的统治都产生于相同的条件,同样也是那些把法和法律看作某些独立自在的一般意志的幻想家,才会把犯罪看成单纯是对法和法律的破坏"④。即使以此为逻辑起点的传统统治关系破坏说主张"法益侵害说"没有真正揭示犯罪本质,也并不妨碍在犯罪本质问题上将二者置于不同层面:内容与形式——犯罪本质对两类矛盾的涵盖,可以借助社会关系说与法益理论从内容与形

---

① 这里的"规范论"完全不同于我国刑法学者所使用的与"存在论"相并列意义上的"规范论"。

② 参见黄经纶:《对抗"敌人刑法"——浅析 Jakobs 的敌人刑法与德国法下客观法秩序维持之冲突性》,载《刑事法杂志》2004 年第 5 期。

③ [德]Schünemann:《敌人刑法?——对刑事司法现实中令人无法忍受的侵蚀趋向及其在理论上的过分膨胀的批判》,杨萌译,载冯军主编:《比较刑法研究》,中国人民大学出版社 2007 年版,第 261 页。

④ 《马克思恩格斯全集》(第 3 卷),人民出版社 1960 年版,第 379 页。

式上予以展开。

二、“法益”在刑法体系建构上之地位难以替代

统治关系破坏说部分地揭示了犯罪本质(敌我矛盾),人民内部矛盾客观地补充了犯罪本质。然而,犯罪本质所包含的两类矛盾对刑法体系的建构意义有限。因此,在统治关系破坏说的基础上苏联(俄)刑法学者探索出能够担当起建构刑法体系重任的“社会关系”,并延伸出犯罪客体理论。

例如,首开以“社会关系”取代“法益”先河的A.皮昂特科夫斯基所持的理由为:其一,依据德国法学家耶林的法的一般理论所建构的法益论,不能提供反映资本主义社会的犯罪客体的真实概念,用法益作为犯罪客体,实际上掩盖了资产阶级的阶级本质,而社会关系作为保护客体,可以凸显刑法的阶级性;其二,将社会关系作为犯罪客体源于立法(《苏俄刑法指导原则》)上的规定,即存在立法上的根据;其三,将犯罪客体理解为刑法所保护的社会关系,与犯罪的实质概念密不可分。① 只是若对上列理由进行推敲,则其荒谬之处不难发现。

的确,任何犯罪均无法脱离一定的社会关系——在生产关系基础上形成的人与人的关系,而生产资料所有制形式直接决定了生产关系的特征及主体在社会生产中的地位与相互关系。因此,将形形色色的社会关系设定为保护客体具有体现刑法阶级性的一面。然而,以社会关系为本体对犯罪客体进行直接客体、同类客体与一般客体划分,并据此构建刑法体系,因苏联刑法学者的理论储备不足,及相关问题在我国未得到根本解决,故体系性欠缺。

其实,就犯罪客体三分法并构建分则体系而言,其缺陷在苏联时期业已呈现。如Б.尼基福洛夫指陈:“以普适性自居的客体三分类,实际上全然只适合于为数不多的犯罪,如侵犯生命、健康、自由和人格的犯罪,对于其他构成来说,往往只显现出两个客体:一个是始终必须具备的一般客体,另一个是同类客体或直接客体。”②在发现问题的基础上,Б.尼基福洛夫对直接客体与同类客体重新诠释,以消弭传统的犯罪客体三分法之矛盾。令人遗憾的是,Б.尼基福洛夫的努力因自身对直接客体与同类客体诠释中问题重重而受到了批判,此后对于犯罪客体三分法存在的问题,苏联刑法学者只是寻求了解释论上的“周延”。例如,B.塔奇解释道:“哲学上区分一

① 薛瑞麟:《犯罪客体论》,中国政法大学出版社2008年版,第273~274页。

② 薛瑞麟:《犯罪客体论》,中国政法大学出版社2008年版,第184页。

般、特殊与个别范畴,不意味着在所有的现存现象中故都必须按此组合。”“只划分一般与个别或特殊与个别是完全可能的。”①

笔者认为,以社会关系为本体的犯罪客体作为犯罪本质的客观外化,无须刻意强调刑法的阶级性——对刑法阶级性的承载,完全可以由犯罪本质、刑法的目的、任务等来实现;犯罪客体的核心价值在于提供一套构建刑法分则体系的标准,而既有的三分法犯罪客体因裹挟在秩序价值中以及同类客体、直接客体间的含混、交叉重叠,构建起来的分则体系隐含着结构上的缺陷;相反地,“法益”在刑法分则体系构建上之地位具有比较优势。

依据犯罪客体三分法构建刑法体系,其基本框架为:一般客体(刑法的目的、任务、犯罪概念等)→同类客体(分则章、节)→直接客体(个罪)。其突出的弊害是:其一,在意识形态把持话语权下刑法政治色彩浓厚,这使其对人权价值的承载乏力。苏联刑法学者毫不避讳地指陈:“把社会主义社会关系作为犯罪行为侵犯的客体,这种提法具有政治上的意义。这里强调了苏维埃刑法的阶级性,因为,符合并有利于苏联人民的社会关系被公开宣布是受到保护的客体。”②在我国,古代法律史上刑法的工具化源远流长,即使在红色政权下其也未消失殆尽。“法律是应服务于政治的”,司法只是政治工作的一部分,是政权整体工作中的一个环节,并且“司法只是半权”。③ 即使1997年修订后的刑法阐明罪刑法定原则并将“反革命罪”更名为“危害国家安全罪”等以提升刑法的法律属性和人权保障力度,但实际上即使当下的司法机关在解决刑事纠纷以维护社会秩序外,依旧担负着必要的政治功能——在党的领导下为落实党的路线、方针、政策等服务。鉴于前文之阐释,故不再赘述。

其二,裹挟在秩序价值中的同类客体内涵的模糊,导致了刑法分则章节设置上的庞杂。修订后的刑法“按照各类犯罪同类客体的重要性程度,亦即各类罪的社会危害性质和程度,由重到轻的顺序排列形成刑法分则的体系”④,依次为:危害国家安全罪(**第一类**),危害公共安全罪(**第二类**),破坏社会主义市场经济秩序罪(**第三类**),侵犯公民人身权利、民主权利罪(**第四类**),侵犯财产罪(**第五类**),妨害社会管理秩序罪(**第六类**),危害国防利益罪(**第七类**),贪污贿赂罪(**第八类**),渎职罪(**第九类**),军人违反职

---

① 薛瑞麟:《犯罪客体论》,中国政法大学出版社2008年版,第187页。

② [苏联]H. A. 别利亚耶夫等主编:《苏维埃刑法总论》,马改秀等译,群众出版社1987年版,第30页。

③ 参见谢觉哉:《谢觉哉日记》(下),人民出版社1984年版,第756页。

④ 高铭暄主编:《新编中国刑法学》,中国人民大学出版社1998年版,第473页。

责罪(**第十类**)。其中,第三类又细化为生产、销售伪劣商品罪,走私罪,妨害对公司、企业的管理秩序罪,破坏金融管理秩序罪,金融诈骗罪,危害税收征管罪,侵犯知识产权罪,扰乱市场秩序罪等七种;第六类则细化为扰乱公共秩序罪,妨害司法罪,妨害国(边)境管理罪,妨害文物管理罪,危害公共卫生罪,破坏环境资源保护罪,走私、贩卖、运输、制造毒品罪,组织、强迫、引诱、容留、介绍卖淫罪,制作、贩卖、传播淫秽物品罪等九种。

就上述十类犯罪排列次序而言,若将"社会关系"设定为法益之本体,则同类客体之标准相当于法益内容之标准,但其明显参考了法益主体标准——超个人法益(第一、二、三类)→个人法益(第四、五类)→超个人法益(第六、七、八、九、十类)。即我国刑法分则章节设置标准为:以法益内容为基础,以法益主体为参考。由此衍生的问题主要有:

首先,"超个人法益→个人法益→超个人法益"的谋篇布局,使个人法益与超个人法益之间的关系模糊,也使其价值承载含混不清。

在德国,依据法益构建刑法分则体系被奉为圭臬,且法益概念架起了刑法总则与分则有效沟通的桥梁。与之相对,虽然在域外不以法益为标准构建刑法分则体系的刑法,比比皆是,且该类刑法也能得出与德国刑法类似的结论,如《美国模范刑法典》。"在《模范刑法典》中,这个共同的基础(法益概念)为不统一的规范术语所遮掩,在法益方面,该法典在总论部分采用的表达是'损失或痛苦'(harm or evil),在分论部分则是'个人或者公共利益'(individual or public interests)。"①但不得不承认的是:"如果美国的学术、立法和判例能以一个体系上一致的法益概念为基础,而不是以下列术语令人混淆的聚合为基础,比如'重点''核心''实质''焦点''影响范围''目的''实质要素''损害或罪恶','罪恶'、应该被阻止的'损害''个人的或者公共利益',构成要件应该保护的'权利'、甚至还有应该是由某个构成要件规定的'人的不同种类',或者'坏人',等等,那么这肯定是值得欢迎的。"②实际上,法益在刑法分则体系构建上不可替代的地位及具有比较优势的观点,在域内外影响力日盛。

毕竟,检阅刑法史将不难发现古今中外之刑罚虽纷繁复杂,但不外乎

① [美]马库斯·德克·达博:《积极的一般预防与法益理论——一个美国人眼里的德国刑法学的两个重要成就》,杨萌译,载陈兴良主编:《刑事法评论》(第21卷),北京大学出版社2007年版,第464页。

② [美]马库斯·德克·达博:《积极的一般预防与法益理论——一个美国人眼里的德国刑法学的两个重要成就》,杨萌译,载陈兴良主编:《刑事法评论》(第21卷),北京大学出版社2007年版,第464~465页。

生命刑、肉刑、自由刑、耻辱刑及财产刑五种(包括不同刑种之间的交错,如凌迟是生命刑与肉刑的结合,而宫刑则是肉刑与耻辱刑合一),与之相对应的是个体维持生存及发展所必须的层次分明的基本实体:生命、身体、自由、名誉及财产。不过,无论社会如何变迁,法对该类实体的认可和保护都只是程度上的区别而已。大陆法系刑法理论率先将法对该类实体的保护设定为法益的内容,并不断寻求解释论上的周延。由此法益理论的细胞无疑是生命法益、身体法益、自由法益、名誉法益及财产法益——个人法益,而其聚合则成为超个人法益。尽管人权理念已然或正在将生命刑、肉刑及耻辱刑变成历史,但这丝毫不影响域内外国家及地区刑法分则(包括不成文法国家的刑事判例),均遵循着个人法益与超个人法益的二分结构,其争论至多围绕着个人法益与超个人法益排列顺序所征表的价值遴选、是否使用法益名号等并不实质性地影响法益所涵盖的实体内容之问题进行的。当然,在法益理论演进中法益也被赋予了限制国家刑罚权的机能(尽管晚近的趋势使该机能陷入危机)等。因此,尽管法益理论本身并非不可替代,但法益替代品本身必须能够涵盖其内容与功效。然而,迄今为止,无论是犯罪客体,还是类似的替代品均积弊甚多,使法益具有了比较优势。

需强调的是,德国刑法理论上关于法益范围阶层的区分有一元论与二元论的争执:一元论主张法益仅有所谓的“个人法益”,任何“超个人的”法益不过是多数的个人法益的集合,在本质上也是个人法益;二元论认为法益可分为个人法益与超个人法益,而个人法益与超个人法益之间系质的不同还是量的差异,又存在不同的学说(“质相异说”与“量相异说”)。[①] 二元论是德国的通说。至于域外与我国存在的国家法益、社会法益及个人法益三分法,大抵有两大来源:一是发端于日本,一是肇始于苏联;且其与国家主义渊源甚深。当然,我国的法益三分法理论还包括部分对法益二元论的误读。法益三分法理论因欠缺用作“种类”区分的具体标准而受到了批判,[②]而法益二元论在个人法益与超个人法益之间具有“系导出机能”关系,价值承载清晰明了,即在法益认定上有阶段上的关联,在法益成立上有先后的关系。相反,“超个人法益→个人法益→超个人法益”模式所征表的“同类客体的重要性程度”含混不清。因此,在政治裹挟下个人法益潜含着沦为超个人法益附庸的风险,甚至使个人法益与超个人法益被不当地割裂,从而造成了立法技术上的粗陋。例如,行贿罪(第389条)与单位行

---

① 参见陈志龙:《法益与刑事立法》(第3版),台北,作者1997年自版,第137~151页。

② 同上书,第152~155页。

贿罪(第 393 条)除“主体”差异外本质上并无不同,而“主体”不过是个人与超个人的关系,其实质性影响只是在对单位犯罪实行双罚制时增加了对单位的财产刑而已。因此,立法技术上完全可以将二者合二为一后增加对单位的财产刑,类似的情况为数不少,而其根源均在于同类客体标准本身隐含的弊病。

迄今为止,在法益二元论辐射下法国、俄罗斯等国修订后的刑法分则篇章已然扬弃了原有的“超个人法益→个人法益→超个人法益”或“超个人法益→个人法益”式设定,而呈“个人法益→超个人法益”布局。因为在个人法益与超个人法益的不同排列顺序上,愈来愈多的学者主张体现着不同的价值侧重。所以,即使现行的德国刑法典中超个人法益被置于首位,“但是在学术文献中,个人法益相反得到了更高的重视”①。例如,“在与法益权衡的部分领域有关的范围内……人格的价值应当优于实物财产;面对保护其他人格价值或者超个人的法益,对身体和生命的保护处于一种更高利益的基础之上”②。究其根源,这与德国刑法理论滞后于同时代的刑事立法不无关系。统一前的德国在近代产生过《巴伐利亚法典》及《普鲁士刑法典》两部刑法典,但均承袭了法国 1810 年《拿破仑刑法典》;统一后,1871 年颁行的《德意志帝国刑法典》虽贯穿了“资产阶级”的刑法原则,但其不过是对《普鲁士刑法典》的修改,法西斯政权于 1935 年对 1871 年刑法典的修订在“二战”后被废止,同时 1871 年刑法典得以恢复,其后的修订直至 1975 年才初步完成。因此,《拿破仑刑法典》理念、结构、内容等的隐性延续使刑法理论不得不求诸解释论以实现优势学说对刑法典的影响。

其次,同类客体内涵的难以界定,使得“同类客体的重要性程度”无法精确化,以此为标尺的个罪刑罚配置合理性漏洞不可避免。

尽管对同类客体内涵的探索不曾止步,晚近的理论“成果”也似乎并不缺乏,如有学者主张同类客体与直接客体之间系内容与形式关系,③但作为“表现形式”的直接客体能否准确地反映作为其内容的同类客体的重要性程度,不无疑问;而“重要性程度”内涵的笼统化,与法益性质或内容不可等量齐观。例如,《中华人民共和国刑法修正案(八)》在废除死刑以保障人权上迈出了坚实的步伐,值得称道。但是,在废除走私文物罪及走私贵重金属罪(第 151 条第 2 款)之死刑时,依旧保留了同属于“走私罪”

① 熊琦:《德国刑法问题研究》,台北,元照出版有限公司 2009 年版,第 130 页。

② [德]克劳斯·罗克辛:《德国刑法学　总论》(第 1 卷),王世洲译,法律出版社 2005 年版,第 475 页。

③ 参见薛瑞麟:《犯罪客体论》,中国政法大学出版社 2008 年版,第 190 页。

章节走私假币罪(第151条第1款)之死刑,这种逻辑上的悖谬很难说与同类客体内涵的含混毫无关系。毕竟,较之走私假币,走私文物的社会危害性更大。因为虽然走私假币与走私文物同属于走私违禁罪范畴,且本质上均是对一国经济的侵扰,但文物除具有经济意义外,还附加了一国文化内涵,所以废除走私文物罪死刑而保留走私假币罪死刑,着实不妥,除非货币的保护被赋予了特定的政治内涵,但这同样荒诞不经:在为人民服务的宗旨下国家法益的重要性并非源于虚幻的"国家权威",而是得益于聚合个人法益所扩展而成的国家法益牵动着社会的每一个细胞——个体;况且在市场经济条件下法治政府即使进行宏观调控,也大抵对经济杠杆加以"运用",而非依托政治或暴力手段介入。此外,若将目光聚焦于走私贵重金属罪与走私假币罪,则死刑的存废之举更显荒谬。当贵重金属(金、银等)固定地充当一般等价物时就成为了货币,而纸币是货币发展到特定阶段的必然产物,在此意义上走私贵重金属与走私假币在本质上并无差异,仅在价值上有别,但废除走私贵重金属罪死刑而保留走私假币死刑,无疑背离了这一逻辑,也拷问着同类客体标准的合理性。庆幸的是,2015年8月29日的《中华人民共和国刑法修正案(九)》删除了第151条第1款中的死刑规定,走私罪的死刑彻底被废除了。

就章节之间的混杂而言,我国分则篇章超个人法益部分难以厘清,而个人法益部分也非清晰明了。属于超个人法益的国家法益与社会法益或超国家(国际)法益、民族法益、政党法益、公司法益、家庭法益等,是以法益持有者为标准进行的划分,因其主体仅系量的差异而往往难以界分,这导致在"超个人法益→个人法益→超个人法益"模式下个人法益对超个人法益的割裂。如环境监管失职罪,"从其属于渎职罪来看,可以说该罪侵犯的是国家法益;但从其导致发生重大环境污染事故来看,也可以说该罪侵犯了社会法益"①。再如,伪证罪、脱逃罪、妨害公务罪等就很难精确为对国家法益还是社会法益的侵害;同样尴尬的还有贪污罪、贿赂罪:贪污罪在1979年刑法中系属"侵犯财产罪",而受贿罪则是"渎职罪",但在现行刑法中其属于"贪污贿赂罪"(第八类)——这无疑质疑着同类客体内涵的确定性。另外,刑讯逼供罪、暴力取证罪、重婚罪、遗弃罪等在个人法益与超个人法益之间同样难以划出清晰的界限。于是,逻辑上的周延只能求助于"复杂客体"或转化型犯罪。至于将公民人身权利与民主权利(第四类)合二为一所遭受的诟病,由来已久。"现行刑法(1979年刑法)把侵犯公民民

---

① 张明楷:《法益初论》,中国政法大学出版社2000年版,第245页。

主权利罪和侵犯人身权利罪合为一章,实际上是平列了两个同类客体,未必协调。”[①]该论调并不缺乏合理性。修订后的刑法取消了原有的“妨害婚姻、家庭罪”,并将其内容整体性置于“侵犯人身权利、民主权利罪”中,这使问题更趋复杂。至少现行刑法第2条中将公民的人身权利、民主权利与其他权利并列,显示出彼此非包含关系,而是不同的同类客体。

同时,与犯罪本质及犯罪客体紧密联系在一起的还有实质的犯罪概念。在“一般客体(刑法的目的、任务、犯罪概念等)→同类客体(分则章、节)→直接客体(个罪)”框架下,一般客体要实现对同类客体、直接客体的统帅(通说认为它们之间存在“一般与特殊”“整体与部分”“抽象与具体”等关系),不得不将内涵置于“揭示了一切犯罪的共有本质,即一切犯罪都要侵犯刑法所保护的社会关系的整体”[②]层面。在我国犯罪本质的阐释是求诸社会危害性的,因此,“揭示了一切犯罪的共有本质”之一般客体无法舍弃实质的犯罪概念(或混合的犯罪概念)。问题是犯罪的实质概念都是以内容极不确定的价值判断为基础,这无法克服因价值主体不同而产生的差异性,从而难以为立法者提供一个明确的划分罪与非罪的标准,即使晚近的德国学者试图从社会学角度(为立法者)提出一个指导性的犯罪概念,其努力依旧是徒劳的。[③] 采取了混合的犯罪概念之我国刑法,在入罪与出罪的实际功效上着实令人沮丧。[④] 可见,一般客体之尴尬与社会危害性意义上的犯罪本质及实质的犯罪概念之尴尬,实为三位一体。

至于“社会关系作为犯罪客体源于立法上的规定”之论调,无疑颠倒了社会关系与立法的逻辑关系。的确,“立法者应该把自己看作一个自然科学家。他不是在创造法律,不是在发明法律,而仅仅是在表述法律,他用有意识的实在法把精神关系的内在规律表现出来。如果一个立法者用自己的臆想来代替事情的本质,那么人们就应该责备他极端任性”[⑤]。因此,刑法的存在是产生社会关系的前提,系伪命题。社会关系作为犯罪客体的本体,并不是立法者“创造”的,立法者只不过将它进行法律实证化而已。

三、“犯罪客体要件不要说”之补遗

1997年刑法修订后,刑法理论上作为支持“犯罪客体要件不要说”另

---

① 高铭暄:《我国五十年来刑事立法的回顾与展望》,载《法学》1995年第1期。

② 马克昌主编:《犯罪通论》,武汉大学出版社1999年版,第113页。

③ 参见[意]杜里奥·帕多瓦尼:《意大利刑法学原理》(注评版),陈忠林译评,中国人民大学出版社2004年版,第86~87页。

④ 参见第四章第二节“平面化犯罪论体系之入/出罪理论批判”。

⑤ 《马克思恩格斯全集》(第1卷),人民出版社1995年版,第347页。

一有力理由为:犯罪客体将价值判断过于前置。该观点的代表性人物实属周光权教授,其指陈:客体——刑法所保护而为犯罪所侵害的社会关系——是实质性的价值判断,作为犯罪成立的首要条件,一旦该判断完成,行为就被定性,被告人无法为自己进行辩护,这是一种过分强调国家权力作用的做法,其可能的危险为:(1)一旦发生使人心冲动的案件,感情上便产生处罚的强烈要求;(2)一旦行为人主观恶劣,便不充分调查行为在客观上造成了何种后果就进行处罚;(3)一旦危害结果重大,便不问行为人的主观状态就进行处罚。所以,价值判断过于前置,不利于保障人权和实现法治。①

实际上,主张犯罪客体蕴含着价值判断并过于前置之观点,似乎已然成为批判四要件犯罪构成弊害时的一种通识性论调。诚然,在四要件犯罪论体系中犯罪本质、犯罪概念、构成要件三位一体的犯罪客体固然不可避免地包含规范性内容,但在意识形态渐趋淡化的背景下,原本无法证明也无须证明而政治化了的犯罪客体,如今在司法文书中是以陈述性或说明性的方式出现,因为作为构成要件之犯罪客体需求诸犯罪构成其他要件说明,因此,所谓的犯罪客体要件"一旦该判断完成,行为就被定性,被告人无法为自己进行辩护",只是一种杞人忧天式的设想,而非现实形态。即构成要件意义上的犯罪客体虽然具有价值判断过于前置的隐患,但因其本身评价内涵的空洞,在缺乏政治化内容的支持下,难以实质性地危及人权。

既然如此,那么犯罪客体对人权实质性负价值根源何在?**笔者认为,包括作为构成要件的犯罪客体在内的犯罪构成诸要件在违法性判断上的似有还无,导致出罪事由在定罪中的体系性位置飘忽不定,这为非法治力量的介入预留了通道,从而置人权保护于困境中。**

出罪事由在阶层式犯罪论体系中与实质的违法性难以分割,而实质的违法性在刑法史上系规范论的产物。洎乎当下,"通说认为,形式的违法性与实质的违法性并非相对立、相矛盾,两者之间具有形式与实质之表里关系,因形式的违法性乃实定法规之违反,而实质的违法性则是支撑实定法规之实质基础;即实质的违法性对于违反形式的实定法规之判断,提供实质之基础,而且亦提供违法性阻却事由之判断基础,特别在于超法规之违法性阻却事由"。② 这样,在犯罪论体系上无论是法定阻却事由还是超法规的违法性阻却事由,均被置于体系内的违法性阶层中,且与构成要件符

① 参见周光权:《犯罪论体系的改造》,中国法制出版社2009年版,第87页。

② 陈子平:《刑法总论》(2008年增修版),中国人民大学出版社2009年版,第161页。

合性之间通常被认为系“原则与例外”的关系，即“构成要件该当之行为‘原则上’系一个不法行为，除非有阻却违法事由‘例外地’排除该当行为之反价值性，否则即属‘实质的’不法行为。”[①]

尽管我国刑法中的出罪事由，就渊源而言，直接来自苏联（俄）刑法理论，间接来自德国的违法阻却事由，但由于苏联（俄）刑法学理论是在犯罪概念中讨论实质的违法性，而犯罪概念与四要件犯罪构成系“抽象与具体”关系。因此，原本与实质违法性难以分割的出罪事由便在四要件犯罪论体系中地位尴尬，这一难题在定罪标准一元化与否争论助推下愈加复杂，四要件犯罪论体系在我国展开后这一问题夹杂其间。易言之，因四要件犯罪构成对犯罪本质的展开，是以诸要件齐备的方式进行，故与犯罪本质具有等价意义的实质的违法性并非犯罪构成的要件，也难以为四要件犯罪构成各个要件所容纳，据此，出罪事由也难以为四要件犯罪构成中单一的要件所容纳。于是，包含了价值判断内容的构成要件意义上的犯罪客体，无法单一地涵盖出罪事由，而违法性在四要件犯罪构成中是以笼统的范式而非具体的范式存在的。

实际上，为避免出罪事由在四要件犯罪论体系中的尴尬，传统刑法理论或者“掩耳盗铃”式地处理，即丝毫不涉及出罪事由与四要件犯罪构成、犯罪概念之间的关系，仅对出罪事由作能够排除犯罪意义上的论述；或者“鸵鸟”式地处理，即论及犯罪概念与四要件犯罪构成之间的关系，但不涉及四要件犯罪构成与出罪事由之间的关系；或者“人妖”式地处理，即主张出罪事由既是符合犯罪构成的事实行为，又是符合犯罪阻却事由特别规定的事实行为，犯罪阻却事由与犯罪构成在刑事立法上系“并列”关系，在刑事司法上系“基础与上层建筑”关系，亦即出罪事由在犯罪构成内部解决，与犯罪概念无涉；凡此等等，不一而足。当然，传统刑法理论在四要件犯罪构成与出罪事由等关系上也存在一定的分歧，但这种分歧鲜有能明晰出罪事由在四要件犯罪论体系中的地位。因此，传统刑法理论在避免四要件犯罪论体系中出罪事由尴尬之道，实为延缓矛盾而非解决矛盾。

具有积极意义的是，德日刑法理论在我国的渐趋展开提供了一把能够衡量及省思四要件犯罪论体系下诸多理论的标尺。其中，出罪事由与四要件犯罪构成之间的关系无疑成为受到检视的不可或缺的内容。

不可否认，比较视域下出罪事由在四要件犯罪论体系中的地位的确成

① 余振华：《刑法违法性理论》，台北，元照出版有限公司2001年版，第47页。

为问题。[1] 因此，在坚持四要件犯罪论体系框架下的晚近动态是：要么否定出罪事由具有犯罪构成的形式，但由于采取了“犯罪构成理论→排除违法性事由→犯罪形态”或“犯罪构成理论→犯罪形态→排除违法性事由”篇章结构。因此，无论是否作出辩解，其客观效果均难逃前述的对定罪标准二元化的认可或默许，要么又在犯罪概念之外找寻四要件犯罪构成中的“违法性”，甚至企图将“违法性”置入诸要件中的某个要件中，从而为出罪事由提供明确的容身之所。应当说，于犯罪构成四要件中找寻“违法性”的论者，至少已经触及了出罪事由在四要件犯罪论体系中地位尴尬的本质，但其应对之道可谓“缘木求鱼”：基于“违法性”在四要件犯罪论体系与阶层化犯罪论体系中差异迥然，以阶层化犯罪论体系下明确化的“违法性”为参照物找寻四要件犯罪构成中“化整为零”的“违法性”，是方法论上的错误，其探寻所得也无法摆脱伪命题的宿命。在此意义上，“违法性不是（四要件）犯罪构成的一个要件，而是犯罪的特征。整个犯罪构成实际上是刑事违法的构成”[2]。至于将探寻所得冠以保障人权的名号，实在是一出令人不禁莞尔的滑稽戏。因为，若四要件犯罪构成中犯罪客体功效的发挥需求诸其他要件的合力，则“将犯罪客体作为要件可能只是起单纯的评价作用，但将一个没有要素的要件交由法官评价，会有损犯罪构成的罪刑法定主义机能”[3]。其实，若主张引入大陆法系的违法性理论，坚持形式违法与实质违法、主观违法与客观违法统一，使违法性真正具有实体内容，[4] 则扬弃四要件犯罪论体系必然是逻辑上的延伸，该类观点的持有者最终成为了阶层化犯罪论体系的忠实捍卫者这一现象即可例证。

诚然，在四要件犯罪论体系下无法圆满解决出罪事由的体系性地位问题，故四要件犯罪论体系框架下的努力至多是权宜之计，而其核心是如何在秩序价值的挤压下适度为人权价值保留一席之地。据此，“犯罪客体要件不要说”具有比较优势，因为三位一体的犯罪客体与实质的违法性具有等价的一面，它容易使包含了规范性内容的犯罪客体要件成为出罪事由的根据和庇护者，而犯罪客体要件在司法实践中虚化的现实，不利于出罪事由实际功效的发挥，这在超法规的违法性阻却事由上尤其如此，甚至可以认为审判实践中超法规的违法性阻却事由发挥功效，更多的是迫于政治需要（美其名曰“法的社会效果”），这预留了非法治力量介入的通道，与此相

① 参见第二章第二节中关于排除事由的阐述。

② 陈兴良：《本体刑法学》，商务印书馆2001年版，第215～216页。

③ 张明楷：《刑法学》（第4版），法律出版社2011年版，第102页。

④ 参见陈兴良：《社会危害性理论——一个反思性检讨》，载《法学研究》2000年第1期。

适应的无非是人权价值的暗弱。

毕竟，在司法实践中犯罪客体要件几乎形同虚设之时，将出罪事由纳入其中必然导致“行为符合犯罪构成”的判断尚未实质性开启，出罪事由却先行判断的怪现象，且出罪事由本身包含着价值判断内容，难免使价值判断前置，从而助长了事实判断与价值判断的混杂不清。所以，删除犯罪客体要件之后实质的违法性只能与犯罪概念相结合，而犯罪概念尤其是“但书”部分并非绝对无法承担起出罪机制，尽管这会导致对定罪标准二元化的认可或默许，但作为对四要件犯罪构成在贯彻人权保障机能上潜含缺陷的补充，仍不失为四要件犯罪论体系承载人权价值的可参酌遴选之道；同时，删除犯罪客体要件也可以削弱不必要的非法治力量的介入，使刑法在“犯罪人人权大宪章”意义上作一次实质性的回归。

第四节　四要件犯罪论体系其他诸要件批判

在四要件犯罪构成中除聚焦于犯罪客体要件的增删外，其他诸要件中行为层次化之含混、犯罪主体要件之悖谬、期待可能性理论之晦暗等突出问题，分别不时地拷问着客观方面、主体与主观方面的合理性，也将四要件犯罪论体系逐步引向了固守论、改良论及重构论三足鼎立的存废之争。

一、行为层次之含混

刑法在漫长的演进过程中逐步具有了行为刑法的属性，即将评价对象设定为对法益（客体）产生侵害或危险的行为，故而，犯罪论体系必然以行为为逻辑起点而展开。然而，定罪是一个动态的过程，不同的阶段据以评判的具体标准不尽一致，这推动了理论与实务对行为研究的深入，并引导着行为向层次化方向发展。遗憾的是在四要件犯罪论体系下行为层次含混不清，这衍生出刑法理论与实务把握行为时易混入臆断性的弊害，值得省思。因此，在阶层化犯罪论体系下，犯罪的认定至少涉及事实性行为、构成要件行为、实行行为（符合构成要件行为）、犯罪行为等层次分明的四类行为，具有借鉴意义。

（一）行为理论的困境及应对的分歧

在阶层化犯罪论体系下，刑法理论与审判实务所支持的犯罪行为之逻辑进路实际为：事实性行为→符合构成要件行为→犯罪行为。这一逻辑进路中颇受争议的是：**作为阶层化犯罪构成前提的“行为”应否纳入规范性评价内容？**与此紧密相连的是行为理论。

诚然,现实中使法益遭受侵害或威胁的,既可以是自然现象,如台风、海啸、雷电、泥石流、瘟疫、野兽等,又可以是人的行为。但刑法的科学化逐步将可罚性的对象限定为人的特定行为。于是,在进行构成要件符合性审查前,理论上发展出形形色色的剔除不具有可罚性的自然现象、思想、无意识行为等的行为理论——行为概念的过滤作用。① 在德国,因果行为论(Die kausale Handlungslehre)、目的行为论(Die finale Handlungslehre)及社会行为论(Die soziale Handlungslehre)三分法系主流学说;在日本,因果行为论、目的行为论、社会行为论及人格行为论(Der personale Handlungsbegiff)四分法系正统观念。因果行为论与目的行为论是"存在论的行为观念",而社会行为论与人格行为论则是"评价的行为观念"。②

当下域外行为理论的通说倾向于社会行为论③,作为犯罪构成前提的"行为"无疑纳入了规范性评价内容——"社会重要性",其备受诟病。有力的观点认为"社会重要性"本身并非确定的概念,因而难以划定"行为"确定的范围。如"这一理论(社会行为论)的根本缺陷在于失之太泛,因为其用来确定行为范围的标准(社会意义)本身就是一个不确定的概念"④。此外,在忘却犯上遭遇的尴尬,也削弱了社会行为论的影响力。因为无认识过失(疏忽大意的过失)的不作为缺乏行为必要要素的有意性。所以,依据社会行为论将不被认为是行为。

尽管如此,但由于社会行为论大抵能够包容存在论意义上的因果行为论及目的行为论,而纳入的规范性评价内容被认为与构成要件符合性、违法性及有责性三阶层中的规范性评价内容并不重合,且同样纳入规范性内容的人格行为论因在不作为上受到质疑而在德国支持者甚寡。因此,社会行为论具有比较优势而备受亲睐。即使将行为作为犯罪概念的基底并主张人格行为论的日本刑法学者大塚仁,也不得不在事实性认识的可能范围内"附加'社会上有意义'这种限制"以节制"行为客观面要素的身体动静"。⑤

以社会行为论为标尺之"行为"判断路径结构(见图4-1):

---

① 参见苏俊雄:《刑法总论Ⅱ》(修正版),台北,作者1998年自版,第36页。

② 参见[日]大塚仁:《犯罪论的基本问题》,冯军译,中国政法大学出版社1993年版,第31页。

③ 参见林钰雄:《新刑法总则》,中国人民大学出版社2009年版,第92页。

④ [意]杜里奥·帕多瓦尼:《意大利刑法学原理》(注评版),陈忠林译评,中国人民大学出版社2004年版,第119页。

⑤ 参见[日]大塚仁:《刑法概说(总论)》(第3版),冯军译,中国人民大学出版社2002年版,第101~102页。

<table>
<tr><td rowspan="4">是否是行为</td><td colspan="7">无疑问(具有行为属性)→</td><td rowspan="4">构成要件符合性阶层审查</td></tr>
<tr><td rowspan="3">有疑问→</td><td>是否是人的举止</td><td>是→</td><td>是否由意志支配或能够支配</td><td>是→</td><td>是否具有社会重要性</td><td>是→</td></tr>
<tr><td>↓否</td><td></td><td>↓否</td><td></td><td>↓否</td><td></td></tr>
<tr><td colspan="5">非刑法意义上的行为</td><td>否</td></tr>
</table>

图4－1　社会行为论下“行为”判断路径

否定行为概念规范性内容的观点主张，由于作为构成要件基底的行为是进行刑法性判断的对象，就不能是已经受到一定评价的规范性观念，而应当尽可能的是自然的、活生生的存在论的观念。“现代行为应有的形象，必须谨守着其系被评价对象的分际，行为本身不能有任何自身评价的色彩，其应为完全客观、无评价色彩者。”①因此，因果行为论与目的行为论似乎具有妥当性。正是在此意义上，日本刑法学者山口厚等认为，“将行为理解为‘基于意思的身体动静’是妥当的，并且这也足够了”，从而支持“意思行为论”(因果行为论)。② 然而，鉴于因果行为论及目的行为论在行为界限机能上的不足，以被限定的存在论的行为观念——人格行为论作为犯罪论的基底，被部分刑法学者认为才是合理的。③

以存在论的行为概念为标尺之“行为”判断路径结构(见图4－2)：

<table>
<tr><td rowspan="4">是否是行为</td><td colspan="3">无疑问(具有行为属性)→</td><td rowspan="4">“事实性行为”</td><td rowspan="4">→</td><td rowspan="4">构成要件符合性阶层审查</td></tr>
<tr><td rowspan="3">有疑问→</td><td>存在论的行为概念</td><td>是→</td></tr>
<tr><td>↓否</td><td></td></tr>
<tr><td>非刑法意义上的行为</td><td>否</td></tr>
</table>

图4－2　存在论的行为概念下“行为”判断路径

可见，图4－1与图4－2在构成要件符合性阶层前经行为理论筛选后的刑法上有意义的行为，因行为理论所采取的标尺不一而大相径庭：前者因采取了“社会重要性”，不可避免地混入了价值判断；后者因拒绝规范的观念介入，故经行为概念过滤后具有刑法意义的行为系事实性行为。

---

① 柯耀程：《变动中的刑法思想》，中国政法大学出版社2003年版，第11页。

② 参见[日]山口厚：《刑法总论》(第2版)，付立庆译，中国人民大学出版社2011年版，第41页。

③ 参见[日]大塚仁：《犯罪论的基本问题》，冯军译，中国政法大学出版社1993年版，第32～34页。

其实，无论行为理论采取何种标准，其旨趣无非在囊括故意行为、过失行为、作为与不作为四种行为形态基础上竭力削减规范内容的介入。然而，迄今为止，能囊括四种行为形态的行为概念均置入了规范的内容，而撇清规范内容的行为概念都无法囊括行为的四种形态。于是，容忍规范内容的介入以实现对行为形态的囊括，就成为不得已的选择；而在排斥规范内容的基础上以“补正”解释实现对行为形态囊括的努力——实际上无法实现——不过是殊途同归。例如，我国已故刑法学者马克昌教授提倡将不作为“解释”进有意行为说的因果行为论，[①]即为适例。

基于行为理论的上述尴尬及应对之道的乏力，部分刑法学者开创性地提出了“行为理论不要说”。例如，德国刑法学者 Bockelmann 即主张否定行为理论。我国台湾地区刑法学者许玉秀也持类似观点，其认为因不作为不可能在构成要件以外定义，故要寻找一个先于构成要件的行为概念根本不必要；在省却或废除行为理论后，由于犯罪阶层要筛选的是犯罪行为。因此，非行为必定可被构成要件阶层筛去，否则浪费的只是体系资源而已。[②] 其核心理由为：包括罗克辛的人格行为概念在内的七种行为概念，[③]没有哪一种是完全令人信服的；所有的行为概念都想一统故意行为、过失行为、作为和不作为，但能统一四种行为形态的概念必然空洞而无内涵，并不能真正分界行为与非行为；至于有一些具体内涵的行为概念，或者与构成要件混淆，或者无法完全涵盖各种行为形态，而既有的持续努力难以成功。在日本，部分刑法学者亦主张“行为这一概念本身并无太大意义”。[④]

笔者认为，在阶层式犯罪论体系下“行为理论不要说”并不缺乏合理性。因为：

(1)事实性行为在现实中无疑囊括了故意行为、过失行为、作为和不作为等形态。因此，肯定行为概念就必须将所有形态纳入其中，但无论是因果行为论还是目的行为论均无法胜任——即使是所谓的存在论意义上的人格行为论，也不过是立论者的愿景而已。毕竟，否认人格行为论的规范性内容缺乏现实性，故扬弃存在论的行为概念而纳入规范性内容就成为不得已的权宜之计。

---

① 参见马克昌：《比较刑法原理》，武汉大学出版社 2002 年版，第 157 页。

② 参见许玉秀：《当代刑法思潮》，中国民主法制出版社 2005 年版，第 110 ~ 111 页。

③ 其他六种分别为：因果的行为概念（修正的因果行为概念）、目的行为概念、社会行为概念、消极的行为概念、沟通的行为概念与有责的行为概念。

④ 参见［日］西田典之：《日本刑法总论》，刘明祥、王昭武译，中国人民大学出版社 2007 年版，第 60 页。

(2)在行为概念中注入规范性内容的支持者,虽然一再强调注入的内容与阶层式犯罪构成中的规范性内容无重合之处,但规范性内容的介入放纵的无不是自由裁量权,而既有的事实大抵支撑了自由裁量权的膨胀是危及法治国肌体的鸦片,其危害在秩序价值的扩张下尤甚!且现代各国刑法分则之构成要件行为无不抽象了作为事实性行为的形态,故构成要件符合性判断足以将"非刑法意义上的行为"排除出去,而不违反行为刑法理念。同时,规范性内容的模糊不清,从来都是遭受诟病的根源。

(3)在剔除了行为概念之"界限机能"后,其更多的是认识论上的意义,而作为构成要件符合性判断结果的符合构成要件行为即为实行行为,这不会妨碍以其为标尺处理犯罪形态、"原因自由行为"、共犯等从而根本性动摇传统的刑法理论体系,即省却或删除行为理论,构成要件符合性判断能够承担起过滤"非刑法意义上的行为"之机能,并不会冲击传统刑法体系,反而裨益体系的简约性。此外,审判实践中确实几乎也不存在借由否定行为性而出罪的,例如野兽伤人、雷击飞机等。刑事司法实务中,通过否认行为性而宣告无罪的极为罕见,大多是因为否认构成要件符合性而宣告无罪。①

问题是:在四要件犯罪论体系下,"行为理论不要说"是否也具有妥当性? 笔者认为,在回答这个问题前,有必要对四要件犯罪论体系下的行为进行梳理。

(二)四要件犯罪论体系下行为之层次性

在事实性行为、构成要件行为、符合构成要件行为(实行行为)与犯罪行为划分框架下,事实性行为向实行行为转进需求诸构成要件符合性阶层,即抽象的构成要件行为对具体的事实性行为的涵摄。其结构如表4-2所示:

表4-2　行为涵摄

涵摄		
对象	标准	结果
事实性行为	构成要件行为	符合构成要件行为:实行行为
实质:不断转换构成要件行为以确定事实性行为性质的过程		

若继续对符合构成要件行为(实行行为)进行判断(进入违法性与有责性阶层),则将过滤出犯罪行为。因此,若行为在阶层化犯罪论体系中位

① 参见张明楷:《刑法学》(第4版),法律出版社2011年版,第145页。

置不一,则其内涵各异,这在四要件犯罪论体系下也不例外。然而,在四要件犯罪论体系下,我国刑法学者虽对行为进行了诸多探索,但在定罪中暴露出的行为在理论上研究的欠缺备受诟病,首当其冲的是行为层次中的实行行为。

不可否认,我国刑法学者在行为的探索上取得了一定的积极成果,在行为概念(行为理论)等的具体阐释上亦不乏真知灼见,但若结合四要件犯罪论体系尤其是《刑法》第 13 条规定的犯罪概念来看,则既有的研究成果不免黯然失色。

就行为概念而言,即由筛选刑法上有意义的行为以供犯罪构成进一步评价角度观之,我国刑法学者之间的分歧与域外的,如出一辙。例如,否定规范性内容介入的行为概念,当以马克昌教授为代表:"比较起来,因果的行为论中的有意行为说,虽被认为不能解释不作为,实际这是一种误解。因为不作为在应当作为而不作为的条件下也能引起危害结果。它把意思的存在与意思的内容相分离,正好说明一个是构成要件的行为问题,一个是构成要件的主观要素问题。所以在我们看来,当以有意行为说为可取。"①究其根源,拒绝价值判断的介入,选取者的目光只能往返于因果行为论与目的行为论之间。鉴于目的行为论在不作为及过失行为上陷入了困境,故因果行为论取得了微弱的优势,但为克服因果行为论不能囊括所有行为形态的弊端,"解释论"上的周延不可避免。

相应地,容忍规范性内容介入的行为概念,应以陈兴良与张明楷教授为代表。陈兴良教授在"现代刑法理论中的行为是行为事实与价值评判的统一"认知上,赞同社会行为论与人格行为论向融通的观点,即一种人格与社会相统一的复合行为论,其中人格是行为主体自身的因素,而社会是对行为主体的评价因素。② 张明楷教授则指陈:"刑法上的行为,是指基于人的意志实施的客观上侵犯法益的身体活动(可谓有意的社会行为论)。这一定义实际上是上述自然行为论、有意行为论与社会行为论的结合。"③

至于行为理论在犯罪论体系中的地位,由于行为概念的核心机能是初步筛选出刑法上有意义的行为以供犯罪构成进一步评价——这在域内外

① 马克昌:《比较刑法原理》,武汉大学出版社 2002 年版,第 157 页。

② 参见陈兴良:《本体刑法学》,商务印书馆 2001 年版,第 234~235 页。

③ 张明楷:《刑法学》(第 4 版),法律出版社 2011 年版,第 145 页。其实,由于社会行为论对自然行为论与有意行为论存在包容关系,因此,张明楷教授的行为概念,毫无例外地属于社会行为论范畴。

均无异议。因此,行为理论应被置于(阶层式)犯罪构成之前加以阐释——体系严谨的德国刑法学理论在这一点上无不如此,于是,类似日本部分学者①及我国刑法学者在犯罪构成中阐释行为理论,实在是乖谬之论。毕竟,在四要件犯罪论体系下,若恪守定罪标准一元化而否定犯罪概念之“但书”部分系直接出罪依据,则将行为理论的筛选机能也应使其被置于犯罪构成前阐释。不过,如前所述,在四要件犯罪论体系下犯罪构成之定罪标准一元化只是愿景而非现实,混合的犯罪概念及排除犯罪事由使定罪标准呈二元化之势,这加剧了行为理论在四要件犯罪论体系中地位的尴尬。其实,我国现行《刑法》第 13 条关于犯罪概念规定中的“行为”,在性质上具有作为犯罪概念“基底”之行为的一面,而犯罪概念尤其是“但书”部分又实质性地承担着出罪功效。故而,若将行为理论置于犯罪概念部分或犯罪概念之后犯罪构成之前阐释,则因犯罪构成判断后的出罪——定罪标准二元化——行为概念必然与“但书”部分存在机能上的重合,这导致了同样是出罪且都位于犯罪构成之前,却在出罪时与体系性位置先后截然不同的怪现象。

就实行行为而言,其在四要件犯罪论体系下的混乱更为明显。在阶层式犯罪论体系下,“通说的定义为,实行行为是指‘该当于构成要件的行为’”②。实行行为的成立离不开抽象的构成要件行为。在四要件犯罪论体系下,“所谓实行行为,亦称实行犯罪,是指实施刑法分则规定的直接威胁,或侵害某种具体社会关系而为完成该种犯罪所必需的行为”③。在四要件犯罪论体系下实行行为的成立,同样离不开刑法分则中抽象的个罪犯罪构成客观方面的行为——犯罪客观要件中的危害行为。

令人遗憾的是,我国传统刑法理论混淆了实行行为与危害行为之间的界限,甚至混淆了实行行为与***过滤自然现象以获得刑法意义的并进而供犯罪构成进一步评价的行为***——通常被称为“构成要件前行为”或“犯罪构成前行为”——的界限。例如,“构成要件的危害行为,是指构成某种犯罪不可或缺的实行行为。在这里,犯罪的实行行为与构成要件的行为实属同

① 如日本的野村稔先生,参见[日]野村稔:《刑法总论》,全理其、何力译,法律出版社 2001 年版,第 117～125 页;我国陈兴良与张明楷教授,参见陈兴良:《本体刑法学》,商务印书馆 2001 年版,第 228～235 页;陈家林:《外国刑法通论》,中国人民大学出版社 2009 年版,第 157～166 页;张明楷:《刑法学》(第 2 版),法律出版社 2003 年版,第 148～149 页;张明楷:《刑法学》(第 4 版),法律出版社 2011 年版,第 143～146 页;等等。

② [日]西田典之:《日本刑法总论》,刘明祥、王昭武译,中国人民大学出版社 2007 年版,第 61 页。

③ 马克昌主编:《犯罪通论》,武汉大学出版社 1999 年版,第 180 页。

一概念”[①]。再如,“我国刑法中的危害行为,是指在人的意志支配下实施的危害社会的身体动静”,而“身体动静的社会危害性,是危害行为的价值评价特征”。[②]

随着德日刑法理论在我国的展开,传统刑法理论在行为上的诸多弊病渐趋凸显,部分刑法学者在批判的基础上主张刑法中的行为必须一分为四,即具体行为、一般行为、构成行为和实行行为。[③] 这对厘清四要件犯罪论体系下的行为,具有一定的积极意义。然而,“行为四分法”的缺陷十分明显:四分法混淆了评价标准与评价对象的关系。因为具体行为、实行行为系具体意义上的行为,而构成行为是抽象意义上的行为,即使认为具体行为等同于具体的存在论意义上的行为,其与构成行为也不是不同阶段上的行为——构成行为是实行行为的评价标准,具体行为是构成行为的评价对象;而“一般行为”又混淆了行为概念(评价标准)与构成要件前行为(也是构成行为的评价对象)之间的关系;况且“具体行为”不等于具体的、客观的事实性行为——经行为概念评价得出的构成要件前行为也是具体行为,故“行为四分法”对行为层次化的努力不免功亏一篑。

综上所述,在判断对象与判断标准界分的前提下,就判断对象的行为而言,**笔者认为:(1)若承认行为概念,则四要件犯罪论体系下的行为至少要作四分法,即事实性行为、犯罪构成前行为、实行行为与犯罪行为,而四分法下的犯罪构成前行为、实行行为与犯罪行为,只是事实性行为在定罪中的不同阶段依据不同的标准评价后的不同称谓而已(修正的行为四分法)**。其中,事实性行为与野兽伤人、雷击飞机等自然现象处于同一位阶,是具体的存在论意义上的行为;犯罪构成前行为系事实性行为经行为概念过滤后的结果,即犯罪构成前行为是刑法上有意义的行为,而行为概念是其判断标准;危害行为系犯罪构成客观要件的行为,是抽象的行为,与阶层化犯罪论体系下的构成要件行为相当;实行行为系犯罪构成前行为经危害行为评价后的结果(相当于域外定罪中的“涵摄”),亦即犯罪构成前行为是判断对象,危害行为是评判标准,而实行行为是判断结果;犯罪行为则是事实性行为、犯罪构成前行为或实行行为经评判后无出罪事由的结果。**(2)若省却或否定行为概念,则行为至少需要作三分法:事实性行为、实行**

① 马克昌主编:《犯罪通论》,武汉大学出版社1999年版,第180页。

② 参见高铭暄、马克昌主编:《刑法学》,北京大学出版社、高等教育出版社2000年版,第68、69页。

③ 参见林亚刚、邹佳铭:《行为四分法之初探——兼反思我国犯罪构成模式》,载《当代法学》2009年第3期。

行为与犯罪行为(行为三分法)。即事实性行为仍与自然现象处于同一位阶,是具体的存在论意义上的行为;危害行为依旧是犯罪构成客观要件的行为,是抽象的行为;实行行为系事实性行为经危害行为评价后的结果,即事实性行为是判断对象,危害行为是评判标准,而实行行为是判断结果;犯罪行为则是事实性行为、实行行为经评判后无出罪事由的结果。

可见,四要件犯罪论体系在省却或否定行为概念后,除定罪中减少了一次评价外,并未发生实质性的变动。因为行为概念对刑法上有意义的行为之过滤,完全可交由犯罪构成完成,而犯罪构成也能够胜任将自然现象、思想、无意识的行为等排除掉,且行为三分法可以摆脱行为概念界说在行为理论及犯罪论体系上陷入的困境,却不会冲击传统犯罪论体系——这不同于在犯罪形态、共犯等上具有不可替代作用的实行行为,也可以消除“行为符合犯罪构成”判断的含混。所以,行为三分法具有比较优势。亦即阶层化犯罪论体系下的立论理由并非不适合四要件犯罪论体系,故在四要件犯罪论体系下,“行为理论不要说”也具有妥当性。

二、犯罪主体要件之悖谬

刑法科学化进程中刑罚的施加对象逐步排除了人之外的生物及自然现象,而预防理论的发端及勃兴进一步限缩了犯罪主体的范围。在四要件犯罪论体系下犯罪主体系犯罪构成的要件之一,尽管质疑之声早已有之,①但理论上的通说及审判实践从来就不曾放弃犯罪主体作为犯罪构成之要件。不过,细察犯罪主体否定论,其并非十足的荒诞不经之论调。相反地,犯罪主体否定论在揭示四要件犯罪构成之犯罪主体要件的缺陷上,确有值得称道之处。其实,四要件犯罪构成诸要件隐含的缺陷中当以犯罪主体的最为严重。质言之,依据四要件犯罪构成之通说,犯罪主体要件在内容上分属主体本身(自然人还是单位)、刑事责任能力、决定及影响刑事责任能力之因素、身份四部分阐释。② **笔者认为,新刑法修订后在对犯罪主体要件质疑的诸多论调中,其秉持的核心理由大抵是犯罪主体要件模糊了阶层式犯罪论体系下“违法”与“有责”的轮廓**。一般认为,在阶层式犯

① 关于质疑犯罪主体要件的论述,可参见李守芹:《论犯罪构成的要件》,载《河北学刊》1983 年第 3 期;傅家绪:《犯罪主体不应是犯罪构成的一个要件》,载《法学评论》1984 年第 2 期;杨兴培:《犯罪主体的重新评价》,载《法学研究》1997 年第 4 期;陈兴良:《本体刑法学》,商务印书馆 2001 年版,第 210 ~ 215 页;付立庆:《犯罪构成理论:比较研究与路径选择》,法律出版社 2010 年版,第 57 ~ 60 页;等等。

② 参见赵秉志主编:《新刑法教程》,中国人民大学出版社 1997 年版,第 102 ~ 122 页;高铭暄、马克昌主编:《刑法学》,北京大学出版社、高等教育出版社 2000 年版,第 87 ~ 105 页;等等。

罪论体系下违法与有责界限分明:前者以行为为评价对象,主要解决行为在刑法上是否正当的问题;后者以行为人为评价对象,主要解决违法行为是否可归责于行为人的问题。由于在阶层式犯罪论体系下主体本身、身份等属于客观构成要件范畴的内容,而在四要件犯罪论体系下其被置于犯罪主体要件中,这使犯罪主体要件融违法与有责为一体。因此,在出罪事由难以获得具体而明确的地位助推下,依据四要件犯罪构成定罪难以实现由客观到主观的认定,从而无力应对非法治力量的介入,置犯罪构成之人权价值根基于危境。

新刑法修订后犯罪主体否定论较为有力的观点是:将犯罪主体作为四要件犯罪构成要件存在逻辑悖论。即究竟是犯罪主体作为犯罪构成要件先于犯罪行为而独立存在,还是符合犯罪构成的犯罪行为先于犯罪主体被评价?[①] 若前者为真,则达到法定刑事责任年龄、具备刑事责任能力之人均是犯罪主体;若后者为真,则不具备刑事责任能力的人也可能实施犯罪行为。针对这一悖论,不同学者应对之道迥异。例如,有的主张犯罪主体资格与犯罪主体身份相分离;[②]有的主张将主体与责任能力相剥离以消解犯罪主体这一犯罪构成要件;[③]有的主张取消犯罪主体而将其原有内容中的行为主体与身份置于客观构成要件(犯罪的客观方面)中;[④]等等。实际上,犯罪主体要件所造成的四要件犯罪构成的逻辑悖论,不过是作为根源的违法与有责层次混乱的表现之一而已。因此,在四要件犯罪论体系框架结构下进行犯罪主体要件内容分解以解决上述逻辑悖论,当属治标之策——违法与有责的混乱不仅仅在犯罪主体要件中存在,在排除事由等中同样存在。

回顾历史,对犯罪主体要件的质疑在苏联时期曾昙花一现地出现过。例如,A. H. 特拉伊宁就认为犯罪主体虽然是有责任能力的自然人,但责任能力既不是犯罪构成的因素,也不是刑事责任的根据,而是刑事责任的必要的主观条件与前提。因此,关于无责任能力的问题可以在解决是否有杀人、盗窃、侮辱等任何一个犯罪构成的问题之前解决,责任能力通常在犯罪构成的前面讲,它总是被置于犯罪构成的范围之外。[⑤] 尽管这一论断同样

---

① 参见杨兴培:《犯罪主体的重新评价》,载《法学研究》1997 年第 4 期。

② 参见杨兴培:《犯罪构成原论》,中国检察出版社 2004 年版,第 79 页。

③ 参见陈兴良:《本体刑法学》,商务印书馆 2001 年版,第 214 页。

④ 参见付立庆:《犯罪构成理论:比较研究与路径选择》,法律出版社 2010 年版,第 60 页。

⑤ 参见[苏联]A. H. 特拉伊宁:《犯罪构成的一般学说》,薛秉忠等译,中国人民大学出版社 1958 年版,第 60 ~61 页。

存在逻辑悖论：若将责任能力置于犯罪构成之外，且作为刑事责任的主观条件与前提时，必然是刑事责任的认定之前或认定过程中，但责任能力并非犯罪构成的因素，故依据犯罪构成认定犯罪时一旦行为符合犯罪构成成立犯罪，而犯罪成立就意味着刑事责任的承担，于是，责任能力只能被置于犯罪构成之前；然而，将责任能力置于犯罪构成之前衍生出更大的问题是：责任能力先于不法行为而判断，这使任何人均有被作为犯罪嫌疑人对待的可能！为克服弊害，特拉伊宁最终放弃了这一论调，转而支持犯罪主体系犯罪构成要件的通说，①也错失了发现问题根源并探索根本解决之道的契机。

随着我国刑法理论的深入发展，部分刑法学者在厘清法定年龄、责任能力属于主观的构成要件要素而特殊身份属于客观的构成要件要素基础上，②提出了以违法与责任为支柱构建犯罪论体系的治本之道，③但这导致了四要件犯罪论体系的扬弃：将四要件犯罪论体系中的犯罪主体要素全部作为责任要素，存在难以解决的问题，而将主体与特殊身份作为行为是否侵害了法益的判断要素，则"主体"就只剩下法定年龄与责任能力，而不能再冠以"主体"名称，于是四要件犯罪论体系必然成为三阶层或两阶层体系。④ 对此，笔者深以为然。

三、期待可能性理论之晦暗

一般认为，所谓期待可能性，是指在行为时的具体情况下，能够期待行为人避免实施犯罪行为而实施合法行为；在行为人没有期待可能性时，即便其对犯罪事实具有认识，也具有违法性意识的可能性，也不承担故意或过失责任的学说，即期待可能性理论。⑤

在关于责任之本质理论的学说史上，期待可能性理论连接着规范责任论。通常规范责任论（Normative Schuldlehre），"认为法律规范终究是以对个人的命令、禁止表现出来的，这种命令、禁止就行为人一方而言，只有在能够遵从即能够实施犯罪行为以外的行为时，才是适当的"⑥。由于规范责任论以故意与过失为统一的"规范的要素"，因此，其是在与法律规范的

① 参见刘生荣：《犯罪构成原理》，法律出版社1997年版，第68页。

② 参见张明楷：《刑法学》（第3版），法律出版社2007年版，第127～128页。

③ 参见张明楷：《以违法与责任为支柱构建犯罪论体系》，载《现代法学》2009年第6期。

④ 参见张明楷：《刑法学》（第4版），法律出版社2011年版，第104～105页。

⑤ 参见［日］大谷实：《刑法讲义总论》（新版第2版），黎宏译，中国人民大学出版社2008年版，第321页。

⑥ 参见张明楷：《外国刑法纲要》（第2版），清华大学出版社2007年版，第194页。

关系上把握责任的。这克服了心理责任论在过失上对结果欠缺认识而造成的缺陷,从而成为了“现在的通说”。① 又因规范责任论以“期待可能性”作为判断是否有责任之根本要素,而否定期待可能性理论,“就意味着否定规范责任论”②。故而,期待可能性理论是阶层化犯罪论体系下十分醒目的理论。

在域外,期待可能性理论被誉为“是想对在强有力的国家法规面前喘息不已的国民的脆弱人性倾注刑法的同情之泪的理论”③。受德日刑法学理论的强烈影响,饱含了人性关怀的期待可能性理论晚近在我国迅速赢得了一批支持者,并俨然成为犯罪论领域中的后起之秀。然而,与理论上的喧腾截然不同的是实务上的冷眼!事实上,我国的刑事司法实务中并非不存在系属期待可能性理论范畴的内容,而这也并非不能为我国刑法典所容纳。例如,A 男与 B 女系夫妻,并育有两个分别为 2 岁与 4 岁的子女,但 A 因沾染毒品后不能自拔而自杀身亡,B 遂独自抚养子女而孤苦无依,因入不敷出陷困厄之境而盗窃数辆电动自行车,被动归案后检察机关以“主观恶性小”为由做出不起诉处理决定。不过,在四要件犯罪论体系下该部分内容呈散落的状态,要么委身于主观恶性理论,要么寄身于社会危害性理论,要么藏身于刑罚理论,但大抵具有依附的属性。

笔者认为,期待可能性理论系阶层化犯罪论体系下的特定产物,而四要件犯罪论体系具备有别于阶层化犯罪论体系的独特结构,该结构恰恰导致了对期待可能性理论的排斥;同时,我国既有的刑法理论中已然存在类似于属于期待可能性理论范畴之内容,忽视甚或无视该部分内容而生硬地置入期待可能性理论,会造成刑法理论上的重复设定或冲突。与此相适应,在四要件犯罪论体系下期待可能性理论之地位呈现晦暗不明的特征。

(一)期待可能性理论在域外的“衰”而不“落”

1. 审判实践中期待可能性理论之日薄西山

追溯历史,在阶层化犯罪论体系的发展过程中,1897 年德国帝国法院刑四庭针对“癖马案”开创性地应用了“无期待可能性”的概念。④ 帝国法院认为马车夫在“对风险的认识”与“服从的义务”的冲突中处境艰难,无

① 参见[日]山口厚:《刑法总论》(第 2 版),付立庆译,中国人民大学出版社 2011 年版,第 184 页。

② 参见[日]大谷实:《刑法讲义总论》(新版第 2 版),黎宏译,中国人民大学出版社 2008 年版,第 323 页。

③ 冯军:《刑事责任论》,法律出版社 1996 年版,第 245 页。

④ 关于“癖马案”的具体内容,可参见“德国帝国法院刑四庭关于‘癖马案’的判决书”,车浩译,载《刑事法判解》(第 10 卷),北京大学出版社 2009 年版,第 382 ~ 384 页。

法被期待拒绝驾驶癖马而避免伤人。因此，不成立过失伤害罪。然而，德国帝国法院在“癖马案”中对无期待可能性思想的应用，并非在认可一种超法规的阻却责任事由，而主要是在限缩过失犯中行为人之注意义务的范围。换句话说，“癖马案”的马车夫并非没有实现过失伤害罪的构成要件，也不存在阻却违法的事由，即马车夫的行为系属侵害法益的不法伤害，但基于马车夫的立场，在生活困苦而别无谋生能力与机会的情况下，即使预见驾驶癖马可能伤害无辜路人之结果，若与雇主持不同意见则可能丧失工作。因此，“不能期待他负有承担丧失自己的工作义务”①——这补充了心理责任论之不足。其法理依据为古老的法谚“法律不强人所难”（Lex non cogit and impossibilia；Lex neminem cogit and impossibilia）。

在期待可能性理论发端的德国，审判实践显示出该理论呈日薄西山之势。究其根源，期待可能性理论在判断标准与适用范围上潜含的弊害，可提供必要的依据。就前者而言，无期待可能性的判断标准大抵有三点。

其一，行为人标准说，即以行为人在行为时有无另外选择实行适法行为之可能性为标准。该说受到了削弱国民守法义务之诟病。尽管如此，该说并不缺乏支持者。例如，日本刑法学者大塚仁即为该说的持有者。②

其二，平均人标准说，即以社会平均人的“启动能力”（Motivationsfaehigkeit）作为判断行为人是否具有为相同行为之可能性的标准。从社会防卫思想出发的平均人标准说，是多数学者及审判实践采纳的立场；1930年的德国刑法修正草案在期待可能性之判断标准上甚至也采纳了该说，其第25条规定：“为避免自己或他人现在且无其他可避免方法之重大损害危险，而实行得科刑罚之行为者，如已顾虑与义务相应之对立的利益，仍不能期待该行为者或面临危险者忍受将发生之损害时，则视之为紧急状态下之行为。”③不可否认，平均人标准说尽管受到了主张期待可能性系一般的超法规的阻却责任事由者的吹捧，但德国刑法学界及德日的审判实践对此均持谨慎而回避的立场。毕竟，平均人标准说与行为人标准说在基于主观立场而判断期待可能性之有无上并无本质性区别，这有松弛罪刑法定原则的危险。

其三，国家标准说，即认为无期待可能性之判断，应是一种客观的价值判断，而不能单纯以被期待者——无论是行为人还是社会平均人——之主

① ［德］汉斯·海因里希·耶塞克、托马斯·魏根特：《德国刑法教科书》，徐久生译，中国法制出版社2001年版，第604页。

② 参见［日］大塚仁：《刑法概说（总论）》，冯军译，中国人民大学出版社2003年版，第406页。

③ 苏俊雄：《刑法总论Ⅱ》（修正版），台北，作者1998年自版，第314页。

观立场为标准,应求诸国家法秩序,以国家法秩序对于行为人采取合法行为的具体期待为标准。国家标准说必然排斥期待可能性作为超法规的阻却责任事由而存在,即国家法秩序仅在立法者同意而于法律有明文规定时(罪刑法定原则之要求),才能承认期待可能性之概念。例如,德国刑法学者 Stree 强调立法者在规定刑罚时应考虑社会期待可能性问题,这对其后的德国刑事立法影响甚巨,即紧急避险阻却责任采明文规定。[①] 实际上,国家标准说在维持罪刑法定原则方面具有积极的意义,且该说大大限缩了期待可能性理论的适用范围,但也限制了期待可能性理论在弥补人性弱点上最大功效的发挥。当前,德国刑法理论与实务之主流均主张规范性举止的不可期待性(Unzumutbarkeit normgemäen Verhaltens)不能被普遍视为是"超法律的免除责任事由",但在特别不同寻常的冲突情况下对"超法律的免除责任事由"也有予以认可的空间。[②]

此外,有学者提出了所谓的"折衷说",即当行为人之能力低于社会平均人水准时,以行为人标准说作为无期待可能性之判断标准,当行为人之能力高于社会平均人水准时,以平均人标准说作为无期待可能性之判断标准。[③] 然而,无论是在我国台湾地区还是在日本,该说均鲜有支持者。毕竟"折衷说"为限缩犯罪圈,在行为人之能力低于社会平均人水准时对行为人标准的认可,无法摆脱行为人标准说的固有困境。

就后者(期待可能性的适用范围)而言,争议的焦点主要有以下两点。

其一,无期待可能性是否属于超法规的阻却责任事由?如前所述,肯定说认为期待可能性之适用并不限于法律之明文规定。然而,肯定说已然为越来越多的规范责任论者所排斥,实务中也难觅其踪迹,尤其是国家标准说出现后,尽管期待可能性理论仍未完全丧失作为判断各种法律所规定的阻却责任事由之依据,但其作为一种独立的超法规的阻却责任事由已趋于式微。在此意义上,"不可期待性事由"仅是免责的"例外的解释"。[④] 易言之,期待可能性理论在责任非难相关规定的个案判断中,不失为规范概念的"调整原则"。

其二,无期待可能性是仅适用于过失犯,还是既能适用于过失犯,又能

---

① 苏俊雄:《刑法总论Ⅱ》(修正版),台北,作者 1998 年自版,第 314 页。

② 参见[德]约翰内斯·维塞尔斯:《德国刑法总论》,李昌珂译,法律出版社 2008 年版,第 244 页。

③ 参见黄翰义:《刑法总则新论》,台北,元照出版有限公司 2010 年版,第 223 ~ 224 页。

④ [德]格吕恩特·雅科布斯:《行为·责任·刑法——机能性描述》,冯军译,中国政法大学出版社 1997 年版,第 43 页。

适用于不作为犯或故意犯？例如，德国刑法学者约翰内斯·韦塞尔斯就主张只有在过失犯与不作为犯的场合，才能基于欠缺期待可能性阻却责任。[①] Gropp 亦指出："学说对此有所保留，最多仅容许在极其稀有的特殊案件中，将无期待可能性当成是调节原则，尤其是在过失犯与不作为犯之领域，因为此等犯罪必须适当界定注意或作为义务的界限。"[②]事实上，无期待可能性的概念，可以恰当限制过失犯的注意义务范围，限制不作为犯的作为义务范围。[③] 这也为域外审判实践所印证。再如，我国台湾地区刑法学者张丽卿则主张期待可能性理论之适用范围包含故意犯与过失犯。[④]在期待可能性理论的倡导者中，单纯主张将其局限于过失犯的甚寡。日本的情形大抵相当，不同主要在于期待可能性理论更多地被视为超法规的阻却责任事由而存在于阶层化犯罪论体系中。在我国台湾地区，"实务上虽无类似德国或日本之判决，正式承认无期待可能性为一种超法规阻却责任事由之例；但是学者间，则多不否定这种见解"。[⑤]

可见，起源于保障人权的无期待可能性因本身缺乏一致性的判断标准，陷刑法的一般预防功能与法的安定性能于困境，也有削弱罪刑法定原则之虞，这走向了危及人权的泥潭，故超法规的阻却责任事由意义上的无期待可能性受到排斥，期待可能性理论也由一般性的阻却责任事由降格为调节性的阻却责任事由，主要在过失犯与不作为犯领域发挥功效，这样审判实践中其渐趋日薄西山遂成为逻辑上的延伸，也使规范概念之"调整原则"意义上的期待可能性理论仍具有积极的意义。

2. 学理上期待可能性理论"衰"而不"落"

期待可能性理论在域外审判实践中的日薄西山，并不意味着该理论在刑法理论上的衰落；相反，其依旧是理论上有力的学说。这集中征表在犯人教唆他人顶替、湮灭证据、教唆伪证、诬告或逃脱等非难基础的认定，过失犯之注意能力的限制，不作为犯之注意义务的限制等三个方面。[⑥] 笔者认为，发端于"缓和法律严酷与人性弱点间的紧张对立"的期待可能性理论，在阶层化犯罪论体系下在上列三个方面的积极意义不容否定，而即使在我国四要件犯罪论体系下也似乎有融入的必要。

---

① ［德］约翰内斯·维塞尔斯：《德国刑法总论》，李昌珂译，法律出版社 2008 年版，第 244 页。

② 林钰雄：《新刑法总则》，中国人民大学出版社 2009 年版，第 232 页。

③ 参见林东茂：《刑法综览》（修订 5 版），中国人民大学出版社 2009 年版，第 108 页。

④ 张丽卿：《刑法总则理论与运用》（修订 2 版），台北，一品文化出版社 2005 年版，第 240 页。

⑤ 苏俊雄：《刑法总论 Ⅱ》（修正版），台北，作者 1998 年自版，第 314 页。

⑥ 参见苏俊雄：《刑法总论 Ⅱ》（修正版），台北，作者 1998 年自版，第 317 ~ 319 页。

问题是:四要件犯罪论体系因自身的独特结构无法融入期待可能性理论。即无论是在一般性的阻却责任事由意义上,还是在调节性的阻却责任事由意义上,期待可能性理论均为我国四要件犯罪论体系所排斥。即使将期待可能性理论作为刑罚轻缓化之法理依据——撇开将导致该理论的异化不谈,也会陷入与四要件犯罪论体系下既有的刑罚轻缓化法理依据交叉重叠的窘境。

然而,这并不意味着期待可能性理论对四要件犯罪论体系毫无积极意义。其实,贯穿期待可能性理论之理念(如对人性弱点的关注等)是人类智慧的结晶和值得珍视的财富,在四要件犯罪论体系下并不缺乏弘扬的必要性,将其作为刑罚轻缓化事由(包括法定刑罚裁量情节与酌定刑罚裁量情节)之法理依据之一,甚至既有的刑罚裁量情节之衡量标尺,检验和调整既有的属于"期待可能性理论"范畴之内容,似乎是应坚持的方向,并具有积极的意义。

以窝藏、包庇罪为例试作分析。A 与 B 系父子,A 与他人发生纠纷而杀人后 B 帮助其逃避法律追究,并进一步帮其办理假身份证,前后使 A 逃亡在外近 10 年,2011 年父子双方均被捕归案。[①] 实际上,类似案件在我国屡屡发生,且尽管与期待可能性理论异曲同工的"亲亲得相首匿"在汉宣帝时就被确立为刑法原则,并对后世产生了深远的影响,[②]但四要件犯罪论体系下的既有判例在窝藏、包庇罪的认定上受其影响甚微,"亲属"关系至多是刑罚裁量时的酌定从轻情节。我国台湾地区"刑法"第 167 条"藏匿犯人罪及湮灭证据罪之亲属间之特例"而"减轻或免除其刑",其法理依据为期待可能性理论。[③] 日本的情形并无二致:其《日本刑法典》第 105 条明确规定亲属实施的藏匿犯人、湮灭证据行为"可免除其刑"。[④] 在期待可能性理论渗透之前,四要件犯罪论体系在上列窝藏、包庇罪刑罚裁量上的轻缓化,其法理依据更多的是源于传统文化或实践理性,而法律依据则为刑法典第 61 条所规定的量刑根据中的"情节"。虽然近年来刑法理论上基于期待可能性理论对类似案件进行阐释,但审判实践无一例外地对其持漠视或否定的立场。同时,对于上列窝藏、包庇罪,若作为父亲 B 在审讯或庭审中拒不坦白交代罪行或认罪态度较差等,则不能作为拒绝适用酌定从轻

① 参见廖生:《儿子杀人　父亲助其逃亡 10 年》,载《都市晨报》2012 年 1 月 17 日,第 A13 版。

② 张晋藩主编:《中国法制史》,中国政法大学出版社 1998 年版,第 119 页。

③ 参见张丽卿:《无期待可能性》,载《月旦法学教室》2008 年第 6 期。

④ 《日本刑法典》第 105 条规定:"犯人或逃脱人之亲属,为犯人或其逃脱人之利益而犯前两款之罪者(藏匿犯人罪与湮灭证据罪),可免除其刑。"

处罚情节的依据，这恰恰是期待可能性理论对四要件犯罪论体系之积极功效之所在。

（二）四要件之内无容身之所

期待可能性所具有的对不法行为评判性内涵，大抵决定了其在阶层化犯罪论体系中只能被置于有责性阶层，而有责性阶层内容在四要件犯罪论体系下，被犯罪主体要件与犯罪主观方面要件有限地分解。因此，在四要件犯罪构成中为期待可能性谋求地位，只能于犯罪主体要件与犯罪主观方面要件中作择一的遴选。

与此相适应，在主张于四要件犯罪构成中确立期待可能性理论地位的刑法学者中，概无例外。就置于犯罪主体要件中而言，例如，有论者主张，期待可能性是刑事责任能力的要素之一，而不是与责任能力、故意、过失相并列的第三要素。① 即期待可能性系犯罪主体要件而非犯罪主观方面要件的组成部分。就置于犯罪主观方面要件中而言，支持者甚多。例如，有论者主张："期待可能性不是罪过心理以外的独立的构成要件，也不是罪过形式本身的构成要素，期待可能性无非是意志自由程度的外在形式，是评价行为人认识能力和意志能力大小的根据，是罪过心理产生的前提。当期待可能性的程度趋于无时，表明行为人无意志选择的自由，当然不会产生罪过心理。"②（以下简称心理前提说）与此一脉相承，有论者主张，罪过的构成要素分为：其一，基本要素：故意、过失；其二，评价因素、前提因素与消极因素：期待可能性（以下简称并列要素说）。③ 再如，有论者主张，期待可能性只是犯罪动机的一种反向类型——与恶的动机相反的善的动机，一种行为人为生计所迫、无奈而为并可予以谅解的行为动机，可以在犯罪动机中解决。（以下简称动机说）④

笔者认为，在阶层化犯罪论体系下，尽管不同的论者对期待可能性在有责性中地位的设定上不尽相同。例如，有的将其设定为与责任能力、故意、过失并列的积极的责任要素（大塚仁）；⑤有的将其设定为故意、过失的构成要素（团藤重光）；还有的将其设定为作为原则要素的故意、过失之外

① 参见游伟、肖晚祥：《"期待可能性"与我国刑法理论的借鉴》，载《政治与法律》1999 年第 5 期。

② 姜伟：《犯罪故意与犯罪过失》，群众出版社 1992 年版，第 81 页。

③ 参见丁银舟、郑鹤瑜：《期待可能性与我国犯罪构成理论的完善》，载《法商研究》1997 年第 4 期。

④ 参见冯亚东、张丽：《期待可能性与犯罪动机》，载《北京大学学报》（哲学社会科学版）2008 年第 6 期。

⑤ 参见［日］大塚仁：《刑法概说（总论）》（第 3 版），冯军译，中国人民大学出版社 2002 年版，第 405 页。

排除责任事由的例外要素;[①]等等。然而,无论如何设定,期待可能性在排除犯罪这一属性上大体相当。由于四要件犯罪构成诸要件之间呈“犯罪客体——犯罪客观方面——犯罪主体——犯罪主观方面”传统排列顺序,若将期待可能性置于犯罪主体要件中,则会导致在定罪中尚未审查行为人之主观方面时就可能得出不构成犯罪的结论![②] 毋庸置疑,这是背离审判实际的结论。因此,要在犯罪主体要件中纳入期待可能性理论,犯罪构成诸要件之间的顺序必须重新调整——犯罪主体后置化,但这与我国传统刑法理论所坚持的诸要件之间的顺序相抵触,也与刑事司法实务中对无(限制)刑事责任能力人不法侵害的客观判断不符——只要审查系属无(限制)责任能力人即得出不构成犯罪的结论,对无(限制)责任能力人主观方面的审查更多的是在确定“管教”或“收容教养”上具有意义。

若似此,则是否意味着将期待可能性置于犯罪主观要件中具有合理性?答案是否定的。在域外,期待可能性作为出罪事由,不但存在有无的问题,还存在程度的问题。期待可能性的这一特征排除了心理前提说与动机说的合理性。质言之,就心理前提说而言,将期待可能性设定为罪过心理的前提,实际上赋予了故意、过失对期待可能性的依附性及审查上的顺序性。其审查逻辑的结构如表 4-3 所示:

表 4-3　心理前提说下“犯罪主观要件”审查逻辑表

<table>
<tr><td colspan="5">“犯罪主观要件”审查逻辑</td></tr>
<tr><td colspan="2">期待可能性程度(前提)</td><td>继续</td><td colspan="2">罪过(本体)</td></tr>
<tr><td rowspan="2">有</td><td rowspan="2">高
↓
低</td><td rowspan="2">是
→</td><td>故意</td><td rowspan="2">重
↓
轻</td></tr>
<tr><td>过失</td></tr>
<tr><td colspan="2">无</td><td>否</td><td colspan="2">/</td></tr>
</table>

可见,依据心理前提说,在无期待可能性时,罪过心理丧失了前提而无法审查,也无须审查,直接出罪。可是,这同样是与审判实践相背离的结论:在四要件犯罪论体系下,相当于域外责任阻却事由意义上的出罪(如紧急避险)并未放弃对行为人主观方面之故意或过失的审查。“紧急避险的主观条件即行为人必须有正当的避险意图,它决定着紧急避险的无罪过

① 参见[日]大谷实:《刑法讲义总论》(新版第 2 版),黎宏译,中国人民大学出版社 2008 年版,第 323 页。

② 其实,将期待可能性置于犯罪客体、犯罪客观方面会导致同样的问题出现。

性，因而对紧急避险的成立有着重要意义。”①同时，在有期待可能性时，其程度高低虽然不影响对行为人主观方面的审查，但期待可能性的高低因影响意志自由的程度，而必然实质性地影响罪过的轻重，否则期待可能性的程度即被虚化。然而，审判实践中期待可能性及其程度并非公诉机关在每个案件中必须积极证明的要素——这否定了故意、过失对期待可能性的依附性，即故意、过失作为犯罪主观方面要件内容具有独立性。其实，即使在域外，否定故意、过失独立地位而主张期待可能性是包含在故意、过失中的要素（故意、过失的构成要件要素）也受到有力的批判而趋于式微。日本既有的审判实践也印证了这一点，“可以说，判例的大趋势是倾向于将期待可能性的不存在作为独立的阻却事由来理解的”②。此外，期待可能性理论“并未为司法实务界完全接受”，③也排斥了故意、过失对期待可能性依附的可能性。因而，心理前提说系似是而非的论调。

就并列要素说而言，将期待可能性设定为罪过的评价因素、前提因素与消极因素，在本质上也赋予了期待可能性在罪过中必要的且独立的地位，无疑会陷入与心理前提说相同的困境。在此意义上，主张在四要件犯罪论体系下纳入期待可能性理论，并赋予其选择性的且独立性的地位，具有比较优势。例如，有论者将期待可能性定位为“调节性的”而非“一般性的”事由，④对此应予肯定。至于动机说，我国刑法学者张明楷教授已给予了翔实而有力的批判，⑤笔者深以为然。不过，由于动机并非一切犯罪成立的必要要素。因此，动机说在避免期待可能性作为必要性的要素定位而产生的缺陷上，具有积极的意义。

可见，四要件犯罪构成之诸要件拒绝期待可能性理论的渗透，是由其主客观相统一的平面化结构特征决定的。于是，所谓的将期待可能性理论置于四要件之内却不置于任何要件之内的论调，其荒谬之处勿需多言。例如，有论者主张，用于综合评价意志自由有无的期待可能性，在犯罪构成中主要用来阐述主观要件的罪过的存在，也可以用于解释犯罪主体责任能力问题。⑥

---

① 高铭暄、马克昌主编：《刑法学》，北京大学出版社、高等教育出版社 2000 年版，第 139 页。

② [日]内藤谦：《刑法讲义总论 I》（下），有斐阁 1991 年版，第 1204 页。

③ 参见[日]西田典之：《日本刑法总论》，刘明祥、王昭武译，中国人民大学出版社 2007 年版，第 240 页。

④ 参见刘艳红：《调节性刑罚恕免事由：期待可能性理论的功能定位》，载《中国法学》2009 年第 4 期。

⑤ 参见张明楷：《犯罪构成体系与构成要件要素》，北京大学出版社 2010 年版，第 60～61 页。

⑥ 参见欧阳锦：《期待可能性理论的继承与批判》，载《法律科学》2000 年第 5 期。

实际上,四要件犯罪构成对期待可能性理论容纳的乏力,还有另外的历史性根源。以社会危害性为原点而展开的四要件犯罪论体系,贯穿着主客观相统一理论,但作为主客观相统一原理框架下的罪过理论长期排斥评价性内涵,这使四要件犯罪论体系倒向了心理责任论。究其根源,当规范责任论取代心理责任论而在德国成为通说,并影响其他大陆法系国家刑法学理论的过程中,该理论被贴上了“反科学的和有害的”标签而遭到苏联刑法学者的强烈抵制,并混入了意识形态的色彩。其理由为:“一如既往地捍卫唯物主义路线,并避免其向任何的唯心主义方向摇摆而对审判实践和检察机关工作中的社会主义法制造成影响,这是苏维埃刑法学者的责任。因此,对罪过的评价性理论向苏维埃刑法科学的渗透,苏维埃刑法学者应该给予坚决反击。”[①]作为其结果罪过概念带上了浓厚的记述性色彩(单纯存在论意义上的心理事实)。例如,“A. A. 皮昂特科夫斯教授强调指出,既然罪过是国家认定的社会危害行为主观方面的组成部分,那它就不是纯粹的心理学概念,而是社会政治的范畴。然而某人实施犯罪的罪过是实际存在的,并不以审判机关是否认定为转移”[②]。

尽管四要件犯罪论体系在定罪中无法排斥规范的要素(如对侮辱、猥亵、淫秽等的认定),但对评价性内涵的排斥加剧了四要件犯罪构成无法为客观存在的无期待可能性提供明晰而具体的位置,我国四要件犯罪论体系继受了这样的弊害。因此,如果说这样的欠缺在“微罪”或“轻罪”上捉襟见肘,那么该欠缺在关涉生命、身体、重大财产法益等犯罪上所陷入的危机无疑清晰明了。

例如,为敲诈钱财,河南平顶山市一个犯罪团伙强迫一名被劫持的检察院工作人员 A 强暴另一名被劫持的女学生 B,并胁迫其用绳子勒该女子,拍照后试图勒索该男子。[③]

案发后,侦查、移送审查起诉及审判中 A 均未被纳入犯罪嫌疑人,而案件的一审判决及二审裁定也支持了该做法。然而,该案中司法机关对 A 的处理所引发的质疑并不鲜见。

---

① 龙长海:《期待可能性理论之否定》,载《北方法学》2010 年第 2 期。

② [苏联]A. A. 皮昂特科夫斯基等编:《苏联刑法科学史》,曹子丹等译,法律出版社 1984 年版,第 78 页。

③ 参见楮朝新:《团伙劫持检察人员 逼其强暴女生》,载《新京报》2009 年 7 月 22 日,第 A18 版。

C在地下室下4米处挖了地窖,并将6名女性囚禁其中,长期进行性侵。警方讯问后得知:C在将6名女性诱骗、囚禁后,这些女子不仅毫无反抗之意,反而相互嫉妒。被解救出的4名女子交代,大约一年前的某个晚上(2010年9月),其中一名女子与另一名被囚女子因争风吃醋发生打斗,C协助后者将前者打死之后就地掩埋尸体。在此之前,为了"杀一儆百",C将一名"不听话"的女子打死后也掩埋在了地窖角落里。2011年9月其中一名女子逃脱后报警使本案告破,C因涉嫌故意杀人罪、强奸罪被批捕。同时,被解救的4名女子因协助C将一名女子折磨致死,被以涉嫌故意伤害罪逮捕。①

对4名女子的协助伤害行为如何定性,理论上分歧明显,而入罪的论调居于强势地位,且4名女子"身不由己"的客观事实,更多地作为量刑情节予以考量。笔者认为,在阶层化犯罪论体系下这是一起典型的需求诸期待可能性理论出罪的案例,②但受制于四要件犯罪构成的结构特征,其诸要件难以为期待可能性理论提供庇护之所,故该理论难以有大的作为。"我国刑法并未直接认可该理论(期待可能性理论),同时我们也要考虑中国国情和社会感情,不能轻易依靠期待可能性理论宣告4名女性无罪",③这就是期待可能性理论在我国现状及困境的直观反映。

(三)四要件之外无容身之所

既然在四要件犯罪构成诸要件中无法融入期待可能性理论,那么将其置于四要件犯罪构成之外能否有效地摆脱困境?其实,我国刑法学者业已进行了有益的尝试。例如,有论者指陈,虽然四要件犯罪构成体系与德、日的体系不同,但在确认是否具备犯罪构成要件而具有刑事责任及责任程度的阶段上,并没有本质性区别,故期待可能性理论应在责任理论中加以研究。其中,在确认责任阶段,缺乏期待可能性阻却责任,即否定犯罪构成的成立;在确认责任程度阶段,缺乏期待可能性,阻却责任程度,即否定完全责任的成立。(以下简称责任要素说)④相类似地,有论者主张应将期待可

---

① 参见张伯晋:《辨析"性奴案"4名女性被害人的刑事责任》,载《检察日报》2011年10月13日,第3版。

② 类似的案例有:在德国,"二战"中荷枪实弹的士兵在撞见一对父女A与B后,以剥夺A之生命相威胁,勒令A当着众军士之面强奸B,A屈服于淫威之下强奸了B,战后B以强奸罪告发A,德国法院以紧急避险为由判决A不成立犯罪。

③ 张伯晋:《辨析"性奴案"4名女性被害人的刑事责任》,载《检察日报》2011年10月13日,第3版。

④ 参见林亚刚:《犯罪过失研究》,武汉大学出版社2000年版,第212~213页。

能性设定为责任论的要素。[①] 再如，有论者在改造四要件犯罪论体系为"犯罪构成要件"与"犯罪阻却事由"两个层次基础上，将期待可能性作为独立的规范评价要素置于犯罪阻却事由层次。（以下简称阻却事由说）[②]异曲同工的主张为在刑法典中设置一般性的规定，将西方传统的超法规的责任阻却事由（期待可能性）设定为我国刑法中法定的责任阻却事由。[③]不一而足。

笔者认为，无论是责任要素说，还是阻却事由说，均将期待可能性设定为必要性的要素。因此，其必定也会陷入上文业已阐释的窘困中。域外审判实践在期待可能性上的态度均十分谨慎，这不仅体现于在日本，虽然战后初期有下级裁判所的判例肯定了该理论，但作为一般理论最高裁判所尽管认可缺乏期待可能性属于超法规的责任阻却事由，[④]却"尚没有从正面肯定因缺乏期待可能性因而判无罪的判例"[⑤]。也体现于在德国，刑法学界反对将期待可能性作为超法规的责任阻却事由，实践部门严格在免责紧急状况的框架下有限度地执行期待可能性的标准。[⑥] 相同地，我国的审判实务则更是谨慎有加，既有的判例均求诸社会危害性理论或主观恶性理论而回避了期待可能性争议。因此，赋予期待可能性必要性属性的设定，不切实际。

同时，责任要素说与阻却责任事由说均会破坏四要件犯罪构成是定罪的唯一标准的传统确信。理由是传统通说主张行为齐备犯罪构成四要件即成立犯罪，行为符合犯罪构成是刑事责任的唯一根据。然而，责任要素说在四要件判断之外增设了期待可能性标准作为出罪事由与排除与减轻刑事责任的判断，阻却责任事由说也在四要件判断之外附加了出罪事由判断，这使行为齐备犯罪构成四要件仍不能得出成立犯罪的结论，尚需要期待可能性判断以确定犯罪是否例外性地不成立——变相地赋予了四要件犯罪构成对期待可能性判断的依附性。因此，定罪标准一元化被虚化。事实上，在犯罪构成四要件之外，并在犯罪论中探求期待可能性理论的地位，

① 参见童德华：《刑法中的期待可能性论》，中国政法大学出版社 2003 年版，第 213 页。

② 参见刘远：《期待可能性理论的认识论反思》，载《法学评论》2004 年第 2 期。

③ 参见屈学武：《死罪、死刑与期待可能性》，载《环球法律评论》2005 年第 1 期。

④ 参见[日]西田典之：《日本刑法总论》，刘明祥、王昭武译，中国人民大学出版社 2007 年版，第 240 页。

⑤ 李立众：《中日刑事法学术研讨会纪实》，载冯军主编：《比较刑法研究》，中国人民大学出版社 2007 年版，第 485 页。

⑥ 参见刘艳红：《调节性刑罚恕免事由：期待可能性理论的功能定位》，载《中国法学》2009 年第 4 期。

都会陷入否定定罪标准一元化的困境。因此,期待可能性理论也难以为我国《刑法》第13条犯罪概念尤其是“但书”部分所容纳。

此外,责任要素说在犯罪成立及刑事责任成立及大小上双重置入期待可能性判断,在否定犯罪构成是确定刑事责任的唯一根据时,又求诸期待可能性来确定刑事责任的大小,无疑会陷入逻辑的困境:在求诸四要件犯罪构成的定罪中,若存在期待可能性而成立犯罪而进入刑事责任领域时,又需倚重期待可能性大小以确定刑事责任的轻重,这会造成前后两次期待可能性在内容上的割裂,即使在阶层化犯罪论体系下这是难以置信的结论,故责任要素说必然导致对期待可能性进行二次判断,这同样是荒谬的。因此,责任要素说本质上是套用阶层化犯罪论体系之思维,解决四要件犯罪论下期待可能性问题而误入歧途的论调。

在域外,还存在一种将期待可能性作为量刑事由因素考量的见解(量刑事由说)。例如,日本刑法学者八木胖认为:“期待不可能性虽为刑法上之法规阻却责任事由,但无法成为超法规的阻却责任事由,而仅视为具有量刑上统一标准之机能者。”①既然如此,能否在四要件犯罪论体系下将期待可能性作为量刑减免事由予以考虑?

笔者认为,将在域外阶层化犯罪论体系下责任阻却事由的期待可能性设定为量刑减免事由,意义相当有限。因为我国《刑法典》第61条②关于量刑根据的规定中包括了“情节”,而推敲后不难发现与之并列的量刑根据分别为“犯罪的事实”“犯罪的性质”与“对于社会的危害程度”。因此,这里的“情节”并不能单纯等同于“犯罪情节”,应包括轻缓刑罚意义上的“超法规的”情节,即酌定从轻、减轻刑罚事由等,故其可以将量刑减免事由意义上的期待可能性涵盖其中。可见,另起炉灶主张将期待可能性设定为量刑减免事由,是不必要的重复,也可以避免导致对域外期待可能性理论呈异化式理解。

其实,即使在阶层化犯罪论体系下,量刑事由说也受到了有力的批判而支持者甚寡。“期待可能性论因具有可包含‘程度’之概念,故亦可视为量刑事由。然而,在该极限上(期待不可能之事态),因早已无法归责,因而形成超过单纯量刑之范畴。此与责任能力之存否,乃另外之问题,应明白地承认其为阻却责任事由。在忽视此点上,本说应认为系不妥当的!”③

---

① [日]川端博:《刑法总论二十五讲》,余振华译,台北,元照出版有限公司1999年版,第219页。

② 该条规定:“对于犯罪分子决定刑罚的时候,应当根据犯罪的事实、犯罪的性质、情节和对于社会的危害程度,依照本法的有关规定判处。”

③ [日]川端博:《刑法总论二十五讲》,余振华译,台北,元照出版有限公司1999年版,第220页。

当然,借鉴域外期待可能性理论在保护人权上的积极功效,检视及矫正我国刑法理论及实务中在“期待可能性”内容上存在的误解,或不妥当的做法以彰显人权保障价值,并非没有意义。例如,“拒不坦白交代罪行”“认罪态度较差”“犯罪后毁灭证据”“犯罪后掩盖罪行”“意图逃避罪责”等在传统刑法理论及审判实务中被视为从重处罚情节,这似乎有纠正的必要。

因此,四要件犯罪论体系无法为期待可能性理论提供容身之所,但其实质性内容却客观地藏身于我国刑法典中,这导致了其地位的晦暗不明及备受冷落的尴尬。

第五章　阶层化犯罪论体系之轮廓

第一节　近现代刑法对犯罪论体系之设定

一、刑法走向科学化之三大支柱

近现代刑法演进中其科学性在人权价值的引导下逐步建立起了三大支柱：行为刑法、法益刑法与实害结果刑法。

（一）行为刑法

一般认为，刑法的属性主要取决于确定可罚性的评价对象，而非刑事法律效果的归属。在刑法史上，主张刑法可罚性的认定基础，在于行为人的人格、反社会性格等最终形成了行为人刑法（Täterstrafrecht）；而主张刑法可罚性的认定基础在于显露于外的行为，而非行为人，则会导致对行为刑法（Tatstrafrecht）的坚守。

一部法治国刑法必然贯穿行为刑法之红线。其理由为现代社会之刑罚必须建构在可罚性上，在违法与责任界限分明的阶层化犯罪论体系下可罚性是由有责性判断承担的，而有责性判断又以"不法"内涵的评价为基础，于是，"不法"判断成为左右刑法属性最根本的因素。构成要件符合性与违法性之间"原则与例外"关系（认识根据说），既是理论上的通说，也是审判实践中的通行做法。因此，这导致刑法属性对构成要件符合性产生了依赖。由此逻辑上的推论为：依据构成要件符合性所为的非价判断，必将真正统帅刑法的属性；而构成要件符合性判断是刑法规范设定的抽象的轮廓——构成要件行为——对行为事实的"涵摄"，即确定实行行为的过程。故而，"刑法的属性决定机制，并非可罚性判断，而系建构刑法非难基础的不法内涵，亦即系以构成要件作为决定刑法属性的认定标准"①。正是在此意义上，"行为之处罚，以行为时之法律有明文规定者，为限"，除了明示罪刑法定原则外，更揭示了刑法的属性系行为刑法。否则，若作为评价基础与核心的行为不存在时，尽管行为人的人格等征表出高度反社会的危险性或侵害性，只要其尚未着手行为，刑法就不能将其纳入侵害或威胁法益

① 参见柯耀程：《行为刑法》，载《月旦法学教室》2002 年第 1 期。

的打击范围,更不能给予非难或处罚。

行为刑法绝对排除对思想的惩罚。“追究思想的法律不是国家为它的公民颁布的法律,而是一个党派用来对付另一个党派的法律。追究倾向的法律取消了公民在法律面前人人平等。这是制造分裂的法律,不是促进统一的法律,而一切制造分裂的法律都是反动的;这不是法律,而是特权。”①同时,行为刑法要求确立行为在入罪中的基础性地位,拒绝行为对任何其他定罪要素的依附性。的确,“试问除了行为的内容和形式而外,还有什么客观标准能衡量意图呢?”②毕竟,“如果罪行这个概念要求惩罚,那么罪行的现实就要求有一个惩罚的尺度。实际的罪行是有界限的。因此,为了使惩罚成为实际的,惩罚就应该是有界限的,为了使惩罚成为公正的,惩罚就应该受到法的原则的限制。任务就是要使惩罚成为罪行的实际后果。惩罚在罪犯看来应该表现为他的行为的必然结果,表现为他自己的行为,他受惩罚的界限应该是他的行为的界限,犯法的一定内容就是一定罪行的界限。因此,衡量这一内容的尺度就是衡量罪行的尺度”③。

就行为人刑法而言,尽管其视刑法为特殊预防的工具,刑种及刑度应完全符合每个行为人的个性,而犯罪只有在揭示了特定的罪犯人格时才会引起关注,但刑事诉讼中有足够把握查明的,仅有特定的行为;在查明故意、特定意图和动机等心理要素时会遇到很多重大困难,只有从外部事实以及心理学上的经验法则进行必要的反推。④ 否则被确立的所谓的“标准”大抵是剪除异己的手段而已。因此,行为人刑法的过分扩张是法治国的障碍。“从整个历史来看,被国家处决的人的最大宗,不是杀人犯,而是政治犯和政治异己!”⑤当然,在罪责原则的基础上顾及特殊预防以部分融入行为人刑法理念,则为现代刑法所认可——这是在恪守“思想绝对无罪”信条下对人权的彰显,而不是逆反。

毕竟,形之于外的行为本身离不开行为人基于内部主观意思的发动,因此,法益受侵害或威胁是行为人主客观共同作用的产物,这导致在对行为事实的具体内容进行规范时必须具有足以该当的要件存在,与之相应的学术史是理论上关于主观的要件与规范的要件之发端、发展与发达。最

① 《马克思恩格斯全集》(第1卷),人民出版社1995年版,第121页。

② 同上书,第244页。

③ 同上书,第247页。

④ 参见[德]冈特·施特拉腾韦特、洛塔尔·库伦:《刑法总论Ⅰ——犯罪论》,杨萌译,法律出版社2006年版,第37~38页。

⑤ 郑逸哲:《法学三段论法下的刑法与刑法基本句型(一)——刑法初探》(增修4版),台北,作者2009年自版,第12页。

终，作为可罚性基础的不法，不仅包括客观的内涵，也注入了主观的内涵。但无论如何修正，行为刑法的支柱依旧是受意思支配的对保护法益构成危险或实害的人的行为。

在我国，由于法治并非原生态的优良传统，因此，清末以降的法治化进程无非一部艰辛的“中国化”历史。我国传统的律法基本文法结构并非“主语(S)+谓语(V)+宾语(O)”，而是“谓语(V)+宾语(O)”，甚至是“谓语(V)”，如约法三章中“杀人者死，伤人及盗抵罪”。主语省略的功效极为明显且意义非凡：为特权及政治介入预留空间。在市场经济所支撑的“法律面前人人平等”等理念清洗下，阶级特权等逐步丧失了合理性而沦为历史的遗迹，于是，“V+O”结构与“S+V+O”结构开始具备了实质上的等价性。其实，“S+V+O”结构或其省却结构(主要为“V+O”结构及“S+V”结构)①是当前各国(地区)成文刑法典通行的文法结构。② 马克思曾指陈：“对于法律来说，除了我的行为以外，我是根本不存在的，我根本不是法律的对象。我的行为就是法律在处置我时所应依据的唯一的东西，因为我的行为就是我为之要求生存权利、要求现实权利的唯一东西，而且因此我才受到现行法的支配。”③在此意义上甚至可以认为，该文法结构是对行为刑法有力的贯彻途径之一：当司法实务面对一个“纯事实”而要做刑法处理时，难以想象没有“动词”的事实描述会有讨论犯罪的问题。④

(二)法益刑法

不可否认，在法益概念提出之前刑法并非毫无体系，例如，“规范违反说”等就为犯罪论体系提供了一定的理论阐释及构建基础，但该类理论存在的缺陷甚为明显。因此，在法益理论出现后其迅速凭借自身的优势取得了替代性地位，并逐步确立起对法益刑法的确信。

尽管域外刑法理论至今关于法益的界定纷繁复杂，以致难以概括出一条统一而精确的法益概念，但这并不影响法益在构建刑法体系上不可替代的作用。因此，以德国刑法为先锋的现代大陆法系刑法也是一部法益刑法，而其精义在于对国家刑罚权的限制。

诚然，由于法益概念的演进始终往返于规范主义与实证主义之间，因

---

① “V+O”结构如伪造货币罪(伪造货币的，处……)；“S+V”结构如脱逃罪(依法被关押的罪犯、被告人、犯罪嫌疑人脱逃的，处……)。

② 当然，“S+V+O”结构在语序上因各国语言的不同而不尽一致，如日语的基本语序为：S(+助词)+O(+助词)+V。

③ 《马克思恩格斯全集》(第1卷)，人民出版社1995年版，第121页。

④ 参见郑逸哲：《刑事法学及其方法(二)——构成要件理论与构成要件适用》，台北，作者2004年自版，第265页。

此，精确而统一的法益概念从来未曾出现。比恩鲍姆（Birnbaum）在批判费尔巴哈继受的犯罪系侵害主观权利（subjektive Rechte）的观点时，于1834年开创性地提出了实证主义的法益概念——受国家权力保障的属于个人或集体的实质利益，在自然意义上被理解为受侵害。[①] 其后，宾丁在比恩鲍姆法益概念的基础上，将法益概念的范围由个人权利扩展至社会利益等共同利益，以及国家自身，同时法益也发展为法律利益（Rechtsinteresse），而法也从工具演变为目的本身。[②] 至此，个人法益与超个人法益初具雏形，并具备了据以构建刑法体系的功能。此后法益概念博弈在实证主义与规范主义之间，获得了显赫的威名与地位，但确定的内涵愈加难以企及。

然而，由于法益在内容上涵盖了作为个人法益全部内容的生命法益、身体法益、自由法益、名誉法益与财产法益，及作为个人法益聚合的超个人法益。因此，由个人法益与超个人法益结构延伸出来的价值论争讼及法益统一概念的缺乏，并不会实质性地影响法益在刑法体系构建上的作用，但其会导致对道德与礼教的内容的驱逐。例如，强奸罪并非在保护所谓的“善良风俗”，而是在保护女性的“性行为决定自由”。而我国现行刑法在法律与道德上是存在诸多暧昧的，以“奸淫”（第236条中的奸淫幼女）一词来表示男女性器官的结合行为即为一例。甚至可以认为现代刑法是以个人法益为基础而建构的，这深刻地影响着犯罪构成。[③] 例如，在当下的德国，“构成要件形成的出发点和指导思想是法益”，“法益是被承认的构成要件结构和解释的基础”。[④]

其结构如表5-1所示：

表5-1　法益刑法结构

层次	法益
犯罪构成与行为人法益	***限制***行为人之自由法益
犯罪构成与被害人法益	***保护***被害人生命、身体、自由、名誉、财产法益
法律效果与犯罪人法益	***剥夺***犯罪人生命、身体、自由、名誉、财产法益

① 参见［德］汉斯·海因里希·耶赛克、托马斯·魏根特：《德国刑法教科书》，徐久生译，中国法制出版社2001年版，第314～315页。

② 参见［美］马库斯·德克·达博：《积极的一般预防与法益理论——一个美国人眼里的德国刑法学的两个重要成就》，杨萌译，载陈兴良主编：《刑事法评论》（第21卷），北京大学出版社2007年版，第457页。

③ 参见本章“犯罪论体系之结构‘原型’”。

④ ［德］汉斯·海因里希·耶赛克、托马斯·魏根特：《德国刑法教科书》，徐久生译，中国法制出版社2001年版，第314～315页。

承前分析，法益概念在演进中被赋予了限制国家刑罚权的功效，因为在“行为→对象→实害”基本结构中“对象→实害”部分是对法益刑法的承载，所以，较之规范违反说，法益侵害说不可避免地显示出对结果无价值的青睐。受结果无价值的拘囿，通奸、同性恋、吸毒、非法持有毒品、赌博等的犯罪化受到了质疑，并开启了非犯罪化处理的方向，这导致了刑罚圈的限缩。同时，个人法益对超个人法益优势的价值遴选，也进一步压缩了刑罚圈。因此，法益理论衍生出限制国家刑罚权的机能。

然而，法益在限制国家刑罚权上的实际功效不时受到质疑，尤其是恐怖主义等有组织犯罪的日益猖獗，刺激了国家安全脆弱而敏感的神经时，这种质疑愈加引人注目，也使得法益的机能由限制国家刑罚权转向了扩张。与之相适应，国家权力的膨胀和前置入罪等动摇法治国刑法基础的暗流，若隐若现。

于是，不得不警惕的是：当现代国家依托或容忍暴力统治时，被降格至野兽层面的，不仅是恐怖主义分子，也是国家自己！因此，“现代刑法必须要处罚参与恐怖主义的行为，但是，必须要对参与行为的质量以及证明行为人故意的证据设置严格的法治国的要求，以避免将在政治上支持本身是合法目的的、属于公民自由的行为入罪”。[①] 这与限制国家刑罚权之法益论在本质上具有一致性。恰如此，刑法教义学上尊崇限制国家刑罚权的法益论依旧是大多数刑法学者的执着。相应地，在德日法益侵害说是今日的通说。[②] 即便采取修正的立场，也是以法益侵害说为主体。例如，日本的大谷实教授指陈：“我认为，刑法的目的是通过保护法益来维持社会秩序。侵害法益的行为无非是对实现这一目的来说有害的行为，所以，刑法上的有害行为，是侵害法益或威胁法益的行为，所谓社会意义上无价值的行为就是这种行为（结果无价值论）。因此，只要不是侵害法益，或者是对法益造成了危险的行为，即便是违反社会伦理规范的行为，也不能作为刑法上的违法行为。因此，以法益保护主义为核心来把握犯罪的本质的见解是正确的。”[③]在我国，随着法益侵害说的引入及展开，与人权保障联系在一起的法益观念逐步成为推动刑事法治进步的动力。

---

① ［德］Schünemann：《敌人刑法？——对刑事司法现实中令人无法忍受的侵蚀趋向及其在理论上的过分膨胀的批判》，杨萌译，载冯军主编：《比较刑法研究》，中国人民大学出版社 2007 年版，第 263 页。

② 参见［日］大塚仁：《刑法概说（总论）》（第 3 版），冯军译，中国人民大学出版社 2002 年版，第 91 页。

③ ［日］大谷实：《刑法讲义总论》（新版第 2 版），黎宏译，中国人民大学出版社 2008 年版，第 36 页。

上,"'危险'并不是'第一次的'概念,而是'第二次的'概念,在说明上,要说明'危险',就必须先说明何谓'实害'。其实,'危险'是'发生实害危险'的简称"①。危险有具体危险与抽象危险之别,而较之抽象危险,在接近实害上具体危险无疑更具优势,故具体危险犯系危险结果待定的犯罪——法官负有积极审查其因果关系的绝对义务,而抽象危险犯系具体危险受推定的犯罪——基于立法者将行为可罚性"提前",因果关系的审查只是一种消极义务(无反证即推定成立)。映射在刑法理论上,为避免抽象危险在"实害的可能性"上陷入困境及抽象危险犯的扩张所引起的刑罚防卫线前置的担忧,理论上反向表述与节制抽象危险犯可罚性的学说受到了重视。就前者而言,抽象的危险被表述为行为可能既未引起法益的实害,也未引起具体危险;或法益的实害及具体危险,均非抽象危险犯的构成要件要素;等等。就后者而言,基于实害、具体危险、证据等角度提出的限缩抽象危险犯的见解层出不穷。② 在日本,刑法理论中围绕着危险概念所产生的主观的危险与客观的危险、可罚的危险与不可罚的危险等理论,③无非是这一标准在不同语境下的具体拓展而已。

笔者认为,基于危险犯构成要件与实害犯之间的"兜底"关系,可以设定危险与实害之间为量的叠加的递进关系,即抽象危险的叠加突破临界点将成立具体危险,而具体危险的叠加突破临界点将成立实害。于是,在立法上,具有实质意义的是临界点的选取,而这已然超出了危险概念本身的功能——立法者的价值遴选,域外刑法分则中危险犯范围的差异即是明证。如德国刑法典中的遗弃罪系具体危险犯,④而我国台湾地区"刑法典"中的遗弃罪为抽象危险犯。⑤ 在司法上,因危险与实害总是针对具体的构成要件而言,故在行为刑法的框架下以行为为判断对象进行构成要件符合性判断(或行为符合犯罪构成的判断)时,对立法者在危险范围上选取的价值立场的切实贯彻无疑在于"具体的案件"事实、法官生活经验及相关证据限制等的博弈所得,这也是域外审判实践的通行做法。

---

① 郑逸哲:《构成要件理论与构成要件适用》,台北,作者2004年自版,第267页。

② 关于节制抽象危险犯可罚性的学说,可参见林东茂:《危险犯与经济刑法》,台北,五南图书出版有限公司1996年版,第40~51页。

③ 参见张明楷:《未遂犯论》,法律出版社、日本成文堂1997年版,第222~225页。

④ 参见林东茂:《危险犯与经济刑法》,台北,五南图书出版有限公司1996年版,第29页。

⑤ 参见林东茂:《刑法综览》(修订5版),中国人民大学出版社2009年版,第228~229页;陈焕生、刘秉钧:《刑法分则实用》(第2版),台湾一品文化出版社2009年版,第373页;等等。其实,关于遗弃罪是具体危险犯还是抽象危险犯,我国台湾地区的理论与实务中均分歧较大。林山田、卢映洁等学者支持具体危险犯说。参见卢映洁:《刑法分则新论》,台北,新学林出版股份有限公司2009年版,第496页。

此外,对危险与实害之间的关系作上述设定,也能解决危险犯与未遂犯之间的难题。其结构如表5－2所示:

表5－2　实害结果刑法(故意犯)结构表

故意犯				
结构	行为→法益→	*抽象危险→*	*具体危险→*	*实害*
类型	行为犯(举动犯)		结果犯	
危险犯	*抽象危险犯*		*具体危险犯*	/
有无未遂	无未遂①		有未遂	有未遂

可见,未遂犯在范围上包括结果犯未遂与具体危险犯未遂,而因具体危险犯系结果犯,故危险犯与结果犯在未遂上是存在重合的,而重合的部分为**具体危险犯未遂**,即未遂犯与危险犯仅在具体危险犯上有交集的可能。这一结论与我国现行刑法不处罚抽象危险犯未遂相符合——为犯罪概念的“但书”部分所排除,也与域外的主流学说及审判实践支持的范围并无二致。

二、犯罪论体系之结构“原型”及形态

(一)犯罪论体系之结构“原型”

的确,民法乃万法之源!就归责模式而言,现代意义上的刑法与民法——罗马法(侵权法)——之间具有一脉相承的渊源关系。罗马法中侵权法所采行的归责模式为:在故意或过失支配下的行为侵害客体(对象)造成实害。例如,约公元前3世纪通过的《阿奎利亚法(Iex Aquilia)》业已清晰地勾勒出了这一归责模式的轮廓。② 罗马法的这一归责模式奠定了刑法归责的基本结构,在刑法脱胎而成为独立的部门法后,其始终保持着巨大的影响力并沿革至今。其结构(图5－1)为:

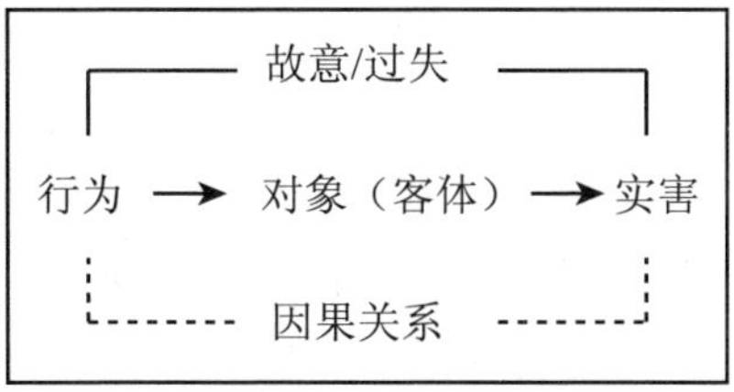

图5－1　刑法归责基本结构

① 关于行为犯(举动犯)、抽象危险犯没有未遂的传统观点,有学者提出了异议,如我国台湾地区刑法学者林东茂。参见林东茂:《危险犯与经济刑法》,台北,五南图书出版有限公司1996年版,第31～32页。

② 参见[英]巴里·尼古拉斯:《罗马法概论》,黄风译,法律出版社2010年版,第201～205页。

例如,甲故意开枪杀乙致其死亡,甲无疑成立故意杀人罪。在追究甲的刑事责任中,依据刑法归责的基本结构可知,甲故意枪杀乙是行为,乙的生命权是客体(对象),乙的死亡(生命权被非法剥夺)是实害。

罗马帝国衰亡后,欧陆进入荒蛮而漫长的中世纪。尽管欧陆中世纪的刑法苛严而缺乏人道——中世纪欧陆刑法在价值论上与罗马法大抵并不存在所谓的继受关系,但其归责的基本结构大抵并没有实质性地偏离罗马法(侵权法)所创设的归责模式。[①] 当然,例外的情况是存在的。例如,“马尔西亚斯做梦他割断了狄欧尼西乌斯的喉咙。狄欧尼西乌斯因此把他处死,说他如果白天不这样想夜里就不会做这样的梦”[②]。不过,欧陆在继受罗马法后罗马法所确立的归责模式在刑法领域内的根基无疑更为牢固。同时,在刑法部门法化过程中对归责的基本结构进行修正而发展并不断完善出的修正结构,逐步登上了历史的舞台。与此相适应,危险犯、故意犯的停止形态(未遂犯、中止犯、预备犯等)、结果无价值与行为无价值的分野等修正结构的成果层出不穷。

事实上,由于故意和过失在结构上的实质性差异,因此,作为有效调控社会手段之一的刑法在调整犯罪圈以实现调控时,过失犯的归责结构并未发生根本性的变化,而故意犯的归责结构所出现的修正则是根本性的。其中,在故意支配下的行为侵害客体(对象)造成危险,是修正结构的基干。其结构(图 5 -2)为:

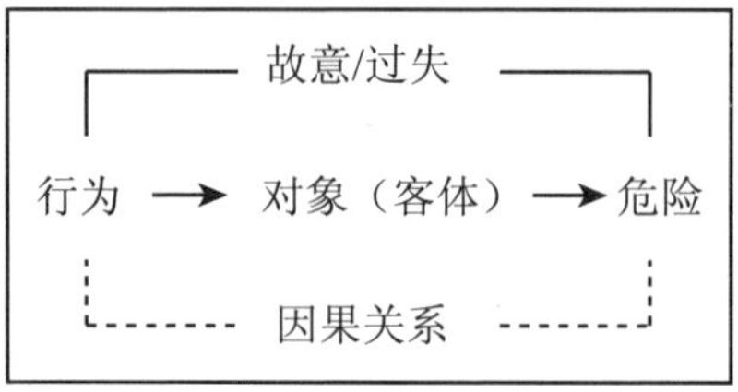

图 5 -2　刑法归责修正结构

例如,我国现行《刑法典》第 116 条规定:“破坏火车、汽车、电车、船只、航空器,足以使火车、汽车、电车、船只、航空器发生倾覆、毁坏危险,尚未造成严重后果的,处 3 年以上 10 年以下有期徒刑。”再如,第 120 条之一规定:“资助恐怖活动组织或者实施恐怖活动的个人的,处 5 年以下有期徒刑、拘役、管制或者剥夺政治权利,并处罚金;情节严重的,处 5 年以上有期

① 参见戴东雄:《中世纪意大利法学与德国的继受罗马法》,中国政法大学出版社 2003 年版,第 119 页以下。

② [法]孟德斯鸠:《论法的精神》,张雁深译,商务印书馆 2007 年版,第 122 页。

徒刑、并处罚金或者没收财产。”在追究行为人刑事责任中，依据刑法归责的修正结构可知，破坏交通工具罪与资助恐怖活动罪都是行为犯，①因此，若行为人实施了足以引起危险的构成要件行为，则构成犯罪，而不必等到实害的实际发生。

此外，刑法归责的修正结构修正的是基本结构，这使刑法典在架构上以既遂规定为基本模式，即先规定既遂的惩处后规定故意犯的停止形态的惩处。例如，日本现行《刑法典》第 199 条规定了杀人罪（既遂），即“杀人者，处死刑、无期徒刑或 5 年以上惩役”，而其第 201、203 条分别规定了预备杀人罪及未遂杀人罪。

需强调的是，罗马法（侵权法）的归责结构奠定了现代刑法归责结构的基础，而培育罗马法的自由经济及其所孕育出的价值体系更成为现代刑法核心价值的滥觞。在此意义上，主张“刑起于兵”的中华法系之刑法虽然在问责结构上也基本未实质性地偏离罗马法的问责结构——因政治需求而倚重刑法以排除异己等所导致的对刑法问责结构的例外（汉武帝时期的巫蛊案）也是存在的，但“西学东进”所引发的中华法系的彻底衰落，以及在废墟上继受欧陆法而构建起来的我国现代刑法，尽管深深地打上了苏俄（联）刑法的烙印，尤其是价值论部分，但其主干绝不是对罗马法（侵权法）的游离。相反地，罗马法（侵权法）在价值论与问责结构上结晶，实质性地注入了中世纪后大陆法系与英美法系的肌体，成就了繁盛的两大法系，而曾经辉煌的中华法系则因价值论上的相对劣势，除提供给近现代法治有限的参考素材外最终成为历史的遗迹。然而，中华法系的发祥地中国于秦汉时期对北方匈奴的不断驱逐，迫使其（一部）向欧洲迁移成为推动两大法系形成不可或缺的原动力之一，或可称得上中华法系的一大贡献。

回溯历史，刑法脱胎民法后艰难开启了体系化建构之路，最终形成了行为刑法、法益刑法与实害结果刑法的三大支柱。在犯罪构成成为定罪的唯一规格后，这一规格难以避免地要将行为刑法、法益刑法、实害结果刑法的必要内容纳入其中，于是，犯罪构成的“原型”结构得以确立。

其中，故意犯的基本结构为：行为人基于 S 故意，以 S 行为攻击被害人之 M 法益，致 M 法益发生实害结果，具有 S 构成要件符合性，而成立 S 罪。以诈骗罪为例，行为人基于诈骗故意，以诈骗行为攻击被害人之财产

① 当然，行为犯（举动犯）与抽象危险犯是两个范畴，还是一个范畴的两个不同称谓，理论上并非不存在分歧。

法益，致财产法益发生实害结果，具有诈骗构成要件符合性，而成立诈骗罪。

类似地，过失犯的基本结构为：具有防止S结果发生注意义务之行为人，虽非故意，但未履行其所能履行的防止S结果发生之注意义务，应注意且能注意却不注意，而有过失，致S结果发生，其成立S罪。[①] 以过失泄露国家秘密罪为例，具有防止国家秘密泄露结果发生注意义务之国家机关工作人员，虽非故意，但未履行其所能履行的防止国家秘密泄露结果发生之注意义务，应注意且能注意却不注意，而有过失，致国家秘密泄露结果发生，其成立过失泄露国家秘密罪。

可见，在严格意义上故意犯与过失犯在刑法中具有的等价位阶，并非源于二者具有完全相同的结构（故意犯基本结构中具有S与M两个变量，而过失犯基本结构中仅有S一个变量），而是在民事侵权中故意与过失被置于一起的缘故，刑法作为部门法独立后这一格局并未立即得到改变，因此，阶层化犯罪论体系在对故意犯、过失犯做出阐释时也沿用了一套体系。然而，随着犯罪论体系的深入发展，尤其是随着过失犯结构[②]、不作为犯结构的清晰化（特别是过失犯注意义务与不作为犯作为义务理论的发展），这一格局正酝酿着巨大变革。例如，在德国，晚近的刑法教科书中逐渐呈现故意的作为犯、过失的作为犯、不作为犯（包括故意与过失）或故意犯（作为犯与不作为犯）及过失犯（作为犯与不作为犯）之框架态势，[③]这实质性地弱化或虚化了过失犯对阶层化犯罪论体系的依赖。我国台湾地区刑法理论在德日刑法理论之间，经历了持久的艰难抉择后，最终整体性地倒向了德国刑法学理论，并对既往的日本刑法学理论之影响进行实质性地清理——日本刑法学起初继受法国刑法学理论，其后转而继受德国刑法学理论，这使日本刑法学在基本理论上往往呈现出不协调的尴尬，如晚近废除的牵连犯即为一例。故而，德国的这一态势在我国台湾地区的刑法学教科

① 参见郑逸哲：《刑事法学及其方法（三）——刑法总则与分则的对话》（增修3版），台北，作者2010年版，第712页。

② 参见许玉秀：《主观与客观之间——主客观理论与客观归责》，法律出版社2008年版，第135～163页。

③ 参见［德］约翰内斯·韦塞尔斯：《德国刑法总论》，李昌珂译，法律出版社2008年版；［德］冈特·施特拉腾韦特、洛塔尔·库伦：《刑法总论Ⅰ——犯罪论》，杨萌译，法律出版社2006年版；［德］汉斯·海因里希·耶赛克、［德］托马斯·魏根特：《德国刑法教科书》，徐久生译，中国法制出版社2001年版；［德］克劳斯·罗克辛：《德国刑法学　总论》（第1卷），王世洲译，法律出版社2005年版；等等。

书中已有所征表。[①] 不过,德国的这一态势迄今为止对日本刑法学理论的影响尚不明显,但基于日本刑法学理论之发展长期以德国刑法学理论为参考标准的角度观之,上述态势的出现似乎是可以期待的方向。

前已述及,德国刑法学者在作为行为攻击对象直接内容的生命、身体、自由、名誉及财产基础上率先发展出了法益理论。因此,法益成为连接行为与实害的桥梁,也成为建构犯罪构成及刑法体系之所依。存在论意义上的行为是主观见之于客观的身体动静。这样,犯罪构成的“原型”结构在主客观二分法意义上必不可少——主观的构成要件与客观的构成要件。就此而言,域内外犯罪构成并无本质上的不同,只是“不法”与“有责”的分离才使域内外犯罪构成分道扬镳。其实,这也可以解释为何在实害犯(包括故意犯与过失犯)的既遂形态中,经由客观到主观的判断逻辑在定罪中被信守——民法(侵权法)中古老的“无损害即无赔偿”理念在独立后的刑法中展开与延续而已。然而,随着刑法的发展,尤其是修正类型出现后,经由客观到主观的判断逻辑并非总是得到了恪守。例如,在未遂犯的审查流程中,就是由审查主观开始的。[②]

实际上,未遂犯作为对犯罪论体系结构原型的“变型”——修正的构成要件,在犯罪成立的判断中由两部分构成:其一,修正的构成要件符合性判断;其二,构成要件符合行为之可罚性判断。举例简述之:A 开枪射杀 B,但因枪法失准而未命中 B。就修正的构成要件符合性判断而言,基于杀人故意,已着手杀人构成要件之实行而未遂的,行为人之行为具有杀人未遂构成要件符合性。因此,A 的行为具有杀人未遂构成要件符合性。就构成要件符合行为之可罚性判断而言,在域外未遂犯之处罚往往以法律有特别规定为限——这也是罪刑法定原则的基本要求。例如,日本现行《刑法》第 44 条规定:“处罚未遂之情形,在各条中予以规定。”我国台湾地区“刑法”第 25 条第 2 款规定:“未遂犯之处罚,以有特别规定者为限。”因此,A 之杀人未遂构成要件符合行为具有可罚性。在日本,这种可罚性是求诸第 203 条杀人未遂罪实现的:“第 199 条(杀人罪)及第 202 条(参与自杀及同意杀人)之未遂犯,罚之。”在我国台湾地区其是通过第 271 条第 2 款实现的:“前项(普通杀人罪)之未遂犯罚之。”相应地,在法律无处罚未遂犯之特别规定

① 参见林东茂:《刑法综览》(修订 5 版),中国人民大学出版社 2009 年版;林钰雄:《新刑法总则》,中国人民大学出版社 2009 年版;黄常仁:《刑法总论——逻辑分析与体系论证》,台北,新学林出版股份有限公司 2009 年版;等等。

② 参见郑逸哲:《法学三段论法下的刑法与刑法基本句型(一)——刑法初探》(增修 4 版),台北,作者 2009 年自版,第 279 ~ 280 页。

的国家或地区，未遂犯的处罚系当然结论，如意大利、西班牙。我国刑法对未遂犯的处罚并未像处罚过失犯那样精确阐明——“过失犯罪，法律有规定的才负刑事责任”，而仅规定“对于未遂犯，可以比照既遂犯从轻或者减轻处罚”，即未遂犯的处罚是当然结论。然而，这并非没有问题。例如，张明楷教授就指陈：“在刑法理论上，哪些犯罪具有成立未遂犯的可能性，尚有研究的余地。”①笔者深以为然。毕竟在未遂犯的处罚标准上存在客观未遂论（客观说）、主观未遂论（主观说）与混合说（印象理论）之间的对立，②而不同学说在未遂犯范围的划定上不尽一致。可见，在未遂犯之成立与否的判断上，其对犯罪论体系之结构原型的衬托较为明显，尤其在构成要件符合行为之可罚性判断上。因为未遂犯构成要件符合行为之可罚性，纯粹是立法者基于法益的周延性保护需要而将刑罚发动权提前之结果。

就阶层化犯罪论体系而言：其一，在主观的构成要件上，其若非故意，则即为过失。然而，在人权价值引导下犯罪构成趋于阶层化，③这导致了“不法”与“有责”的区分，于是，故意与过失是专属于有责性阶层，还是也属于“不法”阶层（或构成要件符合性阶层、违法性阶层）。这形成了故意与过失在犯罪论体系中地位的聚讼。其二，在客观的构成要件上，其必然展现出行为刑法性（椭圆－1）、法益刑法性（椭圆－2）与实害结果刑法性（椭圆－3）。其图示为图5－3所示：④

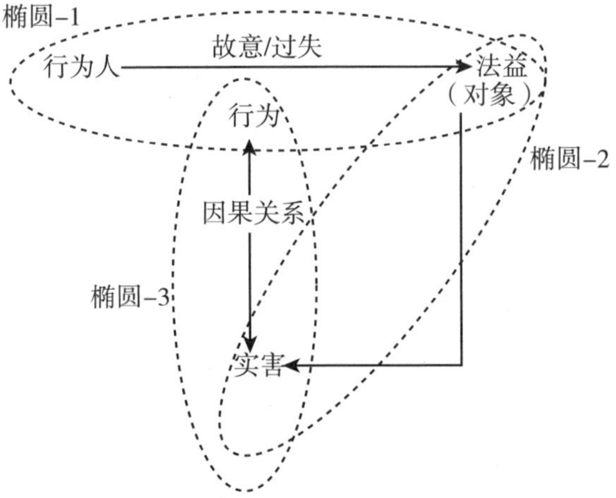

图5－3　客观构成要件的“刑法性质”

① 张明楷：《刑法学》（第4版），法律出版社2011年版，第323页。

② 参见林钰雄：《新刑法总则》，中国人民大学出版社2009年版，第279～280页。

③ 参见第一章第二节中“阶层化犯罪论体系对人权根基之探求”。

④ 参见郑逸哲：《刑事法学及其方法（二）——构成要件理论与构成要件适用》，台北，作者2004年自版，第268页。

(二)犯罪论体系之形态

在阶层式犯罪论体系史上,先后登场了为数众多的犯罪阶层体系,但对后世影响深远的屈指可数。我国台湾地区学者洪福增曾对犯罪论体系作概括时,以行为还是行为人为中心将犯罪论体系划分为一元的和二元的。

在一元的犯罪论体系中以基础的不同为标准,洪福增分别列出了"构成要件适当性——违法性——责任""行为——违法性——责任——构成要件""行为——构成要件适当性及侵害性——违法性——责任""行为——不法——责任"和"评价之客体——客体之评价"五种以行为的因果性为基础的阶层理论,与 Welzel、H. Weber、Maurach 及木村龟二的四种以行为的目的性为基础的阶层理论;在二元的犯罪论体系下,其列出了 Hermann Kantorowicz、Radbruch、Wolfgang Mittermaier 的三种犯罪阶层理论。[①] 在一元的犯罪论体系下,还存在新古典及目的论综合体系、目的理性体系、[②]Wolter 的实质的犯罪阶层体系、Schmindhäuser 的目的论体系、个别化理论的过失犯阶层体系、[③]"规范体系的机能主义的犯罪论体系"[④]等。其中,Wolter 的实质的犯罪阶层体系、"规范体系的机能主义的犯罪论体系"都以目的理性体系为基础。

然而,如前所述,目前在德国居于主导地位的系新古典及目的论综合体系,而该体系无非是取新古典体系与目的论体系之精华而成;同时,"经过深入观察各种阶层体系,更发现其实阶层体系只有一套,就是古典阶层体系所提出来的构成要件合致性、违法性、罪责(有责性)三个判断阶层那一套……晚近提出的目的理性体系只是在阶层中作判断要素的补充,并没有造成阶层的变动,因此在学理上未被真正承认为一种新的体系"。[⑤] 故而,具有开拓性意义的犯罪阶层体系为:古典犯罪论体系、新古典体系与目的论体系。

其主要区别及缺陷大抵可如表 5-3 所示:

---

① 参见洪福增:《刑法理论之基础》,刑事法杂志社 1977 年版,第 276~277 页。

② 参见[德]克劳斯·罗克辛:《德国刑法学　总论》(第 1 卷),王世洲译,法律出版社 2005 年版,第 123~126 页。

③ 参见许玉秀:《当代刑法思潮》,中国民主法制出版社 2005 年版,第 97~103 页。

④ 参见陈家林:《外国刑法通论》,中国人民大学出版社 2009 年版,第 129~130 页。

⑤ 许玉秀:《当代刑法思潮》,中国民主法制出版社 2005 年版,第 109~110 页。

表5-3　犯罪论体系的区别及缺陷表

类型	古典犯罪论体系	新古典体系		目的论体系
主要时期	19世纪末至20世纪初	20世纪初至30年代		20世纪30年代至60年代
哲学基础	实证主义	新康德主义		新黑格尔主义
规范理论	以宾丁规范论为主	文化规范论	刑罚法规内含规范论	一般国民规范(社会相当性理论)
代表人物	贝林/李斯特	迈耶(三阶)	迈兹格(两阶)	韦尔策尔
行为理论	自然行为论/狭义因果行为论:身体举动及一定的反应效果	因果行为论/社会行为论:行为的社会意义必须予以考虑		目的行为论:行为系因果关系过程中具有目的(故意)支配性的活动
构成要件符合性	客观、描述性、价值中立的行为外部形象	并非价值中立,而是不法类型:规范性要素及主观性要素之发现		故意被视为主观的构成要件要素
违法性	形式观察:违法性是具备构成要件符合性且欠缺违法性阻却事由	实质观察:法益的严重破坏(法益衡量)		实质观察:法益的严重破坏(法益衡量)
有责性	心理责任论:责任系行为人对于行为的内在关系	心理责任论/规范责任论:责任系故意(或过失)及行为的非难性		规范责任论:责任系行为的社会非难性
主要缺陷	1. 仅就结果犯片面地观察; 2. 刑法作为规范科学不可能完全建立在自然科学的因果论上; 3. 不法所有意图置于责任中不妥当,因为其与行为的可非难性无关	1. 只是在"发现"法定主观的构成要件范围内有限度地修正古典犯罪论体系; 2. 仍否定故意属于主观的构成要件要素,但在未遂问题的处理上,却从故意审查起		1. 将犯罪论体系建构在片面的本体论行为概念上,存在结构上的缺陷; 2. 漠视故意作为责任形式的重要性

鉴于图表的抽象性,为明晰古典犯罪论体系、新古典体系及目的论体系之区别,举例简析之:

其一，就古典犯罪论体系与新古典体系的区别而言，在盗窃罪上体现较为明显。例如，在新古典体系看来，取走他人动产的行为，如果欠缺不法所有的意图，如错拿或误以为可以自由取用，不能将之评价为具有构成要件符合性；再如，新古典体系承认超法规的违法性阻却事由（被害人承诺、教师惩戒权等）。

其二，就古典犯罪论体系、新古典体系与目的论体系的区别而言，更为明显。例如：

A 下班途中偶遇 B 持刀抢劫，遂见义勇为上前制止，在夺下 B 手中刀具的搏斗过程中造成 B 轻伤，A 之行为能否成立故意伤害犯罪？

由古典犯罪论体系与新古典体系角度观之，A 的防卫行为具有故意伤害罪之构成要件符合性，但因违法性阻却事由的存在而不具有实质违法性，故仍无不法存在；由古典目的论体系角度观之，A 的防卫行为则因行为意思（正当防卫的意思）与故意伤害罪之主观构成要件要件不相符合，故不具有故意伤害罪之构成要件符合性。

就新古典及目的论综合体系而言，其是对新古典体系与目的论体系合理成分的撷取。即新古典及目的论综合体系在新康德主义方法二元论哲学基础上，采纳了新古典体系“不法”与“有责”区分的结构（不论是新古典体系的三阶层还是两阶层）。其中，“不法的范畴，是对‘行为’作否定的价值判断，以‘社会损害性’这个价值判断，指引‘不法’这个概念的理解。罪责的范畴，是对‘行为人’作否定的价值判断（即良知非价 Gesinnungsunwert），以‘可非难性’的价值思考，统御罪责概念的理解”①。同时，在体系内容上抛弃了难以圆满阐释过失行为与不作为的目的行为论，但接受了目的论体系关于故意、过失应自有责性阶层移至构成要件符合性阶层而承认“主观的构成要件”与“客观的构成要件”之主张。然而，这并不意味着新古典及目的论综合体系内部已无分歧。② 例如，在该体系下过失犯的构成要件符合性判断中有无主观构成要件的争论，即为一例。

就目的理性体系而言，其是 20 世纪 70 年代后在刑事政策基础上对古典犯罪论体系进行改造而渐显轮廓的体系。在德国，罗克辛是该体系的代表性人物；在日本，松宫孝明等人是该体系的追随者。由于目的理性体系

① 林东茂：《刑法综览》（修订 5 版），中国人民大学出版社 2009 年版，第 43 页。

② 关于新古典及目的论综合体系之详尽阐述，可参见许玉秀：《当代刑法思潮》，中国民主法制出版社 2005 年版，第 72 ~ 88 页。

仍处于发展阶段,因此,该体系支持者之间的观点不尽一致,但共同的出发点为:“刑法的体系性形成(die strafrechtliche Sysembildung)不是与本体的预先规定性(ontische Vorgegebenheiten)(行为、因果关系,物本逻辑结构,等等)相联系的,而只是允许从刑法的目的设定性(Zwecksetzungen)中引导出来的。”①在方法论上,其受两个重要原则指导:其一,以新康德学派的规范论和新黑格尔学派的归责思想作为体系构造的基本方向;其二,打破区分应罚性和需罚性的传统,体系构造的设计必须同时符合应罚性和需罚性的要求。② 在根基上,其不再是以存在论为根基的体系,而是以刑事政策为基础构建的体系。③ 在内容上,该体系的创新大抵为在不法阶段增添了客观归责理论,在罪责阶段引入了以预防为目的的处罚必要性,发展出答责性理论。④ 目的理性体系在罪责阶层以预防的必要性作为罪责的外部限制以落实制裁的理性,具有合理性。因此,获得了广泛的认同;但在不法上构成要件符合性与违法性的区分,仅具有技术性的意义而欠缺方法论上的实质依据,故被批评为还算不上是一个新的体系。⑤

第二节　犯罪论体系阶层化之实质

如前所述,在阶层化犯罪论体系史上,存在为数众多的犯罪阶层体系。即使在当下的德国,由于犯罪阶层体系形式的复杂多样,甚至表面看起来一片混乱,但每一种体系均未跳脱出古典犯罪论体系、新古典体系与目的论体系开创或变动的框架结构,且每一种体系都或多或少地遴选了古典犯罪论体系、新古典体系或目的论体系的内容。因此,德国刑法学者罗克辛总结道:“各种不同的体系性方案,就是在一个共同的基础上发展出来的。一般犯罪原理的所有创新,就仅仅是在一种持续进行的延续性框架中的一些发展阶段。”⑥汉斯·海因里希·耶赛克等人亦指陈:“每一种体系都得从其精神史根源和前一阶段人们通过学术体系的重建而加以改造和克服

---

① [德]克劳斯·罗克辛:《德国刑法学　总论》(第1卷),王世洲译,法律出版社2005年版,第124页。

② 参见许玉秀:《当代刑法思潮》,中国民主法制出版社2005年版,第89页。

③ 参见[德]克劳斯·罗克辛:《刑事政策与刑法体系》(第2版),蔡桂生译,中国人民大学出版社2010年版,第70页。

④ 同上书,第81页。

⑤ 参见许玉秀:《当代刑法思潮》,中国民主法制出版社2005年版,第145~146页。

⑥ [德]克劳斯·罗克辛:《德国犯罪原理的发展与现代趋势》,王世洲译,载梁根林主编:《犯罪论体系》,北京大学出版社2007年版,第5页。

的计划的联系中去解释。因为没有哪一种理论试图完全取代另一种理论，时至今日所有三种犯罪概念（古典的犯罪概念、新古典犯罪概念与目的论的犯罪概念）的体系思想仍并列存在。如果我们将现阶段主流学术观点排放在其解释论史的联系中，那么，才有可能清楚地了解之。”①

由古典犯罪论体系、新古典体系与目的论体系角度观之，尽管三者在哲学基础、规范理论、行为理论等上不尽一致，甚至差异迥然，且每种体系都隐含着明显的缺陷，但在阶层化的固守上却如出一辙，区别仅在于是两阶层还是三阶层。其实，区分构成要件符合性与违法性与否的聚讼，即使在当下域外的刑法理论中依旧激烈，但这被认为系不法阶层内部的问题，与有责性阶层无涉。因而，阶层化犯罪论体系的确是以不法与有责为支柱的。由此衍生出无法回避而根本性的问题是：**阶层化的实质究竟是什么？**

一、不法与有责区分之实质

毋庸置疑，在犯罪论体系上作不法与有责的结构性区分，是德国学者在刑法理论上弥足珍贵的学术资产，其影响之巨，遍及世界。因此，虽有学者（包括蜚声全球的刑法学者）不时地质疑不法与有责的区分，②但这丝毫不曾动摇阶层化犯罪论体系的绝对地位。

毕竟，如果认可对犯罪的惩处离不开价值评价，认可排除犯罪事由，并遵循严谨的形式逻辑，那么就不得不认可不法与有责在本质上的差异——**不法要解决的是侵害或威胁法益的行为应否给予否定性评价问题；有责要解决的是能否给予不法行为人承担刑事责任的谴责问题。**③ 例如，精神病人于发病期间实施的杀人行为，就其杀人行为而言同样违反了刑法禁止杀人的规范，只是现代刑法不能对其给予承担刑事责任的谴责而已。当然，这并等于说，将客观事实完全置于不法阶层中，而将主观事实完全置于有责阶层中——实际上，早期的构成要件理论恰恰这样做了。然而，随着主观的要素及规范的要素之发现，这种严格的归类最终被证明是仓促而错误的，于是，“违法是客观的，责任是主观的”信条受到了修正。修正后，行为

① ［德］汉斯·海因里希·耶赛克、托马斯·魏根特：《德国刑法教科书》，徐久生译，中国法制出版社2001年版，第247～248页。

② 例如，在德国，雅各布斯（Jakobs）及其学派就主张取消不法与有责的区分。参见［德］克劳斯·罗克辛：《刑事政策与刑法体系》（第2版），蔡桂生译，中国人民大学出版社2010年版，第90页。

③ 我国台湾地区刑法学者许玉秀更是认为：犯罪阶层体系应该有两个阶层，即应罚性与需罚性。前者的要素为不法，不法包括构成要件与违法性阶层；后者的要素为罪责，罪责就是刑事责任，就是刑罚的意思。参见许玉秀：《当代刑法思潮》，中国民主法制出版社2005年版，第117页。

之违法性“并非单纯依行为人主观之层面,或单纯从客观评价之观察,可以获致者;而必须就二层面的评价,综合论断。因此,除了结果无价值的认定以外,行为无价值与意志无价值的判断,亦属违法性的判断内容”①。可见,不法与有责中部分要素的变动并未从根本上打破不法与有责的阶层划分本身,相反地,不法与有责的基本框架因修正而愈加完善、坚固。

笔者认为,尽管域内外定罪时所凭借的犯罪构成迥然有别,但上述系属不同层次的问题均是认定行为成立犯罪时无法回避的,实际上也没有任何一个国家及地区的刑事审判实务回避了这样的问题——至多在上述问题的处理上显得优劣有别而已。在此意义上,德国刑法学者罗克辛直言道:“如果将不法和罪责融合到一起,会抹平本质上的事实区别。某个行为举止是否是一种受刑罚禁止的法益侵害,这是一个问题;在所有案件中,违反这种禁止规范是否必须要动用刑罚加以处罚,这是另一个问题。这两个问题是不同的。刑法上的禁止规范或者命令规范是针对所有公民而言的,这两种规范呼吁公民们举止要合乎规范。因此,必须将它们和罪责区分开来,原因是:告知公民们受禁止的事情和给予他们举止上的指导原则必须在任何犯罪之前。”②此外,在人权价值引导下逐步实现区分的不法与有责,也统帅在刑法的目的(任务)之下承载着秩序价值。

(一)不法与有责之区分及其功能

笔者认为,在犯罪论体系的演进过程中,呈现清晰可辨的态势:价值引导结构,结构决定功能。

在构成要件理论史上,以存在论为根基的犯罪论体系在人权价值的指引下最终完成了不法与有责的层次划分。前已述及,规范与法规之区分及其与人权价值的实质性联系,是犯罪构成要件趋于阶层化的原动力,就此而言规范论的历史贡献不容否定;同时,毋庸置疑,贝林的努力彪炳千秋。其竭力将客观、中性、无价值的构成要件作为独立要素纳入犯罪概念,试图实现成文法对法官的节制以驱逐司法擅断,于是,构成要件被赋予了保障人权的机能。与此相应,在主客观二分法上,属于客观要件的构成要件符合性、违法性与属于主观要件的有责性区别开来。沿着贝林开启的方向,阶层性最终浓缩了阶层化犯罪论体系保障人权的精华,也导致了不法与有责在对人权价值贯彻方式上的不同。

承前分析,尽管偶尔涌动着抵触人权价值的暗流或逆流,但对人权价

---

① 苏俊雄:《刑法总论Ⅱ》(修正版),台北,作者1998年自版,第166页。

② [德]克劳斯·罗克辛:《刑事政策与刑法体系》(第2版),蔡桂生译,中国人民大学出版社2010年版,第91页。

值的探求是阶层化犯罪论体系演进中确定无疑的方向。与此相适应,以法益侵害为根基的不法也不会游离于人权价值之外,其突出地征表为违法性阻却事由对不法范围的限缩,这种限缩由最初的法定违法性阻却事由,扩张为将超法规的违法性阻却事由纳入其中——在严格的意义上,罪刑法定原则是排斥“无明文规定”的超法规的违法性阻却事由的,但在限制国家刑罚权以保障人权的根本理念上,二者可谓异曲同工。因此,在有利于被告人时罪刑法定原则最终进行了松弛。然而,这并不意味着秩序价值在刑法领域中的分崩离析。相反地,阶层化犯罪论体系从未放弃对秩序价值的承载。

实际上,阶层化犯罪论体系在不法阶层/违法性阶层中对超法规的违法性阻却事由的认可,与法益被赋予的限制国家刑罚权的机能往往难以实现不无关系。因此,求诸直接贯彻人权价值的超法规的违法性阻却事由,不失为有效的弥补手段之一。因为超个人法益中包含了所谓的“国家法益”——为维持、促进个人法益而设置的各种机构、组织之利益,当“国家法益”受到侵害或威胁时,作为国家机构、组织的司法机关即使在三权分立的模式下也难以彻底撇清参与者与裁判者的双重身份;更何况对于个人法益与超个人法益之间的导出关系,并非得到了刑法理论与实务的一致认可,故与超个人法益冲突时个人法益优先所彰显的限制国家刑罚权,往往止步于设想。在此意义上,可以认为超法规的违法性阻却事由系秩序与人权价值博弈的结果。

就贯彻人权价值方式上的差异而言,不法与有责迥然有别。虽然不法与有责均是行为可罚性的判断标准,但构成要件符合性、违法性与有责性在建构之初,“按照贝林格的想法,构成要件是纯客观的、记叙性的,也就是说,构成要件是刑罚法规所规定的行为的类型,但这种类型专门体现在行为的客观方面,而暂且与规范意义无关。构成要件相符性与违法性和责任完全没有关系。一件事符合构成要件,而它是否违法或是否有责任,则完全是另外的问题。规范的违法性和主观的责任问题,应与构成要件相符性分别审查”①。即为排除法官在定罪中的恣意,构成要件必须构建在实证主义之上。与之相对,构成要件的客观性只是为避免主观要素的介入而陷方法论于歧途中,记叙性特征对规范性内容的排斥及构成要件表现为“法律规定的抽象内容”,不过是为避免侵犯人权的司法擅断打开方便之门。

① [日]小野清一郎:《犯罪构成要件理论》,王泰译,中国人民公安大学出版社2004年版,第22页。

贝林在实证法有其先验基础(apriorische Grundlegung)的理念上不拘泥于实证主义,[①]在违法性与有责性阶层中贯彻主导价值——贝林在违法性内涵上的犹豫不决,使主导价值实质性地更倚重于有责性阶层。因此,构成要件作为对罪刑法定原则的展开,是以求诸实证法排除价值评判直接介入的方式贯彻人权价值;有责性阶层中对作为法官法律认识基础的"经验现实性"(empirische Tatsa chlichkeit)的松弛,则征表出在价值贯彻上的差异。沿着贝林的方向,"违法是客观的,责任是主观的"逐步被奉为定罪中的圭臬,尽管其后遭到修正,但不法与有责贯彻价值的方式大抵得以维持,这在超法规的违法性阻却事由、期待可能性上十分明显。

可见,尽管规范论开启了犯罪构成阶层化的方向,但不法与有责的根基最终倒向了法益侵害的宿命,无非是人权价值在系争问题上的又一次彰显及演绎,而不法与有责的结构区分更是其对人权价值的贯彻方式差异的结果。因此,主张罪刑法定原则是构成要件符合性的理念支撑,法益保护主义则是违法性论的指导原理,[②]似乎并非毫无商榷的余地。毕竟,若承认构成要件符合性与违法性之划分,则二者在对人权价值的探求上并无不同,且不论如何设定二者之间的关系,二者实质上都是从不同侧面划定不法的范围。因此,若将不法譬喻为机动车,则构成要件符合性应为动力装置,违法性当系刹车装置。而构成要件符合性除承载了人权价值外,在秩序价值上也扮演着重要角色——是刑法的第二次机能(为了国民利益对国家权力的限制)对第一次机能(国家权力对社会的控制)的约束。

不过,在犯罪的认定上对不法与有责的肯定说和否定说,只会在"无有责的不法"上产生真正的分歧;至于"无不法的有责",因其与行为刑法属性根本抵触,故即使取消不法与有责界限的论者也给予坚决的否定。

就"无有责的不法"而言,域内外刑法典均确立了其地位。例如,《德国刑法典》第32、34条对成立正当防卫、紧急避险的"不违法的"规定;《日本刑法典》第36条对作为正当防卫前提之"不正之侵害"的规定;我国《刑法典》第20条对正当防卫之"不法侵害"的规定;等等。显然,域内外刑法理论就"不法"展开的讼争,是对不法与有责区分与否的间接表述。客观的违法性论在争论中取得的绝对优势地位,无疑有力地支撑着不法与有责的结构划分。

主观的违法性论基于命令说的立场将"法"理解为命令规范,故违法

① 参见[德]恩施特·贝林:《构成要件理论》,王安异译,中国人民大学出版社2006年版,第5页。

② 参见[日]山口厚:《刑法总论》(第2版),付立庆译,中国人民大学出版社2011年版,第4页。

性存在与否关系作为有责要素的责任能力之有无。这样，“不法侵害”在范围上排除了对自然现象、动物及无责任能力之孩童、精神病患者等的侵害实施正当防卫的可能；客观的违法性论主张，刑法规范是超越事实上不理解、不想理解或不能理解规范之人而客观存在的。然而，在如何区分违法性与有责性上，又有传统的客观违法性论与新客观违法性论（修正的客观违法性论）之分歧。① 前者以评价规范和决定规范的区分为基础，坚持行为人违反客观性的评价规范时，成立违法，违反主观性的决定规范时，承担责任。于是，行为的违法性与行为人的主观故意、过失、责任能力等无关，自然现象、动物侵害可以成立违法，能够成为正当防卫的对象。后者因法规范仅以“人的行为”为对象，主张法的评价规范与决定规范同时于违法性与有责性阶段发生作用。即客观的违法性之“客观性”，是违法性“判断基准之客观性”，亦即违法性判断以“一般人”为基准，有责性判断以“行为人”为基准。② 在修正的客观违法性论看来，自然现象、动物侵害不是法规范的对象，不具有违法性，与正当防卫无关，违法性的问题仅限于人的行为。

“主观的违法性论忽视了违法性的观念与责任的观念的质的不同，混同了两者，在这一点上是失当的。”③即在同一层次上把握不法与有责的主观违法性论，难免造成不法与有责的混合，否认“无有责的不法”观念，与大陆法系国家“违法是客观的，责任是主观的”之传统标语相背离，也与其通说的犯罪论体系难以调和，有违反罪刑法定原则之虞。因此，在刑法理论和审判实践中，客观的违法性论在德日均处于通说地位。在日本，主观的违法性论早已式微，宫本英修是该论唯一的主张者。④

在德国，在不法与有责上其刑法典除区分了“不违法的”与“没有罪责的”犯罪外，基于不法的保安处分及阻却罪责的欠缺不法意识，都有力地支持了二者的区分，且无数刑事实务上的结论都取决于这一区分，因此，主张不存在“无有责的不法”，并不会带来任何实际的益处，反而只会破坏立法者通过明确区分不法、有责已经争取到的明确性。⑤

即使在违法性论对抗中持结果无价值与行为无价值二元论的基本立

---

① 参见[日]大谷实：《刑法总论》，黎宏译，法律出版社2003年版，第178～179页。

② 参见陈子平：《刑法总论》（2008年增修版），中国人民大学出版社2009年版，第164页。

③ [日]大塚仁：《刑法概说（总论）》（第3版），冯军译，中国人民大学出版社2002年版，第305页。

④ 参见[日]泷川幸辰：《犯罪论序说》，王泰译，法律出版社2005年版，第61页。

⑤ 参见[德]克劳斯·罗克辛：《刑事政策与刑法体系》（第2版），蔡桂生译，中国人民大学出版社2010年版，第91～92页。

场——其前提依旧建立在不法与有责的区分上,也不会是对刑法道德化的支持或认可。相反地,在德国居于通说地位的结果无价值与行为无价值二元论认为:只有结果无价值与行为无价值同时存在,才能成立不法;只有二者同时被取消,才能成立正当化事由。① 且二元论中行为无价值的原有根基——社会伦理,早已受到了系统的批判与清理,转向了法益侵害的根基。毕竟,在结果无价值与行为无价值的博弈中,真正的裁判者既不是结果无价值与行为无价值本身,也不是法益侵害及规范违反之根基,而是其背后的价值遴选——人权。故而,二元论居于通说(德国)抑或结果无价值占据优势(日本),无非是人权价值统帅的征表。至于认为二元论虽标榜重视法益侵害,但归根结底仍是以行为人的主观及行为形态是否合乎伦理道德为根据判断不法成立的论调,②大抵是置身于日本刑法学语境中在法益侵害的大旗下,对韦尔策尔草创时期的行为无价值作堂·吉诃德式的鞭挞! 这种行为无价值等于社会伦理违反的逻辑设定,已然因行为无价值内涵的变动而沦为历史的遗迹。

在肯定不法与有责区分的基础上,二者的具体功能为何又是一个颇具分歧的议题。德国刑法学者罗克辛在20世纪70年代曾将构成要件符合性、违法性与有责性的具体功能解读为:构成要件受法的明确性指导,这一明确性经常是教义学之所以正当存在的唯一理由,为了实现罪刑法定原则,需要各个构成要件,从罪刑法定原则出发,也就有了教义学上的阶层划分;违法性探讨的是相对抗的个体利益或社会整体利益与个体需求产生冲突时,纠纷应如何处理;有责性更多的是讨论规范问题,即在非常人格或特定情势下,原则上应科以刑罚的举止是否和多大程度上仍然还需予以处罚,而并非是去用经验的方式来勉强地确定他行为的能力(Andershandelnkönnen)。③ 然而,这受到了批判。

例如,Schünemann、Amelung就认为构成要件所设定的目标在于罪刑法定原则太过形式化,而阻却违法事由在于解决社会冲突的理想太过一般化。④ 在批判的基础上,Schünemann认为:刑事司法制度所应防止的就是

---

① 陈璇:《德国刑法学中的结果无价值与行为无价值二元论及其启示》,载《法学评论》2011年第5期。

② 参见黎宏:《行为无价值论批判》,载《中国法学》2006年第2期。

③ 参见[德]克劳斯·罗克辛:《刑事政策与刑法体系》(第2版),蔡桂生译,中国人民大学出版社2010年版,第20~21页。

④ 参见[德]Schünemann:《区分不法与罪责的功能》,载许玉秀、陈志辉合编:《不移不惑献身法与正义——许乃曼教授刑事法论文选辑》,台北,新学林出版股份有限公司2006年版,第433页。

具有适格社会损害性行为，这种行为构成了刑事不法，而且在被害人与社会对于这种行为的非价中去判断法益免受侵害的影响强度与基础，经由这种象征性相互联系的行为而传达给一般社会大众；而有责的指导性价值所牵涉的就是个人的避免可能性——刑罚目的在这里本来就不是独立的，而是只能在个人避免可能性的指导原则下运作；但在这个超越个人的决定中本来也已必然存在行为人的归责因素与它们间的相互影响。因此，适格的社会损害性与适格的非难可能性并不是完全相互排斥的分类概念，而是一开始就是相互重叠的类型概念——这也为法律实务所支持，但不法与有责的观察必须分开为之，并且于外在观点具有一定弹性的情形之下毫无矛盾地贯彻到底，因为不法与有责在刑罚目的上的确具有不同的功能。①

再如，德国刑法学者冈特·施特拉腾韦特等指陈："'违法性'这个概念不仅从字面上表明违反了法秩序，还意味着超越了法律所设定的范围。它指向的是完全不依赖于该行为的个人责难的事实。这就使对违法性的考察有了自己的重要性。与违法性相关的，还有法治国的观点，即国家机构只享有在追究违法行为，确定责任的种类和大小的过程中，干涉个人空间的权力。"②

由犯罪论体系角度观之，当下新古典及目的论综合体系在德国居于通说地位的同时，目的理性体系却轮廓渐显，而二者在不法与有责功能上的歧异，增加的莫不是对不法与有责在功能界定上的困难，再结合德国学者在不法与有责上具体功能的分歧，③可以认为对不法与有责之功能作出精确而统一的界定，实非易事，但无论何种界定均是在人权价值旗帜下展开的——**人权价值是设定不法与有责功能的坐标！**

在我国，部分刑法学者在现行刑法典的框架下，主张扬弃四要件犯罪论体系后努力尝试构建阶层化犯罪论体系。其中，引人注目的是张明楷教授轮廓渐显的两阶层体系——犯罪构成由违法构成要件与责任要件组成。④ 至于采取以不法与有责作为犯罪论体系支柱的合理性，张明楷教授

---

① 参见[德]Schünemann：《区分不法与罪责的功能》，载许玉秀、陈志辉合编：《不移不惑献身法与正义——许乃曼教授刑事法论文选辑》，台北，新学林出版股份有限公司2006年版，第434~445页。

② [德]冈特·施特拉腾韦特、洛塔尔·库伦：《刑法总论Ⅰ——犯罪论》，杨萌译，法律出版社2006年版，第82页。

③ 具体论述可参见Schünemann在《刑法体系与刑事政策》《刑法罪责理论的现状》《罪责原则在预防刑法中的功能》等，载许玉秀、陈志辉合编：《不移不惑献身法与正义——许乃曼教授刑事法论文选辑》，台北，新学林出版股份有限公司2006年版，第37~59、569~592、593~627页。

④ 参见张明楷：《刑法学》（第4版），法律出版社2011年版，第105~107页。

基于比较的视域给出了诸多理由。[①] 实际上，长期以来我国刑法学者对四要件犯罪构成的批判，根本上均源于其实质违法性判断交由犯罪概念完成的结构性缺陷，即独立的违法性要件欠缺。这造成了定罪标准的一元化抑或二元化之争，也导致了不法与有责的含混。例如，陈兴良教授认为四要件犯罪论体系存在如下难以克服的根本性缺陷：其一，没有构成要件的犯罪构成；其二，没有出罪事由的犯罪构成；其三，没有归责的犯罪构成；其四，没有阶层的犯罪构成。[②] 这些所谓的"根本性缺陷"无非是上述结构性缺陷导致了不法与有责含混的具体征表罢了。因此，主张破除四要件犯罪论体系困境的出路之一在于实现不法与有责的区分，似乎是解决问题之肯綮所在。

（二）不法、有责与目的（任务）的对接

随着犯罪论体系之根基由存在论转向刑法的目的（任务），不法与有责之二分结构不可避免地要与刑法的目的（任务）进行对接。

"今天，在德国刑法学理论中占据主导地位的见解，不再是以存在事实（比如，因果关系或目的性）为导向的体系了，而是以刑法的任务和目标（Aufgaben und Zwecken）作为指导的体系。"[③]在此基础上，刑法中的不法要从刑法的任务—法益保护—中引导出来，而有责则要从具体的刑罚目标中推导出来（目的理性体系的框架结构）。[④]

如前所述，目的理性体系在不法上被斥为欠缺方法论上的实质依据，但主张从刑法任务中推导出不法在德国并不缺乏支持者，且其已然成为国际性议题。例如，"我们可以说由刑法之任务，即作为法益保护之最后手段以避免社会危害行为可以推导出对于犯罪行为特别的（刑法特有的）非价的第一个评价阶层。传统上对于构成要件该当性与违法性之区分，以前述之观点来看只是一个单纯法律技术上之划分，其在德国释义学中之意义自Liszt与Beling的时代以来即被过度高估了"[⑤]。在日本，将不法与刑法目的（任务）联系在一起的主张，也相当具有吸引力。例如，山口厚先生就坦言："根据我的理解，所谓违法性，形式地说来，是指客观上违反了罚则中所

① 参见张明楷：《犯罪构成体系与构成要件要素》，北京大学出版社2010年版，第49～73页。

② 参见陈兴良：《犯罪构成论：从四要件到三阶层——一个学术史的考察》，载《中外法学》2010年第1期。

③ ［德］克劳斯·罗克辛：《刑事政策与刑法体系》（第2版），蔡桂生译，中国人民大学出版社2010年版，第70页。

④ 同上书，第70～83页。

⑤ ［德］Schünemann：《刑法体系与刑事政策》，载许玉秀、陈志辉合编：《不移不惑献身法与正义——许乃曼教授刑事法论文选辑》，台北，新学林出版股份有限公司2006年版，第48页。

订立的法的禁止,实质地说来,支撑违法性内容的是,依照法益保护这一刑法的任务,不符合法益保护目的的法益侵害与危险的引起。”①

至于目的理性体系将有责建立在刑罚目标之上的主张,则得到了广泛的认同。例如,在日本,“法益的拥护是刑法的任务、犯罪应该限定于对法益的加害行为(对法益予以侵害的行为,及产生了法益侵害危险的行为)这样的思考方法,现在已经成为了学说中的通说乃至于定说”②。我国台湾部分刑法学者在区分应罚性(做错事)与需罚性(责备)的基础上,基于予以责难和动用刑罚并无本质区别,遂进一步认为罪责并不属于犯罪论而属于刑罚论,并不属于应罚性的决定因素而属于需罚性的决定因素③——这同样将罪责与刑罚的目的联系在了一起。

对刑罚目的的适度认可,早已成为域内外刑法理论与实务的共识。的确,刑法目的及任务的全面实现离不开预防的刑罚目的,而不法与有责恰恰能够与预防的对象既预防的手段相适应。易言之,兼具行为刑法及法益刑法属性的现代刑法以预防及惩处侵害或威胁法益的行为为己任,这使侵害及威胁法益的行为成为刑法(罚)的对象。在定罪中,侵害及威胁法益的行为既是不法的评价对象,也是刑法(罚)的预防对象,④而侵害或威胁法益是不法的实质性评判标准——构成要件符合性与违法性均是侵害或威胁法益的具体表述。因此,法益侵害或威胁连接着不法与刑法(罚)目的。在有责上,“刑法所要达到的法益保护之目的,当然只是作用于规范接收人(Normadressaten)的动机之上。如果规范接收人不具有他行为之可能(Möglichkeit zum Andershandeln)时,则这样的作用也就失灵无效了”⑤。即定罪中有责对刑法谴责范围的筛选建立在一定的预防必要性之上,这确立了有责与刑法(罚)目的难以割裂的联系。恰在此意义上,我国台湾地区刑法学者黄荣坚指出:“不法概念所要表达的就是刑法所要禁止(预防)的行为模式。”⑥张明楷教授更是将其概括为预防什么与如何预防,是与违法性(预防法益侵害的行为)与有责性(行为人具有他行为可能性)相对应

---

① [日]山口厚:《犯罪论体系的意义与机能》,载《中国法学》2010年第1期。

② [日]山口厚:《刑法总论》(第2版),付立庆译,中国人民大学出版社2011年版,第4页。

③ 参见许玉秀:《当代刑法思潮》,中国民主法制出版社2005年版,第113~114页。

④ 即使是精神病人等无责任或限制责任能力人,也可以责令其监护人严加管教或必要时由政府收容管教。

⑤ [德]Schünemann:《刑法罪责理论的现状》,载许玉秀、陈志辉合编:《不移不惑献身法与正义——许乃曼教授刑事法论文选辑》,台北,新学林出版股份有限公司2006年版,第573页。

⑥ 黄荣坚:《基础刑法学(上)》(第3版),中国人民大学出版社2008年版,第113页。

的问题。①

二、构成要件符合性与违法性分合之要义

在阶层化犯罪论体系中构成要件符合性与违法性应否作结构上的(严格)区分,也是域外刑法理论中颇具分歧性的议题。晚近随着德日刑法理论在我国的体系统性展开,尤其是扬弃四要件犯罪论体系后对两阶层体系的提倡,诱引了该议题在我国逐步荣升为刑法学者的新生宠儿。②

当下域外三阶层犯罪论体系虽渊源于贝林的犯罪架构,但二者在实质内涵上早已差别甚巨。这种差别主要围绕着主观要素、规范要素及容许性要件展开。实际上,在主观要素、规范要素及容许性要件上所持的态度,将实质性地决定着对犯罪阶层评价体系的基本立场。

(一)主观要素之变动

"H. A. 菲舍尔,黑格勒,马克斯·恩斯特·迈尔,还有梅茨格尔都发现,在许多案件中,不仅仅是罪责,而且还有构成行为的不法,都取决于行为人的意志指向——也就是说,取决于主观的、内在心理性的要素。"③因此,将主观要素置于构成要件之外的原初设定被扬弃,这最终促使了阶层化犯罪论体系的质变式发展。

主观的构成要件在20世纪30年代后广获认同,及至韦尔策尔的目的论体系,主观的构成要件之地位在犯罪判断架构中得以完全确立。韦尔策尔将构成要件一分为二——客观的构成要件与主观的构成要件。"客观的构成要件(Objektive Tatbestand)是所有不法行为具体而现实的核心组成部分";而故意则是"目的行为的组成要素",是"主观的构成要件"(Subjektive Tatbestand),其包括"认知"(intellektuelles Element)和"意欲"(voluntatives Element)两个方面,"知"是对行为的认识因素,"欲"是对行为发展的意愿决定因素,"这两个因素一起构成了实现符合构成要件行为的故意,即构成要件故意(Tatbestandsvorsatz)"。④ 目的论体系的衰落,并未动摇主观的构成要件之地位。其后,过失、意图等主观要素,也被从有责性阶层中剥离出来,成为了构成要件要素。时至当下,其主观的构成要件

① 参见张明楷:《犯罪构成体系与构成要件要素》,北京大学出版社2010年版,第67~68页。

② 例如,专门探讨该议题的文章有:王充:《体系与机能之间——论构成要件与违法性的关系》,载《法律科学》2011年第2期;杜宇:《合分之道:构成要件与违法性的阶层关系》,载《中外法学》2011年第4期;等等。

③ [德]克劳斯·罗克辛:《德国刑法学 总论》(第1卷),王世洲译,法律出版社2005年版,第183页。

④ 刘艳红:《犯罪构成要件:形式抑或实质类型》,载《政法论坛》2008年第5期。

仍然支配着刑法理论的发展。

然而,当行为的主观要素由有责性阶层大举前移至构成要件阶层中时,原本完全属于有责性判断的主观要素,挪移后在构成要件中就要进行判断,这必然导致阶层化犯罪论体系的结构性改变。于是,故意与过失在犯罪论体系中的地位、违法性认识等分歧,纷至沓来。当前通说认为,主观要素在构成要件中的内涵为,对于客观的构成要件所描述的客观情状之“知”与“欲”,包括构成要件故意、过失、意图及其他主观意向;而主观要素内容在有责中则专指对行为不法内涵的认识——不法意识,及行为人之人格要素,如年龄、精神状态等,其涉及的仅是责任轻重问题。[①] 那么,这是否意味着主观要素在构成要件与有责性中的内涵截然不同,是否意味着有责性中的故意、过失要素不再需要考量?而构成要件与违法性之间的关系增加了这一问题的复杂性。实际上,视故意、过失为跨越构成要件、违法性、有责性中两个或两个以上阶层的行为主观要素,[②]无不割裂了主观要素的整体性。因为既然在构成要件中业已具有主观要素,那么是否有必要再设定一个阶段(违法性或有责性)增加评价一次,就不无疑问。所以,为维持主观要素的完整性,在坚持故意、过失系责任要素的同时,寻求解释论上的周延,并非没有市场。与此相适应,犯罪阶层体系结构上的分野应运而生。例如,我国的张明楷教授就主张故意、过失是责任要素,并否认二重的故意(认为故意既是违法要素,也是责任要素)。[③]

(二)规范要素之变革

规范要素被发现后,无价值判断色彩的构成要件分崩离析。例如,迈耶在描述性要素之外承认规范要素,其认为规范要素不能通过对构成要件所描述事物外部特征的把握就能获得认识,它们是与价值相关联的要素,是具有评价必要性的要素,而因刑法上的价值评价涉及的就是违法与否的问题,故规范要素系“真正的违法性要素”,且“不是违法性的佐证,而是违法性的认识根据,它们本身属于违法性要素的组成部分”。[④] 迈兹格在将规范要素划分为法律、文化与主观上的评价要素基础上,将构成要件符合性设定为违法性的存在根据。同样地,Grünhut 在区分规范要素类型的基

① 参见柯耀程:《变动中的刑法思想》,中国政法大学出版社 2003 年版,第 35 页。

② 参见关于故意、过失在犯罪论体系中地位之学说分歧,可参见陈子平:《刑法总论(上)》,台北,元照出版有限公司 2005 年版,第 165 ~ 166、192 页。

③ 参见张明楷:《刑法学》(第 4 版),法律出版社 2011 年版,第 230 页。

④ 刘艳红:《犯罪构成要件:形式抑或实质类型》,载《政法论坛》2008 年第 5 期。

础上，认为其所要求的并非事实的确定，而是法官的价值判断。[①] 因此，构成要件阶层与违法性阶层由泾渭分明走向模糊不清。正是在此意义上，日本刑法学者西原春夫才指陈："纵观德国与日本构成要件论发展的历史，兼简直就是构成要件论向违法性论靠近的历史。"[②]

于是，类似的质疑不可避免：既然在构成要件中业已具有规范要素，那么再设定违法性评价阶层是否有必要？毕竟，当主观意思与评价关系的问题都不得不在构成要件中涉及时，残留在违法性中的具体内容是什么遂成为问题。据此，取消违法性的论断具有了吸引力。例如，"事实上，构成要件如不能揭示行为的不法内涵，则着手的判断将产生问题，连带也使判断正当防卫或是参与关系时，产生困难，因此有学者主张，摒弃违法性，而将构成要件视为'整体不法构成要件'（gesamter Unrechtstatbestand）"[③]。建立在"否定性要件特征说"（Lehre von negativen Tatbestandsmerkmalen）理论上的整体不法构成要件，试图将所有的确定不法成立和排除不法成立的特征都包揽其中，这样构成要件与正当化根据之间的关系不再一个是一般禁止（generelles Verbot）、另一个是自立的许可规范（selbständige Erlaubnisnorm）的关系，而更多的是排除不法的根据成了对禁止规范（Verbotsnorm）的限制（Einschränkung），行为的构成要件符合性与违法性由此被融合为一个一体的评判层面（eine einheitiche Wertungsstufe）。[④] 故而，刑法对行为的评价模式由三阶层向两阶层转进。

（三）容许性要件之设定

容许性要件（Erlaubnistatbestand）曾历史性地支撑着构成要件符合性与违法性的结构划分。与容许性要件无法割舍的，是在位阶上等同于禁止规范（Verbotsnerm）的容许规范（Erlaubnisnorm）。所谓容许规范，指因为有其他正当化理由的存在而阻却违法的规范。因此，容许规范对于禁止规范而言，可谓具有'例外性'的阻却违法作用。同时，容许规范的形成并不以制定法为限，也包括习惯法在内；其也不以确定的法则为必要形式，"衡平原则"的理念形态也有其适用性。[⑤]

由容许规范角度观之，通常行为具备构成要件符合性时，只是原则性

---

① 参见［日］西原春夫：《犯罪实行行为论》，戴波、江溯译，北京大学出版社 2006 年版，第 39 页。

② 同上书，第 25 页。

③ 柯耀程：《变动中的刑法思想》，中国政法大学出版社 2003 年版，第 37 页。

④ 参见［德］约翰内斯·维塞尔斯：《德国刑法总论》，李昌珂译，法律出版社 2008 年版，第 72 ~ 73 页。

⑤ 参见苏俊雄：《刑法总论Ⅱ》（修正版），台北，作者 1998 年自版，第 168 页。

地推定存在违法性；一旦存在容许性要件，就否定其违法性——“对犯罪行为违法性的积极的认定在司法实践中是不存在的”[①]；容许性要件并不属于个别构成要件，而是基于整体法规范的评价产生的，其适用范围及于所有的行为类型。[②] 因此，行为具备个别构成要件符合性，同时具有正当性事由，不仅排除违法性，甚至可能否定构成要件符合性。

于是，容许性要件在犯罪论体系中的地位难免形成聚讼。在德国，形象地反映这一争议的是韦尔策尔的著名设例：打死一只蚊子与因正当防卫而杀死一个人。前者系行为自始未侵害法益而不具有构成要件符合性；后者系行为侵害法益而具有构成要件符合性，但存在违法性阻却事由。因此，容许性要件体系性地位的设定，关涉在构成要件符合性与违法性之独立性上所持的态度。若将容许性要件应置于违法性阶层中，则必然导致维持构成要件符合性与违法性各自的独立性，而排斥消极的构成要件理论。[③] 毕竟，“正当性行为的合法性并不亚于无关构成要件之行为。而最大的区分乃在于正当性行为虽排除不法，但却不能消除该行为的社会耸动性”[④]。可见，构成要件符合性与违法性合分之争，绕不开对消极的构成要件理论的阐释。

就消极的构成要件理论而言，其受到广泛的关注应归功于德国的Baumgarten。其指出：构成要件的概念始于故意相关的全体犯罪要素，既包括记载于刑法典分则中的犯罪要素，又包括分则中未规定的违法阻却要素，但不包括客观的处罚条件；理由是立法者并不要求客观的处罚条件与故意之间有关系，而所有的（至少大部分）违法阻却事由，对犯罪而言很重要。[⑤] 这样，消极的构成要件成了构成要件符合性与违法性的上位概念，构成要件符合性与违法性被融为一体，而构成要件符合性与违法性其中之一，必然丧失独立的机能。这并未得到当时刑法学界的广泛认同。

然而，错误理论，尤其是对与违法阻却事由联系紧密的错误的研究，使得消极的构成要件理论获得了发展的契机。Lang-Hinrichsen 提出了“整体——不法构成要件”概念，并主张构成要件是违法性的实在根据，违法性

① ［德］汉斯·海因里希·耶赛克、托马斯·魏根特：《德国刑法教科书》，徐久生译，中国法制出版社 2001 年版，第 286 页。

② 柯耀程：《变动中的刑法思想》，中国政法大学出版社 2003 年版，第 20 页。

③ 我国刑法学者在消极的构成要件理论上的称谓相当混乱，有的称为二阶层理论，有的称为负面犯罪构成要件要素理论，有的称为否定性要件理论，等等。

④ 柯耀程：《变动中的刑法思想》，中国政法大学出版社 2003 年版，第 22 页。

⑤ 参见［日］西原春夫：《犯罪实行行为论》，戴波、江溯译，北京大学出版社 2006 年版，第 43 页。

与构成要件符合性之间是特殊与一般的关系。① 于是,构成要件不仅包括类型的(刑法分则中的)要素,也包括非类型的(刑法总则中的)要素。由于这种理论存在否定了构成要件所具有的保障机能的一面,是对犯罪构成与罪刑法定原则实质性联系关系的一次松弛,因此,在德国其遭到了诸多批判。例如,耶赛克、鲍曼、伯克曼、希尔施、雅各布斯等学者就拒绝消极的构成要件理论。② 但是,暂时倾向于承认消极的构成要件理论,是德国刑法学大的趋势,其中不乏相当多的权威学者。③ 因此,消极的构成要件理论"正在退却、消亡",是基于构成要件保障机能立场的断言;而该理论"开始受到欢迎"的论断,更多地出于其在错误理论上的积极功效。可见,二者是基于不同角度得出的不同结论。在意大利,消极的构成要件理论同样备受关注,尤其是诟病;④在日本,消极的构成要件理论只得到了植田重正、中义胜等为数极少的学者支持;⑤在我国(包括台湾地区),消极的构成要件理论之命运大抵相当。在大陆,两阶层理论的提倡者张明楷教授在秉持罪刑法定原则的基础上主张:"本书没有采用消极的构成要件要素理论,但与消极的构成要件要素理论似乎没有本质区别。"⑥

在此,需强调的是,随着对介于构成要件错误和禁止错误之间的常见错误类型——容许性构成要件错误(误想防卫)的发现及解决方案的提供,以及与两阶层理论相适应的行为评价模式——"客观归责理论"的出现,⑦三阶层理论虽仍然在域外刑法理论及实务中居于优势性地位,但两阶层理论正在成为日渐有力的学说。以容许性构成要件错误为例,下面试做分析。

"所谓'误想防卫'(或称'错觉防卫')(Putativnotwehr)乃当行为人误认有一现时不法之侵害状况存在,且基于防卫意思,实施'必要之防卫行为',但事实上,此一现时不法侵害状态并不存在之谓。"⑧如:

甲行经陋巷时,其仇人乙怒目而视地迎面走来,当二人正要擦肩而过

---

① 参见[日]西原春夫:《犯罪实行行为论》,戴波、江溯译,北京大学出版社 2006 年版,第 45 页。

② 参见[德]汉斯·海因里希·耶赛克、托马斯·魏根特:《德国刑法教科书》,徐久生译,中国法制出版社 2001 年版,第 308 页。

③ 参见[日]西原春夫:《犯罪实行行为论》,戴波、江溯译,北京大学出版社 2006 年版,第 45 页。

④ 参见[意]杜里奥·帕多瓦尼:《意大利刑法学原理》(注评版),陈忠林译评,中国人民大学出版社 2004 年版,第 111 页。

⑤ 李立众:《犯罪成立理论——一个域外方向的尝试》,法律出版社 2006 年版,第 105 页。

⑥ 张明楷:《刑法学》(第 4 版),法律出版社 2011 年版,第 131 页。

⑦ 参见柯耀程:《刑法构成要件解析》,台北,三民书局 2010 年版,第 87 ~ 90 页。

⑧ 黄常仁:《刑法总论——逻辑分析与体系论证》,台北,新学林出版股份有限公司 2009 年版,第 100 页。

时,甲见乙将手伸入大衣口袋内掏东西,误以为乙正在掏凶器准备行凶,遂拿起随身携带的球棒击向乙头部,乙倒地重伤。事实上,乙所掏的不过一条手帕而已。

依据传统的三阶层理论,上述误想防卫案中甲成立何种类型的犯罪,较为复杂。理由是故意是行为人对构成要件事实的认识与实现该内容的意思,而正当防卫的成立以构成要件的故意或过失为必要条件。因此,要么承认甲成立故意犯罪或无罪,如严格责任说。该说认为,对于阻却违法事由的误认,不排除构成要件故意,只可能排除违法性的意识(不法认识),这种错误不是构成要件错误,而是禁止错误。误认合法化事由所发生的不法认识之欠缺,若错误可以避免而未避免,则成立故意犯罪;若具体情况显示错误难以避免,则无罪。① 要么在认可误想防卫具有构成要件的故意之前提下,求诸理论上的转承实现误想防卫仅具有过失责任的结果。如依据限制法律效果的责任说,容许性构成要件错误既不是构成要件错误,也不是禁止错误,而是一种独立的错误类型,无"故意责任"之非难,其阻却的仅是故意的刑罚(不影响构成要件故意),即在法律效果上以类推适用"构成要件错误"为解决方法,故甲成立过失伤害罪;②再如,依据限制的责任说,因甲对于阻却违法性事由之事实并无认识,故甲主观上是认为事实"自己对法秩序忠实"的行为,从而属于"事实错误",可以阻却故意杀人罪的构成要件故意。③ 这受到了诸多诟病。实务中,在日本,"法院对于故意之理解、或是对法律错误之判断,在所能窥知之范围内,大概可认为不仅构成要件错误而已,对关于正当化事由之前提事实错误(容许性构成要件错误)也承认阻却故意之效果"④。

若依据两阶层理论,则上述误想防卫案中甲成立何种类型的犯罪将简洁明了。由于两阶层理论将违法性阻却事由或正当化事由视为"整体不法构成要件"的组成部分,并将容许性要件视为"消极的构成要件要素",因此,当行为人对容许性要件发生错误时,属于"不法构成要件错误",产生行为不符合构成要件的效果而阻却故意的成立。据此,甲成立过失伤害

① 参见林东茂:《误想防卫》,载《刑事法杂志》1996年第6期。
② 参见陈志龙:《人性尊严与刑法体系入门》(修订5版),台北,作者1998年自版,第237页。
③ 参见陈子平:《违法性阻却事由前提事实错误——容许构成要件错误》,载《月旦法学教室》2006年第1期。
④ [日]佐久间修:《构成阻却违法事由之事实错误——以误想正当防卫为中心》,王正明译,载《刑事法杂志》1992年第6期。

罪。于是,有学者指陈:"将构成要件错误的条文直接适用于容许性构要件错误并非只是一件华丽的装饰品,而是功能性的刑法体系藉由平等原则而进一步具体化的成熟结果。"①

综上所述,主观要素、规范要素及容许性要件牵动着阶层化犯罪论体系的结构,且三阶层与两阶层博弈中对彼此合理内容的最大化容纳,似乎是可辨的方向。例如,在德国居于通说地位的三阶层理论对客观归责的吸收,即为适例。因此,尽管韦尔策尔曾直言:"在我看来,将犯罪分解为构成要件符合性、违法性和罪责三个阶层,乃是在过去两三代人中间所取得的最为重要的教义学成果。"②但在人权价值的引导下对具体制度的容纳力度及优化程度,才是决定阶层化博弈胜负的关键——这同样适合于四要件犯罪论体系与阶层化犯罪论体系之间的博弈。于是,单纯或空泛地主张构成要件符合性与违法性应作彼此独立的结构划分的论调,更多的是图腾式的宣誓意义。例如,有论者主张,构成要件符合性与违法性合二为一,定罪中的审查次数就会减少,从而影响判断的信赖程度;③再如,有论者指陈:"构成要件到底只不过是犯罪的大框架,对构成要件符合性的有无这个第一犯罪成立要件问题的回答,只有符合或者不符合的答案,不能回答符合到什么程度的问题。但是,关于违法性,不仅要解决是否违法的问题,在违法的问题解决之后,还要解决违法性的程度问题。"④尽管该类论调仍有支持者,⑤但其重心已然转向了具有实质性意义的对具体理论容纳的争辩中,而非单纯地满足于立场宣示。

若似此,则构成要件符合性及违法性区分与否,不过是为了更好地解决对具体理论的容纳及优化问题,已然不再涉及对阶层化犯罪论体系根基等根本性问题的实质性分歧,故区分与否的论断在性质上被归结于"技术性"层面,似乎并无不妥。在此意义上,构成要件符合性与违法性的区分,至多类似于现代建筑的复式结构——围绕着该结构的聚讼,大抵是对复式

---

① [德]Schünemann:《区分不法与罪责的功能》,载许玉秀、陈志辉合编:《不移不惑献身法与正义——许乃曼教授刑事法论文选辑》,台北,新学林出版股份有限公司2006年版,第434页。

② [德]克劳斯·罗克辛:《刑事政策与刑法体系》(第2版),蔡桂生译,中国人民大学出版社2010年版,第90页。

③ 参见内田文昭:『犯罪概念と犯罪论の体系』、信山社、1990、頁30。

④ [日]大塚仁:《犯罪论的基本问题》,冯军译,中国政法大学出版社1993年版,第38页。

⑤ 与构成要件符合性与违法性区分紧密相连的,是所谓的"可罚的违法性理论"。不过该理论受到了部分学者的质疑。如有学者认为:"可罚的违法性理论"系德国早期目的行为论的主张,这种理论是早期将"构成要件"理解为无色、中性的前提下的产物,在构成要件理论实质上已大不相同的今天,自无采用的必要。参见陈志龙:《人性尊严与刑法体系入门》(修订5版),台北,作者1998年自版,第338页。

结构作一层还是两层理解而已。

在当下，三阶层理论与两阶层理论都难以称得上独自彻底解决了对具体理论的容纳及优化问题。因此，阶层化犯罪论体系也是需要理论及实务付出双向努力而处于不断完善中的体系。据此，类似基于在法价值、法判断、实体效果及程序功能等上的“差异”而主张“有必要重申构成要件与违法性之间的界限，并将其作为相互独立的阶层而认真对待”的论调，[①]似乎有不得构成要件符合性与违法性“合分之道”的要领之嫌。

① 参见杜宇：《合分之道：构成要件与违法性的阶层关系》，载《中外法学》2011 年第 4 期。

第六章　我国犯罪论体系改造方案之审视

真理的惯常命运往往是始于异端，终于迷信（赫胥黎语）。实质违法性在犯罪的评价中不可或缺，这在阶层式犯罪论体系中征表为不法阶层（两阶）或违法性阶层（三阶），但在四要件犯罪论体系下其容身于混合的犯罪概念之中，而非四要件犯罪构成独立的要件。基于这一差异，"解释论"上对四要件犯罪构成做定罪标准一元化的努力，无法阻止定罪中犯罪概念对四要件犯罪构成的"干涉"，也无力周延性地解决正当化事由的体系地位问题，导致了事实上的定罪标准二元化。可见，定罪标准一元化虽难以企及，但定罪标准二元化并非不可得。因此，在对待四要件犯罪论体系的基本立场上，似乎应主张改良论，即在四要件犯罪论体系的框架下探寻如何更好地发挥定罪标准二元化的功效，并以此为起点梳理犯罪论体系结构，最大化地克服体系上的不周延。

然而，较之阶层化犯罪论体系，尽管四要件犯罪论体系也能实现对人权价值的承载，但在承载方式上明显处于劣势，并潜含着放纵和依赖非法治力量的介入以实现对人权价值的支撑，蕴含了巨大的风险，而定罪标准二元化对人权保障的力度有限，且会提升非法治力量介入的风险，延缓业已开启的刑事法治化进程。故而，定罪标准二元化并不可取。此外，定罪标准二元化虽然能提升对基本制度的容纳能力，但在体系周延性问题上的应对同样乏力。于是，逻辑上的推求必然是对改良论的扬弃！

在域内外既有的诸多犯罪论体系中，渊源于主客观二分法而作不法与有责结构划分的阶层化犯罪论体系大抵是人权保障坚实的捍卫者，而在避免非法治力量介入的诸多举措中，将实质违法性纳入犯罪构成中成为其要件之一实现定罪标准一元化，不失为具有实证依据且行之有效的举措，但这会使混合的犯罪概念难以维持而转向形式的犯罪概念。若似此，则四要件犯罪论体系将难以维持！易言之，**在四要件犯罪论体系下，定罪标准一元化不可得，定罪标准二元化不可取，而基于四要件犯罪构成缺陷进行的修正却使得四要件犯罪论体系框架本身难以为继，于是，在人权价值的引领下犯罪构成不可避免地趋于阶层化；同时，相较于两阶层，三阶层犯罪论体系在人权价值承载上较为稳定，故具有比较优势。**

第一节　犯罪论体系平面化改造之批判

四要件犯罪论体系自异域进入我国后，就呈现出一派绝对统率刑法理论与实务之势，即使在当下其依旧强悍有力。然而，随着英美法系及大陆法系其他国家与地区之刑法理论在我国的展开，四要件犯罪论体系之权威性地位在刑法理论上开始受到挑战。因此，犯罪论体系在我国的争讼非始于当下，但勃兴于当下。仔细检视争讼各方之观点，其大抵显现出三种类型——固守论、改良论与重构论①——之轮廓。

一、固守论、改良论及其分歧

前已述及，四要件犯罪构成之单一要件无法容纳实质违法性，而刑法对行为的评判中实质违法性标准不可或缺，它驱动着解释论上的周延性努力，也设定了四要件犯罪论体系结构下固守论与改良论的标尺，即在维持四要件犯罪论体系基本框架下，对四要件犯罪构成的立场无外乎固守与改良，与此相对应的无疑是固守论与改良论。很明显，在四要件犯罪论体系框架下的固守论与改良论，均属于犯罪论体系平面化改造之范畴。

固守论主张，四要件犯罪论体系有其深厚的理论与实践根基，即使其呈现出的所谓瑕疵也是细枝末节性的，不会在整体上消解其合理性，实践中其也基本获得了肯定的评价，没有必要进行伤筋断骨式的改造，维持既有的框架结构即可。例如，有论者主张："中国的四要件平行模式有其存在的深厚的理论基础和实践生命力，从目前来看，还是很难推翻的。所谓二要件说、三要件说、五要件说等不同主张大多只是对四要件及其具体要素的不同组合而已。"②

固守论曾在相当长的时期内居于刑法理论及实务主流地位，即使在当下其依旧绝对统率着刑事司法实务。然而，近年来固守论在理论上受到了诸多质疑和有力挑战，其绝对优势之影响力正在逐步丧失。当然，固守论者并不否定对四要件犯罪论体系在"细枝末节性"问题上所暴露出来的缺

---

① 在理论上，有学者提出了"共存（生）论"，即四要件犯罪论体系和阶层化犯罪论体系在我国完全可以共存。然而，期待可能性理论、因果关系理论、共犯理论等基础理论所指向的犯罪论体系上的质的差异，使共存（生）论这一存在最终要么落实于固守论和改良论，要么落实于重构论，不可能成为据以定罪的理论，因而，笔者在此不将其视为一种与固守论、改良论和重构论处于同一位阶的理论。

② 屈学武主编：《刑法总论》，社会科学文献出版社 2004 年版，绪言。

陷进行弥补,但这种弥补不得求诸伤筋断骨式的方法。在此意义上,固守论并非贬义色彩浓厚的墨守成规论。

改良论主张,四要件犯罪论体系确实存在弊害,但其弊害并非实质性、根本性的,是可以且应该在坚持四要件犯罪论体系基本框架的基础上进行技术性改良加以克服的。毋庸置疑,改良论一直以来都是我国刑法理论及司法实务中较为有力的见解。笔者认为,改良论的基本要点大抵有三点:其一,对部分要件做增删。例如,有论者主张删除犯罪客体要件,将剩下的要件依犯罪主体要件、犯罪主观要件、犯罪客观要件的顺序排列;①再如,有论者主张删除犯罪客体与犯罪主体要件,犯罪构成由作为主观要件的主观罪过和作为客观要件的客观行为构成,前者是定罪的内在依据,后者是定罪的外在依据;②又如,有论者主张犯罪构成是犯罪成立的积极条件,成立犯罪除积极条件外,还应具备消极条件——行为不属于"情节显著轻微危害不大的情形",不属于正当行为,不具有期待可能性。③ 其二,对诸要件顺序作调整。例如,有论者主张犯罪主体、犯罪主观方面、犯罪客观方面、犯罪客体的排列顺序;④ 再如,有论者主张"犯罪主体——犯罪客体——犯罪客观方面——犯罪主观方面"的排列顺序。⑤ 其三,对部分要件做名称置换。如有论者主张犯罪构成由罪状、不法性、罪责性组成;⑥再如,有论者主张犯罪构成由事实要件、违法性评价、有责性评价⑦或客观罪行、主观罪责、正当化事由⑧组成;复如,有论者主张犯罪构成由典型事实、违法判断、归责理由组成。⑨

呈上分析,即使是固守论的持有者,也并不讳言现行的四要件犯罪论体系存在某些问题,而采取正视的态度去研究、完善,并在改革中坚持和发展。因此,尽管就如何改革"细枝末节"的问题争论频仍,但已无论者单纯地主张现行的四要件犯罪论体系应当"固步自封",即固守论者维持的是四要件犯罪论体系的基本结构或框架。在此意义上,固守论与改良论的共同之处主要在于对四要件犯罪论体系结构的维持上,及对其存在缺陷的承

---

① 参见肖中华:《犯罪构成及其关系论》,中国人民大学出版社 2003 年版,第 148 页。

② 参见杨兴培:《犯罪构成原论》,中国检察出版社 2004 年版,第 135 页。

③ 参见王政勋:《犯罪论比较研究》,法律出版社 2009 年版,第 550~551 页。

④ 参见赵秉志:《论犯罪构成要件的逻辑顺序》,载《政法论坛》2003 年第 6 期。

⑤ 参见马荣春:《论四要件犯罪论体系的可取性与可改进性》,载赵秉志主编:《刑法论丛》2009 年第 4 卷,法律出版社 2009 年版,第 32 页。

⑥ 参见李立众:《犯罪成立理论——一个域外方向的尝试》,法律出版社 2006 年版,第 189 页。

⑦ 参见劳东燕:《刑法基础的理论展开》,北京大学出版社 2008 年版,第 214~216 页。

⑧ 参见曲新久主编:《刑法学》(第 2 版),中国政法大学出版社 2009 年版,说明部分。

⑨ 参见许道敏:《犯罪构成理论重构》,载《中国法学》2001 年第 5 期。

认上;而相异之处主要在于对四要件犯罪论体系缺陷的承认力度及相应的修改内容及力度上。因此,固守论与改良论并非毫无共同基础,甚至可以认为二者之间存在可调和的发展方向。

二、固守论与改良论之批判

四要件犯罪论体系一切弊害之根源在于:实质违法性在非构成要件化的同时,容身于混合的犯罪概念中,导致了不法与有责在结构划分上的欠缺。于是,混合的犯罪概念、犯罪构成及正当化事由之间的关系在定罪中呈无逻辑或逻辑混乱之态。这削弱了四要件犯罪论体系本身对基本制度的容纳,从而影响了其在人权价值承载上的力度。

其实,检阅苏联(俄)及我国刑法史,不难发现这一根源并非未被发现,而是意识形态阴影的笼罩,使彻底解决问题的方法成为无人问津的禁区。因此,求诸"解释论"以延缓矛盾并发挥正当化事由之出罪功效的历史功绩不容否定。然而,随着刑法领域中意识形态色彩的退却及人权保障色彩的渐强,固执地沉湎于对"解释论"的满足,必将显得越来越不合时宜,也从根本上悖逆了辩证唯物主义根本立场,并最终延缓我国的刑事法治化进程;同时,混合的犯罪概念、四要件犯罪构成与正当化事由三者之间模糊不清的关系之所以能够借助"解释论"延缓矛盾,与四要件犯罪论体系在定罪上的逻辑性欠缺不无关系。而罪刑法定原则在刑法中的长期缺位及违宪审查制度在我国的实质性缺乏,都助长了四要件犯罪论体系在出罪与入罪上的恣意及秩序维护上的有效性。

故而,固守论在四要件犯罪论体系之根本缺陷暴露无遗,且刑法的政治化色彩由浓转淡的背景下,企图维持四要件犯罪论体系原有的绝对话语权,难免堕入回天乏力的窘境,从而无法彻底化解矛盾的改良论,至多为重构论提供了崛起的缓冲期,其扬汤止沸式的属性连接着式微的宿命。

(一)定罪标准二元化之批判

前已述及,在四要件犯罪论体系下,为恪守四要件犯罪构成在定罪中的自足性,赋予正当化事由以具体而明晰的位置,不可避免地导致对与四要件犯罪论体系配套的犯罪概念、犯罪构成等进行伤筋断骨式的改造,其结果恰恰是四要件犯罪论体系本身的扬弃,故在四要件犯罪论体系下定罪标准一元化不可得。因此,定罪标准二元化似乎具有了比较优势,成为克服四要件犯罪论体系弊害之所依。

然而，若坚持定罪标准二元化，则除会陷入前文[①]所指陈的对秩序价值倾斜的困境外，还会造成容忍或放纵非法治力量的介入，及犯罪论体系周延性欠缺的问题。事实上，在德日刑法学理论拷问四要件犯罪论体系合理性的背景下，定罪标准一元化在蔚然成风之际，定罪标准二元化亦在积蓄力量。若认为定罪标准一元化呈显性勃兴之势，则定罪标准二元化更多地呈隐性发展之势。[②] 例如，有论者认为《刑法》第 13 条"但书"规定不单纯适用于只定性无定量规定的个罪，行为成立犯罪要在"犯罪要件符合性、具体要件事实有无评价"的基础上进行二次综合性的、单纯"大与小"的程度评价；[③]再如，有论者主张，我国刑法中犯罪的构成要件，除传统刑法理论所列举的四个共同要件及分则具体犯罪的特殊要件外，还应包括行为正当性的判断及《刑法》第 13 条"但书"的判断，其中前者系犯罪构成的积极要件，后者为犯罪构成的消极要件；[④]又如，有论者指陈，作为犯罪司法概念的《刑法》第 13 条应该是混合的犯罪概念，非"但书"部分体现了形式理性的刑事违法性的积极、类型化判断，"但书"部分则体现了实质理性的社会危害性消极、个别化判断，故"但书"不仅仅是轻微违法的阻却事由，而且应包含相当于三阶层体系中阻却构成要件符合性、阻却违法和阻却责任的全部内容；[⑤]等等。

笔者认为，在四要件犯罪论体系框架下对定罪标准二元化的支持，其核心是在四要件犯罪构成之外认可出罪事由。由此衍生出的弊害有两种。

其一，有容忍或放纵非法治力量的介入之嫌。

由于四要件犯罪构成在出罪上存在不力的隐患，因此，为出罪事由寻求犯罪构成之外清晰而具体的容身之所，似乎具有逻辑上的合理性。其实，犯罪概念"但书"部分的所谓"新解"、四要件之外消极要件的提倡、"排除要件"的增设等，抽象出的无不是四要件犯罪构成出罪不力的困境，及在四要件犯罪构成之外寻求解决之道的努力。

不可否认，这种努力建立在承认四要件犯罪构成本身难以有效出罪的弊害之上，这是切中肯綮地解决问题的前提，值得褒扬；且这种努力具有提升四要件犯罪论体系承载人权价值力度的潜力，在我国刑事法治化进程中

---

① 参见第四章第二节中"混合的犯罪概念批判"。

② 定罪标准二元化在内容上包括部分对四要件犯罪论体系改造不彻底而出现的"伪阶层"体系，下文将详细展开。

③ 参见刘之雄：《论犯罪构成的情节要求》，载《法学评论》2003 年第 1 期。

④ 参见张永红：《我国刑法第 13 条但书研究》，法律出版社 2004 年版，第 178 页。

⑤ 参见王强：《我国〈刑法〉第 13 条但书规定新解——兼论但书在犯罪构成理论中的展开》，载《法律科学》2011 年第 5 期。

有必要给予应有的重视。然而,这种为出罪而出罪的努力,因交织在秩序与人权博弈中的四要件犯罪论体系对秩序价值的倾斜,且四要件犯罪构成本身欠缺稳固的定罪逻辑,与节制非法治力量介入的有效有段,故强化出罪事由功效以彰显人权价值的美好愿景,难免因主观臆断成分的介入而有异化成为非法治的力量的介入预留通道之虞。这种南辕北辙的隐患,在监视居住大量异化为变相羁押、保外就医往往异化为提前释放的现实背景下,尤其值得省思和警惕,否则增添的不过是刑法对非法治力量的让渡或依附性!

其二,定罪在逻辑上杂乱无章。

传统刑法理论在四要件犯罪构成通过诸要件合力征表实质违法性(社会危害性)的论调,使出罪事由在四要件犯罪构成中飘忽不定,而混合的犯罪概念之“但书”所具有的出罪功能,加剧了四要件犯罪论体系在出罪事由上的混乱。于是,将出罪事由置于四要件犯罪构成之外,虽然可以摆脱出罪事由在犯罪论体系中地位飘忽不定的尴尬,但其无法解决犯罪客体造成的逻辑缺陷,反而滋生出新的定罪逻辑上的杂乱无章。

首先,定罪标准二元化无法克服四要件犯罪构成在犯罪客体上的固有缺陷。前已论及,四要件犯罪构成因犯罪客体要件与其他要件之间含混不清的关系,司法实务中该要件实质性地呈“述而不作”——至多阐明行为人之行为对犯罪客体侵害或威胁的事实,而不做实质性的证明——的形骸化态势,这削弱了四要件犯罪构成在定罪上的逻辑性。然而,定罪标准二元化之核心为出罪事由置于四要件犯罪构成之外,并不涉及对犯罪客体要件的处理,也与犯罪客体在犯罪论体系中的地位关系不大。因此,犯罪客体要件所滋生的问题,并不会因定罪标准二元化的贯彻而自动消失。相应地,四要件犯罪构成原有的定罪逻辑欠缺之弊害,依旧存在。

其次,定罪标准二元化使得主客观判断无序化。显然,定罪标准二元化的实质性结构为“犯罪构成→出罪事由”。然而,数量庞大且来自不同法律领域的正当化事由外置化,将导致违法阻却事由与责任阻却事由合二为一,但二者属性上的根本差异无疑陷这一“一体化”于困境中,也导致定罪逻辑的无序化。例如,出罪事由在内容上涵盖了作为“违法阻却事由”的正当防卫,而作为正当防卫前提条件的“不法”在范围上毫无异义地将幼童、精神病人等无刑事责任能力人的侵害纳入其中,这导致了对客观违法性论的坚持或默许,故若出罪事由外置化,则将在四要件犯罪构成之后进一步进行评价。然而,四要件犯罪构成中主观方面等要件包含了主观判断——即使主张“犯罪客体不要说”或“犯罪主体不要说”,也无法排斥犯罪构成对主观内涵的容纳。于是,沿着“犯罪构成→出罪事由”定罪路径,必然得出主观判断先于客观判断,或主客观判断混乱无序的结论。这无疑悖逆了标榜求诸先客观后主观以保障人权的四要件犯罪论体系捍卫者的设想!同样地,在“责任阻却事由”上该缺陷并无二致。如明知妇女有配偶而与之结婚的,若具备“责任阻却事由”(如婚后受虐待外逃),则不成立重婚罪。但在四要件之后判断“责任阻却事由”(受“客观条件所迫”而“主观恶性小”),必然对主观方面进行二次评价。事实上,出罪事由外置化所衍生的弊害,是平面化犯罪论体系自身通过技术性改良无法克服的痼疾,其在域内外可谓并无本质性差异。①

(二)共存(生)论之批判

所谓共存(生)论,是指阶层化犯罪论体系与四要件犯罪论体系在我国的定罪中可以共存,且不会导致刑事司法实务的混乱。例如,我国的刘明祥教授主张,犯罪构成理论体系不仅对立法起着指导作用,也是一种刑法解释方法论,尽管解释刑法时不同国家的犯罪构成理论体系的确存在差异,但只要各国刑法对基本问题的规定差不多,即使不同国家运用不同犯罪构成理论体系来认定犯罪,也不会有多少差异,没有必要人为夸大犯罪论体系之争的后果,采用何种犯罪构成理论体系与案件定性没有直接联系;②再如,有论者坦言,三阶层与四要件两种犯罪论体系在构造上的差别主要体现为对犯罪要素的排列组合方法不同,二者并无太大的实质差别,且理论与实务存在距离,在理论上承认两种犯罪论体系,不会导致刑事司法实务的混乱。③ 复如,周详教授认为,四要件犯罪论体系和阶层化犯罪论体系虽然在某种意义上属于异质的体系,但体系的异质性不是体系难以共生的理由,相反这是共生的前提,在我国二者可以共存,且完全可能形成一种互利的共生关系,而非“敌我”的排斥关系。④

刑法自近代以来被誉为“最精确的法律”,不仅因为作为刑事法律效果主干的刑罚对行为人权益的限制与剥夺具体而明确;更为重要的是在行为人之行为被评价为犯罪的过程中,最大还原客观真实以确定其属性之证据所凭、条文所依、法官经验,无不建立在科学的基础上,竭力驱逐主观臆

---

① 关于域外平面化犯罪论体系在出罪事由上的困境分析,可参见第一章第二节“域外平面化犯罪论体系对人权根基之探求”。

② 参见刘卉、刘金林:《不同犯罪论体系会不会影响司法统一》,载《检察日报》2009 年 12 月 11 日,第 3 版。

③ 参见高治:《祛魅与还原:反思热议的犯罪论体系之争》,载《中国刑事法杂志》2010 年第 3 期。

④ 参见周详:《四要件与三阶层犯罪论体系共生论》,载《中外法学》2012 年第 3 期。

断性，而真正统率这一过程的三段论逻辑推断及作为其核心的犯罪构成，从来不缺少科学的属性——虽然四要件犯罪构成不尽完美，但其创设及完善的过程绝不是对科学性的逆反！日本刑法学者大塚仁更是直陈，犯罪论体系的衡量标准为“逻辑性”与“实用性”，“犯罪论的体系应该是把我犯罪概念的无矛盾的逻辑，并且是在判断具体犯罪的成否上最合理的东西”。①

在域外审判实践中犯罪构成系定罪的唯一规格，其过程的逻辑表达如表6-1所示：

表6-1　犯罪构成定罪逻辑

定罪	
判断标准	依据……（若P，则Q：P→Q）
判断对象	本案（S属于P：S∈P）
判断结论	故（S系Q：S→Q）

其中，至为关键的“S∈P”的判断系“涵摄”判断。前已述及，涵摄的实质为不断转换构成要件行为以确定事实性行为性质的过程。因此，无论是“采用何种犯罪构成理论体系与案件定不定罪以及定什么罪，没有直接联系”的论调，还是刑法“理论与实务存在距离”的确信，放任或容忍的无不是对犯罪构成在定罪中绝对而不可替代地位的否定，及对四要件犯罪论体系完善的怠惰。

尽管部分共存论的持有者认为：“事实上，我们和德日刑法学的差距并不是或者主要不是体现在犯罪论体系上，而是体现在具体问题的研究深度上。”②但是，这至多见到了不同犯罪论体系对具体制度容纳力度不同而导致在具体问题解决上的客观差异所折射出的幻影。同时，在不同犯罪论体系中，对相异犯罪论体系下具体制度的容纳往往极为困难，过于生硬的剪切，甚至会导致带上“人妖”的属性。四要件犯罪论体系在因果关系理论、错误理论、期待可能性理论、共犯理论等上的滞后，并非完全可归结于特殊时代理论探索的禁区或理论研究者的智力不济。

笔者认为，四要件犯罪论体系在不法与有责上的含混不清，使该体系对域外不少刑法基本理论的容纳力度相当有限，但刑法的共性及实践理性又使“相同案件至少作类似处理”——这在所谓的“自然犯”上尤其如此，

① 参见［日］大塚仁：《刑法概说（总论）》（第3版），冯军译，中国人民大学出版社2002年版，第107页。

② 高治：《祛魅与还原：反思热议的犯罪论体系之争》，载《中国刑事法杂志》2010年第3期。

因此，赋予对实践理性的依赖或以域外犯罪论体系下的结论为“参考”寻求解释论上的周延，遂成为扩充四要件犯罪论体系容纳力度及彰显合理性的不二法门，也导致了四要件犯罪论体系下基本理论研究的相对滞后性。

例如，两岸“对峙”时期，为解决因政治原因而造成的“重婚”问题，我国台湾地区“司法院”第242号解释规定：国家遭遇重大变故，在夫妻隔离，相聚无期之情况下所发生之重婚事件，与一般重婚事件究有不同，对于此种有长期实际共同生活事实之后婚姻关系，如仍得适用“民法”第992条之规定予以撤销，将严重影响家庭生活及人伦关系，反而妨害社会秩序，就此而言，自与“宪法”第22条保障人民自由及权利之规定有所抵触。大陆审判实践中的做法如出一辙！这种因政治原因所导致的“夫妻隔离，相聚无期”而发生的重婚，长期以来被作为“主观恶性较小”而“不以重婚罪论”的典型。[①] 实际上，这不过是期待可能性理论在四要件犯罪论体系中晦暗不明，而不得不求诸“解释论”周延的结果，是实践理性的征表。在扬弃四要件犯罪论体系而转向两阶层犯罪论体系后，该类型重婚的非罪化是求诸期待可能性理论实现的。[②]

再如，喧嚣一时的“许霆盗窃案”。[③] 广州市中级人民法院先以“许霆盗窃金融机构，数额特别巨大，判处无期徒刑，剥夺政治权利终身，并处没收个人全部财产”定罪量刑；后因反响激烈，不得不以“刑法典第63条第2款特别减刑规定”改判“有期徒刑5年，并处罚金2万元”收场。其实，这种巨大的差异无非是四要件犯罪论体系中期待可能性理论地位欠缺，而不得不求诸解释论解围的又一次演绎而已。

可见，共存论忽视或无视了犯罪构成在定罪中的绝对地位，脱离了不同犯罪论体系对具体制度容纳力度相异的实际，且过分地关注不同犯罪论体系在定罪结果上的相异性，而忽视或轻视定罪过程中对行为评价的逻辑性差异——实际上，定罪结果的差异基本可以通过技术性手段弥补，如四要件犯罪论体系完全可以倚重社会危害性理论解决任何定罪结果上的差异，但这无法克服该体系在定罪逻辑上的困境。因此，共存论的致命要害在于其赋予或容忍四要件犯罪论体系在定罪中对其他犯罪论体系或实践理性的依附性，这难以撇清主观臆断成分及非法治力量的介入，从而陷该体系于保护人权乏力的困境。

---

① 参见高铭暄、马克昌主编：《刑法学》，北京大学出版社、高等教育出版社2000年版，第500页。

② 参见张明楷：《刑法学》（第4版），法律出版社2011年版，第831页。

③ 关于“许霆盗窃案”基本案情，可参见赵秉志等：《刑事大案要案中的法理智慧》，中国法制出版社2011年版，第251～252页。

第二节　伪阶层化犯罪论体系改造之批判

“犯罪阶层理论提供的犯罪判断阶层构造,从分析和定位构成要件要素,可以提供一个精确判断犯罪成立与否以及处罚与否的步骤,借以确保刑罚制裁制度的合理和有效。”①较之阶层化犯罪论体系,四要件犯罪论体系的逻辑性相对薄弱,已然成为焦点性议题;同时,何为“阶层”? 对该问题的回答直接划分着改良论中伪阶层与重构论的范围。

“思想从来也不能超出旧世界秩序的范围;在任何情况下它都只能超出旧世界秩序的思想范围。”②域外刑法理论在我国的展开,尤其是德日刑法理论的深化,为四要件犯罪论体系下刑法理论的研究注入了一股清新的力量。因此,在洞悉四要件犯罪论体系缺陷的基础上,部分刑法学者开启了改良的艰难尝试,甚至部分刑法学者在逐渐认识到改良的扬汤止沸属性后,最终转向了重新构建犯罪论体系的立场。在此意义上,所谓的重构论,系指四要件犯罪论体系存在的弊害是实质性、根本性的,难以通过技术性修正得到克服,有必要进行重新构建的论调。该说在当下的影响日盛,其中代表性人物当推张明楷与陈兴良教授。

值得一提的是在对四要件犯罪论体系进行批判并在“重构”犯罪论体系的基础上,我国刑法学界出现了一种应当予以关注和警惕的现象——伪阶层化犯罪论体系(以下简称伪阶层)③蔚然成风! 前已论及,不法与有责所要解决的是不同层次的问题,这也延伸出二者的功能差异及显性的逻辑递进。因此,不法与有责之间显性的逻辑递进只是形式,其抽象的是不法与有责在本质上的差异。令人遗憾的是,我国刑法学者在对阶层化犯罪论体系中阶层的解读往往过于形式化。例如,陈兴良教授认为:“阶层,又称为位阶,是指一种不可变更的顺序关系。”④严格地说,不宜认为这一诠释准确地勾勒出了阶层化犯罪论体系与对四要件犯罪构成进行部分要件增删、顺序调整或名称置换而包含的伪阶层之间边际的轮廓。阶层固然具有“不可变更的顺序关系”的特征,但“不可变更的顺序关系”至多是阶层的

---

① 许玉秀:《当代刑法思潮》,中国民主法制出版社2005年版,第59页。

② 《马克思恩格斯全集》(第2卷),人民出版社1957年版,第152页。

③ 当然,不同伪阶层产生之原因各异。例如,有的出于竭尽自身之能事以摘得哗众取宠的头衔,甚至借以谋取学术之外的利益;有的出于一知半解鹦鹉式的讲解或基于我国“国情”满口苦情式的游说或对二者的“兼容并包”;有的囿于自身专业知识素养之局限而误入歧途;等等。

④ 陈兴良:《犯罪构成论:从四要件到三阶层》,载《中外法学》2010年第1期。

必要条件,包含“不可变更的顺序关系”的犯罪构成,也可能是伪阶层。任何脱离不法与有责及其承载的人权价值的所谓阶层,都是伪阶层!事实上,四要件犯罪论体系的捍卫者,尤其是坚持通说顺序的学者,大多未放弃强调从客观到主观的逻辑判断顺序,但这并不能实质性地改变四要件犯罪论体系所具有的平面化特征。

就伪阶层之形态而言,因其隶属于改良论范畴,而改良论大抵有部分要件增删、顺序调整与名称置换三种基本类型,故伪阶层之形态亦可一分为三:要件增删型伪阶层、顺序调整型伪阶层与名称置换型伪阶层。

一、要件增删型伪阶层批判

所谓要件增删型伪阶层,系指借鉴阶层化犯罪论体系之方法论,扬弃四要件犯罪论体系不彻底而形成的犯罪论体系。在对四要件犯罪论体系进行阶层化改造所涌现的伪阶层中,要件增删型伪阶层较具迷惑性。

例如,周光权教授在系统地阐释了四要件犯罪论体系之缺陷后,借鉴德日阶层化犯罪论体系之方法论对四要件犯罪论体系进行改造,主张犯罪客观要件、犯罪主观要件、犯罪排除要件“三阶层”理论体系;其中,犯罪客观要件、主观要件基本上分别对应德日三阶层理论的违法构成要件与责任构成要件,而排除要件包括违法排除事由与责任排除事由。①

就周光权教授“三阶层”体系中客观要件与主观要件之弊害而言,张明楷教授一针见血地批判道:“周光权教授在其教科书的‘犯罪客观要件’一章,并不说明犯罪客观要件与违法性的关系,在‘犯罪主观要件’并不说明犯罪主观要件与责任的关系;而在‘犯罪阻却事由’一章的‘违法性阻却事由’与‘责任阻却事由’两节中,却分别论述违法性的本质与责任的本质、意义。这种做法不仅存在逻辑上的缺陷(犯罪的积极要件不是以违法与责任为支柱,而犯罪的消极要件则以违法与责任为支柱),而且导致犯罪客体要件与犯罪主体要件的判断,成为没有目标指引的纯形式判断。”②对此,笔者以为然。

同时,尽管周光权教授认为犯罪客观要件与主观要件分别对应违法构成要件与责任构成要件,但犯罪客观要件与违法构成要件仅是一种包含关

① 参见周光权:《犯罪论体系的改造》,中国法制出版社 2009 年版,第 280 ~ 282 页。其实,周光权先生所主张的犯罪客观要件、犯罪主观要件、犯罪排除要件“三阶层”理论体系,渊源于其此前的犯罪客观要件、犯罪主观要件、犯罪阻却事由“三阶层”理论体系。参见周光权:《刑法总论》,中国人民大学出版社 2007 年版,第 104 页。

② 张明楷:《犯罪构成体系与构成要件要素》,北京大学出版社 2010 年版,第 103 页。

系,因为在其“三阶层”体系中“犯罪客观主要讨论实行行为、危害后果、因果关系、行为的时间、地点方式等反映犯罪客观方面的构成要件要素”,[①]而德日阶层化犯罪论体系中违法构成要件因主观要素的冲击,早已置入了主观的内涵。所以,周光权教授笔下的“对应”至多是定罪顺序或位阶上的对应。据此,犯罪客观要件根本无法发挥违法构成要件的功效。

而责任构成要件与“主要讨论犯罪的故意、过失、认识错误、无罪过的事件以及犯罪的动机、目的等构成要件要素”的犯罪主观要件[②]也无法等量齐观。例如,属于责任构成要件的责任能力,很难在主观要件中阐释,但若置于排除要件中(责任排除事由),则会导致类似于四要件犯罪论体系下定罪标准二元化所产生的定罪逻辑上的混乱,也使主观要件难以与责任构成要件相对应——这实质性地否定了主观要件系非难可能性的全部根据。

至于企图求诸这种犯罪客观要件与主观要件的“纯形式判断”以贯彻罪刑法定原则,更是乖谬的设想。毕竟,在阶层化犯罪论体系下构成要件符合性并非单纯的形式判断。例如,在日本,针对损坏器物罪中的“损坏”,大谷实先生诠释道:“所谓损坏,就是变更用一定材料做成的器物自身的形象或使其灭失,也包括使人在事实或感情上不能按照该物的本来用途使用的情况在内,即使该物丧失其本来用途。如在他人的餐具里撒尿,或出于妨害利用的目的而将物隐匿,如将牌子摘下扔到空地上的行为,在违反《公共选举法》的布告上贴纸条的行为,都是损坏。”[③]此即为适例。实际上,四要件犯罪构成对罪刑法定原则贯彻的乏力,与其在本质上大抵相当。

就其排除要件之弊害而言,如前所述,在后置化的排除要件中区分违法排除事由与责任排除事由,更多的是对德日语境下的阻却事由分类的妥协或向往,实质性意义甚微;且将排除要件置于犯罪客观要件与主观要件之后所衍生出的弊害,基本等同于四要件犯罪论体系下定罪标准二元化在出罪事由上的问题。[④] 张明楷教授亦指陈:“就在成立犯罪的积极要件之后论述排除犯罪的事由这一点而言,周光权教授的体系与我国传统的体系

---

① 周光权:《犯罪论体系的改造》,中国法制出版社 2009 年版,第 281 页。

② 同上。

③ [日]大谷实:《刑法讲义各论》(新版第 2 版),黎宏译,中国人民大学出版社 2008 年版,第 327～328 页。

④ 参见本章第一节中“定罪标准二元化之批判”。

并无区别。”[①]

因此，周光权教授借鉴阶层化思维改造四要件犯罪论体系后所提倡的“三阶层”理论体系，与四要件犯罪论体系下定罪标准二元化并无本质性区别，系属平面化犯罪论体系及改良论范畴，是典型的伪阶层。

此外，所谓的客观罪行、主观罪责、正当化事由之“双层次二元结构的犯罪论体系”（带有名称置换的色彩），尽管立论者一再标榜“双层次是指将构成要件与正当化事由并列，判断危害行为构成犯罪，需要从正、反两个方面进行；二元是指将规范意义上的犯罪分解为客观罪行与主观罪责两大要件”[②]，以明示该体系的阶层化属性，但由四要件犯罪论体系下四要件犯罪构成与正当化事由之间也可能存在并列结构[③]可知，“双层次”不过是立论者的误解或曲解而已。故而，“双层次二元结构的犯罪论体系”与上述的“三阶层”理论体系类似，并未跳脱出四要件犯罪论体系下定罪标准二元化的窠臼，仍应划归伪阶层之列。

二、顺序调整型伪阶层批判

所谓顺序调整型伪阶层，系指将四要件犯罪构成之诸要件进行顺序上的重新排列，并辅以解释论上的周延，以实现向犯罪论体系阶层化转进的犯罪论体系。由于四要件犯罪构成中单一要件均不包含正当化事由，因此，将正当化事由与四要件犯罪构成置于同一位阶，并进行顺序上的前后或并列设定，[④]以实现犯罪构成的阶层化，虽然在本质上属于顺序调整型伪阶层，但鉴于传统刑法理论对犯罪构成“四要件”的确信，故笔者将其列入要件增删型伪阶层范畴——“形式上”增加了出罪事由要件。

“二层次四要件犯罪构成”似乎是顺序调整型伪阶层的不二代表。[⑤]该说论者对四要件犯罪构成诸要件之传统顺序进行调整后主张“犯罪客观要件—犯罪主体—犯罪主观要件—犯罪客体”的新顺序；其解释论上的周延为：犯罪构成要件实际上被区分为两个层次的结构，其中第一个层次由犯罪客观要件、犯罪主体和犯罪主观要件三个组成，主要起入罪功能，第二个层次是犯罪客体要件，涵括了不存在犯罪客体的正当化行为等情形的犯

---

① 张明楷：《犯罪构成体系与构成要件要素》，北京大学出版社2010年版，第105页。

② 曲新久主编：《刑法学》（第2版），中国政法大学出版社2009年版，说明部分。

③ 参见第一章第三节中“域内外犯罪论体系在价值承载上之优劣博弈”。

④ 这样形成四要件犯罪构成与正当化事由之间的结构，是前文业已阐释的单线结构与并列结构。

⑤ 参见许发民：《二层次四要件犯罪构成论——兼议正当化行为的体系地位》，载《法律科学》2007年第4期。

罪客体认定的内容，实际上通过行为正当化的事由起到了出罪功能，这样犯罪构成不仅具有了明显的阶层性，也具有了递进收缩的功能，从而能够实现由“平面结构”向“立体结构”转进。

毋庸置疑，“二层次四要件犯罪构成”之论者，基于四要件犯罪论体系的缺陷所开启的克服其弊害的探索，应给予肯定的评价。然而，对犯罪客体要件顺序进行调整，并将正当化行为存在与否设定为犯罪客体侵害或威胁与否的实质性判断标准，从而获得了入罪与出罪功能兼具的“两阶层”体系，其弊害大抵有三。

其一，入罪时存在逻辑混乱。由犯罪客观要件、犯罪主体与犯罪主观要件所承载的入罪功能，因三者之内容在不法与有责上的交叉，必然导致给予侵害或威胁法益之行为的否定性评价与给予行为人承担刑事责任的评价之间的含混。这种入罪上的逻辑性混乱，必然削弱了“二层次四要件犯罪构成”体系上的科学性，也消解着以其作为载体承载人权价值的有效性。事实上，“二层次四要件犯罪构成”在入罪上的弊害，与四要件犯罪构成（包括定罪标准二元化）、周光权教授的“三阶层”体系、曲新久教授等的“双层次二元结构的犯罪论体系”等，并无本质上的差异。鉴于前文的详细论述，在此不再赘述。

其二，犯罪客体进一步丧失了独立性。如果说四要件犯罪构成中犯罪客体前置化，会使犯罪客体在定罪中的地位形骸化，那么，“二层次四要件犯罪构成”对犯罪客体位置的设定，将导致犯罪客体在对犯罪客观要件、犯罪主体与犯罪主观要件三者具有依附性的同时，对正当化行为也具有了依附性。因为，作为“界定犯罪客体功能”并担当着入罪功能的犯罪客观要件、犯罪主体与犯罪主观要件在审查完毕后，必然原则上推定犯罪客体的存在及入罪，即犯罪客体的存在需求诸犯罪客观要件、犯罪主体与犯罪主观要件的合力；当正当化行为存在时，可例外地否定犯罪客体的存在，即犯罪客体的不存在需求诸正当化行为的评判。所以，后置化的犯罪客体在充当实质违法性而作为犯罪构成独立要件的意义上时，却自始不具有独立性，其荒谬之处不言而喻！

其三，出罪时存在逻辑混乱。如前所述，后置化的正当化行为在出罪时有二次评价之嫌，更有罪刑法定原则之人权保障机能与排除事由的人权保障机能合二为一的弊病。笔者认为，“二层次四要件犯罪构成”因正当化行为所产生的逻辑混乱，与四要件犯罪构成（包括定罪标准二元化）、周光权教授的“三阶层”体系、曲新久教授等的“双层次二元结构的犯罪论体系”等，具有异曲同工之效。鉴于上文之阐释，不再赘述。

可见,“二层次四要件犯罪构成”不过是周光权教授“三阶层”体系及曲新久教授等“双层次二元结构的犯罪论体系”的压缩版或变体。因此,其落入伪阶层的窠臼,不足为奇。笔者认为,四要件犯罪论体系在不法与有责上的混乱,无法求诸要件之间排列的调整而消解。在此意义上,一切企图通过诸要件重新排列以实现四要件犯罪论体系由平面化向阶层化转型的努力,无论其解释论上的“周延”如何华美,都不过是“欺骗生命的谎言”。

当然,形式上使用我国传统的犯罪概念与犯罪构成,并不一定就是平面化的犯罪论体系。例如,阮齐林教授主张,在三阶层与四要件的犯罪论体系之争中,换个角度依托我国《刑法》第13条规定,把犯罪构成论纳入犯罪概念特征论之内,形成犯罪概念特征论与犯罪构成合一的体系,且在这一体系中,犯罪的危害(社会危害性)、有责(有责性)的实质评价与构成要件评价(刑事违法性)相互影响、相互促进。[①] 不难发现,通过这种改造,“犯罪概念特征论与犯罪构成合一的体系”就成了实质的阶层化犯罪论体系。其中,刑事违法性判断相当于构成要件该当性判断,社会危害性判断相当于(实质的)违法性判断,有责性相当于阶层化犯罪论体系下的有责性判断。并且,阮齐林教授打破传统的犯罪概念特征在社会危害性、刑事违法性、有责性上不注重它们之间排列顺序的传统,确立刑事违法性到社会危害性再到有责性的严格顺序,这在本质上是用阶层化犯罪论体系的内容来替换我国传统的犯罪论体系,是“偷梁换柱”地实现我国犯罪论体系的阶层化。相应地,改造完成的“犯罪概念特征论与犯罪构成合一的体系”必然丧失原有的四要件犯罪论体系的平面性而应归入阶层化犯罪论体系。

三、名称置换型伪阶层批判

所谓名称置换型伪阶层,系指在主客观相统一的四要件犯罪论体系框架下,主张将正当化事由置于犯罪构成之外并对犯罪构成要件作客观与主观二分所形成的犯罪论体系。名称置换型伪阶层也颇具迷惑性!

例如,陈兴良教授在否定犯罪构成包括消极要件的基础上将正当化事由置于犯罪构成之外,主张犯罪构成应当采取二分体系——罪体与罪责,其中罪体是犯罪构成的客观要件,罪责是犯罪构成的主观要件。[②] 其后,在阶层化犯罪论体系结构的影响下,力图反映要件之间位阶性的“罪体—

---

① 参见阮齐林:《中国刑法学犯罪论体系之完善》,载《法学研究》2013年第1期。

② 参见陈兴良:《本体刑法学》,商务印书馆2001年版,第220~221页。

罪责—罪量”三位一体的犯罪构成体系成型，其中，罪体是客观要件，罪责是主观要件，罪量是选择性要件，罪体可以独立于罪责而存在，罪责必须以罪体为前提，而罪量则必须以罪体与罪责为前提。①

在经由“罪体—罪责”向“罪体—罪责—罪量”的嬗变中，论者的探索同样值得肯定和称道。实际上，这一阶层化的努力早已博得满堂喝彩。然而，笔者认为，无论是“罪体—罪责”体系，还是“罪体—罪责—罪量”体系，均难称得上是真正阶层化了的犯罪论体系。鉴于“罪体—罪责”体系将正当化事由置于犯罪构成之外，这与定罪标准二元化等具有实质的一致性，且主客观二分法所导致的不法与罪责的混乱，更与前述之伪阶层体系如出一辙，而随着该体系为“罪体—罪责—罪量”体系所扬弃，笔者对其不再详加批判，仅就“罪体—罪责—罪量”体系作出分析。

其实，由于“在具备罪体构成要素的基础上，如果存在罪体排除事由，则罪体仍然被否定”；同样地，“在具备罪责构成要素的基础上，如果存在罪责排除事由，则罪责仍然被否定”；“刑法规定以情节严重或者数额较大作为犯罪成立要件的情况下”，罪量系选择性要件。② 因此，“罪体—罪责—罪量”体系精确的结构表达应为：罪体→罪体排除事由→罪责→罪责排除事由→（选择性）罪量。可见，该结构是阶层化犯罪论体系与四要件犯罪论体系杂交的产物。由此其弊害主要为：

其一，罪体中对主观要素及规范要素的排斥流于幻想。前已述及，主观要素及规范要素的发现动摇了客观的、记述性的、价值中立的构成要件的原初设定，其后刑法对行为的评价结构发生了实质性的变动——构成要件已非全然是客观的，且包含了规范的内涵，有责性不再垄断行为人的内在要素。于是，借鉴阶层化犯罪论体系之结构，却坚持了“罪体是客观要件，罪责是主观要件”的二分法模式，若被视为阶层化犯罪论体系，则因主观要素与规范要素的侵蚀，罪体、罪责与不法、有责之间的等价性设定值得推敲，如罪体无法为构成要件故意提供容身之所；且客观要件与主观要件二分法很难避免侵害或威胁法益之行为的否定性评价，与行为人承担刑事责任的评价之间的含混，其逻辑上的延伸是定罪的混乱及对人权价值承载的虚化。故而，在犯罪构成阶层化探索中，坚持客观与主观二分法模式是认识上的误区，这一看似清晰的结构必将在主观要素及规范要素的渗透下分崩离析。

---

① 参见陈兴良：《规范刑法学》（第2版），中国人民大学出版社2008年版，第107页。
② 同上。

其实,因罪体要件、罪责要件分别与客观要件、主观要件具有等价性,故置换后“罪体—罪责—罪量”结构的等价表达为:“客观要件—主观要件—罪量。”不难发现,置换后呈现出的结构是典型的平面化结构,而非立体化结构。日本刑法学者大塚仁曾精辟地指出:区分犯罪的客观要素与主观要素的体系,在德国以前就很常见的,并对日本刑法学产生了重要影响,但将犯罪的构成要素仅仅平面地区分为客观的东西与主观的东西,不能正确地把握犯罪的实体。① 因此,即使认为“罪体—罪责—罪量”体系是向阶层化犯罪论体系迈进中的体系,也宜认为其是对四要件犯罪论体系改造不彻底或妥协的平面化体系。

其二,罪量要件使定罪陷入了重复评价的困境。对于罪量的设定,陈兴良教授曾指陈:“由于我国刑法关于犯罪的规定存在数量因素,因此犯罪成立要件除罪体与罪责之外,还应当包括罪量。罪量是在具备犯罪构成的本体要件的前提下,表明行为对法益侵害程度的数量要件。由此,我建构了一个罪体—罪责—罪量三位一体的犯罪构成体系。在这一犯罪构成体系中,给予犯罪成立的数量因素以独立的构成要件的地位,从而使之更加适合我国刑法的规定。”②可见,罪量作为构成要件系犯罪构成阶层化探索中“中国化”的产物。

对于“罪体—罪责—罪量”体系中罪量的性质,理论上产生了分歧。例如,有论者认为,罪量是客观的构成要件要素,其功能是决定行为的法益侵害性大小,在数额、数量犯中罪量要素得不到满足时构成要件要素不齐备,不能认为行为具有刑事违法性;③再如,有论者主张:“在大陆法系国家犯罪论体系中,罪量大致上相当于客观处罚条件。”④笔者认为,罪量要件大抵承担了可罚的违法性理论之功能。理由是由于“结果”“客观附随情状”为罪体构成要素所涵盖,⑤而罪体要素是行为人认识的对象,但罪量要素不是,⑥且我国刑法排斥构成要件之外的客观处罚条件,⑦因此,以数额与情节为内容设定的罪量要素至多承担了可罚的违法性理论之功能。尽

① 参见[日]大塚仁:《刑法概说》(总论),冯军译,中国人民大学出版社 2003 年版,第 104、107 页。

② 陈兴良:《作为犯罪构成要件的罪量因素——立足于中国刑法的探索》,载《环球法律评论》2003 年秋季号。

③ 参见周光权:《犯罪论体系的改造》,中国法制出版社 2009 年版,第 256 页。

④ 付立庆:《犯罪构成理论:比较研究与路径选择》,法律出版社 2010 年版,第 113 页。

⑤ 参见陈兴良:《规范刑法学》(第 2 版),中国人民大学出版社 2008 年版,第 108 页。

⑥ 同上书,第 194 页。

⑦ 同上书,第 193 页。

管可罚的违法性理论因刑法对行为评价阶层的实质性变动而遭到部分刑法学者的否定,[①]但该理论在实务中并未丧失影响力。可罚的违法性理论在域外呈现日薄西山的幻象,大抵是刑事诉讼法上微害不起诉及缓起诉的扩张适用,导致此类案件多不进入审判程序,从而大为降低了该理论在判决上出现的可能性!

若似此,则罪量要件将承担实质的违法性判断功能。然而,罪量系选择性要件,故实质的违法性判断并非完全由罪量要件承担。于是,逻辑上的悖论为:若在需要罪量要件发挥实质的违法性判断的场合,如滥用职权罪、玩忽职守罪(第 397 条),罪体要件与罪责要件是否仅承担着形式的判断?答案显然是否定的。因此,罪量要件必将承担二次实质的违法性判断。这样,正当化事由、故意内容等在体系上地位清晰设定的初衷不可避免地止于设想。在此意义上,罪量要件与倚重犯罪概念"但书"部分充当实质的违法性评价,可谓殊途同归。据此,笔者认为陈兴良教授对"构成要件该当性—违法性—有责性"阶层化犯罪论体系的采纳,[②]才真正实现了与伪阶层的诀别。

基于上述分析,不难发现尽管伪阶层在表现形式上有要件增删型、顺序调整型与名称置换型的不同,但在本质上均毫无例外地可划归定罪标准二元化范畴,即使有论者标榜在体系之内解决正当化事由问题,也因求诸手段的拙劣而未达到预期的效果或新弊害的衍生而陷体系性周延于困境。因此,定罪标准二元化在我国的隐性勃兴,可见一斑!

第三节　三阶层犯罪论体系改造之提倡

在四要件犯罪论体系所潜含的缺陷,求诸定罪标准一元化消解不可得,求诸定罪标准二元化克服不可取,且技术改良的路径在扬汤止沸式地解决问题时却丛生出新的弊害。因此,阶层化的探求就成为不得不倚重的方向。然而,域外阶层化犯罪论体系亦非完美无瑕,相反地,阶层化犯罪论体系在为数不少的问题上不时地进行着修正的努力,这设定了阶层化犯罪论体系本身仍是处于发展完善中的体系的属性。毕竟,一切完美仅寄身于

---

① 我国的张明楷教授也是可罚的违法性理论之否定说的持有者,参见张明楷:《刑法学》(第 4 版),法律出版社 2011 年版,第 117 页。

② 参见陈兴良主编:《刑法学》(第一版),复旦大学出版社 2003 年版,第 50 ~ 53 页;陈兴良主编:《刑法学》(第 2 版),复旦大学出版社 2009 年版,第 37 ~ 41 页;陈兴良主编:《刑法总论精释》,人民法院出版社 2010 年版,第 90 ~ 135 页。

理想与追求中,现实至多是一个不断接近理想及践行追求的过程。但是,阶层化犯罪论体系在不法与有责上的明晰所蕴含的能够消解作为构成要件之实质的违法性的缺乏,及四要件犯罪论体系对人权价值承载力度上的欠缺等所产生的弊害,不失为一剂良方。因此,求诸阶层化以消解我国犯罪论体系之缺陷,虽非灵丹妙药,但也非饮鸩止渴。具体而言:

一、阶层化并非灵丹妙药

阶层化犯罪论体系是趋于完善中的体系这一属性,决定了意图凭借犯罪构成的阶层化来一劳永逸地解决我国犯罪论体系在定罪上显露出的诸多弊端,更多的是带有浓厚色彩的幻想。因此,犯罪构成之阶层化并非灵丹妙药,而阶层化之后新生问题的解决无疑仍然有待于理论与实务的双向努力。

譬如,在被公认为独立的发展阶段的古典犯罪论体系、新古典体系、目的论体系,以及以此为基础进行某种修正后的阶层体系中,两阶层抑或三阶层是绕不开的话题。诚然,"构成要件的符合性—违法性—有责性"三阶层理论在德日的通说地位并不曾被撼动,但从来就不乏对该阶层理论的质疑与批判。三阶层理论一般被认为有两大主要弊端:其一,主张构成要件符合性与违法性之间为"原则与例外"的关系,会造成违法性空洞化、形骸化;其二,三阶层理论往往无法妥善处理容许性构成要件错误(阻却违法事由前提事实之误认,主要是误想防卫)与反面容许性构成要件错误(偶然防卫)问题。在批判三阶层理论的基础上,两阶层理论的轮廓渐显,并逐步成为有力的学说。例如,有论者坚信由评价结构关系角度观之,三阶层理论已经产生本质性的结构变化,是否仍旧得以三阶的判断方式来评价行为事实,就显得充满疑问,而二阶评价模式在诠释构成要件该当判断时,虽引用"归责理论"作为判断方法,但因归责理论的发展仍有其局限性,故而使二阶评价模式的形象有未臻完备之处,唯就评价结构的关系来看,二阶评价模式的发展应是必然的趋势。①

的确,为消除构成要件符合性与违法性之间"原则与例外"关系所产生的弊端,将构成要件与违法性融为一体,不失为可供选择的方法之一。例如,德国学者 Samson 就认为:"三阶层理论所说的犯罪构成要件该当性和违法性的作用都是在确定犯罪的不法内涵,二者在性质上并无差异,不一样的仅仅是他们对于不法内涵的描述的形式,一个是从正面的方式去描

① 参见柯耀程:《刑法构成要件解析》,台北,三民书局2010年版,第87~90页。

述,一个是从反面的方式去描述而已。”①

支撑两阶层理论的理由,主要有三点:(1)违法性阶层与构成要件阶层既然都决定行为的不法,没有分割成两个阶层的道理;(2)一个犯罪构成要素是构成要件要素还是阻却不法的违法性要素,往往是法条上语法结构意外造成的,并非它们本质上有所不同,且有些违法要素不存在的效果是阻却构成要件,而非阻却违法;(3)在容许性构成要件错误的场合,两阶层体系的解决方案干净利落,因为属于不法构成要件错误而构成要件不合致,在偶然防卫的情形下,只有依两阶层理论才能成立未遂,这一点是近年来两阶层理论的最佳抗辩。②

显然,对三阶层理论的质疑和批判不可避免地遭遇了该理论捍卫者的反击。其要点大体为:(1)两阶层理论只是“朝三暮四”的标签圈套而已。二阶虽然换个标签,但检验根本就是三阶,因为实际上还是要判断“到底构成要件是否该当”“有无阻却违法事由”及“罪责(有责性)”三阶,把前两阶说成是一阶,有何特别的意义可言,备受质疑;(2)忽略构成要件该当性与违法性之间的差异,将二者混为一谈,使“自始无侵害法益因而不该当构成要件之行为”与“已经侵害保护法益该当法定构成要件,但有阻却违法事由之行为”在评价上等量齐观,难以服众,且也漠视了违法阻却事由的本质;(3)将构成要件不该当与具备违法阻却事由都说成是容许的行为,会造成防卫权利判断标准的混淆;(4)构成要件该当性与违法性的区别,本来也是判断禁止类推界限的基准,两阶层理论将二者合二为一,无助于类推禁止界限之判断;③(5)构成要件和违法性的作用不只是在表现不法,而更有刑事政策上的功能;(6)构成要件所涉及的是犯罪类型,依据一定的类型作不法的判断,是抽象的、通例的判断,但阻却违法的判断却是在个案作有无社会危险性的具体判断,所做的是牺牲较低利益、保护较高利益的衡量,这种权衡性的判断在构成要件合致判断中不会出现,但会影响量刑;(7)构成要件阶层决定行为是否具有刑事不法,违法性阶层则解决法域的冲突,避免法秩序的矛盾。④

如前所述,虽然三阶层与两阶层在根基上已然无实质性分歧,但因关涉对具体理论的容纳及其力度上存在差异,而这种差异之消除并非“毕其功于一役”可完成,故二者的博弈仍将会持续。如偶然防卫只有在两阶层

① 黄荣坚:《基础刑法学(上)》(第3版),中国人民大学出版社2008年版,第120页。
② 参见许玉秀:《当代刑法思潮》,中国民主法制出版社2005年版,第87页。
③ 参见林钰雄:《新刑法总则》,中国人民大学出版社2009年版,第103~104页。
④ 参见许玉秀:《当代刑法思潮》,中国民主法制出版社2005年版,第88页。

体系下才能得出未遂的结论。[①] 实际上，在我国犯罪论体系之重构论中这一分歧业已初现端倪。例如，张明楷教授系两阶层的倡导者，而陈兴良教授则是三阶层的推动者。因此，尽管在犯罪构成走向阶层化的基本立场上，三阶层与两阶层并无不同，但阶层化之后二者的分歧决定了彼此的博弈在所难免，即阶层化在有效地解决四要件犯罪论体系既有争议时，不可避免地将争议的焦点引向新的领域，且阶层化将会在二者的博弈中前行与完善。

同时，行为能否成为犯罪阶层体系中的独立阶层，也是大陆法系国家刑法理论上颇具争议的问题。如在“行为—违法性—责任—构成要件”“行为—构成要件适当性及侵害性—违法性—责任”“行为—不法—责任”等犯罪阶层理论中，行为都被确立为独立的阶层，并被设定为首要要件。但行为作为一个独立的阶层被驱逐出犯罪阶层理论，与罪刑法定原则在大陆法系国家的确立及向纵深发展密不可分。否定行为可以成为犯罪阶层体系中独立阶层的观点，在当下依旧是有力的学说。如日本刑法学者大塚仁指出：“在以罪刑法定主义为基本原则的今日刑法学上，犯罪必须是符合刑罚法规所规定的构成要件的东西，作为犯罪的构成要素，不应该把单纯的行为本身而应该以符合构成要件的行为作为问题对待。在犯罪论的基底上所思考的行为，如上所述，毕竟只不过是刑法判断的对象，不能成为关于犯罪成否的刑法判断的标准。”[②]然而，在日本，近年来出现了一种折衷的观点，其重视作为犯罪论的存在基础的行为，在构成要件该当性之前单独论述行为的犯罪论体系。[③]

诚然，罪刑法定原则作为近现代刑法的铁则，在刑事学派的对抗中，不时受到了责难，但大陆法系各国当下的刑法典中几乎都阐明了该原则，其所承载的保护和保障公民权利、防止国家刑罚权被肆意运用或扩展的机能，亦未被否定或虚化。“此外，罪刑法定原则被写入国际条约，得到国际上的承认。”[④]即使出于刑事政策的考量，罪刑法定原则作为刑事政策不可逾越的樊篱，也大抵得到了遵守。犯罪行为必然侵害或威胁一定的法益，因此，将作为行为人主客观相统一的行为设定成犯罪阶层体系中的独立阶

---

① 参见许玉秀：《犯罪阶层理论（上）》，载《台湾本土法学》1999 年第 2 期。

② ［日］大塚仁：《刑法概说》（总论），冯军译，中国人民大学出版社 2003 年版，第 108 页。大谷实先生也持类似的观点，参见［日］大谷实：《刑法总论》，黎宏译，法律出版社 2003 年版，第 71 ~ 72 页。

③ 参见［日］野村稔：《刑法总论》，全理其、何力译，法律出版社 2000 年版，第 85 页。

④ ［德］汉斯 · 海因里希 · 耶赛克、托马斯 · 魏根特：《德国刑法教科书》，徐久生译，中国法制出版社 2001 年版，第 163 ~ 164 页。

层,实无必要,构成要件符合性完全可以将与刑法规范意义无关的现象排除出去。同时,与罪刑法定原则之间存在实质性联系的阶层式犯罪构成,演进的方向从来就不是试图割裂或松弛与该原则的实质性联系;相反,而是如何在罪刑法定原则下更好地彰显人权保障机能,以确保刑罚制裁的合理、有效。

此外,不应忽视的是,民国时期德日三阶层的犯罪论体系已然被介绍到我国,并对刑法理论和审判实践产生了一定的影响,但由于罪刑法定原则在当时条件下根基未稳。因此,三阶层犯罪论体系大抵难逃被“束之高阁”或异化的命运。检视当下我国刑法理论中支持三阶层理论之论据,罪刑法定原则根基未稳之类似的情形依旧存在,故忽略甚至无视中国语境下罪刑法定原则所隐含的弊害,在规避的基础上空泛地立足于逻辑上的周延或空洞地谈论人权保障等以采纳三阶层犯罪论体系的论调实不可取,也空乏无力,而这在我国犯罪构成阶层化过程中必须给予警惕和省思。

二、阶层化也非饮鸩止渴

若基于阶层化犯罪论体系所具有的弊害,而排斥彻底消除四要件犯罪论体系弊害之根源的努力,主张裹足不前的固守或于事无补的改良,在客观上都会陷入投鼠忌器或惊弓之鸟式的彷徨与惶恐中。笔者认为,现存的犯罪论体系都不完美,其区别至多是弊端的多寡及程度的深浅,四要件犯罪构成的诸多弊端,使得我国犯罪论体系正酝酿着一场影响深远的变革,而变革的旗帜在固守论、改良论与重构论的对抗中已然鲜明地飘向了阶层化的方向。

前文已然列举了四要件犯罪论体系下一系列基本理论及学说所潜含的缺陷,而许多缺陷是在该体系下难以克服的,而这样的缺陷往往直接或间接扩张着刑法的处罚范围,再以传统刑法学因果关系理论中的偶然因果关系为例,阐释之:

甲男在小巷中拦截乙女欲行强奸,乙挣脱后甲尾随追赶,乙朝大街上奔跑,在街口与正常行驶的某丙汽车相撞而死。

在我国传统刑法学教材中,类似案例是阐释必然因果关系与偶然因果关系或因果关系中断理论时反复使用的案例。所谓偶然因果关系,通常被诠释为“某种行为”本身并不包含产生某种“危害结果”的必然性(内在根据),但在其发展过程中,偶然介入其他原因(因素),并由介入的原因(因素)合乎规律地引起了"危害结果",从而建立了行为与"危害结果"之间偶然联系的情况。① 笔者认为,偶然因果关系大抵类似于因果关系中断理论,②因前行为与最终结果之间的因果关系业已被介入的因素切断,故不再具有刑法上的因果关系。

在域外,因果关系中断理论系指:一行为之因果进程,因另一行为或事实中途独立介入而致结果提早发生。就该具体的结果,因可以想象该行为不存在,故其间欠缺因果关系;但若介入者为另一行为,就该具体结果的发生,不能想象该行为不存在,则行为为该结果的原因。③ 同时,中断的因果关系又被称为超越的因果关系或破裂的因果关系,而客观归责理论则将之称为"加强原则"(Intensivierungsprinzip)。④ 在因果关系中断理论中,被中断的因果关系原本属于刑法上的因果关系范畴。例如,丙将丁从高桥上推下,企图使其溺毙,丁在落水之际遭猎水鸟的戊开枪击毙。其中,丙推丁的行为与丁的死亡结果之间的因果关系,系中断的因果关系。⑤ 再如,A 向 B 投毒,毒药量达到了致死量,在毒药发挥作用且已使得 B 无法动弹时,C 突然出现且枪杀了 B,则 A 之投毒行为与 B 之死亡之间系中断的因果关系。⑥

就上列案例而言,甲的追赶行为系强奸行为的手段行为,对于该手段行为与乙被撞死亡结果之间的客观联系,甲既缺乏认识及认识可能性,也不具有注意义务,故对甲而言系意外事件。因此,将手段行为包含在强奸行为中建立起与乙死亡结果之间的因果关系联系,不当地扩大了刑法因果关系,即甲只应当承担强奸行为的刑事责任(强奸罪未遂)。

令人遗憾的是尽管传统刑法理论主张"解决了刑法上的因果关系,只是确立了行为人对特定危害结果负刑事责任的客观基础,但并不等于解决

---

① 参见高铭暄、马克昌主编:《刑法学》,北京大学出版社、高等教育出版社 2000 年版,第 84 页。

② 在域外,因果关系中断理论并非总是被认可。参见[日]川端博:《刑法总论》,余振华译,台北,元照出版有限公司 2008 年版,第 11 页;[日]大谷实:《刑法讲义总论》(新版第 2 版),黎宏译,中国人民大学出版社 2008 年版,第 195 页;等等。

③ 参见郑逸哲:《法学三段论法下的刑法与刑法基本句型(一)——刑法初探》(增修 4 版),台北,作者 2009 年自版,第 51 页。

④ 参见王玉全:《对应理论与错误理论——解析因果流程错误》,台北学林文化出版事业有限公司 2002 年版,第 160 页。

⑤ 参见王玉全:《对应理论与错误理论——解析因果流程错误》,台北学林文化出版事业有限公司 2002 年版,第 157 ~ 161 页。

⑥ 参见西田典之:《日本刑法总论》,刘明祥、王昭武译,武汉大学出版社 2007 年版,第 69 页。

了其刑事责任问题”[1]。但其仍要么主张“因果关系不能中断,甲应对死亡结果承担责任”[2],要么主张“不能说甲只应负强奸犯罪的刑事责任,而对乙的死亡不应负任何责任。当然,这并不是说要甲负杀人罪的刑事责任,而是说在处理他的强奸犯罪行为时,对其行为导致乙这一情况,在量刑上应予以适当考虑”[3],即偶然因果关系对量刑具有意义。其实,无论传统通说主张甲对的乙死亡结果负程度如何有别的责任(罪与刑上的),本质上均肯定了追赶行为与撞死结果之间存在刑法意义上的因果关系。可见,偶然因果关系在处罚范围的划定上,与因果关系中断理论所持之原理甚为相似,却在结论上往往不尽一致,而相异的部分恰恰是入罪的部分——扩张了的刑罚处罚范围。

究其根源,部分学者指出系主客观相统一理论使然。例如,有论者主张,“在很大程度上把本来是客观方面问题的因果关系变成了一个主客观相统一的概念”[4]。有论者直陈,在哲学因果关系及主客观相统一思路下,作为犯罪客观方面要素的因果关系,被演绎成为了主客观相统一的因素。[5] 笔者深以为然,并认为笼罩在哲学因果关系及主客观相统一阴影下的因果关系理论很难将根基建立在条件说之上而获得客观的基础,从而发展出有效应对犯罪的因果关系理论。因此,国内部分学者对于我国刑法中因果关系理论相当于域外“相当因果关系”理论的解读,实在是置身于日本刑法学语境下的褒扬之词。在域外,无论何种因果关系,其根基均毫无例外地为条件说,甚至因果关系理论被层次化为如表 6－2 所示:

表 6－2　因果关系层次结构

<table>
<tr><th>学说
层次</th><th>物理学
因果关系理论</th><th>相当
因果关系理论</th><th>客观归责理论</th></tr>
<tr><td>物理学的问题
↓</td><td colspan="3">具有因果关系吗?</td></tr>
<tr><td>社会学的问题
↓</td><td>不问</td><td colspan="2">是否具有相当性?</td></tr>
<tr><td>政策学的问题</td><td>不问</td><td>不问</td><td>是否引起法律所不容许的风险?</td></tr>
</table>

① 高铭暄、马克昌主编:《刑法学》,北京大学出版社、高等教育出版社 2000 年版,第 85 页。

② 参见马克昌主编:《犯罪通论》,武汉大学出版社 1999 年版,第 226 页。

③ 高铭暄、马克昌主编:《刑法学》,北京大学出版社、高等教育出版社 2000 年版,第 85 页。

④ 参见夏勇:《我国犯罪构成理论研究视角疏议》,载《法商研究》2003 年第 2 期。

⑤ 参见刘艳红:《犯罪构成体系平面化之批判》,载《法学研究》2011 年第 5 期。

于是,因因果关系中断理论以条件说为根基,且系对条件说所划定的处罚范围的一次限缩,故偶然因果关系所显现出的在处罚范围上类似于因果关系中断理论的表象,被彻底打破;而将偶然因果关系作为刑罚裁量中的从重因素,更是阶层化犯罪论体系下因果关系中断论所难以企及的——因果关系中断只存在有无的问题,不存在程度的问题;充其量在定罪中发挥作用,与刑罚论无涉!

事实上,若深入探究四要件犯罪论体系下诸多基本制度缺陷之根源,则其矛头大抵将指向该体系本身所潜含的结构性缺陷,且该缺陷在本体系框架内难以通过自身的技术性改良得到有效地克服,而阶层化犯罪论体系所蕴含的不法与有责在性质上的差异,及定罪中功能的不同,可以有效地弥补我国既有犯罪论体系所存在的根本缺陷,这决定了犯罪构成阶层化实非解决问题的饮鸩止渴之道。因此,犯罪论体系的阶层化恰恰是根治我国犯罪论体系疾患一剂苦口的对症良药。

三、三阶层之轮廓及根由

在明确了扬弃四要件犯罪论体系及转向阶层化犯罪论体系之基本立场后,不可避免地要论及阶层化犯罪论体系之基本轮廓。前已述及,在阶层化犯罪论体系下两阶层与三阶层所聚讼的构成要件符合性与违法性之合与分,大抵是在解决对具体制度的容纳与优化问题,甚少涉及对该体系根基等根本性问题的实质性分歧。事实上,在当下域外关于阶层化犯罪论体系的诸多见解中,没有任何立论者会否定罪刑法定原则及阶层化犯罪论体系与该原则之间的联系,区别的仅是不同阶层体系对该原则的贯彻力度而已。鉴于四要件犯罪论体系在人权价值承载上的瑕疵,我国犯罪论体系的转型将向人权价值适度倾斜,这会实质性地影响阶层化犯罪论体系之素貌。

在阶层化犯罪论体系视域下,一个行为是否具有“刑法上的违法性”(Strafunrecht),是以该行为是否实现法定的构成要件为判断基础,但终极的违法性的概念结构,具有双层法律评价的程序:一是构成要件符合性评价;二是不具备正当性或违法阻却事由的评价;而构成要件之所以是违法性判断的基础,是因为行为的违法内容,通常由构成要件的因素按各种犯罪类型所规定的“结果无价值”或“行为无价值”的内容显现出来。[①] 围绕着构成要件的素貌理论上形成了不同的学说,概括起来大抵有四种。

① 参见苏俊雄:《刑法总论Ⅱ》(修正版),台北,作者1998年自版,第68页。

其一,广义的构成要件说。该说主张一切属于刑罚权发生之前提要件,均应认为是构成要件。亦即除犯罪类型外,构成要件还包括本应与行为的违法性及有责性毫无关联的客观处罚条件与一身阻却刑罚事由(如治外法权人犯罪之豁免)。① 因该说将全部可罚要素纳入"罪刑法定主义"下的刑罚规定范畴以强化刑法的保障机能,故又被称为"保障构成要件"(Garantietatbestand)。毋庸置疑,该说仅具有学说史上的意义,当前已无人支持。然而,在纳粹时期的德国,该说为官方御用的"德意志法学派"所认同。不过,该说并非已然不具有任何影响力,事实上,当前德国的构成要件学说或多或少地带有这种色彩。其最明显的特征是"二战"后德国构成要件理论的强烈主观主义化。②

其二,狭义的构成要件说。该说认为犯罪类型系构成要件符合性、违法性与有责性之行为,故除去违法性、有责性及客观处罚要件,剩余要件为构成要件。③ 一般认为,在此意义上,构成要件与刑法分则所规定的犯罪行为之行为类型相通,而犯罪类型系受违法性、有责性价值判断的行为类型,即行为类型是违法性与有责性的评价对象,其本身未经价值评价,故不应包含价值判断。该说的首创者系贝林,但"贝林晚年却放弃其视为犯罪类型之构成要件,以为刑法分则既对于各个犯罪规定其法定之类型,则无论主观要素和客观处罚要素,均不失为犯罪之类型要素"④。这实际上降格了构成要件符合性在犯罪成立要件中的重要地位。狭义的构成要件说受到的诟病主要有:(1)难以说明立法者在形成构成要件时究竟是以什么作为指导形象来制定犯罪类型;⑤(2)狭义的构成要件说否定了构成要件的违法推定机能,这会导致在构成要件符合性之外寻找违法性的基础,并认可构成要件之外的法益侵害或危险等为处罚基础,从而与罪刑法定原则相抵触;⑥(3)在进行构成要件符合性判断时,难以在不考虑违法性之有无及程度的基础上做到价值中立的判断。

其三,违法类型说。该说认为构成要件不仅是行为类型,也是违法类型。据此,构成要件本身并非价值中立的,而是体现"不法内涵"。其中,

---

① 参见蔡墩铭:《刑法精义》,台北,翰芦图书出版有限公司1999年版,第96页。

② 参见郑逸哲:《法学三段论法下的刑法与刑法基本句型(二)——刑法进阶》,台北,作者2006年自版,第111页。

③ 参见蔡墩铭:《刑法总论》(修订8版),台北,三民书局出版社2009年版,第137页。

④ 蔡墩铭:《刑法精义》,台北,翰芦图书出版有限公司1999年版,第88页。

⑤ 陈家林:《外国刑法通论》,中国人民大学出版社2009年版,第135页。

⑥ 参见[日]山口厚:《刑法总论》(第2版),付立庆译,中国人民大学出版社2011年版,第29~30页。

该说内部又有认识根据说与存在根据说的不同见解。前者主张,构成要件系违法性的认识根据;后者主张,构成要件不仅是违法性的认识根据,且是违法性的存在根据。存在根据说内部则又存在两阶层与三阶层的分歧,即构成要件符合性与违法性应否做出区分。违法类型说系德日的通说。不过,该说并非无懈可击。例如,有批评者指出该说将立法者所以规定构成要件和构成要件规定的问题相混淆:构成要件规定固然是基于对众多不法行为加以整理归纳而"类型化",但并非普遍妥当的非价判断标准,而是高或然率的非价推测判断标准;不过,构成要件的立法形式却是"全称命题",这导致"适用结果不合理可能性",因而需要违法性判断来"消弭"发生的不合理现象。① 至于隶属存在根据说的消极的构成要件要素理论,其所遭受的批判愈加有力。广为认同的是构成要件采法定主义,而阻却违法事由采习惯法主义,若将构成要件与违法性合二为一,则所有构成要件要素均为"规范性构成要件要素",由此"立法权""司法权"的界限将更为混淆不清,且"法定起诉主义"几乎完全相对化,"行政权""立法权""司法权"可能实质性地集于检察官一身,法安定性和平等性大受戕害。②

其四,违法有责类型说。该说认为构成要件不仅是违法行为类型,也是有责行为类型。据此,构成要件已然成为犯罪类型,构成要件论与犯罪论几乎等同。违法有责类型说系日本刑法学者创设的理论,在当下之日本仍是有力的学说。根据主观要素是责任要素或违法要素与责任要素的不同,违法类型说内部也存在分歧。该说受到的批判主要有:(1)构成要件至少无法推定出责任能力之有无,因而构成要件不能推定出责任;(2)违法性判断是一般性判断与消极判断,而有责性判断是个别判断与积极判断;(3)为了实现构成要件预防犯罪的机能,应当舍弃责任的要素;(4)若构成要件不仅与违法性之间具有密不可分的关系,与有责性之间也具有密不可分的关系,则可能会导致对犯罪成立与否只进行一次性判断。③

可见,既有的关于构成要件的学说均不完美,且大抵优点与缺点兼而有之。然而,立足于我国法治的客观情势对罪刑法定原则做出适度倾斜,似以选取结构较为稳定的三阶层理论及违法类型说为妥。事实上,在我国

① 参见郑逸哲:《法学三段论法下的刑法与刑法基本句型(二)——刑法进阶》,台北,作者2006年自版,第112页。

② 同上书,第113页。

③ 参见陈家林:《外国刑法通论》,中国人民大学出版社2009年版,第139~140页。

两阶层的持有者也不否认两阶层与三阶层之间并无本质性差别,[①]尽管两阶层理论是日渐有力的学说,但域外刑法理论的通说及审判实践依旧采纳了三阶层,且对两阶层始终持谨慎而怀疑的立场,这应当成为我国阶层化犯罪论体系在演进中遴选阶层化内容时省思的素材。就违法类型说而言,应在构成要件系行为类型的基础上,将构成要件符合性视为形式违法性,[②]即行为具备构成要件符合性时推定具有形式违法性,但也只是推定而已,当进入违法性阶层时进行的才是消极的且实质的违法性判断;相反地,若不具有形式违法性且具有实质违法性时,则应依据行为不具有构成要件符合性而直接出罪,这是恪守罪刑法定原则的当然结论。

同时,对于行为类型说在构成要件符合性与违法性之间的关系,虽然存在"原则与例外"说(多数说),"形式与实质"说,部分(孤立)与整体(最终)说[③]等分歧,但在违法性作为消极的、实质判断上并无二致,且违法性阶层所承载的出罪机能也并无不同,而出罪的内容均涵盖了法定的违法性阻却事由与超法规的违法性阻却事由,法定的违法性阻却事由采法定主义,超法规的违法性阻却事由采习惯法主义,故其在犯罪圈的划定上大体相当。因此,结合实质违法性系独立的犯罪成立要件来看,阶层化犯罪论体系的逻辑结构为:刑法的目的、任务→形式的犯罪概念→阶层化犯罪构成。而其入出罪结构为:入罪→出罪→出罪。

其结构如表 6－3 所示:

表 6－3　三阶层体系入罪与出罪

三阶层体系		
构成要件符合性	违法性	有责性
(1)主观构成要件; (2)客观构成要件	(1)法定阻却违法事由; (2)超法规的阻却违法事由	(1)责任能力; (2)故意/过失; (3)不法意识; (4)欠缺阻却责任事由[④]
入罪	出罪	出罪

① 参见张明楷:《犯罪构成体系与构成要件要素》,北京大学出版社 2010 年版,第 112 页。严格地说,鉴于二阶论的哲学根基为新黑格尔哲学之事实导出价值,不相信从事实导出价值不可能是二阶论的信服者,而在将其根基置换为新康德主义事实与价值二元论之后,标榜的所谓"二阶论"更多的是理论上的噱头;在新康德主义哲学基础上构建起来的阶层化犯罪伦体系与我国既有的马克思主义哲学能够统一,毕竟马克思主义哲学是在批判地继承康德主义哲学的基础上发展起来的。

② 形式违法性并非指行为只是具有形式上的违法,而无实质上的违法,其只是仅仅从法律的形式规定即可判断其违法性。参见第四章第二节中的"混合的犯罪概念批判"。

③ 参见张明楷:《刑法学》(第 4 版),法律出版社 2011 年版,第 129 页。

④ 欠缺阻却责任事由的判断标准主要为有无期待可能性。

在此需要说明的是近年来大陆部分刑法学者在对阶层化犯罪论体系批判中,误将阶层等同于流程。三阶层体系中构成要件符合性、违法性与有责性系阶层,其中,构成要件符合性大抵是对于行为的事实判断,违法性大抵是对于行为的价值判断,而有责性是对于行为人的价值判断。相异的是,构成要件符合性、违法性、有责性三阶层中均包含了一系列要素,而要素的判断所导致的入罪或出罪构成了定罪的流程。因此,定罪中流程往往不止三个,即阶层化犯罪论体系的阶层划分并非以诸要素的实现为标准。

此外,以三阶层作为我国犯罪论体系之转型趋向,可以克服我国部分学者采纳实质解释论之两阶层体系在犯罪圈划定上的膨胀危险,从而实质性地恪守罪刑法定原则之人权保障机能。实际上,两阶层体系对人权价值贯彻不力,是屡次遭受诟病的重点。以故意毁坏财物罪为例,下将试作分析。

当前形式解释论与实质解释论的立场对立,在我国似乎已然明朗。然而,与域外演进路径不同的是,我国刑法中形式解释论在成型上要滞后于实质解释论。晚近的刑事审判实例在入罪上似乎呈现向实质解释论倾斜的立场。例如,故意毁坏财物罪(第 275 条)中之“毁坏”被立法者阐释为:“‘毁坏’,是指毁灭和损坏。‘毁灭’,是指使用各种方法故意使公私财物的价值和使用价值全部丧失。‘损坏’,是指将某项公私财物部分毁坏,使其部分丧失价值和使用价值。”[①]实务中,“朱建勇故意毁坏财物案”等判例无疑支持了实质解释论入罪的立场。

案情:被告人朱建勇为泄私愤,侵入他人的股票委托交易账户并篡改密码,在他人账户内以高进低出股票的手段,造成他人财产损失 19 万元。对此,法院认定被告人朱建勇成立故意毁坏财物罪,判处有期徒刑 1 年 6 个月,宣告缓刑 2 年。[②]

在德国,审判实践及理论通说采取了“有形侵害说”的立场;在日本,“效用侵害说”系通说。[③] 一般认为,“有形侵害说”系基于形式解释论的立

---

① 全国人大常委会法制工作委员会刑法室编:《〈中华人民共和国刑法〉条文说明、立法理由及相关规定》,北京大学出版社 2009 年版,第 572 页。

② 参见《上海市静安区人民检察院诉朱建勇故意毁坏财物案》,载《中华人民共和国最高人民法院公报》2004 年第 4 期。事实上,类似的案件在审判实务中并非个案,如刘玲菊故意毁坏财物案。参见党玉红等:《倒卖股票毁了姐妹情》,载 http://oldfyb. chinacourt. org/public/detail. php? id = 79864,最后访问日期:2011 年 11 月 12 日。

③ 参见张明楷:《罪刑法定与刑法解释》,北京大学出版社 2009 年版,第 207 ~ 208 页。

场，而“效用侵害说”系基于实质解释论的立场。

不过，在我国，实质刑法观并不完全否定刑法的形式理性，形式刑法观也并非全然否定刑法的实质价值，实质解释论与形式解释论分歧的核心不在于要不要法律的实质判断标准，而在于是更注重刑法的实质价值还是形式理性，尤其是对于刑法的实质价值的追求能否突破刑法的形式理性的限制。① 实质解释论的持有者在实质解释的界说及理论展开中，都宣称实质解释论是在罪刑法定原则“形式侧面”的一次限制解释前提下，依据罪刑法定原则“实质侧面”对犯罪进行的二次限制解释。若似此，则实质解释论所划定的犯罪圈要较形式解释论狭窄。然而，现实情况恐非如此！例如，对“毁坏”采取“效用侵害说”的立场，即毁坏不限于物理上变更或消灭财物的形体，还包括丧失或减少财物的效用的一切行为，如向他人的美术作品泼洒脏物、涂黑他人的广告牌内容等。② 因此，在我国罪刑法定原则根基尚浅的情况下，似乎有必要在解释论上对人权价值做出适度倾斜，即在入罪时谨守形式解释论，而实质解释论更多地在出罪上发挥功效。据此，对于故意毁坏财物罪之“毁坏”应倾向于“有形侵害说”的立场。

那么，“有形侵害说”所潜含的缺陷是否会导致轻纵犯罪？答案是否定的。故意毁坏财物罪等财产型犯罪的非罪化及刑罚的轻缓化处理是业已明朗的世界性趋势③——财产大抵具有完全的恢复性或替代补偿性，在行为人赔偿能力范围内或赔偿能力可及的范围内之财产型犯罪中，过分依赖刑罚的功效恐非明智之举。实际上，“朱建勇故意毁坏财物案”及“刘玲菊故意毁坏案”中行为人最终均被判处缓刑，而作为民事侵权纠纷处理或给予行政处罚等非罪化处理，除了能减少行为人“犯罪人”的身份及与该身份相伴的歧视的眼光所带来的隐性社会隔离外，很难说会实质性地降低纠纷处理的有效性。毕竟民事责任、行政处罚也是否定性的法律效果及对行为人来说并不轻松的负担！至于由此产生的可能毁坏刑法一般预防功效的担忧，两百多年前的刑法巨擘贝卡里亚已然给出了振聋发聩的答案：“对于犯罪最强有力的约束力量不是刑罚的严酷性，而是刑罚的必定性。”④

---

① 参见陈兴良：《形式与实质的关系：刑法学的反思性检讨》，载《法学研究》2008年第6期。

② 参见张明楷：《刑法学》(第4版)，法律出版社2011年版，第911页。

③ 参见张天一：《财产犯罪在欧陆法制史上之发展轨迹——从罗马法时代至现代德国法》，载《玄奘法律学报》2007年第8期。

④ ［意］贝卡里亚：《论犯罪与刑罚》，黄风译，中国法制出版社2005年版，第72页。这里的“刑罚”在范围上包括我国的行政处罚。

其实，在扬弃四要件犯罪论体系转向阶层化犯罪体系过程中，较之三阶层体系，两阶层体系在衔接上面临的困难要大得多。在此，以可罚的违法性理论为例，略作分析。

一般认为，可罚的违法性理论，以实质违法性论为基础，以违法性具有质和量为前提，主张行为在形式上虽然具有构成要件符合性，但因不具有可罚的违法性——不值得作为犯罪而科以刑罚程度的违法性，而不成立犯罪之理论。在阶层化犯罪论体系下，就该理论而言存在肯定说与否定说的对立。其中，否定说的理由主要是：(1)可罚的违法性判断，若包含可罚性之判断在内，则有使立法论与解释论混同之虞；(2)可罚的违法性之判断基准不明确，易使刑法之适用流于主观化与恣意化之虞；(3)可罚的违法性观念，若恣意使用，则恐有害于构成要件之违法性推定机能之虞。① 在德国，可罚的违法性理论几近绝迹。在日本，肯定可罚的违法性理论系多数说。② 不过，审判实务中，“就超法规的违法性阻却的判断而言，对于以违法性轻微为理由而否定犯罪的成立这一点，判例体现出来了消极的态度”③。

笔者认为，在当前的阶层化犯罪论体系下可罚的违法性理论已无存在之必要，但审判实务中肯定该理论仍然具有一定的意义。因此，在违法性阶层中为其设定相应的位阶，充分发挥其出罪功效以彰显刑法之谦抑性，具有一定的合理性，这在四要件犯罪论体系向阶层化犯罪论体系转进中尤其如此。

要厘清可罚的违法性理论，绕不开对日本著名的“一厘事件”进行分析。所谓“一厘事件”，系指受政府(专卖局)委托栽培烟草的被告人负有将生产的烟叶全部交给政府的义务，但其却随意吸食了其中一叶——按当时的价格值一厘钱，该事件被以违反烟草专卖法而起诉，但日本大审院否定了犯罪的成立(大判明治43年[1910年]10月11日刑录16辑1620页)。④ 检视“一厘事件”之背景，不难发现此时日本刑法在犯罪论体系上完全继受了德国古典犯罪论体系，该体系将构成要件设定为客观、描述性、价值中立的行为外部形象，而在违法性阶层仅以法定的违法性阻却事由为限。另外，此时刑事诉讼法上微害不起诉及缓起诉理论尚未成型，故司法实务中该类案件一般会进入审判程序。因此，对于进入了审判程序的该类

---

① 参见甘添贵：《刑法之重要理念》，台北，瑞兴图书股份有限公司1996年版，第115~117页。

② 参见陈子平：《刑法总论》(2008年增修版)，中国人民大学出版社2009年版，第168页。

③ [日]山口厚：《刑法总论》(第2版)，付立庆译，中国人民大学出版社2011年版，第181页。

④ 参见[日]大塚仁：《犯罪论的基本问题》，冯军译，中国政法大学出版社1993年版，第121页。

案件,若依据古典犯罪论体系而严格入罪,则会限刑法于苛严之泥潭,也会破坏刑法作为维持社会秩序之最后手段的有效性,并抵触自罗马法以后就形成并逐步为各国法律实践所遵循的"法不关微事"(De minimis non curat lex.)"法官不管小事"(De minimis non curat prae tor.)等理念。于是,为克服古典犯罪论体系在以法定的违法性阻却事由为违法性全部内容所导致的缺陷,在违法性阶层扩张实质性判断内容(如该案判决中的"不存在什么应该视为危险的状况"[①])以限缩犯罪圈,遂成为不二法门。在此意义上,继古典犯罪论体系之后的新古典体系,在违法性阶层开创性地承认超法规的违法性阻却事由,与可罚的违法性理论具有异曲同工之效。

"二战"后,尽管犯罪论体系发生了巨变,但日本的法院秉持可罚的违法性理论否定了一系列绝对轻微型与相对轻微型侵害或威胁法秩序之行为成立犯罪,[②]这助推了可罚的违法性理论在日本的勃兴。实际上,与其联系紧密的依旧是刑事诉讼法上微害不起诉,及缓起诉理论的滞后性所导致的该类案件进入了审判程序,而不得不由法院处理。至于 20 世纪 70 年代以后日本审判实践在可罚的违法性理论上所体现出来"消极的态度",如前所述,基本上是刑事诉讼法上微害不起诉及缓起诉的扩张适用,导致此类案件多不进入审判程序,从而大为降低了该理论在判决上出现的可能性。

之所以说在当前的阶层化犯罪论体系下可罚的违法性理论已无存在之必要,是因为:其一,可罚的违法性理论系早期将构成要件理解为客观、描述性、价值中立前提下产物,而客观、描述性、价值中立的构成要件早已沦为历史的遗迹,故可罚的违法性理论丧失了存在的根基。其二,通常违法性是指行为与整体法律规范或法秩序的对立关系,只存在对立或不对立,而不存在轻重的程度问题;况且在违法性判断中,只有合法与违法的二分价值判断,而无可罚的违法性与不可罚的违法性之区分;在刑法理论上只有不法始有可罚的不法与不可罚的不法之区别。可罚的违法性理论将违法性取决于行为是否具有科以刑罚的必要性,在刑法理论学上也有所不当,因为违法性是刑罚必要性的前提条件,而非刑罚必要性系违法性的前提。[③] 其三,在阶层化犯罪论体系将根基确立或置换为新康德哲学后,"微罪问题"的解决在刑事实体法上是求诸告诉乃论之罪(不告不理)或免刑

① 参见[日]大塚仁:《犯罪论的基本问题》,冯军译,中国政法大学出版社 1993 年版,第 121 页。

② 参见[日]山口厚:《刑法总论》(第 2 版),付立庆译,中国人民大学出版社 2011 年版,第 179～180 页。

③ 参见林山田:《刑法通论(上册)》(增订 10 版),台北,作者 2008 年自版,第 310～311 页。

条款的设定,在刑事程序法上是求诸微罪不举或停止程序之规定,而非在合法与违法的价值判断上寻求应对之道。①

在我国四要件犯罪论体系下,如前所述,审判实践中是存在依据《刑法典》第13条之"但书"出罪的——部分刑法学者所指陈的犯罪概念的定量因素或罪量因素。毋庸置疑,我国刑事诉讼法在"微罪不举"等上已然做出了努力,例如,公安机关不立案、检察机关决定不移送审查起诉等;且我国刑法典在亲告罪上也有一定的体现,如轻伤害、暴力干涉婚姻自由、家庭成员之间的虐待、侵占等,并在免刑条款上也有所体现,如拒不支付劳动报酬罪、贪污罪等中的免刑规定。故而,在扬弃四要件犯罪论体系而构建三阶层犯罪论体系中,可罚的违法性理论本无存在之必要,毕竟该理论发挥作用的空间早已为相关理论所替代,但由于我国《刑法典》第13条"但书"系当前各国刑事立法例中唯一叙明刑罚谦抑性之条款,这在域外受到了积极的评价,而尽管基于上述努力但司法实务中仍旧不乏进入了审判程序而需求诸"但书"出罪的情形——其实,超法规的违法性阻却事由在四要件犯罪构成中无以容身,而不得不委身于混合的犯罪概念,也提升了犯罪概念之"但书"在出罪上的价值。

值得注意的是,即使在三阶层犯罪论体系已然运作多年的日本与我国台湾地区,实务中也并未彻底否弃可罚的违法性理论,而是持"消极的态度"以备不时之需。因此,在我国犯罪论体系转型时基于有效衔接的考虑,也不宜断然否定可罚的违法性理论,况且否定在刑罚谦抑性上发挥着积极功效的犯罪概念之"但书"规定,可能性似乎不大。即以出罪为要义的可罚的违法性理论在实务中有意义的部分是,当微罪未前置化处理或前置化处理不力而进入审判程序时,可以据以出罪从而体现刑法谦抑性思想及人权保障理念。

一言以蔽之,两阶层体系存在对人权价值贯彻上不力、在犯罪圈划定上的宽泛、在与我国既有的刑法理论及实务做法上难以有效地衔接等重大弊害,而对人权价值承载力度的加强、在犯罪圈划定上的限缩及在既有的理论与实务做法上尽量实现"无缝对接",是我国犯罪论体系变革中不得不予以倾斜的,故两阶层体系为笔者所不取。

"有缺点的东西而不同时克服其缺点,这个缺点对它说来就不是缺点。"②阶层化犯罪论体系所包含的缺点,是我国犯罪论体系变革中不得不

---

① 参见林山田:《评可罚的违法性理论》,载《刑事法杂志》1992年第6期。

② [德]黑格尔:《法哲学原理》,范扬、张企泰译,商务印书馆1961年版,第20页。

付出的代价,但这较之维系传统的四要件犯罪构成所付出的代价要小得多。当然,犯罪论体系阶层化之后,如何将这种缺点所产生的负面影响最小化,并在阶层化之轮廓下深化对过失犯、不作为犯的研究,将是不容忽视的问题;但在这之前,在继续夯实罪刑法定原则的根基及增强该原则,与犯罪构成之间的实质性联系引导下趋向阶层化,循序渐进地推进犯罪构成理论的变革,才是顾盼于历史与现实间应坚持的基本立场。

当然,对我国犯罪论体系进行阶层化改造,在外观上大可不必拘泥于阶层化犯罪论体系的外观形式,即一定要采纳构成要件该当性(符合性)、违法性、有责性等的特定表述,只要牢牢把握住这一阶层化体系的实质和关键,即便沿用四要件犯罪论体系下的传统术语,也是可以的。比如,我国的阮齐林教授创造性地提出用刑事违法性、社会危害性和有责性来替代构成要件该当性、违法性和有责性的表述,①就可谓极具代表性,这样四要件犯罪论体系借助"犯罪概念特征论与犯罪构成合一的体系"改造,一举质变成阶层化(三阶层)犯罪论体系。这意味着在价值属性的引导下,我国犯罪论体系的变革是一条阶层化改造的移植(论)之路,但在外观上却完全可能是一条倾向于固守(论)和改良(论)的本土化之路。

① 参见阮齐林:《中国刑法学犯罪论体系之完善》,载《法学研究》2013 年第 1 期。

第七章　阶层化改造视域下基本理论之检验

在确立我国犯罪论体系应由平面化之四要件转向阶层化之三阶层的基本立场后，比较意义上基础理论的精细化检验是必不可少的。为此，笔者拟选取因果关系理论、构成事实错误理论、共犯理论和“原因自由行为”理论等四种基本理论试作比较。

第一节　因果关系理论之检验

一、我国传统因果关系理论的缺陷

我国传统刑法因果关系理论通常将因果关系界定为“引起与被引起”的关系，“必然—偶然”因果关系和“直接—间接”因果关系基本构成了它的全部内容。其中，“必然—偶然”因果关系理论处于绝对的优势地位，但“直接—间接”因果关系理论一直在渎职犯罪等领域发挥着作用，有关司法解释对直接因果关系概念的使用，再次提升了理论和实务对它的关注。但是，无论是“必然—偶然”因果关系理论还是“直接—间接”因果关系理论，都未能提供清晰的刑法教义学结构，也未能有效地区分事实因果和结果归属问题，从而难以为实务中案件的定性提供一套精确化的适用标准，这引发了传统刑法因果关系理论的危机。

就“必然—偶然”因果关系理论而言，在因果关系是客观的认知的支配下，“必然—偶然”因果关系理论深陷在必然性与偶然性的哲学思辨的迷局，长期以来，受到了普遍的批判。[①] 一般认为，世间万事万物都处于联系中是唯物论的基本认知。由此可见，因果关系的概念是在之前的哲学和自然科学的意义上，为客观的因果关系理论奠定了基础。在客观的“引起与被引起”这一认知下，“必然—偶然”因果关系在我国得到了系统的研究。然而，它们的落脚点不在于将“引起”构成要件结果发生的各种部分的原因视为独立的原因，而在于强调必然性与偶然性这一总和意义上的原因。同时，这一研究常常带有浓厚的哲学思辨性质。的确，哲学上的认知

① 参见刘志伟、周国良编：《刑法因果关系专题整理》，中国人民大学出版社 2007 年版，第 80 页。

对部门法学具有重要的指导性意义，但刑法作为独立的部门法，它的特殊性在于“它主要研究规范性目的的实现，换言之它主要研究目的性问题，即各种解决方式的不同目的何者为众的问题”①。这一独特性要求因果关系理论的研究不能偏离或放弃刑法上的独特属性，否则将会导致研究结论欠缺刑法教义学上的适应性。不幸地，以往对“必然—偶然”因果关系理论着重于哲学思辨的阐释和完善，恰恰使我国《刑法》因果关系理论丧失了作为部门法理论应有的独立性与活力，也使它在刑法教义学结构上存在重大缺陷。

与此不同，德日的条件说具有鲜明的部门法属性，而在批判条件说基础上发展起来的相当因果关系说等理论更是如此。“对等值理论来说，原因并不存在于一个结果的所有条件的总和之中，而是存在于各个具体的条件之中，即使这个条件仅仅是在与许多其他因素的共同作用中一起造就了这个结果时，结论也一样。”②这意味着，条件说获得了超出哲学意义的部门法学理论的独立价值。因此，刑法上的因果关系与哲学上的因果关系最终分道扬镳。这一差异在归责理论介入后更加明显，即由结果归属的角度来看，构成要件结果是否可视为行为人的“作品（Werk）”的归责判断，它实际的效果如后文所述是实质性限缩刑法因果关系的举措。简言之，在归责的意义上，哲学上的因果关系与刑法上的因果关系更不可相提并论。

在形式上，本来以“规律”或“必然性”为中心来区分必然性和偶然性，似乎能够划清必然因果关系与偶然因果关系，且任何构成要件结果的出现都可视为必然性和偶然性相结合的产物。因此，“必然—偶然”因果关系理论似乎具有强大的解释力。可是，实际情况却相反。以理论上颇具影响的“高概率”偶然因果关系理论为例，该说主张应纳入刑法领域的偶然因果关系是指高概率的偶然因果关系。③ 原本以概率的大小作为刑法上偶然因果关系的标准，在自然科学层面上并不欠缺妥当性，但将偶然因果关系的高概率判断标准与“介入因素同先在行为的关系性质（从属的还是独立的）”和“介入因素本身的特点（异常的还是非异常的）”联系起来，并且未明确从属与独立之间以及异常与非异常之间的具体标准，必然导致无论得出何种因果关系的判断结论都有主观恣意的嫌疑。不能不说，这等同于在因果关系理论上未提出实质性的刑法教义学标准。

在实践中，当面对个案的因果关系判断时，“必然—偶然”因果关系理

① ［德］魏德士：《法理学》，丁晓春、吴越译，法律出版社 2005 年版，第 129 页。

② ［德］克劳斯·罗克辛：《德国刑法学　总论》（第 1 卷），王世洲译，法律出版社 2005 年版，第 232 页。

③ 参见储槐植：《一个半因果关系》，载《法学研究》1987 年第 3 期。

论所具有的“强大解释力”更是尴尬。这里，试举弹弓伤人案一例。被告人武某住在涟水县连城镇莲花居委会伏李组25号，家门口是一片麦田，麦田旁边有一个晾衣架，该晾衣架是隔壁邻居家的，因“城中村”改造早已废弃不用。武某每天瞄准该晾衣架中的一根柱子练习打弹弓。晾衣架旁边有个茅房，从“城中村”改造通自来水后家里有了卫生间，该茅房也处于废弃状态。2014年3月6日，租住隔壁邻居房屋不久的袁某因节约用水而到该茅房大便，其间因听到异响而抬头张望，被武某打到晾衣架柱子上的一枚弹珠反弹后击中左眼，经鉴定为重伤二级。依据“必然—偶然”因果关系理论，武某的致伤行为与袁某的重伤结果之间的事实因果联系，既有必然性也有偶然性，毕竟武某实施打弹弓这一具有一定危险性的行为时未采取任何安全防范措施，这就使致人重伤的结果具有某种程度的必然性，而袁某在废弃的茅房上厕所时被素不相识的人的弹珠击伤眼睛无疑带有一定的偶然性。因此，这种必然性与偶然性交织的案件在刑法因果关系上应认定为罪案还是意外事件，“必然—偶然”因果关系理论无法给出具有说服力的解释。实务中，该案的因果关系究竟如何一直处于巨大的争议中。这预示着，“必然—偶然”因果关系理论的解释力欠缺司法实践上的适应性。究其原因，“必然—偶然”因果关系理论在抽象的界定背后，缺乏清晰的刑法教义学结构，即必然性与偶然性标准欠缺具体而明确的判断规则，导致它们对因果关系可以做出肯定意义上的空洞“解释”，却难以做出否定意义上的实质排除或确认，由此基本不能为案件的处理提供具体的指导，才是争议的症结所在。可以认为，“必然—偶然”因果关系理论对于刑法因果关系的解决作用，类似于地动仪对于地震的作用。另外，“必然—偶然”因果关系理论更深层次的问题是它忽视或无视了事实因果与结果归属这两个分属于不同层面的问题，或者说它试图“毕其功于一役”地解决事实因果与结果归属问题。其中，事实因果是事实判断层面的问题，而结果归属是规范评价层面的问题。由此可见，“必然—偶然”因果关系理论在事实与规范之间或而狭隘片面或而纠缠不清。

就“直接—间接”因果关系理论而言，类似的问题同样存在。在我国传统的因果关系理论中，“直接—间接”因果关系理论以往被视为“必然—偶然”因果关系理论之外因果关系理论的重要内容，甚至有学者认为直接因果关系相当于必然因果关系，间接因果关系相当于偶然因果关系。① 实

① 参见张春发：《简析刑法中的直接因果关系与间接因果关系》，载《法律学习与研究》1988年第5期。

务中,渎职类犯罪一直是“直接—间接”因果关系理论发挥作用的传统领域。最近,该理论更是扩展到非法行医罪等领域,且得到了司法解释的认可。例如,2016 年 12 月 20 日实施的最高人民法院《关于修改〈关于审理非法行医刑事案件具体应用法律若干问题的解释〉的决定》中规定,非法行医行为系造成就诊人死亡的“直接、主要原因”的,应认定为刑法第 336 条第 1 款规定的“造成就诊人死亡”,但非法行医行为是造成就诊人死亡的间接原因时,根据案件情况也可以认定为《刑法》第 336 条第 1 款规定的“情节严重”。实际上,这也是我国审判实践的立场。比如,在“延误致死案”①中,因果关系的判断依据就是存在间接因果关系,进而肯定成立非法行医罪,即被害人死于自己生前患有的心脏疾患(直接原因),被告人盲目救治延误了抢救时间对被害人死亡的参与度为 50%(间接原因)。间接因果关系在渎职罪领域中的应用更为明显。因为渎职罪大多具有特殊的一面,如果全面否定间接因果关系可以作为渎职罪成立的基础,会急剧缩小渎职罪的范围,进而造成大量渎职罪条文的虚设。然而,所谓的间接因果关系通常是指行为没有直接引起危害结果,而是通过中间环节与危害结果相联系,间接导致了结果的发生。那么,何种间接因果关系才是刑法上的因果关系就会成为争议的焦点。遗憾的是相比于“必然—偶然”因果关系理论,“直接—间接”因果关系理论也存在欠缺清晰的刑法教义学结构以及未能妥善处理事实与规范之间关系的缺陷。在**签证借款案**中,南京正大金泰企业集团有限公司(以下简称正大公司)系南京市劳动局下属控股企业,该公司为解决资金周转问题,拟向南京市计时器厂、南京钟表厂、南京长乐玻璃厂借款 3700 万元,但因企业间拆借资金违反财经纪律,故假以“联营”形式拆借。出借方为保证资金安全,要求正大公司出具劳动局盖章的监证书,否则不予借款。被告人包某原系江苏省南京市劳动局局长,其利用所担任的局长职权,未经集体研究,擅自决定以南京市劳动局名义

① 本案的案情是:被告人张富有在未取得医师资格以及医疗机构执业许可证的情况下,开办医疗机构从事诊疗活动。2012 年 6 月 4 日,被告人在对有心脏疾患的被害人赵某(男,殁年 49 岁)进行诊断治疗中,采取人工呼吸、心脏按压及注射过期的硝酸甘油注射液等措施。上述措施均无效,被害人赵某于当日死亡。经鉴定,被害人赵某符合因患冠心病、急性心肌梗死、轻度脂肪心等心脏疾患导致急性心功能衰竭死亡。鉴定意见载明:被害人生前患有心脏疾患是死亡发生的基础;张富有非法行医,盲目治疗、施救与死因二者间虽无直接因果关系,但是张富有的行为客观上一定程度延误了抢救时间,失去了抢救机会,在赵某的死亡过程中负有一定责任,建议参与度为 50%。2012 年 8 月 2 日,被告人张富有被抓获归案。参见臧德胜、刘欢、魏颖:《非法行医案中因果关系的把握》,载《人民司法》2015 年第 12 期。

为正大公司出具鉴证书，其内容为：“我局将督促正大公司切实履行协议中的各项条款，如其违约，我局将负责追究其经济责任，并确保其补偿一切损失。”后正大公司因经营不善破产，造成三家企业损失3440余万元。依据“直接—间接”因果关系理论，在事实因果关联上包某的行为与损害结果的发生之间具有间接因果关系，但在此基础上包某的行为是否成立滥用职权罪，一审和二审给出了罪与非罪完全不同的结论，理论上更是分歧严重。

二、我国因果关系理论应在结果归属层面进行改进

为了解决传统因果关系理论的上述缺陷及其引发的危机，理论界与实务界付出了不小的努力，但由此产生的分歧是明显的。其中，在传统因果关系理论框架下纳入必要的内容进行弥补（以下简称补充说）与“另起炉灶”引入域外刑法因果关系理论进行弥补（以下简称替代说），是引人注目的解决方案上的差异。但是，无论哪种方案，增添的内容都导致了我国传统因果关系理论的松弛。

补充说在理论上并不占有优势，但司法实践中的情况则完全不同。在理论上，有学者主张，偶然因果关系要发掘出的，恰恰是刑法因果关系研究真正需要解决的重点问题，并认为以前行为与之后结果之间有无“无前者即无后者”的关系来作为刑法上必然因果关系和偶然因果关系的判断标准。[①] 不难发现，这是以条件说的内容来弥补传统刑法因果关系理论的教义学缺陷，它基本上可以纳入补充说的范畴。当然，在补充说中被纳入补充内容的不限于条件说，还包括原因说、相当因果关系说等，甚至包括英美刑法实务所创立的因果关系的判断规则。[②] 这些内容实质性地充当了因果关系判断的辅助性标准。“如果可以（依据条件公式）确定前行为与最终结果之间具有因果关系时，是将其称为是‘必然因果关系’，还是‘偶然因果关系’实际上并不重要。”[③]

由于传统因果关系理论对我国的司法实务依旧具有实质的影响力，因此，补充说对司法实践来说具有一定的吸引力，这在存在特殊体质和介入

① 参见林亚刚：《刑法教义学（总论）》，北京大学出版社2014年版，第179页。

② 参见刘士心：《刑法中法律因果关系的判断规则——英美刑法介入原因规则及其对中国刑法的借鉴意义》，载《政治与法律》2017年第2期。

③ 林亚刚：《刑法教义学（总论）》，北京大学出版社2014年版，第179页。

因素的案件中较为明显。例如，在洪志宁故意伤害案①中，法院在传统的“必然—偶然”因果关系分析中补充了条件说的内容，即“总之，如果被告人不对被害人进行击打，就可能不会诱发被害人冠心病发作，猝死的结果也就可能不会发生”。再如，在孙超故意伤害案②中，浙江省高级人民法院在传统的“偶然—必然”因果关系模式下分析了介入因素与先在行为的关系性质以及介入因素本身异常性的大小，但以客观的不可避免性理论补充了相应的判断标准，即“对突然倒在对向车道上的人，要求行驶在该车道上的机动车驾驶，都应该能够避免碰撞或碾压，显然过于苛刻”③。当然，补充说的作用领域不限于上述范围。例如，对于前列的延误致死案，诊疗行为在就诊人死亡结果中的“原因力大小”，是实务中法官判断该案因果关系的关键，④这是“直接—间接”因果关系理论将域外原因说的相关内容纳入其中，用来弥补自身在刑法教义学结构上的不足，试图为案件的解决提供明确而具体的指导。

目前，替代说是我国刑法理论上的有力见解。并且，用来替代的理论几乎涵盖条件说、相当因果关系说、客观归属论等域外的主流学说。例如，冯亚东教授主张，在客观归因的因果关系层面采用“条件说”即可，无须引入见仁见智的各式规范判断学说，刑事责任的限定可以借助主观罪过来实现。⑤ 张明楷教授虽然不赞成直接全盘引入客观归属论，但主张条件说并在其基础上再进行必要的结果归属判断。⑥ 刘艳红教授的基本立场也是采纳相当因果关系说，而反对客观归属论。⑦ 周光权教授主张，客观归属论在方法论上具有特殊的意义而应予以提倡。⑧ 另外，即使是相当因果关系说与客观归属论各自的内部也存在一些差别。就前者而言，替代说的学

---

① 该案的基本案情是：因女友与被害人陈碰狮发生争吵，被告人洪志宁挥拳连击被害人的胸部和头部，被害人被打后追撵被告人，追出两三步后倒地死亡。后经鉴定，被害人系在原有冠心病的基础上因吵架时情绪激动、胸部被打、剧烈运动及饮酒等多种因素影响，诱发冠心病发作，管状动脉痉挛致心跳骤停而猝死。

② 该案的基本案情是：被告人孙超与被害人叶永青因琐事发生纠纷，叶永青骑摩托车用手拍打孙超的轿车左侧后车厢车窗并责骂孙超，孙超遂驾车加速追赶叶永青，并在机动车道上用轿车车头碰撞叶永青的摩托车右侧尾部，致使摩托车倒向对向车道，摔倒的叶永青被迎面驶来的出租车碾压致死。

③ 《中国指导案例》编委会编：《人民法院指导案例裁判要旨汇览（刑事卷一）》，中国法制出版社2013年版，第85～86页。

④ 参见臧德胜、刘欢、魏颖：《非法行医案中因果关系的把握》，载《人民司法》2015年第12期。

⑤ 参见冯亚东、李侠：《从客观归因到主观归责》，载《法学研究》2010年第4期。

⑥ 参见张明楷：《刑法学（上）》（第5版），法律出版社2016年版，第174页以下。

⑦ 参见刘艳红：《客观归责：质疑与反思》，载《中外法学》2011年第6期。

⑧ 参见周光权：《客观归责理论的方法论意义》，载《中外法学》2012年第2期。

者之间就有客观的相当因果关系说与折衷的相当因果关系说的分歧。就后者而言，如有学者认为规范的目的是探究立法者的目的，不免涉及主观的东西，这与客观归属论是从“客观”出发相违背，进而主张将规范的保护目的论摒弃在这一理论框架之外。[①] 此外，有学者主张借鉴英美刑法中的“双层次原因”理论来构建我国的因果关系体系。[②]

比较地看，补充说所补充的内容不限于经验性的内容，还包括规范性的内容。事实上，与我国传统因果关系理论在因果关系是客观的认识下对规范的内涵持谨慎乃至否定的态度不同，我国法官的实践智慧早已促成了特定领域内相对统一的裁判规则，即纳入规范的内涵进行结果归属判断。例如，在张兴等绑架案[③]中，被告人在转移人质过程中遭遇车祸，导致人质受撞击后颅脑损伤而死亡。法院在判决中认为车祸作为介入的异常因素与绑架行为之间没有因果关系，不属于绑架行为“致使被绑架人死亡”。再如，在污水溺毙案[④]和前列的签证借款案中，基于规范角度的规范的保护目的理论，被法官用来考虑传统上由间接因果关系理论来解决的渎职犯罪成立与否的问题，且否定刑法上因果关系的成立是最终的结论。可以说，这都在事实因果后纳入了规范性的结果归属判断。但是，总体来看，补充说的突出问题在于补充的内容带有浓厚的“头痛医头，脚痛医脚”的色彩，缺乏事实因果与结果归属的清晰层次，更缺乏明确而系统的下位规则。迄今为止，仅在存在介入因素的场合补充的内容就涉及条件说、原因说、相当因果关系说等。显然，这样的补充难以系统而有效地解决传统因果关系理论所欠缺的刑法教义学结构问题。

就替代说而言，域外因果关系理论在刑法教义学结构上的相对明确，以及其在结果归属层面的巨大价值，与我国传统因果关系理论形成了较为

---

① 参见杨彩霞：《刑法因果关系论之危机、反思与出路》，载《国家检察官学院学报》2004 年第 4 期。

② 参见储槐植、汪永乐：《刑法因果关系研究》，载《中国法学》2001 年第 2 期。

③ 参见陈进龙：《张兴等绑架案》，载中华人民共和国最高人民法院刑事审判第一至五庭编：《刑事审判参考》2012 年第 4 集（总第 87 卷），法律出版社 2013 年版，第 39 页。

④ 本案的案情是：1999 年 A 县某电镀厂经环保验收合格开工生产后不久，即私自改变镀污口方向，将生产电镀废水从原审批的界限沟改排至村民长期起土形成的大坑中。该坑东、西、南三面紧邻民宅。A 县环保处处长甲和环境监察大队队长乙均接到过投诉。2006～2007 年，该县环保局对该电镀厂进行过现场检查，根据其污染状况对该厂下达过限期治理通知书。但在限期治理未取得效果的情况下，执法人员没有采取进一步措施，致使该电镀厂违法排污 10 余年，向外排放了大量含有强酸的污水。2008 年，家住坑西岸某村的 6 岁男童不慎掉入坑中，经抢救无效而死亡。经鉴定，该男童系“溺水导致呼吸功能障碍，心力衰竭而死”，且溺液中的氰化物、六价铬加速了窒息的过程。

强烈的对比，因此，替代说不仅实质性地影响着我国因果关系理论，对司法实务也有了一定的的渗透。例如，在存在介入因素的场合，“最高法院虽并未步履维艰地蹒跚于传统理论‘偶然’‘必然’等概念泥淖中，而是另辟蹊径，于德日理论中寻求坦途。但德日有关因果关系的理论层出不穷，最高院在相关理论歧路前，一度踌躇，流连于原因说和相当因果关系说之间。其中赞成原因说的案例审编单位是最高院刑四庭，赞成相当因果关系说的是刑一庭和刑二庭”①。就客观归属论而言，尽管否认我国的审判实践采用了该理论的观点具有优势地位，但有学者在批评实务中对客观归属论采取的都是“隐性化处理”②存在片面性的基础上，进一步主张我国司法上在某些时候虽然没有使用“客观归责”的术语，但实际上采用了“显性客观归责路径”。③ 周光权教授等则主张客观归属论已经被审判实践所采纳，且并非个案。鉴于替代说中主张仅在“归因”层面采用条件说即可，而由主观罪过来限定刑事责任，实际上是否定结果归属判断的独立性价值，这无疑是要走早期因果关系理论发展的回头路，不仅存在方法论上的缺陷，而且存在方向性错误。目前，替代说中的争论主要来自修正的相当因果关系说和客观归属论。由于它们与域外的并无本质性区别。因此，上述关于修正的相当因果关系说和客观归属论的分析，同样适用于它们。

问题是四要件犯罪论体系是否是采取客观归属论的实质性障碍，肯定说认为，客观归属论在四要件犯罪论体系中无容身之地，只有阶层化犯罪论体系才能为其提供生存空间。④ 否定说认为，客观归属论是刑法“规范判断方法”的运用，只涉及客观构成要件判断的“技术问题”，且考虑到结果归属应该成为评价结果犯的客观构成要件的必要要素，客观归属论就是判断特定结果犯的既遂要件、归属基准的方法，与采取何种犯罪论体系关系不大。⑤ 截至目前，对立的双方依旧“各执”一词。不过可以肯定的是，在四要件犯罪论体系下，除非对补充说的刑法教义学结构进行系统性重构，即在事实因果和结果归属两个层面重新厘定“必然—偶然”关系和“直接—间接”关系的下位规则，否则该说难以取得比较优势。与补充说不同，

① 杨海强：《刑法因果关系的认定》，载《中国刑事法杂志》2014 年第 3 期。

② 参见熊琦：《从“戏言逼死人命”案看客观归责的“规范之维”》，载陈兴良主编：《刑事法判解》（第 11 卷），人民法院出版社 2012 年版，第 3 页以下。

③ 参见周光权：《客观归责论的中国实践》，载梁根林、［德］埃里克·希尔根多夫主编：《刑法体系与客观归责》，北京大学出版社 2015 年版，第 74 页以下。

④ 参见陈兴良：《客观归责的体系性地位》，载《法学研究》2009 年第 6 期。

⑤ 参见周光权：《客观归责论的中国实践》，载梁根林、［德］埃里克·希尔根多夫主编：《刑法体系与客观归责》，北京大学出版社 2015 年版，第 93 页。

替代说各见解之间的争议相对集中。另外,如后所述,[①]由于客观归属论对因果关系的限缩,无须通过修正的相当因果关系说的下位规则来实现,而经验的相当性判断也已纳入其中成为该说的下位规则之一。同时,如果放弃经验性内容的主导地位,修正的相当因果关系说将重返传统相当因果关系说的老路,这样规范性薄弱的缺陷将造成结果归属判断的难题;如果动摇经验性内容的主导地位,该说将实质性地异化为客观归属论,剩下的仅仅是要不要维持相当因果关系说这一名称。因而,在结果归属的判断上客观归属论更为可取。

在反对客观归属论的诸多理由中,认为该理论承担着与“实行行为”概念相同的限制构成要件客观面的机能,因此没必要放弃实行行为概念和相当因果关系说,并由客观归属论取而代之,是具有影响力的观点。[②] 对此,我国的周光权教授提出了五点批评理由。[③] 的确,客观归属论与实行行为不是互相排斥的,否则架构在实行行为理论之上的二元的犯罪参与体系、故意犯罪的停止形态等将出现混乱,这在理论上采取客观归属论的德国并非事实。其实,“说实行行为是符合构成要件,具有法益侵害的紧迫危险的行为,实行行为必须是类型性的法益侵害行为,这样的思考方法,本身就是对客观归责论方法论的借用”[④]。

应该看到,迄今无论是因果关系理论中的何种学说,都不是尽善尽美的。在因果关系理论的发展过程中,客观归属论只是其中的一个重要环节,并且,“就学说之理论发展而言,‘客观归责说’绝非最后底定之‘因果关系学说’”[⑤]。换言之,刑事政策学层面的客观归属论在结果归属的判断上具有巨大的方法论价值,该理论现存的缺陷远未达到让结果归属的判断改弦易辙的程度。况且,客观归属论持续不断地进行着自我完善。这对我国的因果关系理论发展具有不可替代的价值。实际上,由于客观归属论能够有效地限缩因果关系进而限缩犯罪圈,犯罪圈的极速膨胀是我国刑法面临的一大难题,晚近以来的刑法修正并未根本性地改变这一点。这导致了我国刑法具有犯罪圈过于宽泛的弊端,而近年来随着“刑事一体化”观念的扩张,宽严相济的刑事政策由单纯的刑事司法政策提升到兼为刑事立法

---

① 参见第八章第一节中“(域外)刑法因果关系在归责层面并非完美无缺”。

② 参见井田良:『刑法総論の理論構造』、成文堂、2005、頁63。

③ 参见周光权:《客观归责论的中国实践》,载梁根林、[德]埃里克·希尔根多夫主编:《刑法体系与客观归责》,北京大学出版社2015年版,第92页。

④ 同上。

⑤ 黄常仁:《刑法总论——逻辑分析与体系论证》,台北,新学林出版股份有限公司2009年版,第31页。

政策的层面，如何适当限缩犯罪圈、如何协调刑法与刑事政策关系始终困扰着我国刑法学界，能够契合宽严相济刑事政策的客观归属论具有潜在的价值。

这就是说，在事实因果与结果归属的进阶上，条件说以客观的因果进程为对象筛选出事实因果，相当因果关系说从社会学的角度剔除异常的因果关系，客观归属论则从规范的角度进一步限缩刑法上的因果关系，这构成了形式上的阶层判断（传统模式）。尽管在否定相当因果关系说的基础上以批判条件说为契机，合法则的条件说提出了新的逻辑规则，这无异于将条件说与相当因果关系说的判断合二为一，但新旧问题的交织使该说对条件说的替代并不成功，即“合法则的条件说＋客观归属论”（德国替代模式）之因果关系判断并不可取。在排斥客观归属论的前提下，借助“条件说＋相当因果关系说”（日本模式）进行刑法因果关系的筛选，也因相当因果关系说纳入的内容在社会学层面和规范层面上纠缠不清，导致该说或回归传统的相当因果关系说的老路，或实质性地倒向客观归属论。这预示着，我国刑法因果关系理论的发展，是一条填补传统因果关系理论在刑法教义学结构上的缺失之路，也是一条纳入规范性评价的替代之路，而在从事实因果向结果归属的推进上传统模式更为可取。但无论何种模式，从事实因果到结果归属，其要义都在于限缩刑法因果关系的范围。至于如何对待客观归属论，则无疑要借鉴该理论下较为成熟的下位规则，如规范的保护目的理论等，同时在我国刑法语境下加以完善。

综上所述，我国传统因果关系理论未能提供一套清晰的刑法教义学结构，也未能有效地区分事实因果与结果归属这两个不同层次的问题，因而难以为实务中案件的准确定性提供切实可行的适用标准。面对这一危机，我国传统因果关系理论开启了补充说和替代说两条路径。补充说并未将事实因果与结果归属有效区分开来，更缺乏明确而系统的下位规则。替代说中由于合法则的条件说无法对条件说形成实质优势，因而“合法则的条件说＋客观归属论”的德国替代模式不可取；同时，修正的相当因果关系说未能摆脱它从“娘胎”里带出来的先天性缺陷，而规范内涵的纳入也未能有效解决相当性标准不明确的问题，反而导致该说陷入了回归传统的相当因果关系说与实质性倒向客观归属论的两难境地，即“条件说＋修正的相当因果关系说”的日本模式不可行。因此，我国刑法因果关系理论的发展，是一条填补传统因果关系理论在刑法教义学结构上的缺失之路，也是一条纳入规范性评价的替代之路，而在从事实因果向结果归属的推进上由自然科学层面到社会学层面再到刑事政策层面的传统模式更为可取。

第二节 构成事实错误理论之检验

所谓错误(Irrtum),一般是指行为人对于构成犯罪之认识与客观上发生之构成犯罪事实不相一致(Nichtübereinstimmung von Bewusstein und Wirklichkeit),或行为人之认识与客观上发生之事实虽然一致,但对于事实在法律上之效果有所误解。[①] 在阶层化犯罪论体系下,传统的立法与判例一直以罗马法原则为根据,将错误划分为事实错误与法律错误,并实行区别对待。[②] 不过,随着罪责层次的实质性变动,当前刑法上的错误类型已经升格为构成事实错误和禁止错误。

就构成事实错误而言,客体错误与因果历程错误、打击错误在犯罪论体系中的地位是否等同?若不等同,则区别何在?即因果历程错误、打击错误能否称得上与客体错误相并列的错误类型?构成事实错误的判断流程究竟如何?该类问题在四要件犯罪论体系下是存在的,但至今鲜有论者提及,更遑论系统地阐述了,实际上在阶层化犯罪论体系的我国提倡者中,也尚无论者具体地阐释。然而,构成事实错误涉及犯罪论体系的周延性与合理性问题,也深刻地影响着犯罪论体系在我国的深化。

一、构成事实错误在犯罪论体系中之地位

构成事实错误,通常为行为人主观上所希望之事实与客观上所发生之事实不一致的情形,即行为人对于构成要件客观要素发生错误。构成事实错误在内容上包含客体错误、因果历程错误与打击错误,在域外均被置于犯罪论中阐释,但有的将其置入有责性阶层中阐释,如日本的西田典之[③]、山口厚[④];有的将其置入违法性阶层,如日本的野村稔[⑤];有的将其置入构成要件符合性阶层,如日本的大谷实[⑥]与我国台湾地区的林钰雄[⑦]、陈子

---

① 参见黄村力:《刑法总则比较研究(欧陆法比较)》,台北,三民书局 1997 年版,第 149 页。

② 参见刘明祥:《刑法中错误论》,中国检察出版社 2003 年版,第 7 页。

③ 参见[日]西田典之:《日本刑法总论》,刘明祥、王昭武译,中国人民大学出版社 2007 年版,第 172 ~ 182 页。

④ 参见[日]山口厚:《刑法总论》(第 2 版),付立庆译,中国人民大学出版社 2011 年版,第 201 ~ 225 页。

⑤ 参见[日]野村稔:《刑法总论》,全理其、何力译,法律出版社 2000 年版,第 202 ~ 220 页。

⑥ 参见[日]大谷实:《刑法讲义总论》(新版第 2 版),黎宏译,中国人民大学出版社 2008 年版,第 159 ~ 175 页。

⑦ 参见林钰雄:《新刑法总则》,中国人民大学出版社 2009 年版,第 156 ~ 165 页。

平①。同时,在排列上构成事实错误大抵呈客体错误、打击错误与因果历程错误的先后顺序。②

其实,严格地说,就构成事实错误而言,客体错误仅在主观认识与客观事实不一致的意义上与因果历程错误、打击错误具有位阶等价性,除此之外其与因果历程错误、打击错误具有质的差异性。毕竟,因果历程错误属于因果关系理论之适用问题,而打击错误在性质上属于想象竞合犯范畴。因此,若客体错误应被置于犯罪论中阐释,则因果历程错误应置于因果关系理论部分阐释,而打击错误应被置于竞合论(三分法)或刑罚论(二分法)中予以阐释。③ 在此意义上,可以认为因果历程错误、打击错误并非是与客体错误相并列的构成事实错误之类型,而即使将客体错误、打击错误与因果历程错误拼凑在一起而置于同一位阶,三者在排列顺序上也应有所考量。笔者甚至以为,构成事实错误并非绝对必要的概念与理论。详言之:

(一)客体错误之内涵及位阶

"所谓客体错误,是指尽管在认识到的客体上发生了结果(即行为指向了行为人所实际认识到的客体),但在客体的内容、属性方面,行为人的认识事实与实现事实并不相符合的场合。"④在范围上,客体错误包括等价客体错误(具体事实错误)与不等价客体错误(抽象事实错误)。

一般认为,等价客体错误系指行为客体依据纯事实标准判断存在主观认识与客观事实不一致,而依据刑法构成要件标准判断却一致的情形。例如,A误认B为C而杀之(以下简称杀错人案)。准确地说,"等价客体错误"非属"刑法上有意义的错误"⑤或"等价客体错误"系"非重要之错误"⑥。理由是:在杀错人案中,A杀死人,就已然实现了"杀人构成要件",具有"杀人构成要件符合性",成立杀人罪,至于A所误认的部分,对于其成立犯罪的判断而言不具有实质性意义。"关于客体错误,普遍结论是:在

---

① 参见陈子平:《刑法总论》(2008年增修版),中国人民大学出版社2009年版,第136~143页。

② 当然,例外的情形是存在的,如野村稔列明的顺序为:打击错误(方法错误)、客体错误与因果历程错误(因果关系错误)。参见[日]野村稔:《刑法总论》,全理其、何力译,法律出版社2000年版,第206~207页。

③ 在过去,刑法体系通常被二分为犯罪论与刑罚论,但当前犯罪论、竞合论与刑罚论三分法已逐步成为有力的学说。

④ [日]西田典之:《日本刑法总论》,刘明祥、王昭武译,中国人民大学出版社2007年版,第173页。

⑤ 参见郑逸哲:《"所知所犯公式"为"所知所犯原理"和"法律适用"的"结合物"》,载《军法专刊》2011年第4期。

⑥ 参见蔡墩铭:《刑法总论》(修订8版),台北,三民书局出版社2009年版,第210页。

构成要件等价之客体错误，其错误对犯罪成立不发生影响。”①

事实上，构成要件错误中系属“刑法上有意义的错误”，并成为焦点与难点的是不等价客体错误，即行为客体依据纯事实标准判断存在主观认识与客观事实不一致，且依据刑法构成要件标准判断也不一致的情形。例如，A 误认 B 为 B 之犬而射杀之（例－1）；再如，S 误认 T 之犬为 T 而射杀之（例－2）。

不等价客体错误之结构如表 7－1 所示：

表 7－1　不等价客体错误结构

<table>
<tr><td colspan="3"></td><td>构成要件分析</td><td colspan="2">成立犯罪及罪名</td></tr>
<tr><td rowspan="2">例－1</td><td>主观认识</td><td>射杀 B 之犬</td><td>故意毁坏财物</td><td>故意毁坏财物罪（未遂）</td><td rowspan="2">过失致人死亡罪</td></tr>
<tr><td>客观事实</td><td>射杀 B</td><td>过失致人死亡</td><td>过失致人死亡罪</td></tr>
<tr><td rowspan="2">例－2</td><td>主观认识</td><td>射杀 T</td><td>故意杀人</td><td>故意杀人罪（未遂）②</td><td rowspan="2">故意杀人罪（未遂）</td></tr>
<tr><td>客观事实</td><td>射杀 T 之犬</td><td>过失毁坏财物</td><td>/</td></tr>
</table>

由上可见，在不等价客体错误中客体错误与客体不能通常是一体两面关系，客体错误是立足于客观事实的角度而得出的结论，客体不能则是立足于主观认识而得出的结论。其中，客体错误部分至多成立过失犯罪，客体不能部分属于不能犯。即在不等价客体错误中，客体错误与客体不能通常是同时发生的。具体而言：

在例－1 中，由客观事实角度观之，行为人 A 对客观上发生了实害的被害人 B 在现场并无认识，故 A 对 B 之死亡实害无杀人故意，即 A 对 B 不在现场之认识错误，阻却其对 B 之死亡结果的杀人故意；但 A 对 B 死亡结果的发生存在过失（无认识过失或疏忽大意的过失），且刑法典有过失致人死亡之处罚规定（第 233 条），故 A 仍成立过失致人死亡罪。由主观认识角度观之，行为人 A 射杀 B 之犬时 B 之犬不在现场，故意毁坏财物罪（第 275 条）之法益自始且绝对无被侵害或威胁之可能，即就 A 所想象的射杀 B 之犬而言，至多成立故意毁坏财物罪客体不能犯（未遂）。因此，综

① 林钰雄：《新刑法总则》，中国人民大学出版社 2009 年版，第 159 页。

② 在不处罚不能犯的国家或地区，此处为不构成犯罪。

合客观事实与主观认识,行为人 A 仅成立过失致人死亡罪。

在例 -2 中,由客观事实角度观之,行为人 S 对客观上发生了实害的 T 之犬在现场并无认识,故 S 对 T 之犬之死亡无毁坏财物之故意,即 S 对 T 之犬不在现场之认识错误,阻却其对 T 之犬实害的毁坏财物之故意;但 S 对 T 之犬实害结果的发生存在过失(无认识过失或疏忽大意的过失),刑法无过失毁坏他人财物之处罚规定,故 S 不成立犯罪。由主观认识角度观之,行为人 S 对其自信着手故意杀人构成要件所攻击之客体,根本不在现场,故意杀人罪(第 232 条)之法益自始且绝对无被侵害或威胁之可能,即就 S 所想象的射杀 T 而言,至多成立故意杀人罪客体不能犯(未遂)。因此,综合客观事实与主观认识,行为人 S 仅成立故意杀人罪(未遂)。

事实上,在日本刑法理论及我国台湾地区早期的刑法理论中,被创设出的应对客体错误的理论为具体符合说、法定符合说及抽象符合说:具体符合说主张行为人主观上认识之事实与客观上发生之事实,必须在犯罪构成要件内具体符合,才能成立故意既遂;法定符合说主张行为人主观上认识之事实与客观上发生之事实,不必具体符合,只要在属于同一法定事实而罪质相同时,就成立故意既遂;抽象符合说主张行为人主观上有犯罪故意,客观上又有犯罪事实发生,若其间有因果关系,则既不问是否具体符合,也不问是否属于同一罪质,客观上发生的犯罪事实,均成立故意既遂。

当然,具体符合说有严格说与限制说之区别,法定符合说也有构成要件符合说与罪质符合说(法益符合说)之不同,而抽象符合说又有牧野(英一)说、宫本(英脩)(可罚的符合说)与草野(豹一郎)说之分歧。① 然而,立足于德国刑法学理论部分学者对上述错误理论的运用提出了批判。例如,有论者指出:法定符合说、具体符合说及抽象符合说是循环论证的套套逻辑,因为同是构成事实错误,在等价客体错误的场合采取法定符合说,而在不等价客体错误的场合采取具体符合说,且客体错误作出等价与否的区分,而打击错误却不作类似区分;在批判的基础上,该论者主张依据"对应法则"解决客体错误。②

尽管受到了批判,但由于在客体错误属于构成事实错误问题上域外刑法理论基本上无分歧。因此,刑法学者对于客体错误应被置于犯罪论中阐释也大抵无异议,且在阶层化犯罪论体系之构成要件阶层中阐释客体错误系多数说。实际上,构成事实错误在犯罪论体系中的位置与阶层化犯罪论

① 参见靳宗立:《刑法总论 Ⅰ——刑法基础理论暨犯罪论》,台北,作者 2010 年自版,第 221 ~ 225 页。

② 参见林钰雄:《新刑法总则》,中国人民大学出版社 2009 年版,第 159 ~ 160 页。

体系之变动紧密相连。理由是在古典犯罪论体系中,构成要件是客观、中性、无价值的,而故意等主观方面内容被完全置于有责性阶层中,且在审查行为人是否具有故意责任时须先行审查行为是否具备构成要件符合性与违法性。因此,当行为人主观认识之事实与具备构成要件符合性、违法性之客观发生事实不一致时,才会发生是否阻却故意的问题。即错误理论在阶层化犯罪论体系下原本是解决犯罪阶层在主观认识与客观事实之间不一致时的"补充理论"。与古典犯罪论体系相适应,若不阻却故意,则行为人将承担故意责任;若阻却故意,则继续审查行为人是否应承担过失责任。这也是刑法上错误理论早期分类中事实错误之法律效果为阻却故意的根由。

然而,随着阶层化犯罪论体系之变动,尤其是主观的构成要件确立后,故意、过失等已然成为主观的构成要件要素。因此,在犯罪成立与否的判断上对于犯罪事实之检验(包括构成事实错误)时,就在构成要件符合性阶层作主观构成要件之判断而言,审查的是各种故意犯、过失犯之具体类型的主观构成要件符合性是否具备(这在构成要件个别化机能的推动下尤其如此),而非原先所谓的是否阻却故意问题。"依目前犯罪阶层体系来检验犯罪是否成立之判断上,既仅有个别检验构成要件故意是否该当,或构成要件过失是否该当之问题,在此立场下,原本居于补充地位之错误理论,实已无登场之机会与必要。"[①]与之相适应,构成事实错误在犯罪论体系中之地位也应由古典犯罪论体系下的有责性阶层前移至构成要件符合性阶层。

(二)因果历程错误之实质及位阶

一般认为,因果历程错误是指行为人主观上所预见之因果历程与客观上发生之因果历程相当不一致的情形。所谓"相当",则是通过相当理论或客观归责理论的判断,认为发生不一致的部分系因果过程中的重要部分。[②]

因果历程错误通常被划分为四类:其一,行为人行为而引起之因果历程错误(以下简称行为人型错误)。如A基于杀人之故意以绳索绞杀B,致B昏迷,但A误以为B已死亡,遂挖其心以泄愤,不知B实际上死于挖心之举(以下简称绞杀撞死案)。其二,被害人行为而引起之因果历程错误(以下简称被害人型错误)。如A将含有足以致死毒药之食物给B食

① 靳宗立:《刑法总论Ⅰ——刑法基础理论暨犯罪论》,台北,作者2010年自版,第235页。

② 参见林山田:《刑法通论(上册)》(增订10版),台北,作者2008年自版,第422~426页。

用,B食用后回家毒发,剧痛难忍而自缢身亡。其三,第三人行为而引起之因果历程错误(以下简称第三人型错误)。如A将不会游泳之B由高桥上扔下企图使其溺亡,但在落水之际却误中猎杀水鸟之C的枪弹而死。其四,自然力介入而引起之因果历程错误(以下简称自然力型错误)。如A基于杀人故意持刀砍杀B,B身重数刀而重伤后落荒而逃,途中不幸被毒蛇咬中而毒发身亡。①

笔者以为,在因果历程错误中成为难点和焦点的是行为人型错误,此种因果历程错误因构成要件结果提前发生或虽偏离预期路径模式但仍适时发生。例如,在绞杀撞死案中,被害人B之死亡结果即提前发生。再如,A举枪远距离瞄准B之头部射击,但因枪法失准而射中B之心脏,致使B死亡(以下简称射杀撞死案)。即是构成要件结果虽偏离预期路径模式但仍适时发生之适例。实际上,针对行为人型错误刑法理论上历来存在众多的解释性学说。② 然而,在理论上具有一定影响力的是概括故意说(单一行为说)、犯罪计划区分说、自主双行为说与第一行为关键说,其中第一行为关键说是德国刑法理论的通说。③ 下文将具体论述。

其一,概括故意说(单一行为说)。该说主张应当将前后两个行为合并观察,视为一个整体,故行为人实施后行为时仍为前行为之故意所涵盖,从而成立故意既遂犯。据此,绞杀撞死案与射杀撞死案中行为人均成立故意杀人罪既遂。

其二,犯罪计划区分说。该说主张以行为人之计划进行判断:若行为人有意图地实施前第一个行为,则意味着其计划已实现,成立故意杀人罪既遂;若行为人是以未必的故意或消极容认的心态实施前行为,由于行为人希望回避其结果之发生,故不再是行为计划的实现,不能认定为杀人既遂。④ 即在行为人型因果历程错误中行为人之故意既遂犯的成立与否,取决于后来发生的因果历程能否仍应视为在行为人预定之犯罪计划内。据此,绞杀撞死案与射杀撞死案中行为人均成立故意杀人罪既遂。不过,在下列场合犯罪计划区分说将否定杀人既遂罪的结论。例如,A基于杀人之故意以绳索勒B之脖子,勒昏B后B尚未死亡,而A施行人工呼吸无效后

---

① 有论者将因果历程错误划分为:因果流程偏离、结果延后发生、结果提前发生与打击错误。参见王玉全:《对应理论与错误理论——解析因果流程错误》,台北,新学林文化出版事业有限公司2002年版,第137~143页。由于这种划分在范围上存在部分交叉,因此,为笔者所不取。

② 关于行为人型因果历程错误之解释性学说,可参见张明楷:《刑法学》(第4版),法律出版社2011年版,第253~254页。

③ 参见林钰雄:《新刑法总则》,中国人民大学出版社2009年版,第163~164页。

④ 参见张明楷:《刑法学》(第4版),法律出版社2011年版,第253页。

以为回天乏术，遂将 B 之“尸体”弃置河内以湮灭证据致使 B 实际上被淹死。

其三，自主双行为说。主张前后行为均为独立自主的行为而故意有别，且行为人在实施后行为时欠缺杀人故意。因此，在绞杀撞死案中行为人之前行为成立故意杀人罪未遂，后行为成立侮辱尸体罪，依据想象竞合犯原理以故意杀人罪未遂论处。由此产生了被害人 B 之死亡结果在罪实上无人负责的怪现象！即被害人 B 之死亡结果在定罪中自始未受到评价。这受到了批判。“适当的因果偏离从来没有阻碍过对故意的归责，因为对于行为人来说，在任何情况下，重要的都是结果，而不是产生的方式。此外，一种客观评价赋予行为人因果过程想象的意义是不如其结果的想象的，因为在结果犯罪中，对于结果的法律评价（而不是因果过程）自然是处于中心地位的。”[①]射杀撞死案则被认为非属“重要的”因果过程偏离，而直接适用单纯的故意犯理论。在我国台湾地区，部分学者主张因果历程错误被认为与结果出现的罕见未遂类型具有等价性，[②]似乎可以认为是自主双行为说的支持者。

其四，第一行为关键说。该说主张关键的连结点在于第一行为，正是前行为招致了后行为及其继续结果，而从一般经验观察，行为人所想象的与后来实际发生的因果流程，并未重大偏离到超出一般预见可能性的范围，故结果发生的方式和行为人实现犯罪的决行，仍属大约概括一致的范围，因而行为人应成立杀人既遂罪。[③] 据此，绞杀撞死案与射杀撞死案中行为人均成立故意杀人罪既遂。

事实上，尽管因果关系是不成文的构成要件要素，但对因果过程的认识与否并非故意成立的条件。在日本，“通说认为，因果关系的错误是是否成立故意的问题，但是由于这个错误和是否存在因果关系自身也有关，所以，在作为错误问题之前，作为因果关系的问题来对待是妥当的”[④]；在德国，“准确地说，属于故意的认识条件的，是作为客观归责基础情节的意识。这就是说，对于行为人来说，必须认识到，他对法益创设了一种不能允许的

---

① ［德］克劳斯·罗克辛：《德国刑法学　总论》（第 1 卷），王世洲译，法律出版社 2005 年版，第 338 页。

② 参见郑逸哲：《法学三段论法下的刑法与刑法基本句型（一）——刑法初探》（增修 4 版），台北，作者 2009 年自版，第 280 页。

③ 参见林钰雄：《新刑法总则》，中国人民大学出版社 2009 年版，第 163 页。

④ ［日］大谷实：《刑法讲义总论》（新版第 2 版），黎宏译，中国人民大学出版社 2008 年版，第 164 页。然而，山口厚提出了质疑，但质疑的论调似乎缺乏说服力。参见［日］山口厚：《刑法总论》（第 2 版），付立庆译，中国人民大学出版社 2011 年版，第 214 页。

危险。当他还追求这种结果的出现时,或者至少是容认它的出现时,就存在理智性或意愿性的故意要素”①,也是十分具有影响力的观点。

毕竟,错误理论要处理的是行为人基于错误能否阻却故意的问题,但在因果历程错误中要解决的核心问题是对客观发生之结果的评价——该结果能否归因于行为人之实行行为,而这正是因果关系理论的内容。因此,行为人型错误实际上解决的是行为人之实行行为与客观发生的结果之间是否具有因果关系的问题,由此产生的故意既遂与故意未遂问题系因果关系理论适用在逻辑上的延伸结论——这也决定了行为人型错误应在客观构成要件而非主观构成要件(故意层次)或有责性阶层中予以阐释。即因果历程错误并不阻却故意的成立,而行为人型因果历程错误对实行行为之评价,在本质上属于因果关系理论适用问题——行为人型因果历程错误并非错误理论适用范围之错误。在日本,主张“因果关系的错误,并非是在固有的错误论中,而应当在因果关系论中来处理”②的观点并不缺乏支持者。

域内外的审判实践也印证了这一论断。例如,我国台湾地区“最高法院”1977年台上字第542号判例要旨为:“上诉人以杀人意思将其女扼杀后,虽昏迷而未死亡,错误已死,而弃置于水圳,乃因溺水窒息而告死亡,仍不违背其杀人之本意,应负杀人罪责。”③再如,甲想杀死乙而勒住乙的脖子,因为乙的身体不动了,甲以为乙已死亡,为隐瞒罪迹,就将乙搬到海岸的沙滩上放下不管,乙却因为吸入细沙窒息而死(大判大12·4·30集2·378)。日本的判例将第一行为与第二行为作整体性把握,在其间的因果经过处于相当因果关系的范围内肯定故意既遂犯之成立。④ 显然,其重心均在于对客观发生之结果如何评价问题。

同样地,被害人型错误、第三人型错误与自然力型错误在本质上也属于因果关系理论适用问题。因为,被害人型错误、第三人型错误与自然力型错误,都存在对客观上发生之结果如何评价的问题:若主张客观上发生之结果与实行行为之间具有因果关系,则认为具有故意既遂之客观构成要件符合性;反之,则认为具有故意未遂之客观构成要件符合性。

---

① ［德］克劳斯·罗克辛:《德国刑法学　总论》(第1卷),王世洲译,法律出版社2005年版,第336页。

② ［日］野村稔:《刑法总论》,全理其、何力译,法律出版社2000年版,第203页。

③ 靳宗立:《刑法总论Ⅰ——刑法基础理论暨犯罪论》,台北,作者2010年自版,第321页。

④ 参见［日］大塚仁:《刑法概说(总论)》(第3版),冯军译,中国人民大学出版社2002年版,第191~192页。

其因果关系理论与错误理论对比图表结构如表 7-2 所示：

表 7-2　因果关系与错误理论对比表

<table>
<tr><th>类型</th><th>实行行为</th><th colspan="2">结果</th><th colspan="2">因果关系理论</th><th colspan="2">错误理论</th></tr>
<tr><td rowspan="2">被害人型错误</td><td rowspan="2">A 实施了毒杀 B 之行为</td><td>计划</td><td>毒死 B</td><td rowspan="2">客观结果能否归因于实行行为</td><td>能：既遂</td><td rowspan="2">客观结果能否阻却故意</td><td>能：非故意犯</td></tr>
<tr><td>客观</td><td>B 自缢身亡</td><td>不能：未遂</td><td>不能：故意犯</td></tr>
<tr><td rowspan="2">第三人型错误</td><td rowspan="2">A 实施了溺死 B 之行为</td><td>计划</td><td>溺死 B</td><td rowspan="2">客观结果能否归因于实行行为</td><td>能：既遂</td><td rowspan="2">客观结果能否阻却故意</td><td>能：非故意犯</td></tr>
<tr><td>客观</td><td>B 中弹而亡</td><td>不能：未遂</td><td>不能：故意犯</td></tr>
<tr><td rowspan="2">自然力型错误</td><td rowspan="2">A 实施了砍死 B 之行为</td><td>计划</td><td>砍死 B</td><td rowspan="2">客观结果能否归因于实行行为</td><td>能：既遂</td><td rowspan="2">客观结果能否阻却故意</td><td>能：非故意犯</td></tr>
<tr><td>客观</td><td>B 中蛇毒而亡</td><td>不能：未遂</td><td>不能：故意犯</td></tr>
</table>

由上可见，对客观发生结果之评价问题在实质上应由因果关系理论解决，故因果历程错误时因果关系理论之适用问题，而非错误理论问题，其在犯罪论体系中的地位理应置于因果关系（客观构成要件）中加以阐释。

（三）打击错误之实质及位阶

打击错误，又称方法错误或手段错误，是指"行为人因方法上之龃龉，致其预见之结果，发生于其他客体"①。然而，打击错误中行为人主观上意欲攻击的客体（目标客体）与实际上被侵害的客体（实害客体）之间的不一致，应否限定在同一构成要件之内，理论上存在分歧。肯定说主张目标客体与实害客体之不一致应限于"同一犯罪构成"，如我国的张明楷②、日本的西田典之③等。否定说主张目标客体与实害客体之不一致不应限于同一构成要件之内，如我国台湾地区的林钰雄④、黄常仁⑤等。

---

① 高仰止：《刑法总则之理论与实用》，台北，五南图书出版有限公司 1994 年版，第 270 页。

② 参见张明楷：《刑法学》（第 4 版），法律出版社 2011 年版，第 249 页。

③ 参见［日］西田典之：《日本刑法总论》，刘明祥、王昭武译，中国人民大学出版社 2007 年版，第 174 页。

④ 参见林钰雄：《新刑法总则》，中国人民大学出版社 2009 年版，第 160 页。

⑤ 参见黄常仁：《刑法总论——逻辑分析与体系论证》，台北，新学林出版股份有限公司 2009 年版，第 42～43 页。

笔者认为,将打击错误局限于"同一犯罪构成"之内,欠缺合理性。理由为:同一构成要件内的打击错误(等价打击错误)与不同构成要件之间的打击错误(不等价打击错误),在产生错误的原因上并无不同,且在处理模式上可以共用同一理论结构——想象竞合犯。

易言之,在范围上隶属打击错误之等价打击错误与不等价打击错误,在错误的起因上并无不同,即均由客观原因所致,如枪法失准等,这明显不同于基于认识错误而产生的客体错误。就此而言,"此一'打击错误'应严格与'客体错误'区别之。因'客体错误'仍是命中目标(因果过程并无错误),仅是客体之身份或资格错置或如误人为物或误物为人等"①并不缺乏合理性。其中,等价打击错误之设例如:A 意图射杀 B,却因失准而误中 C,使其死亡。不等价打击错误之设例如:C 意图射杀 D 之犬,却因技术不佳,而误中尾随遛狗之 D,使其死亡。

事实上,等价打击错误与不等价打击错误,可以共用想象竞合犯理论处理模式。一般认为,所谓想象竞合犯是指一行为触犯数罪名之情形,对于想象竞合犯应从一重罪处断。就等价打击错误之设例而言,虽然 B 与 C 在刑法所保护的生命法益上具有等价性,且行为人 A 对于 C 之死亡结果所承担之责任因主观(间接)故意(放任的心态)与过失的不同而不同,但无论 A 对 C 成立故意杀人罪还是过失致死罪,均不影响 A 之想象竞合犯的成立(对 B 成立故意杀人罪未遂)及依据想象竞合犯原理论从一重处断。其结构如表 7－3 所示:

表 7－3　等价打击错误结构

<table>
<tr><th colspan="4">等价打击错误</th></tr>
<tr><th>实行行为</th><th>客体</th><th>成立罪名</th><th>处理</th></tr>
<tr><td rowspan="2">射杀</td><td>目标客体:B</td><td>故意杀人罪未遂</td><td rowspan="2">想象竞合犯原理:从一重处断</td></tr>
<tr><td>实害客体:C</td><td>过失致人死亡罪/故意杀人罪</td></tr>
</table>

笔者甚至以为,起因不同的等价打击错误与等价客体错误能够共用一套理论处理模式,即想象竞合犯原理。例如,在前列的杀错人案中,A 攻击之目标客体为 B,因误认导致实害客体为 C。若依据想象竞合犯原理,则等价客体错误的结构如表 7－4 所示:

① 参见黄常仁:《刑法总论——逻辑分析与体系论证》,台北,新学林出版股份有限公司 2009 年版,第 42 页。

表 7-4　等价客体错误结构

等价客体错误			
实行行为	客体	成立罪名	处理
射杀	目标客体:B	故意杀人罪未遂	想象竞合犯原理:从一重处断
	实害客体:C	过失致人死亡罪/故意杀人罪	

由于在等价客体错误场合行为人之错误对犯罪成立不发生影响(法定符合说),即A成立故意杀人罪既遂,因此,适用想象竞合犯原理可能出现A成立故意杀人罪未遂,这是否会导致C之死亡结果无法归责的怪现象?答案是否定的。因为,若A对C之死亡持放任心态(间接故意)时,不存在上述质疑之问题;若A对C之死亡持过失心态时,成立故意杀人罪未遂与过失致人死亡罪的想象竞合犯,从一重处断以故意杀人罪未遂论处。的确,在罪名上者似乎使C之死亡结果无法归责于C,也使故意杀人罪未遂指引下的刑罚似乎无法与A致死C的结果相符。然而,C之死亡结果在对A行为定罪中已然进行了评价——过失致人死亡罪,这使其根本不同于因果历程错误中的自主双行为说——自始无评价,即依据想象竞合犯原理所成立的故意杀人罪未遂,仅是对罪实进行评价后的罪名,在C之死亡结果的评价上出现了罕见的"名实不符"。同时,在我国现行刑法典下未遂犯之处罚规定为:"对于未遂犯,可以比照既遂犯从轻或者减轻处罚。"(第23条第2款),即对于未遂犯只是"可以"而非应当轻缓处罚。这也避免了故意杀人罪未遂引导下刑罚失衡出现之可能性。

实际上,主张对等价打击错误与等价客体错误适用同一想象竞合犯原理处理,也可以避免域外刑法学理论在打击错误与客体错误上的纠缠不清。例如,甲试图杀害乙,将炸弹安装在乙一直用于上下班的轿车上,设置了只要用钥匙启动车辆便立即爆炸的装置,但第二天碰巧是乙的妻子丙乘坐该轿车,结果炸死了丙("轿车爆炸事件")。刑法理论对"轿车爆炸事件"究竟是属于(等价)打击错误还是(等价)客体错误、是适用具体符合说还是法定符合说等分歧严大。① 若适用想象竞合犯原理,则问题将简单得多:若甲对丙之死亡持间接故意的心态,则成立故意杀人罪未遂与故意杀人罪既遂的想象竞合犯,并以故意杀人罪既遂论处;若甲对丙之死亡持过失心态,则成立故意杀人罪未遂(日本刑法第199条与第203条)与过失致死罪(日本刑法第210条)之想象竞合犯,而日本刑法第43条关于未遂犯

① 参见[日]西田典之:《日本刑法总论》,刘明祥、王昭武译,中国人民大学出版社2007年版,第177~178页。

处罚规定为："已着手犯罪实行而不遂者，得减轻其刑。"因此，依据想象竞合犯原理处理，同样也避免刑罚上的漏洞。

就不等价打击错误而言，依据现象竞合犯原理处理同样可行。在前列不等价打击错误之设例中，若 D 之犬为名贵犬类，则 C 之射杀行为可能成立故意毁坏财物罪未遂与过失致人死亡罪或故意杀人罪（依据行为时 C 之主观心态不同而有异）的想象竞合犯。其结构如表 7－5 所示：

表 7－5　不等价打击错误结构

不等价打击错误			
实行行为	客体	成立罪名	处理
射杀	目标客体：（例－1）D 之犬	故意毁坏财物罪未遂	想象竞合犯原理：从一重处断
	实害客体：D（例－2）	过失致人死亡罪/故意杀人罪	

问题是：当 D 之犬因价值不大而不成立犯罪时，能否依据想象竞合犯原理处理。答案是肯定的。因为，想象竞合犯原理的逻辑公式为：若 P 与 Q，则 $P(P>Q)$ 或 $Q(P<Q)$。当对目标客体进行攻击而不成立犯罪时，不过是 P 或 Q 中有一者为零而已，此时想象竞合犯原理之逻辑公式为：若 P 与 Q，则 $P(Q=0)$ 或 $Q(P=0)$。质言之，当 D 之犬因价值不大而不成立犯罪时，成立的过失致人死亡罪或故意杀人罪之结论，可以视为想象竞合犯的省略模式，而适用想象竞合犯原理。

同样地，在不等价客体错误中，前表的例－1 与例－2 可图示为表 7－6 所示：

表 7－6　不等价客体错误结构

不等价客体错误			
实行行为	客体	成立罪名	处理
例－1：射杀	目标客体：D 之犬	故意毁坏财物罪（未遂）	依想象竞合犯原理成立过失致人死亡罪
	实害客体：D	过失致人死亡罪	
例－2：射杀	目标客体：D	故意杀人罪（未遂）	依想象竞合犯原理成立过故意杀人罪（未遂）
	实害客体：D 之犬	不成立犯罪①	

① 此处即为上述想象竞合犯原理逻辑公式中 P 或 Q 为零的部分。

由上可见，无论是等价打击错误还是不等价打击错误，也无论是等价客体错误还是不等价客体错误，在处理上完全可以共用想象竞合犯原理。在此意义上，可以认为打击错误与客体错误之理论与想象竞合犯原理具有等价性——这也设定了打击错误与客体错误之位阶。因此，隶属构成事实错误之打击错误与客体错误并非绝对必要之概念及理论，而结合上述关于因果历程错误系因果关系理论之适用问题，则可以认为构成事实错误并非绝对必要之概念与理论。

二、客体错误、因果历程错误与打击错误之审查顺序

尽管客体错误、因果历程错误与打击错误在严格意义上欠缺等价性，但传统刑法理论基于主观认识与客观事实不一致而将三者“捆绑”在一起，至少在排列顺序上有所考究。**笔者以为，在客体错误、因果历程错误与打击错误同时出现的场合，打击错误最优先处理，客体错误次之，而因果历程错误最后处理，是由定罪大抵经由客观到主观的逻辑审查顺序决定的，这也设定了三者的排列顺序：打击错误、客体错误、因果历程错误。**举例试析之：

A、B因有不共戴天之仇，故A素有杀B之子C以报仇之心。某日A远距离看到C之犬，却误以为C，自以为得一天赐良机，于是基于杀人之故意，于射程之外射杀之，当然未中，但不期误中近距离经过之C，致使C当场死亡，而尾随C之B因枪声惊吓致心脏病突发而亡。

如前所述，刑法自民法独立出来后逐步踏上了体系化构建之路，但“无损害既无赔偿”的原则依旧深刻地影响着定罪的基本结构，其中十分明显的一点是定罪中经由客观到主观的判断逻辑大抵得到了坚持。由于打击错误系客观原因造成的目标客体与实害客体之不一致，而客体错误系主观原因(认识错误)造成的目标客体与实害客体之不一致，因此，打击错误应先于客体错误而审查。因果历程错误系因果关系之适用理论，故因果历程错误附属于因果关系审查，而因果关系审查附属于对结果之审查，故因果历程错误之审查似乎先于客体错误而审查，但因为客体错误与打击错误在本质上均为目标客体与实害客体之不一致，且二者共用一套想象竞合犯处理原理，所以，客体错误应先于因果历程错误而处理。

就上列案例而言：

其一，打击错误最先处理。首先，打击错误中针对目标客体之部分(故意部分)，即误以为C之犬为C而射击之部分。由于这部分包含了完整的

客体错误，因此，对打击错误中目标客体之处理，导致了客体错误之处理先于打击错误而完成，这也呈现客体错误先于打击错误处理之假象！传统刑法学理论在构成事实错误上呈现客体错误、打击错误与因果历程错误的排列顺序，似乎与此不无关系。就该部分而言，从射程不足来看，A之射杀行为属于杀人的方法不能犯，成立故意杀人罪未遂（在不处罚方法不能犯时不成立犯罪）；从“实害”客体C之犬而非目标客体C来看，A属于不等价客体错误的过失毁坏财物的客体不能犯，由于各国或地区均不处罚“过失毁坏财物罪”未遂。因此，A之射杀行为至多成立故意杀人罪未遂。其次，打击错误中针对实害客体之部分，即误中C之部分。若A实施射杀行为时对C之死亡结果持放任之心理态度（间接故意），则成立故意杀人罪既遂；若持过失之心理态度，则成立过失致人死亡罪。最后，发生打击错误之A，所成立之罪名。发生打击错误之A，以同一事实行为，既成立故意杀人罪未遂（或不成立犯罪），又成立过失致人死亡罪（或故意杀人罪既遂），属于想象竞合犯，依据想象竞合犯原理从一重处断。

其二，因果历程错误最后处理，即B因枪声惊吓致心脏病突发而亡之部分。由于B之死亡结果系心脏病发作，因此，若A射杀C时即使对B之死亡持间接故意之心理态度，则也因客观死亡结果介入了其他因素而不能归因于A，故至多成立故意杀人罪未遂。实际上，各国及地区的审判实践鲜有支持此时成立故意杀人罪未遂的。

其结构如表7－7所示：

表7－7　构成事实错误审查顺序

<table>
<tr><td rowspan="2">打击错误
（最先处理）</td><td>目标客体</td><td>客体错误（次之处理）</td><td rowspan="2">因果历程错误
（最后处理）</td></tr>
<tr><td colspan="2">实害客体</td></tr>
</table>

第三节　共犯理论之检验

在域外，共犯理论被誉为检验犯罪论体系合理与否的试金石。我国四要件犯罪论体系下的共犯理论实质上具有明显的历史继受性，而主要的被继受客体在共犯理论上存在有别于德日共犯理论的独特属性，这导致了我国共犯理论在转向三阶层犯罪论体系时，应给予特别关注。因此，笔者拟从共犯成立基础与共犯处罚基础两方面分述。

一、共犯之成立基础

犯罪，未必总是由单一的行为人独自地实施，现实中犯罪行为大量地存在不同的参与形态。域内外刑法理论及实务在共犯成立基础上之博弈，其核心为共犯之本质问题。在日本，关于共犯的本质历来存在犯罪共同说（客观说）、行为共同说（主观说）与共同意思主体说（折衷说）的聚讼。①其中，犯罪共同说主张，共犯系数人共同实现了特定的犯罪（数人一罪）。该说又有“完全犯罪共同说”与“部分犯罪共同说”之别。前者主张，共同实施的特定的犯罪，仅就相同的罪名，才肯定共犯的成立；后者主张，将共同实施的特定的犯罪理解为“构成要件重叠部分”。② “部分犯罪共同说”系日本的通说。行为共同说主张，共犯系二人以上因共同的行为，而各自完成犯罪，至于行为人之间有无意思联络，在所不问。同样地，行为共同说因理论基础的不同，而有“以主观主义为基础之行为共同说”与“以客观主义为基础之行为共同说”之别。前者系“二战”前的理论，在当下之日本已无支持者；后者在日本仍有部分支持者，如川端博、前田雅英等。③ 共同意思主体说，则将共犯解释为作为特殊的社会心理现象的共同意思主体的活动，即二人以上之共同指两个以上有责任能力者在意思联络下成为一体。④

举例以示其区别：

A 与 B 有不共戴天之仇，遂预藏利刃，准备一刀刺进 B 之心脏使其毙命。行凶之前，因担心单独行动难以得逞，故要请 C 帮忙，但其与 C 商量时隐匿了杀人故意，仅说明：“此去对 B 报复，只要殴打使其鼻青脸肿即可。”C 信以为真，并基于伤害之故意答应帮忙。二人见 B 时，C 果真出手殴打致 B 鼻部流血，而 A 则拔出预藏之利刃，一刀刺中 B 心脏，致其当场死亡。（以下简称**骗取杀人案**）⑤

其一，由完全犯罪共同说角度观之，因该说要求“相同的罪名”，故不同犯罪之间无法成立共犯。B 之死亡结果由 A 所造成，而 C 虽以伤害故意对 B 实施伤害行为，但与 B 之死亡结果之间并无因果关系。因此，A 与 C 仅系同时犯而非共犯，且 A 成立杀人罪，而 C 成立故意伤害罪。（A 与

① 参见谢瑞智：《刑法总论》（增订 4 版），台北文笙书局 2006 年版，第 271 页。

② 参见［日］山口厚：《刑法总论》（第 2 版），付立庆译，中国人民大学出版社 2011 年版，第 303～304 页。

③ 参见陈子平：《刑法总论》（2008 年增修版），中国人民大学出版社 2009 年版，第 332 页。

④ 参见马克昌：《比较刑法原理》，武汉大学出版社 2002 年版，第 598 页。

⑤ 参见我国台湾地区“法务部”（1982）法检（二）字第 1099 号文书。

C 不成立共犯）

其二，由部分犯罪共同说角度观之，因该说对共同实施的特定的犯罪作“构成要件重叠部分”的理解，故 A 与 C 可以成立共犯。因为 A 与 C 在故意伤害罪部分具有构成要件重叠部分，可以成立故意伤害罪共犯。然而，A 以杀人的故意致 B 死亡，成立杀人罪。因此，根据想象竞合犯的理论，A 成立杀人罪。（A 与 C 成立共犯）

其三，由行为共同说角度观之，因该说不要求罪名相同，故 A 与 C 可以成立共犯。当前的“行为共同”系“违法的构成要件该当行为”相同，而非前构成要件的或前法律的自然的行为相同。[①] 因此，A 与 C 在对 B 实施“暴力行为”上具有相同的“违法的构成要件该当行为”。至于 A 应当承担杀人罪只刑事责任与 C 应当承担伤害罪的刑事责任，则并非共犯制度要解决的问题。（A 与 C 成立共犯）

其四，由共同意思主体说角度观之，该说以“共同意思”作为共犯成立的必要条件，而 A 与 C 尽管共同实施了攻击 B 的行为，但因 A 与 C 的犯罪故意内容各不相同（A 为杀人故意，C 为伤害故意），故欠缺共同犯罪之意思联络（犯罪目的不同），无法形成犯罪之“同心一体”，不能被视为共同意思主体之活动。因此，A 与 C 不成立共犯，至多是同时犯，应分别论以故意杀人罪与故意伤害罪。（A 与 C 不成立共犯）

在域外，犯罪共同说与行为共同说理论，渊源于法国刑法学，日本继受后沿用至今，我国台湾地区刑法理论与实务长期受日本刑法理论的影响，也继受了该理论，但晚近刑法理论界在几乎全面引进德国刑法学理论的形势下，该理论有遭弃置之虞。[②] 在德国，居于通说地位的共犯本质理论为“行为支配理论”或“犯罪事实支配理论”。其中，该理论又有行为支配、意思支配、功能性支配之别。行为支配（Handlungsherrschaft），主要是针对亲手且具有目的性之构成要件实现而言；意思支配（Willensherrschaft），主要是作为认定间接正犯的标准——凡事实情状系根据强制、错误及组织形态所为者，幕后之人即具有意思支配，而成为间接正犯；功能性支配（funktionale Herrschaft），主要是认定共同正犯之犯罪事实支配之共同性。[③]

基于特定的历史原因我国继受了苏联（俄）刑法学理论，但自 20 世纪 90 年代以来日本刑法学理论在我国异军突起，这使日本关于共犯本质的

---

① 参见张明楷：《刑法学》（第 4 版），法律出版社 2011 年版，第 358 页。

② 参见陈子平：《犯罪共同说与行为共同说》，载《月旦法学教室》2004 年第 12 期。

③ 参见柯耀程：《共犯成立基础与处罚基础》，载《法学丛刊》1996 年第 2 期（第 41 卷）。

学说在我国得以展开，并对传统刑法理论中的共犯理论形成了挑战与优势。笔者以为，因德国刑法学理论在我国当下的滞后，而短期内又缺乏跟进的主客观条件，故诸如“犯罪事实支配理论”等无法取得同日本刑法学理论分庭抗礼或优势的地位，但随着我国学者对德国刑法学理论研究的深入，其必将在揭去被任意涂抹的标签的同时获得名至实归的地位。毕竟，犯罪共同说与行为共同说理论存在较为明显的缺陷。“不论是行为共同说或是犯罪共同说，显然对于解决特别要求行为主体资格之犯罪类型的共同正犯认定，仍旧无能为力。”①犯罪共同说与行为共同说理论在我国台湾地区遭“弃置”的命运，与此不无关系。不过，就犯罪共同说与行为共同说理论而言，其不难取得对于四要件犯罪论体系下共犯本质理论之优势。

至于日本刑法学者草野豹一郎所草创的共同意思主体说，因其只要具有共同意思且犯罪付诸实施，即使未实施此行为的行为人，也应负共犯的责任，受到了有力的批判，而为绝大多数刑法学者所不取。同时，由于该说将责任能力设为共犯成立的必要条件，因此，在有责任能力与无责任能力人存在意思联络而共同侵害或威胁法益的场合，往往会陷入困境。例如，13 岁的 S 与 15 岁的 M 轮奸妇女，共同意思主体说无法妥当评价 M 的轮奸问题。然而，该理论并非已绝迹。例如，在我国台湾地区“惟近年实例似有倾向于共同意思主体说之趋势”。②

我国现行刑法典第 25 条第 1 款规定：“共同犯罪是指二人以上共同故意犯罪。”因此，在主客观相统一的四要件犯罪论体系下，传统通说对共犯的主张，具有如下鲜明的特征：一是共同犯罪人具有意思联络；二是共同犯罪人认识到不是自己一个人单独实施犯罪，而是与他人相互配合共同实施犯罪；三是共同犯罪人都认识到共同犯罪行为的性质、危害结果（包括概括性的结果），并决意参与共同犯罪，且希望或放任结果的发生。③ 在此意义上，“实施犯罪时故意内容不同的，不构成共同犯罪。例如，甲、乙共同用木棍打击丙，甲是伤害的故意，乙是杀人的故意，结果由于乙打击丙的要害部位致丙死亡，由于没有共同的犯罪故意，不能按共同犯罪处理，只能按照个人的主客观情况分别定罪，即甲定故意伤害罪，乙定故意杀人罪”④。与前列之理论及骗取杀人案设例比较后，不难发现：我国传统刑法理论在共犯本质上的基本立场，大抵相当于完全犯罪共同说。这也是主客观相统一理

① 柯耀程：《刑法的思与辩》，中国人民大学出版社 2008 年版，第 126 页。

② 参见谢瑞智：《刑法总论》（增订 4 版），台北文笙书局 2006 年版，第 271 页。

③ 参见马克昌主编：《犯罪通论》，武汉大学出版社 1999 年版，第 510～512 页。

④ 参见高铭暄、马克昌主编：《刑法学》，北京大学出版社、高等教育出版社 2000 年版，第 170 页。

论,在逻辑上的延伸性结论。

尽管犯罪共同说与行为共同说理论与犯罪事实支配理论存在巨大的分歧,但其理论都是架构在阶层化犯罪论体系之不法与有责的区分上,晚近的行为共同说对此的征表尤其明显;相较之下,架构在主客观相统一的平面的犯罪构成上的共犯本质理论,则体现出一系列自身难以克服的弊端。其中,无刑事责任能力之人伙同具有刑事责任之人实施的犯罪,是四要件犯罪论体系在处理时绕不开的障碍。例如,针对前列的轮奸行为,若认定成立共犯,则明显抵触主客观相统一原理;若认定不成立共犯,则无法适用强奸罪中“二人以上轮奸的”情形而量刑,这又会抵触罪刑相适应原理;再如,在16岁的A应15岁的好友B之恳请为B盗窃行为望风的场合下,类似的尴尬并无二致,即若不认定为共犯,就无法对A适用从犯的刑罚,否则讲得出A成立盗窃罪而B不成立犯罪的怪异结论;而传统刑法理论在上述问题的脱困上,无不求诸“万能”的社会危害性理论,这否定了四要件犯罪构成在实质违法性评判上的绝对性与唯一性,衍生出前文所指陈的定罪标准二元化现象。

此外,在危害结果无法确证由谁负责的场合,四要件犯罪论体系的应对之道同样存在明显的缺陷。例如,怀有杀人故意的A与怀有伤害故意的B共同射击C,但无法确证致C死亡的子弹到底由何人射出时,按照传统刑法理论“实施犯罪时故意内容不同的,不构成共同犯罪”的立场,其结论只能为:A成立故意杀人罪未遂,B成立故意伤害罪(准确地说是故意伤害致死未遂)。然而,这会导致C之死亡结果无人负责的现象。①

基于此,四要件犯罪构成框架下的改良应运而生。例如,陈兴良教授提出“共同犯罪的主客观统一说”,其要求只有在两个以上达到刑事责任年龄、具有刑事责任能力的人之间才能成立共犯,且共犯不仅在“一个犯罪构成内可以成立”,在“同一犯罪内的数个犯罪构成之间”也可以成立。②很明显,“共同犯罪的主客观统一说”依旧无法摆脱在“无刑事责任能力之人伙同具有刑事责任之人实施的犯罪”上陷入的尴尬。

张明楷教授在扬弃四要件犯罪论体系转向两阶层体系后,旗帜鲜明地主张:“将犯罪的实体区分为违法与责任,进而认为共同犯罪是一种违法形态,而不是责任形态,才有利于处理共犯问题。”③对此,笔者深以为然。不

---

① 其实,在该问题上部分犯罪共同说同样会造成这种现象,这受到了行为共同说论者的强力批判。参见陈家林:《共同正犯研究》,武汉大学出版社2004年版,第72页。

② 参见陈兴良:《共同犯罪论》(第2版),中国人民大学出版社2006年版,第56~57页。

③ 张明楷:《犯罪构成体系与构成要件要素》,北京大学出版社2010年版,第66页。

过，笔者以为张明楷教授将故意、过失等主观要素完全作为责任要素置于责任阶层中，会造成在排斥构成要件故意的同时却实质性地进行了主观要素的审查（对“违法的构成要件该当行为”审查，离不开对主观要素的确认），从而陷入“掩耳盗铃”式的窘境。而这种窘困无疑也存在于对作为共犯之“共同行为”存在与否的审查中。或许，正在此意义上，日本刑法学者山口厚在提倡行为共同说时，不忘“确认一下行为也属于构成要件要素这一点就足够了”。[①]

二、共犯之处罚基础

通常认为，狭义的共犯系指教唆犯与帮助犯。诚然，“就逻辑上言之，若二人以上‘参与’（Beteiligung）某项犯罪，其中一人或数人已确定非属‘正犯’（Täterschaft），则必须进一步探讨该一人或数人是否属于刑法上所称之‘共犯’（Teilnehmer；Teilnahme），亦即‘教唆犯’（Anstifter；Anstiftung）或‘帮助犯’（Gehilfe；Beihilfe）”[②]。对狭义共犯的惩处在性质上属于处罚扩张事由，这不可避免地涉及共犯的处罚根据问题——为何处罚狭义的共犯。共犯处罚根据在四要件犯罪论体系与阶层化犯罪论体系中的差异，并不仅止于本体论，甚至可以溯及价值论。

（一）处罚根据

关于狭义的共犯之处罚根据，域外早前大抵有责任共犯说与惹起说（因果共犯论）的对立。其中，责任共犯说主张，共犯的处罚根据在于共犯人通过教唆、帮助行为诱使正犯实施有责行为，陷入应受处罚状态，即只有在正犯的行为具有构成要件符合性、违法性与有责性的场合，才能处罚共犯；惹起说主张，共犯人因通过正犯的行为引起了法益侵害或威胁故才受罚。[③] 其实，大部分学者主张，在责任共犯说与惹起说之外，尚存在不法（违法）共犯说，即共犯因使正犯实施了符合构成要件的行为故才受处罚。[④] 然而，也有不少学者认为，不法共犯说在内容上系责任共犯说中“责任共犯论”的一部分或惹起说的一部分。[⑤]

---

① 参见［日］山口厚：《刑法总论》（第2版），付立庆译，中国人民大学出版社2011年版，第41页。

② 黄常仁：《刑法总论——逻辑分析与体系论证》，台北，新学林出版股份有限公司2009年版，第233页。

③ 参见［日］大谷实：《刑法讲义总论》（新版第2版），黎宏译，中国人民大学出版社2008年版，第363～364页。

④ 例如，在日本，承认不法共犯说的刑法学者有大谷实、山口厚、高桥则夫、西田典之等。

⑤ 参见［日］高桥则夫：《共犯体系和共犯理论》，冯军、毛乃纯译，中国人民大学出版社2010年版，第97页。

不过，鉴于责任共犯说与不法共犯说之弊端甚为明显，当前日本、德国学界已然从责任共犯说与惹起说的对立，演变为惹起说内部见解之对立。[①] 就惹起说内部的见解而言，大抵有纯粹惹起说、修正惹起说与混合惹起说三种。其中，纯粹惹起说认为，共犯由于自己侵害了法益因此才受罚，即共犯的违法性独立于正犯，共犯不从属于正犯的违法性；修正惹起说主张，共犯是由于参与了正犯的法益侵害行为因此才受罚，即共犯的违法性从属于正犯行为的违法性；混合惹起说主张，共犯人通过正犯的实行行为，间接地侵害了法益，即共犯的违法性从属于正犯的实行行为和法益侵害或危险。[②]

如前所述，现代刑法大抵是一部法益刑法，因此，刑法基础理论的建构必须以其为根基，共犯处罚根据理论也不例外。责任共犯说最根本特征在于"以伦理秩序、全体秩序之违反作为犯罪之本质，而非以具体法益之侵害做为本质"[③]。因此，在责任共犯说与惹起说的对抗中，前者的式微命运不可避免。同时，将法益侵害或威胁的概念作为共犯不法的前提，不但符合前提与本体的关系，也可以避免使得构成要件结构产生混淆。[④] 而若立足于法益的立场，则共犯的处罚根据的确在于"间接的法益侵害"。因为共犯并非亲自实施构成要件符合性行为，所以完全否定共犯从属性的论调并不妥当，也扩大了共犯的处罚范围，其必将动摇行为刑法的根基而有陷入处罚行为人主观恶性之虞，这在处罚教唆未遂上体现得十分明显。然而，若完全否定共犯具有独立性，也会忽视教唆、帮助行为间接侵害或威胁法益而具有的不法属性——间接侵害或威胁也是一种侵害或威胁形式。"共犯行为自身的违法性，并不是指共犯行为本身具有行为无价值，而是指共犯本身的行为间接地引起了法益侵害，而且不具有违法阻却事由（承认违法的相对独立性）。"[⑤]

四要件犯罪论体系是以社会危害性为核心而展开的体系，尽管犯罪客体在刑法体系的构件上具有相当的意义，且部分刑法学者对犯罪客体作了德日刑法语境下法益的理解或置换，但这无法否定社会危害性理论的历史性意义，及其在实务中时至当下仍难以撼动的地位。与此相适应，四要件

---

① 参见陈子平：《刑法总论》（2008年增修版），中国人民大学出版社2009年版，第338页。

② 参见［日］大谷实：《刑法讲义总论》（新版第2版），黎宏译，中国人民大学出版社2008年版，第364页。

③ 参见陈子平：《共同正犯与共犯论》，台北，五南图书出版有限公司2000年版，第327页。

④ 参见柯耀程：《共犯成立基础与处罚基础》，载《法学丛刊》1996年第2期（第41卷）。

⑤ 张明楷：《刑法学》（第4版），法律出版社2011年版，第372页。

犯罪论体系下共犯的处罚根据无疑会求诸社会危害性理论，然而社会危害性是一个极度抽象而空泛的概念，在秩序价值的统率下其弊害甚巨。因此，传统刑法学理论在阐释共犯时，鲜有系统地论及其处罚根据的——苏联（俄）时期的刑法学理论更为明显地呈现这一特色。① 即使偶尔与共犯处罚根据相关的内容，也不过是对社会危害性理论的直接或间接表述。例如，有论者指出共同犯罪的立法理由系出于社会危害性考虑、避免立法技术上过于烦琐及刑事政策的需要。② 笔者以为，依赖社会危害性理论却无法将刑法对行为的评价系统而精确化地建构在其之上，是导致共犯处罚根据理论粗放而欠缺的根本原因；而建立在突出节制国家刑罚权理念的法益侵害理论基础上的共犯处罚根据理论，对依赖彰显秩序价值的社会危害性理论支撑的四要件犯罪论体系而言，更多的是画蛇添足的理论。

同时，主客观相统一的四要件犯罪构成平面化特征，对共犯处罚范围的设定不必顾虑对其造成的冲击或破坏，且社会危害性理论有足够的弹性为“需要”或“值得”处罚的不合理的行为提供充分的非难依据！由此造成的国家刑罚权的恣意，不言而喻。例如，最高人民法院、最高人民检察院2001年7月3日《关于办理伪造、贩卖伪造的高等院校学历、学位证明刑事案件如何适用法律问题的解释》中规定：“明知是伪造高等院校印章制作的学历、学位证明而贩卖的，以伪造事业单位印章罪的共犯论处。”至于在德日刑法理论的冲击下，传统刑法理论表现出对共犯本质探讨的热衷，无非是适度矫正共犯处罚范围设定过于恣意的结果——一部四要件犯罪论体系下的共犯理论，大抵是一部技术性地解决共犯处罚范围的理论，也是一部鲜有贯穿节制国家刑罚权理念的理论。实际上，“从我国刑法规定的情况来看，基本上采用了‘共犯独立性说’”③。而共犯独立性说之基础的核心为社会防卫思想。因此，四要件犯罪论体系在共犯处罚根据上的劣势甚为明显。

（二）从属性理论

在承认共犯的从属性后，必然绕不开从属性程度问题。实际上，在域外（主要在日本）从属性理论属于正犯与共犯关系的范畴。溯及历史，基于行为人主观恶性考量的共犯独立性说与着重行为人客观行为的共犯从属性，在处罚共犯是否以共犯与正犯之间存在依赖关系为必要，分歧明显。

---

① 国内部分刑法学者将其归结为“单一正犯体系”排除了共犯处罚根据理论存在的可能性。

② 参见马克昌主编：《犯罪通论》，武汉大学出版社1999年版，第503～504页。

③ 曲新久主编：《刑法学》（第4版），中国政法大学出版社2011年版，第154页。

共犯独立性说，自主观主义立场，认为犯罪系行为人主观恶心之征表，教唆或帮助行为本身即为犯罪行为之实行，只不过利用他人之行为以实现其恶性，其行为已经具备法定的犯罪要件，而对正犯之犯罪结果又有直接的因果关系，故否定从属于他人犯罪的情形，应认为独立的犯罪，并依据自己的行为而受处罚。①

共犯从属性说认为，教唆犯与帮助犯之成立以正犯行为的存在为条件。但共犯在何种程度上从属于正犯，又有最小限度从属性说、限制从属性说、严格从属性说与极端从属性说的争论。其结构如表 7－8 所示：

表 7－8　共犯独立性说与共犯从属性说之比较

正犯形态 / 学说		不法		有责(性)	处罚条件
		构成要件符合性	违法性		
独立性说	×	×	×	×	×
从属性说	极端	√	√	√	√
	严格	√	√	√	×
	限制	√	√	×	×
	最小限	√	×	×	×

此外，在共犯从属性说与共犯独立性说之外，尚存在折衷说，即主张教唆犯采共犯独立性说，而帮助犯才共犯从属性说。② 当前，日本及我国台湾地区刑事法律规定在共犯上均采取限制从属性说的立场。然而，1928 年《中华民国刑法》第 43 条对教唆犯规定："教唆他人使之实施犯罪之行为者，为教唆犯。教唆教唆犯者，亦同。教唆犯处以正犯之刑。"该条文在 1935 年被修正为："教唆他人犯罪者，为教唆犯。教唆犯依其所教唆之罪处罚之。被教唆人虽未至犯罪，教唆犯仍以未遂犯论。但以所教唆之罪有处罚未遂犯之规定者，为限。"③同时，早期的审判实务中出现了严格从属性说立场的判例。例如，A 以鸦片嘱令其 13 岁幼女吞服治病，除关于持有鸦片部分，应视其犯罪情形适用禁烟禁毒治罪暂行条例相当条文论处外，不能成立吸食鸦片之间接正犯。④ 对此，我国台湾地区刑法学者对教唆犯

① 参见黄村力：《刑法总则比较研究（欧陆法比较）》，台北，三民书局 1997 年版，第 204 页。

② 参见谢瑞智：《刑法总论》（增订 4 版），台北文笙书局 2006 年版，第 274 页。

③ 参见我国台湾地区"最高法院"编：《重要刑事法律新旧条文汇编》，台湾地区"最高法院"1996 年版，第 22～23 页。

④ 参见黄村力：《刑法总则比较研究（欧陆法比较）》，台北，三民书局 1997 年版，第 204 页。

的从属性问题展开了激烈的争辩。[①] 不过，在帮助犯上几乎无分歧，即认为采取了共犯从属性说的立场。

大陆刑法学者在教唆犯上的聚讼同样激烈：其一，教唆犯二重性说主张，《刑法》第29条（1979年刑法第26条）第1款体现了教唆犯具有从属性，而第2款则表明了教唆犯的独立性。[②] 其二，教唆犯独立性说主张，我国刑法采取了单一正犯体系，共犯从属性说没有存在的余地，故而对教唆犯的惩处具有独立性；[③]其三，教唆犯从属性说主张，《刑法》第29条第2款规定的是未遂犯的教唆犯。[④] 同时，大陆刑法学者在帮助犯的性质上鲜有涉及。

实际上，若细察我国现行刑法关于教唆犯的规定，尤其是"被教唆的人没有犯被教唆的罪"惩处教唆犯的规定，不难发现：**该条款是在四要件犯罪论体系下继受了1935年民国刑法典之教唆犯规定的结果，是典型的"半兽人"式结构——这是教唆犯从属性问题在我国分歧的根源所在**。此外，我国台湾地区刑法学者在教唆犯上的分歧，与大陆刑法学者在该问题上的争辩甚为雷同，也印证了这一点。而这一继受轨迹在承上启下的《中华人民共和国刑法大纲草案》第15条中及《中华人民共和国刑法指导原则草案（初稿）》第7条中体现的十分明显。前者规定："教唆他人犯罪者为教唆犯，按其所教唆之罪处罚。"后者规定："教唆别人实行犯罪的人，叫做教唆犯。对于教唆犯，应当按照他所教唆的犯罪处罚。如果被教唆的人，没有实行他所教唆的犯罪，可以减轻或者免予处罚。"而"如果被教唆的人，没有实行他所教唆的犯罪，可以减轻或者免予处罚"之口语化表述部分，在其后的刑法草案中被微调为"如果被教唆的人，没有犯被教唆的罪，对于教唆犯可以减轻或者免除处罚"[⑤]得以定型并沿革至今。

笔者甚至以为，《中华人民共和国刑法指导原则草案（初稿）》第7条中教唆犯之"可以减轻或者免予处罚"部分，不过是1935年刑法未遂犯规定中"教唆犯仍以未遂犯论"之未遂犯刑罚的替换表达而已。换言之，如果"被教唆的人没有犯被教唆的罪"，那么对于教唆犯应当如何处罚？理论上有的主张这种情况相当于犯罪的预备，应按犯罪预备的原则处罚；有

① 参见陈子平：《刑法总论》（2008年增修版），中国人民大学出版社2009年版，第344页。

② 参见伍柳村：《试论教唆犯的二重性》，载《法学研究》1982年第1期。

③ 参见刘明祥：《"被教唆的人没有犯被教唆的罪"之解释》，载《法学研究》2011年第1期。

④ 参见张明楷：《刑法学》（第4版），法律出版社2011年版，第376～378页。

⑤ 具体条文，参见高铭暄、赵秉志编：《中国刑法立法文献资料精选》，法律出版社2007年版，第202页、第230页。

的主张这种情况相当于犯罪未遂,应按犯罪未遂的原则处罚。刑法草案第33稿中规定"可以从轻、减轻或者免除处罚",相当于预备犯;1979年刑法规定"可以从轻或者减轻处罚",相当于未遂犯。① 在此,分歧的根源在于民国1935年刑法中的未遂犯刑罚配置了"免除其刑"的规定,②但新中国刑法草案中未遂犯刑罚中的免除处罚并非标准配置,而同一草案中的预备犯刑罚却大多具有这一配置。因此,这才产生了此时教唆犯是配置未遂犯刑罚还是预备犯刑罚的分歧。在此意义上,《中华人民共和国刑法指导原则草案(初稿)》第7条中教唆犯之"可以减轻或者免予处罚"部分,不过是民国1935年刑法教唆犯规定中"教唆犯仍以未遂犯论"之未遂犯刑罚的替换表达而已,二者并无本质性差异,而1979年刑法及其后修订的刑法无疑更是贯彻了未遂犯刑罚的立场,这使我国《刑法》第29条第2款在跨时空的继受性轨迹上清晰可辨。

据此,笔者以为:(1)四要件犯罪论体系无法容纳教唆犯之从属性,这是由主客观相统一的四要件犯罪构成的平面化特征决定的。在四要件犯罪论体系下,只要行为人基于共同故意,参与了共同犯罪行为,即成立共犯,并根据其在共同犯罪中所起作用的不同,而给予轻重不同的惩处。同时,四要件犯罪构成在共犯从属性程度上的困境,也间接否定了教唆犯从属性的存在。"倘若说只要求正犯的行为符合犯罪客体要件,就不是什么从属性的问题了;如若说只要求正犯符合犯罪客体与犯罪客观方面,那么,不能解决对身份犯的教唆问题;如果要求正犯符合犯罪客体、犯罪客观方面与犯罪主体,虽然可以解决对身份犯的教唆问题,但又导致共犯成为一种责任形式,不能解决上述成年人参与(尤其是帮助)未成年犯罪的共犯问题。"③

(2)我国刑法典中教唆犯条文的继受属性,使教唆犯具有了形式上的二重属性。在对1935年刑法中教唆犯之从属性问题的争辩中,对教唆犯二重性的承认或部分承认居于绝对的优势地位。例如,蔡墩铭教授认为,刑法第29条对教唆犯之规定,系采共犯独立性说,但《刑法》第30条第2款规定——"从犯之处罚,得按正犯之刑减轻之"——系对从犯之成立采

① 参见马克昌:《马克昌文集》,武汉大学出版社2005年版,第120页。

② 实际上,1928年的民国刑法未遂犯配置的刑罚为:"未遂罪之刑,得减既遂罪之刑二分之一。但犯罪之方法绝不能发生犯罪之结果者,得减轻或免除本刑。"此后的1935年刑法将其稍微修改为:"未遂犯之处罚,得按既遂犯之刑减轻之。但其行为不能发生犯罪之结果,又无危险者,减轻或免除其刑。"

③ 张明楷:《犯罪构成体系与构成要件要素》,北京大学出版社2010年版,第67页。

共犯从属性说，即共犯独立性与从属性均存在于刑法典之共犯规定中。[①] 再如，林钰雄教授认为："旧刑法原则上采从属性说，但在教唆犯的部分，却兼采独立性说的例外处罚规定。"[②]应当说，教唆犯二重性问题的出现是共犯理论不完善时期粗糙立法的产物。1935 年民国立法时，之前的刑法在共犯上采纳了"正犯—共犯"二元体系，但此时"学说上尚无严格从属原则或限制从属性原则之分"[③]，因此，立法针对"教唆犯恶性重大，宜采独立处罚主义"[④]后，随即产生了教唆犯二重性问题。当新中国成立后我国刑法继受了这一教唆犯条文后，教唆犯二重性就具有了形式上的合理性。所以，在历史继受的意义上，否定我国教唆犯具有二重性的论调，难免是忽视或无视这一历史继受性而得出的片面结论。

(3)在既有的刑法典结构下探讨教唆犯之从属性问题，并非缘木求鱼，其实质性意义重大。基于特定的历史原因形成的我国刑法典中教唆犯之二重性属性，是客观存在的。然而，教唆犯二重性属性所衍生的弊害并不比共犯独立性说小。因此，如何消解或削弱这一历史原因造成的弊害之负面影响，才是探讨教唆犯从属性问题之真正价值所在。因此，在对教唆犯条文进行修改前，解释论上的周延具有必要性。

如今，国内学者对教唆犯条款所进行的解释呈现鲜明的对立立场。一方认为，基于排斥教唆犯从属性的立场，主张教唆犯从属性说会导致放纵犯罪，且放纵犯罪的发生具有不可避免性，而承认教唆犯独立性所导致的可能处罚不当的行为，有防止不当处罚的其他替代办法(如《刑法》第 13 条"但书")；[⑤]另一方认为，基于贯彻教唆犯从属性的立场，主张将第 29 条第 2 款解释为对"未遂犯的教唆犯"之规定，以落实罪刑法定原则，防止处罚不当罚的行为。[⑥]

笔者以为，由于植根于客观主义与主观主义之争的共犯独立性说与共犯从属性说分歧之实质，关涉在人权价值上的基本立场，而四要件犯罪论体系在秩序价值上的强势使得定罪中人权保障相对暗弱，且我国罪刑法定原则之根基尚浅。因此，通过具体制度的容纳以彰显人权价值并夯实罪刑法定原则之根基确有必要。故而，**在教唆犯二重性属性不容否定，而解释**

---

① 参见蔡墩铭：《刑法精义》，台北，翰芦图书出版有限公司 1999 年版，第 322 ~ 323 页。

② 林钰雄：《新刑法总则》，中国人民大学出版社 2009 年版，第 343 页。

③ 林山田：《刑法通论(下册)》(增订 10 版)，台北，作者 2008 年自版，第 52 页。

④ 陈子平：《共同正犯与共犯论：继受日本之轨迹及其变迁》，台北五南图书出版有限公司 2000 年版，第 271 页。

⑤ 参见刘明祥：《"被教唆的人没有犯被教唆的罪"之解释》，载《法学研究》2011 年第 1 期。

⑥ 参见张明楷：《刑法学(上)》(第 5 版)，法律出版社 2016 年版，第 412 页。

论上的周延成对立之势时，虚化刑法典在教唆犯上的独立属性，并强化教唆犯对正犯的从属性，以限定教唆犯的处罚范围，不失为较为稳妥且可行的立场（转化论）。不过，如前所述，四要件犯罪论体系根本性地排斥共犯从属性说，因此，这一转化论的处理方式之势权宜之计，并非长久之道，要根本解决我国刑法典在教唆犯上的困境似乎应求诸修法及犯罪论体系的阶层化。至于转化论在《刑法》第 29 条第 2 款上的具体应对措施，笔者以为若主张“以教唆的范式实施的间接正犯”，[①]确实存在逻辑上的漏洞，即刑法未明文规定对于间接正犯作为正犯处罚，却“明文规定”间接正犯的未遂的处罚原则，因此，认可张明楷教授主张的“未遂犯的教唆犯”之结论。

当然，限制从属性理论并非毫无问题。事实上，“一旦采取从属性说，不管何种从属形式，或多或少会产生处罚的漏洞”[②]。但这较之共犯独立性说具有明显的优势。由此可见，相对于阶层化犯罪论体系而言，四要件犯罪论体系在共犯的从属性理论上劣势明显，而转向三阶层犯罪论体系时在共犯处罚基础上对解释论（如上述的转化论）的倚重必不可少。

第四节　“原因自由行为”理论之检验

“原因自由行为”（actio libera in causa），一般是就“原因自由”与“实行行为不自由”两项行为事实而言的，实际上为“先行行为”（actio praecedens）与“结果行为”（actio subsequens）的统称。在大陆法系国家阶层式的犯罪论体系下“原因自由行为”理论的要义为：原因自由行为人，于事实上欠缺完全的违法辨识能力情况下，违法实现了 S 构成要件，非因事前不能自主的精神障碍或真正的心智缺陷，但应以具有责任能力论，故犯 S 罪。[③] 其结构如表 7－9 所示：

---

① 参见何庆仁：《我国刑法中教唆犯的两种涵义》，载《法学研究》2004 年第 4 期。

② 林钰雄：《新刑法总则》，中国人民大学出版社 2009 年版，第 344 页。

③ 我国学者对域外“原因自由行为”的介绍，其通用模式一般为：行为人基于故意或过失，使自己陷于无责任能力状态，并在无责任能力状态下惹起构成要件的结果的情况；行为人在责任能力状态下决意的行为，或者在这种状态下至少能够预见的行为，并且到了丧失行为能力或丧失完全责任能力的时间才被实现的行为。参见马克昌：《比较刑法原理》，武汉大学出版社 2002 年版，第 419 页。

表7－9 “原因自由行为”结构

“原因自由行为”	
先行行为	结果行为
(1)具有***责任能力***的行为人,对结果行为之事实有故意或过失,却故意或过失地自陷于精神障碍的状态	(1)行为人处于***无责任能力***状态下为一定法益之侵害
(2)***欠缺***构成要件符合性	(2)***具备***构成要件符合性
(3)***欠缺***违法性	(3)***具备***违法性
(4)***具备***有责性	(4)***欠缺***有责性
(明示或默示)拟制:以具有责任能力论,肯定可罚性	

“原因自由行为”理论的起源尚不清楚,除德国学者 Savigny 曾一度否认“原因自由行为”的可罚性外,之前或之后的刑法理论和实务尽管基于不同的理由但都肯定其可罚性。且“现在各国通说都是在认可‘原因自由行为’的可罚性前提下,致力于理论上的合理解释,即持肯定说的态度”[①]。我国现行《刑法》第18条第4款规定:“醉酒的人犯罪,应当负刑事责任。”这被认为是“原因自由行为”的一种情形。应当说,在“原因自由行为”理论之要义在于拟制为有责任能力的意义上,该法条为避免形式逻辑上的漏洞,应理解为:醉酒的人犯罪,应当***以具有完全的刑事责任能力论***(而)负刑事责任。但问题是“原因自由行为”的处罚对象具体为何,理论上长久以来存在原因行为说、结果行为说与合并行为说的分歧,[②]而导致这一分歧的关键是在“行为与责任同时存在原则”下如何确定“原因自由行为”的实行行为。不过,若仔细审视域内外关于“原因自由行为”的学说及“原因自由行为”的立法例,则不难发现“原因自由行为”基本都被置于责任能力中加以论述、规定(限于存在“原因自由行为”立法例的国家),只是在域外阶层式的犯罪论体系下“原因自由行为”多被置于有责性阶段的责任能力中论述、规定而已,[③]且域内外刑法理论与实务都对“故意的原因中的自由行为”存在较大分歧,亦即“只是如过失犯之情形,却认定原因行为之实行

① 陈家林:《外国刑法通论》,中国人民公安大学出版社2009年版,第378页。

② 关于“原因自由行为”的处罚对象的学说分歧,可参见张明楷:《外国刑法纲要》(第2版),清华大学出版社2007年版,第205～206页。

③ 当然,例外并非不存在。如我国台湾刑法学者黄荣坚就将“原因自由行为”置于行为理论中进行部分阐释。参见黄荣坚:《基础刑法学(上)》(第3版),中国人民大学出版社2008年版,第107～111页。

行为性比较容易,而在故意犯则较为困难而已"①。究其根源这与犯罪论体系联系紧密。下文具体论述。

一、"原因自由行为"的可罚性

(一)对"行为与责任同时存在原则"的妥协及衍生的窘困

在刑法史上,当责任主义(无罪责即无刑罚:nulla poena sine culpa)确立后,其要求行为人的责任能力必须存在于行为时,这仅能追究行为人在有责任能力状态下所实施的行为的责任,而不追究无责任能力状态下行为人的责任,此即"行为与责任同时存在原则"(也称"同时存在原则")。这样,在遵循"行为与责任同时存在原则"的框架下肯定"原因自由行为"的可罚性,必须拟制原因自由行为人以具有责任能力论(无论是明示的还是默示的)。因此,在责任主义产生后,肯定"原因自由行为"的可罚性必须对"行为与责任同时存在原则"进行妥协,妥协的方式有二:一是严格遵循该原则,扩大实行行为的概念;二是缓和(修正)该原则。由此导致了"原因自由行为"在犯罪论体系中地位为:在阶层式犯罪论体系下其属于有责性阶段的责任能力范畴;在我国传统的四要件的犯罪论体系下其属于行为主体的责任能力范畴。

拟制原因自由行为人以具有责任能力论,从而肯定"原因自由行为"的可罚性,在刑法理论与实务中发展出诸多解释学说,但这些学说不外乎沿着两大方向前进:一是构成要件模式(Tatbestandsmodell),亦称原则规定;二是例外模式(Ausnahmemodell),亦称例外规定。其中,构成要件模式为域外刑法理论与实务中的通说,其主张"原因自由行为"的归责点不在于无责任能力状态下的行为,而在于意识状态正常时的自陷行为或导致无责任能力的行为本身,与之相对,例外模式主张处罚"原因自由行为"是依据习惯法的作用,是"行为与责任同时存在原则"的例外。② 亦即,处罚"原因自由行为"并非将违法的判断前置至自陷阶段,且不法实现与责任能力须同时性的要求也不是"原因自由行为"可罚性的前提,毕竟行为人自陷行为本身与结果行为之间在本质上存在有责的因果设定关系。由此可见,构成要件模式以扩大实行行为概念的方式,达到遵循"行为与责任同时存在原则"的旨趣,而例外模式则以缓和"行为与责任同时存在原则"的方式,防止实行行为概念扩大化。同时,在构成要件模式下尚存在前置理论、

① 谢瑞智:《刑法总论》(增订4版),台北,文笙书局2006年版,第208页。

② 参见柯耀程:《变动中的刑法思想》,中国政法大学出版社2003年版,第144~145页。

间接正犯构造理论、扩张理论、因果关联与责任关联理论等不同学说的分歧;在例外模式下也存在原因行为时支配可能说、意思决定行为时责任说等的不同争论。鉴于我国学者已然就相关理论作了较为细致的述评,故笔者在此不再赘述,①但域内外刑法学者在肯定"原因自由行为"可罚性时,大多主张构成要件模式。然而,这一多数说存在难以克服的固有缺陷,即为遵循"行为与责任同时存在原则"必须将原因行为与结果行为两阶段作整体性评价,这会导致"原因自由行为"本身的模糊,更使得"原因自由行为"中的实行行为在概念上扩大后陷入了实质上的飘忽不定的窘境。此外,在构成要件模式下原因自由行为人的故意兼指"故意自陷于无责任能力的状态"和"有意实施构成要件",这势必打破犯罪论体系中故意的传统内涵而造成故意概念的怪异。至于例外模式,由于其将"原因自由行为"的处罚根据建立在习惯法上,与罪刑法定原则所要求的习惯法不得为法源相悖逆,因此为大多数学者所否定。

如前所述,"原因自由行为"在犯罪论体系中的地位大抵属于责任能力的范畴。围绕责任能力的本质问题,长久以来刑法学者间展开了激烈的争论,逐步形成了有责行为能力说(又称意思能力或犯罪能力)、受刑能力说(刑罚适应性)或以其为基础的某种折衷学说。② 德日刑法理论的通说是以意思的非决定论为基础的有责行为能力说。毕竟,"责任能力是有责地实施行为的能力,即,作为对行为进行责任非难的基础的、行为人能够理解刑法规范并实施适合它的行为的能力"③。受刑能力说及折衷说的缺陷为忽视或无视了"责任的本质在于谴责可能性"。据此,笔者以为"原因自由行为"在本质上并不属于责任能力的范畴。因为"原因自由行为"在形式上是原因行为与结果行为的统合,虽然行为人实施结果行为时处于责任能力欠缺的状态中,但原因行为与结果行为各自本身充其量属于刑法中行为论的范畴,所以单纯逻辑上的推论为:二者的统合在犯罪论体系中至多隶属于行为论;其应然公式为:1+1=2。然而,"行为人自陷于无责任能力状态,所产生的犯罪结构上的问题并不仅止于有责性上的问题,而是根本

---

① 关于构成要件模式与例外模式及其内部学说的详尽述评,可参见张明楷:《刑法学》(第3版),法律出版社2007年版,第257~259页;陈家林:《外国刑法通论》,中国人民公安大学出版社2009年版,第378~384页;柯耀程:《变动中的刑法思想》,中国政法大学出版社2003年版,第144~148页;林钰雄:《新刑法总则》,中国人民大学出版社2009年版,第235~238页。

② 参见[日]野村稔:《刑法总论》,全理其、何力译,法律出版社2001年版,第284~286页。

③ [日]大塚仁:《刑法概说(总论)》(第3版),冯军译,中国人民大学出版社2002年版,第383页。

及于不法以及行为的问题”①。日本的佐伯千仞亦曾指陈，“原因自由行为”交织着实行行为问题与责任原则问题，且前者为问题的根本。② 其实无论是域内外的刑法理论还是实务，大抵都否定这一逻辑结论，且为了实现对“原因自由行为”的归责，不得不将原因行为与结果行为作整体性评价，同时进行法律上的拟制（其文字表述一般为“以……论”“拟制”“视为”等），并将其几乎毫无例外地置于犯罪论体系中责任能力的范畴内，于是，“原因自由行为”的实然公式为：1 +1 >2，而大于的部分决定了其在犯罪论体系中的地位。不过，尽管如此，但“原因自由行为”理论的内容，并未导致责任能力本质的实质性变更。这样，在域内外的犯罪论体系上“原因自由行为”便造成了其与行为及责任能力之间的原则与例外关系的奇特（窘困）现象。

（二）“原因自由行为”在犯罪论体系中窘困之根源

“原因自由行为”的类型依主观结构的不同，可划分为两类：一是故意“原因自由行为”，二是过失“原因自由行为”。这也是域内外刑法理论与实务在“原因自由行为”上所持的基本立场。过失“原因自由行为”大抵有三类：其一，先行行为为故意，结果行为为过失。如行为人故意饮酒至酩酊后驾驶机动车辆因此而肇事的；再如母亲为了半夜哺乳方便，就寝前将出生不久的婴儿放置身旁，不慎于酣睡翻身之际将手臂置于婴儿口鼻处，致其窒息而死。其二，先行行为为过失，结果行为也为过失。如行为人饮酒因贪杯致酩酊后驾驶机动车辆回家途中肇事的。其三，先行行为为过失，结果行为为故意。如行为人由于同学聚会而饮酒，因贪杯致酩酊后，与酒店服务员发生口角并将其打伤。然而，德国刑法学者 Rath 等并不赞同此种类型的过失“原因自由行为”。③ 毕竟，行为人陷于酩酊中如何具备意思形成能力，使人费解。

前已述及，确定过失犯的原因行为之实行行为性比较容易，而故意犯的则相对较为困难。这也为域外审判实践所印证。例如，德国“联邦最高法院也正确地强调了，故意的原因自由行为‘不是太经常的’；大多数只能仅仅在过失中加以考虑”④。同时，我国部分台湾学者指陈：“多数学者认为在实务上，对于原因自由行为之故意作为犯，并未直接承认有‘原因自由

① 黄荣坚：《基础刑法学（上）》（第 3 版），中国人民大学出版社 2008 年版，第 108 页。

② 参见王充：《日本刑法中的原因自由行为理论》，载《法商研究》2004 年第 2 期。

③ 柯耀程：《变动中的刑法思想》，中国政法大学出版社 2003 年版，第 143 页。

④ ［德］克劳斯·罗克辛：《德国刑法学　总论》（第 1 卷），王世洲译，法律出版社 2005 年版，第 605 页。

行为理论'之适用,仅不作为犯,特别是过失作为犯,方承认有'原因自由行为理论'之适用。"[①]联系上述"原因自由行为"可罚性一度被否定的历史和对"行为与责任同时存在原则"妥协以肯定"原因自由行为"可罚性理论所衍生的弊害来看,笔者以为:该"原因自由行为"理论系责任主义确立后,为合理解释原来普遍肯定"原因自由行为"可罚性的学说及立法例,[②]在古典犯罪论体系下初步构建起来的理论,且其随着阶层式犯罪论体系的变更而不断演进,但古典犯罪论体系自身的独特结构及缺陷决定了"原因自由行为"理论在该体系中的功能及地位,这使在古典犯罪论体系式微后该理论不可避免地带上了以解释论的方式难以克服的缺陷,并最终成为该理论在古典犯罪论体系之后的犯罪论体系中陷于窘困的根源。

易言之,域外阶层式犯罪论体系在演进中经历了几个重要阶段,即"分别是:古典体系、新古典体系、目的论体系、新古典与目的论结合的体系(目前德国通说)、1970年代以后的近代体系(主要指罗克辛自创的目的理性论)"[③]。但"经过深入观察各种阶层体系,更发现其实阶层体系只有一套,就是古典阶层体系所提出来的构成要件合致性、违法性、罪责(有责性)三个判断阶层那一套……晚近提出的目的理性体系只是在阶层中作判断要素的补充,并没有造成阶层的变动,因此在学理上未被真正承认为一种新的体系"[④]。据此,笔者拟选取古典犯罪论体系、新古典犯罪论体系、目的主义犯罪论体系(目的论体系)及新古典与目的主义综合犯罪论体系(新古典与目的论结合的体系)等四类犯罪论体系对上述观点予以阐释。

古典犯罪论体系是刑法理论史上第一个成型的犯罪论体系,该体系建基于自然科学实证主义之上,采取因果行为论,在构成要件阶层中构成要件要素系客观、中性、无价值的,在违法性阶层中仅承认法定的阻却事由。同时,由于"行为、构成要件该当性与违法性系行为人内心主观以外的客观事实,故属于客观要件",[⑤]这样,行为是否该当构成要件该当性,仅需判断行为在客观上征表的现象即可;而违法性判断因不承认超法规的阻却事由

---

① 靳宗立:《刑法总论Ⅰ——刑法基础理论暨犯罪论》,台北,作者2010年自版,第341页。

② 我国台湾部分学者亦指出:"不过往后(19世纪以后)学说及实务均认为无须对原因自由行为加以规定,仅需对其依归责原则加以处理,学理上对于原因自由行为的处罚将之视为当然,实务上也依旧习惯适用此一概念,不加怀疑。"参见张丽卿:《新刑法探索》(2版),台北,元照出版有限公司2006年版,第40页。再如,苏俊雄亦指出了"原因自由行为"理论与习惯法的渊源关系。参见苏俊雄:《刑法总论Ⅱ》(修正版),台北大地印刷厂股份有限公司1998年版,第278页。

③ 林东茂:《刑法综览》(修订5版),中国人民大学出版社2009年版,第34页。

④ 许玉秀:《当代刑法思潮》,中国民主法制出版社2005年版,第109~110页。

⑤ 林山田:《刑法通论(上册)》(增订10版),台北,作者2008年自版,第184页。

等，也只需判断客观外部存在的事实是否符合法定的阻却事由。由此可见，“原因自由行为”之先行行为欠缺构成要件符合性且欠缺违法性，而结果行为则具备构成要件符合性且具备违法性。至于有责性判断，古典犯罪论体系在该阶层中持心理责任论的基本立场，责任能力为责任要件，故意及过失是两种不同的罪责方式。因此，“原因自由行为”之先行行为具备有责性；相反，结果行为则因欠缺责任能力而不具备有责性。

另外，尽管“古典的犯罪三阶层论者虽然提出因果行为论，但并没有独立检验行为，而是认为行为所含有的要素都移属于构成要件，因此只有三个检验阶层”，[①]但从单纯的逻辑上看，其因果行为论要实现对“原因自由行为”的处罚并非难题。因为有意行为说（传统通说）主张只要是行为人有意识的身体动静，都是刑法上的行为。据此，只要原因自由行为人在实施结果行为时存在部分甚至极少的意识，其仍属于刑法上的行为；而身体动作说将刑法上行为的范围划定的更宽泛，当然涵盖“原因自由行为”之先行行为与结果行为。

至此，肯定“原因自由行为”可罚性的一切难点均归结于：如何解释将先行行为与结果行为作整体性评价。因为若以先行行为为实行行为则受阻于构成要件符合性与违法性阶段，若以结果行为为实行行为则受阻于有责性阶段，所以唯有将先行行为与结果行为作整体性评价方能摆脱此困境。与之相应，前述解释性学说应运而生并争讼激烈。

众所周知，因果行为论因难以解释不作为犯而备受诟病，并在其后的犯罪论体系中被抛弃或扬弃，目的行为论（为目的主义犯罪论体系所采）也同样因无法解释过失犯与不作为犯而难逃式微的命运。（1）前已述及，古典犯罪论体系采因果行为论，这难以解决不作为犯的行为性问题，而该固有缺陷对其处理“原因自由行为”时的影响为，在古典犯罪论体系作为犯框架下实现对“原因自由行为”的惩处，难免会导致“原因自由行为”对不作为犯的例外。于是，这必然要求“原因自由行为”之可罚性对不作为犯作出修补（**第一次修补**）。（2）同样，在目的主义犯罪论体系下的解释学说会衍生出“原因自由行为”对过失犯与不作为犯的例外；但因之前的古典犯罪论体系在过失“原因自由行为”上并不存在困难，故就不作为犯而言，该犯罪论体系下“原因自由行为”可罚性解释学说发生实质性的超越可能性不大，而检视一下该时期“原因自由行为”理论的学说，恰恰如此，然而，就过失犯而言，其必然也要求“原因自由行为”之可罚性对过失犯作

① 许玉秀：《当代刑法思潮》，中国民主法制出版社 2005 年版，第 65 页。

出修补(第二次修补)。(3)吸收了因果行为论与目的行为论的社会行为论是“当代德国有力之行为论”,[①]其基本解决了不作为犯与过失犯之行为性的难题。就此而言,较之古典犯罪论体系与目的主义犯罪论体系,新古典犯罪论体系(主要采社会行为论)及新古典与目的主义综合犯罪论体系[②]要实现“原因自由行为”可罚性解释学说的实质性超越,可能性也不大。

经过两次修补后的“原因自由行为”之可罚性必然确立起故意犯、作为犯与过失犯、不作为犯之间原则与例外的补充关系。因此,笔者认为“原因自由行为”理论,是针对古典犯罪论体系与目的主义犯罪论体系而逐步构建起来的补充理论。[③] 同时,在古典犯罪论体系下“原因自由行为”的可罚性是通过将先行行为与结果行为作整体性评价来实现的,尽管在后来的犯罪论体系下产生了不同的解释学说,但这一基本结构并未被改变。这便可以解释上述域外审判实践中大多数仅考虑过失的“原因自由行为”及不承认“原因自由行为”之故意作为犯的现象。

此外,由于责任能力在域外犯罪论体系中始终处于有责性阶层中,学者对其争议更多地集中于责任能力的体系性地位,[④]因此,责任能力并未因犯罪论体系的变更而发生位置的变换,这使阶层式犯罪论体系几乎毫无例外地将“原因自由行为”置于责任能力中解决。由此衍生并一直被延续的弊端为:在阶层式犯罪论体系中“原因自由行为”与行为同责任能力之间“原则与例外”的窘困现象。

我国四要件的犯罪论体系渊源于苏俄,较之古典犯罪论体系,二者有很大的相似之处,即均分就客观与主观的二分法以从事犯罪判断,将构成犯罪的要件区分为客观要件与主观要件。[⑤] 这为阶层式犯罪论体系下“原因自由行为”理论在我国的引入及展开奠定了根基,也为德日关于“原因自由行为”之可罚性弊害在我国四要件的犯罪论体系中继受埋下了隐患。前已述及的我国现行犯罪论体系下“原因自由行为”之可罚性的问题,即

---

① 参见苏俊雄:《刑法总论Ⅱ》(修正版),台北大地印刷厂股份有限公司1998年版,第34页。

② 新古典与目的主义综合犯罪论体系,大抵是对新古典犯罪论体系与目的主义犯罪论体系中合理成分的综合,在行为理论上持社会行为论的基本立场。

③ 我国台湾也有学者认为,“原因自由行为”理论系“建立在古典犯罪论体系下之补充理论”。参见靳宗立:《刑法总论Ⅰ——刑法基础理论暨犯罪论》,台北,作者2010年自版,第345页。然而,由上文的分析可知,其论点并不完整。

④ 关于责任能力的体系性地位之争论,即责任能力是责任前提还是责任要素,可参见陈子平:《刑法总论》(2008年增修版),中国人民大学出版社2009年版,第225~226页。

⑤ 关于古典犯罪论体系承袭早期的刑法论理学,分就客观与主观的二分法以从事犯罪之判断的见解,可参见林山田:《刑法通论(上册)》(增订10版),台北,作者2008年自版,第184页。

是明证。

二、废止“原因自由行为”理论

在明晰了“原因自由行为”理论的主要弊端后，笔者主张：为缓和该理论所造成的以解释论难以克服的犯罪论体系之冲突弊端，宜废止“原因自由行为”理论。其实，否定“原因自由行为”理论的论调（否定说）在域外早已有之，即使在责任主义确立后否定说也绝非异端邪说。相反，基于协调犯罪论体系的否定说，实有可取之处。

（一）否定“原因自由行为”可罚性之学说介评

域外否定“原因自由行为”理论的学说，大抵有如下诸种：

（1）旧否定说，即基于“行为与责任同时存在原则”的否定说。该说主张，为了贯彻“行为与责任同时存在原则”而否认“原因自由行为”构成犯罪。受 Savigny 的影响，否定说曾一度居于理论上的通说地位，并深刻地影响着当时的法律实务。[①] 其基本理由是实施结果行为时处于无责任能力状态的行为人，设定原因时的意识与结果行为时的心理联系已完全断绝。行为人无法在心神丧失、缺乏自由意志时，依正常心理状态下所作的决定实施行为，否则就证明行为人实施结果行为时具有责任能力而不能免除责任。因此，“原因自由行为”理论本身存在矛盾。

（2）新否定说，即基于“原因自由行为”可罚性论据之欠缺的否定说。[②] 该说主张，“原因自由行为”在刑法上本是极具争议的法律形象，其可罚性既无刑法原理原则根据，又无全然合理支撑的论点，对其处罚不但在处罚论据上无从确认，反而会使刑法陷入内部矛盾的困境，故应加以舍弃；舍弃后，对于因自陷于无责任能力或无意识状态下所为之违法行为，以客观可罚性要件的形式，在构成要件中加以规定。

（3）结果否定说，即基于“原因自由行为”可罚性之基础行为是原因行为的否定说。[③] 该说认为，“原因自由行为”问题的关键因素只有一个，即如何确认真正的行为时间点，且一旦其确认包括欠缺责任能力、欠缺责任、欠缺故意或过失能力等问题，都可以解决，且“原因自由行为”负责之基础行为是原因行为，而非陷于无责任能力状态下的动作，故“原因自由行为”概念无存在之必要。

---

① 参见张明楷：《外国刑法纲要》（第 2 版），清华大学出版社 2007 年版，第 204 ~ 205 页。

② 参见柯耀程：《变动中的刑法思想》，中国政法大学出版社 2003 年版，第 148 ~ 154 页。

③ 参见黄荣坚：《基础刑法学（上）》（第 3 版），中国人民大学出版社 2008 年版，第 111 页。

(4)补充否定说,即基于导致犯罪成立体系冲突的否定说。① 该说认为,“原因自由行为”理论是建立在古典犯罪阶层体系下的补充理论,现在通说所采的犯罪阶层体系已非古典犯罪阶层体系,因此其补充效用不复存在,应予扬弃;扬弃后,原先肯定为“原因自由行为”的案件,可依不作为犯处理。

旧否定说系刑法史上的早期学说,由于在否定“原因自由行为”之可罚性后,彻底否认自陷于无责任能力状态下违法行为的可罚性,存在破坏社会正常秩序的巨大危险。因此,该学说最终被否定而成为历史的遗迹。例如,在日本,肯定“原因自由行为”之可罚性并以间接正犯类似说作为遵循“行为与责任同时存在原则”的解释学说,是当下刑法理论与审判实践的通说。②

新否定说为域外刑法理论中的少数说,其从导致思想刑法的隐患、与罪刑法定原则的悖逆、与未遂判断的不相容及与罪责原则的不一致等方面,较为系统地论证了“原因自由行为”可能造成的弊害,值得褒扬。但论者主张舍弃“原因自由行为”理论后,另在构成要件中设定另类构成要件,以实现对因自陷于无责任能力或无意识状态下所为之违法行为的惩处,且这是保持阶层式犯罪论体系一致性的不二法门。笔者以为,此种论调有值得商榷之余地。因为这势必导致在消除了阶层式犯罪论体系中“原因自由行为”与行为、责任能力之间存在的原则与例外关系的同时,于普通构成要件及另类构成要件之间创设出新的原则与例外关系,同样会损害构成要件体系内部的一致性,因此,该种处理模式有陷入“剜肉补疮”式的恶性循环之虞,亦不可取。

结果否定说虽指陈了“原因自由行为”所引起的犯罪论体系上冲突的弊害,但论者在否定对原因行为与结果行为作整体性评价的同时,在原因行为中寻找实行行为性,早已被德日的刑法学者尝试过并被证明为不可行,这恰是推动构成要件模式与例外模式分野的根源之一。因此,否定“原因自由行为”概念而无法提供相应的替代理论或处理模式,是结果否定说的致命缺陷,该学说支持者甚寡与此不无关系。

补充否定说是我国台湾地区新近才出现的学说,意在既有的理论框架下解决犯罪论体系的冲突,其主张的借助过失犯理论解决因自陷于无责任

---

① 参见靳宗立:《刑法总论 I ——刑法基础理论暨犯罪论》,台北,作者 2010 年自版,第 344 ~ 346 页。

② 参见[日]川端博:《刑法总论》,余振华译,台北,元照出版有限公司 2008 年版,第 233 ~ 247 页。

能力或无意识状态下所为之违法行为的惩处问题，不失为可资借鉴的方法之一。但如前所述，该说所持之论点并不准确，"原因自由行为"理论至少是经过两次修补后逐步演进的理论，并非仅是建立在古典犯罪论体系下的补充理论；且诚如黄荣坚所指出的"原因自由行为"概念不只要处理有责性的问题，也可能同时处理不法及行为的问题，甚至根本不符合行为概念的问题。

其实，由据以否定的理由、否定后的处理模式等角度观之，尽管新否定说、结果否定说与补充否定说之间存在诸多分歧，但至少在否定"原因自由行为"理论以实现阶层式犯罪论体系冲突之消解上，方向是一致的；且新否定说、结果否定说与补充否定说之间的核心分歧在于废止"原因自由行为"理论后如何在保持犯罪论体系协调的基础上实现对因自陷于无责任能力，或无意识状态下所为之违法行为的惩处，而这也并非绝对无调和的可能。据此，笔者以为，既然在阶层式犯罪论体系下借助解释论无法克服"原因自由行为"理论对犯罪论体系一致性所造成的破坏，那么废止"原因自由行为"理论以缓和相关的体系冲突就不宜质疑为方向性错误，至少这是进一步完善犯罪论体系时可供考虑的途径之一；且废止"原因自由行为"理论后在保持犯罪论体系协调的基础上实现对因自陷于无责任能力或无意识状态下所为之违法行为的惩处，在既有的理论框架下求诸不作为犯理论并非无法实现。

（二）四要件犯罪论体系下"原因自由行为"之诠释

晚近以来，我国犯罪论体系正酝酿着一场深刻的变革，但无论是长期以来居于通说地位的四要件犯罪论体系，还是在我国日渐成为有力学说的阶层式犯罪论体系，均难以有效地克服"原因自由行为"理论造成的犯罪论体系上冲突的弊端，这必然衍生出在缓和犯罪论体系冲突的旨趣下对"原因自由行为"惩处的拷问。

我国1979年《刑法》第15条第3款规定："醉酒的人犯罪，应当负刑事责任。"该条款似乎更多的是出于刑事政策的考量。通常行为人的主观性格在醉酒前与常人无异，而自陷于醉酒并实施犯罪行为，已充分显示出其反社会性，若刑法一律视其为无责任能力人而不加以规制，必将导致社会基本秩序难以维持。修订后的刑法继受了该条款，但随着社会的发展，其隐含的局限性逐步凸显，即醉酒只是可归责于自己的原因而陷于无责任能力状态的情形之一，使用麻醉药品精神药品、非适任状态下的持续工作等都可以成为行为人自陷于无责任能力状态的原因。因此，有必要对该条款作扩大解释，但必须受罪刑法定原则与目的解释的节制；或改现行的列举模式为概括模式以扩大“原因”的范围,不限于醉酒一项,实现立法结构的完整性与包容性。

易言之:(1)在肯定“原因自由行为”理论的框架下,其可以解释为对“原因自由行为”之事实类型的原则性刑法处理,即拟制“原因自由行为”之事实类型的行为人具有责任能力。亦即上述条款被置于刑法关于责任能力规定部分,只是表明我国刑法惩处该类行为及采取拟制模式的基本立场,而不涉及其他,这样可以消弭长期以来关于该条款存在的逻辑漏洞的诟病。这类似于我国台湾刑法学者黄荣坚所说的:“原因自由行为”概念的存在,“至多仅有强调其刑事责任的意义”。[①] (2)在否定“原因自由行为”理论的框架下上述条款只是表明我国刑法惩处该类行为的基本立场。即否定“原因自由行为”理论不等于否定对自陷于无责任能力或无意识状态下所为之违法行为的惩处。与此类似,我国台湾学者黄仲夫指出:“‘原因自由行为’向来缺乏实定法上的依据,而是学理上创造出来的概念,因此,适用上难免引发是否抵触罪刑法定原则的疑议。新增的第十九条第三项,或许可以排除这个疑虑,并赋予司法实务运用的依据。”[②]同时,二者均有必要在罪刑法定原则与目的解释的节制下将“醉酒”的范围扩及使用麻醉药品精神药品、非适任状态下的持续工作等可使人自陷于无责任能力状态的原因,或改列举模式为概括模式以扩大“原因”的范围。

溯及立法例,《大清新刑律》第12条规定:“凡精神病人之行为,不为罪。但因其情节,得施以禁止处分。前项之规定于酗酒或精神病间断时之行为,不适用之。”[③]这一规定为民国1912年的《暂行新刑律》、1928年刑法所继受,但鉴于1935年民国刑法修正案所列出的“酗酒犯罪,依法当然处罚,无特别规定之必要”要旨,包括1935年的民国刑法及其后的刑法均删除了酗酒犯罪应处罚之条文。[④] 日本等国的刑法典中并无明文规定“原因自由行为”的可罚性,审判实践中相关案件大抵只是求诸刑法理论的主流学说。在德国,今日刑法理论中通说的趋势则是不再扩张“原因自由行为”的概念,而采取一种积极的限制“原因自由行为”的态度,审判实践中更是远远地超过只是单纯地拒绝适用传统的“原因自由行为”概念,甚至

---

① 参见黄荣坚:《基础刑法学(下)》(第3版),中国人民大学出版社2008年版,第430页。

② 黄仲夫编:《刑法精义》(修订版),台北,元照出版有限公司2005年版,第134~135页。我国台湾地区现行“刑法”第19条3款规定:“前二项规定,于因故意或过失自行招致者,不适用之。”

③ 参见张雍鑫编纂:《大清新刑律总则全集》,台北,作者1996年自版,第35页。

④ 参见蔡墩铭:《刑法精义》,台北,翰芦图书出版有限公司1999年版,第242~243页。

“原因自由行为”在实务判决适用上被认为已走向结束。[①] 当然，意大利、瑞士等少数国家明文规定了“原因自由行为”的可罚性，而由此聚集的关涉“原因自由行为”理论的存废争议，异常激烈。这也正是我国台湾地区2005年“刑法”修正中谨慎选择立场的原因之一，其最终采取了谨慎应对“原因自由行为”理论的立场。然而，其采取的例外模式的规范——明文将自陷责任能力欠缺所为之不法的行为，排除在无责任能力或限制责任能力的规定之外，遭受的质疑并不鲜见。[②]

因此，笔者认为，在我国四要件的犯罪论体系下求诸“原则与例外”模式的解释论，即“实行行为作为犯罪构成的客观要件，这是一般原则，而以实行行为的原因行为作为犯罪构成的客观要件，实行行为视为原因行为的自然延续，则是一般原则的例外”。[③] 以实现对“原因自由行为”的惩处，只是权宜之计。即使在这种框架下民国1935年刑法修正案中有关酗酒犯罪解释的要旨，也应当给予我们启示，甚至是惩处醉酒犯罪可资借鉴的立法省却模式；主张嫁接“原因自由行为”理论以实现对因自陷于无责任能力或无意识状态下所为之违法行为的惩处，如前所述，即使在构成要件模式下也难以克服对犯罪论体系一致性所造成的破坏，而无论这种犯罪论体系是四要件式的还是阶层式的，故其必然随着对犯罪论体系一致性的追求而难逃式微的命运；相反，唯有废止“原因自由行为”理论，同时求诸不作为犯理论，才能有效实现对上述行为类型的惩处，并有效解决在责任主义确立后惩处“原因自由行为”所危及的犯罪论体系一致性的难题。

三、废止后对“原因自由行为”的处理

承前分析，“原因自由行为”理论在犯罪论体系演进中历经两次修补，第一次是针对不作为犯所作的修补，第二次是针对过失犯所作的修补。这使在古典犯罪论体系下“原因自由行为”理论与不作为犯之间不会有太多的交集；同样，在目的主义犯罪论体系下“原因自由行为”理论至少与过失犯交集甚少。易言之，在阶层式犯罪论体系演进中逐步发展起来的不作为犯理论及过失犯理论，对古典犯罪论体系与目的主义犯罪论体系下的“原因自由行为”理论具有相对独立性，这也是后来“原因自由行为”理论两次

① 参见［德］Schünemann：《刑法罪责理论的现状》，王皇玉译，载许玉秀、陈志辉合编：《不移不惑献身法与正义——许乃曼教授刑事法论文选辑》，台北，新学林出版股份有限公司2006年版，第589页。

② 参见柯耀程：《刑法概论》，台北，元照出版有限公司2007年版，第276页。

③ 马克昌主编：《犯罪通论》，武汉大学出版社1999年版，第286页。

修补以将不作为犯与过失犯纳入其中的意义所在,而恰恰是这种相对独立性为废除“原因自由行为”理论提供了可能性及废除后的解决之道。

所谓不作为犯,是以不作为即消极的身体活动所实施的犯罪,包括原则形式的纯正不作为犯和例外形式的不纯正不作为犯。[①] 刑法理论在实现对该类法益侵害行为的惩处时,并不是立足于对实行行为性的片面寻求,因为由因果行为论角度观之,不作为甚至没有所谓的身体动作,故解决的关键是判断“作为义务”违反与否(包括后来的“保证人地位”之有无),这是一套有别于传统行为的处理模式,但该模式并不会危及犯罪论体系的一致性,相反,在保证人地位理论提出后其更是在贯彻犯罪论体系的一致性。

易言之,其一,就纯正不作为犯而言,该类不作为犯将单纯违反作为义务直接列为犯罪内容,其法益侵害性由此展开。“纯正不作为犯的违法性是考虑到维持现状或放任现状在法律秩序上更不符合要求,尽管要求停止变更现状或放任现状,却没有实施刑法规范所命令的行为,因此,也是侵害法益。”[②]与之相对应,刑法对纯正不作为犯的惩处模式遂不同于通常的作为犯:一般情况下作为犯的犯罪类型是以违反禁止规范作为内容而形成的,因此,在责任主义确立后实行行为性之有无就成为判断该类犯罪成立与否、既遂未遂等的标志;然而,作为对传统作为犯之例外的不作为犯,在形式上打破了这一定律,域内外刑法对纯正不作为犯的惩处无不以作为义务为中心而加以展开。例如,域外刑法学者在探讨不作为犯的“着手”时,几乎都限于不纯正不作为犯,[③]纯正不作为系单纯违反作为义务,而该义务均以法律预先明文规定为前提,即“纯正不作为犯之所以‘纯正’,乃在于其于立法当时,自始即预定‘不作为’为‘构成要件之行为’”[④]。或者说,在纯正不作为犯的场合,“符合其构成要件的一定的不作为就是实行行为”[⑤]。这实质上都绕开了所谓的实行行为性的纠结,使纯正不作为犯获得了有别于普通作为犯的特殊处理模式。也正是基于此,日本部分学者指

① 参见[日]大谷实:《刑法讲义总论》(新版第2版),黎宏译,中国人民大学出版社2008年版,第126~127页。

② [日]木村龟二主编:《刑法学词典》,顾肖荣等译,上海翻译出版公司1991年版,第172页。

③ 参见[日]西田典之:《日本刑法总论》,刘明祥、王昭武译,中国人民大学出版社2007年版,第88~89页;[日]大谷实:《刑法讲义总论》(新版第2版),黎宏译,中国人民大学出版社2008年版,第126~133页;林钰雄:《新刑法总则》,中国人民大学出版社2009年版,第414~417页;谢瑞智:《刑法总论》(增订4版),台北,文笙书局2006年版,第94~98页;等等。

④ 黄翰义:《刑法总则新论》,台北,元照出版有限公司2010年版,第276页。

⑤ [日]大塚仁:《犯罪论的基本问题》,冯军译,中国政法大学出版社1993年版,第81页。

陈:“关于犯罪(纯正不作为犯)是否成立,只要研究它是否存在违反作为义务就足够了。”①

其二,就不纯正不作为犯而言,该类型犯罪系作为犯的“补充型态”,与作为犯一样违反了禁止规范。因此,“不纯正不作为犯,并没有独立的构成要件”,②而是援引作为犯的构成要件,但在责任主义确立后作为犯的实行行为性在不纯正不作为犯中逐渐成为问题。因为,不纯正不作为犯在本质上属于不作为犯,即使个别国家基于罪刑法定原则而否定不纯正不作为犯的可罚性(如法国),但处罚不纯正不作为犯大抵为域内外刑法的通行做法,且尽管部分域外刑法学者进行了所谓的不纯正不作为犯实行行为性问题的探讨,但其均不否定对犯罪论体系的一致性作出让步,尤其在新古典犯罪论体系成型后为贯彻构成要件符合性与违法性之区分,同样以作为义务为核心的不纯正不作为犯在结构上更是被细化为“保证人地位”之有无和“作为义务”之违反与否二阶(以下简称“二阶结构”)。不纯正不作为犯的“二阶结构”是该类型犯罪异于普通作为犯的显著特征,这使在该类犯罪成立的诸要件中,具有保证人地位的行为人违反作为义务,被公认为不可或缺的核心要件,而不纯正不作为犯的实行行为性不过是部分学者基于普通作为犯思维模式所做出的诠释,在域外刑法理论与实务中均非多数说。可见,“二阶结构”在实质上也绕开了易滑向歧途的不纯正不作为犯之实行行为性的争议。其结构如表 7－10 所示:

表 7－10　作为犯与不作为犯之对比

构成要件	禁止实施一定行为	以积极动作实施禁止行为	*作为犯*
		以消极动作实施禁止行为	*不纯正不作为犯*
	命令实施一定行为	不实施命令之行为	*纯正不作为犯*

不作为犯处理模式的上述独特性,恰恰可以为“原因自由行为”在实行行为性上所陷入的窘困提供解决思路,而原因自由行为人在原因行为或结果行为中并不缺乏类似于不作为犯中的“作为义务”,且不纯正不作为犯不以故意为限,尚包括过失之情形,③这使对过失“原因自由行为”的转化处理中并不会遇到障碍。因此,依据不作为犯理论惩处“原因自由行为”,其原本的难题可迎刃而解。

易言之,废除“原因自由行为”理论后,在阶层式犯罪论体系下依据不

① ［日］木村龟二主编:《刑法学词典》,顾肖荣等译,上海翻译出版公司 1991 年版,第 142 页。
② 林东茂:《刑法综览》(修订 5 版),中国人民大学出版社 2009 年版,第 112 页。
③ 参见蔡墩铭:《刑法精义》,台北,翰芦图书出版有限公司 1999 年版,第 182 页。

作为犯理论处理因自陷于无责任能力或无意识状态下所为之违法行为时,“原因自由行为”中原本被整体性评价的先行行为与结果行为,将被当作不作为犯(主要是不纯正不作为犯)问题进行评价,与此密不可分的将是作为义务之违反与否。但由于纯正不作为犯大抵系(单纯)行为犯,且各国刑法典中纯正不作为犯的罪名均屈指可数。因此,求诸不纯正不作为犯理论惩处自陷于无责任能力或无意识状态下所为之违法行为,才是常态。其一,行为人在“先行行为”前已具有作为义务时,却自陷于无责任能力状态,并造成了符合构成要件的结果。此时,行为人在自陷于无责任能力状态前业已具有作为义务,而积极追求、放任或未能有效地防止结果发生,是典型的不作为犯模型结构。因此依据作为犯理论加以惩处,无任何不妥。其二,行为人在“先行行为”前不具有作为义务,但行为人对符合构成要件的法益侵害持故意或过失心态,并自陷于无责任能力状态而造成了符合构成要件的法益侵害结果。此时,属于作为义务系危险前行为而引起的不作为犯。其结构如表 7－11 所示:

表 7－11　不作为犯整合“原因自由行为”类型

原“原因自由行为”类型	作为义务		不作为犯
故意“原因自由行为”	“先行行为”(√)	“结果行为”(—)	成立
	“先行行为”(×)	“结果行为”(√)	成立
过失“原因自由行为”	“先行行为”(√)	“结果行为”(—)	成立
	“先行行为”(×)	“结果行为”(√)	成立

例如,甲系铁路扳道工,于 1992 年 12 月 30 日晚与妻子因琐事发生激烈争执后心情郁闷,而当夜恰为甲值班,因时近元旦佳节遂借酒消愁,不期酩酊后昏睡不醒,因而未能按时为过往列车扳道转辙,致列车出轨,并造成重大伤亡。这是域外求诸“原因自由行为”理论解决的典型案例,且是过失“原因自由行为”。在否定“原因自由行为”理论后,援引不作为犯理论加以解决,甲成立不纯正不作为犯,当无异议。此时,甲于“先行行为”阶段——过失自陷行为(醉酒行为)阶段——并不缺乏防止结果发生的地位和义务,却未能履行基于保证人地位而产生的作为义务,是成立不纯正不作为犯的关键。

在我国四要件犯罪论体系下,废除“原因自由行为”理论后对因自陷于无责任能力或无意识状态下所为之违法行为的惩处,求诸不作为犯理论时与阶层式犯罪论体系下的模式,差别并不大。只是域外刑法理论中不纯正不作为犯被发展出“二阶结构”,其中,“保证人地位”之有无系事实判断而被置于构成要件符合性阶层中，“作为义务”之违反与否系价值判断而被置于违法性阶层中，而我国刑法理论中的不作为犯理论较为粗放，如何在既有的基础上进一步实现其精细化，仍有待刑法理论与实务付出双重努力，但这一不足并不会导致域内外在因自陷于无责任能力，或无意识状态下所为之违法行为的惩处上出现原则性分歧，这在我国刑法将“醉驾”纳入打击视域后，求诸不作为犯理论解决，会使对该类问题的处理避免理论依据含混与实务做法各异的双重诟病。

需要指出的是，求诸不作为犯解决上列问题，是否会造成我国犯罪圈的扩张？笔者的回答是否定的，以哺乳窒息婴儿案为例做简要分析。在日本，大判昭和2年（1927年）10月16日刑集6卷413页记载了关于在给该婴儿哺乳时哺乳者睡着了，其乳房将该婴儿窒息死亡的案件：“对于出生后不久的婴儿，陪同其睡觉并哺乳的人应负有防范该哺乳通常可能发生的一切为限于未然的义务。如果授乳者未尽其义务在授乳中睡着了，其乳房压迫婴儿的口鼻而使其窒息死亡，授乳者不能免除其对婴儿的死亡的***不作为过失致死***的罪责。”因此，“该婴儿的死亡是因为被告人在给婴儿授乳时睡着了，从而未尽其应尽的注意义务的结果”，即原判决支持了行为人在有责任能力时的过失而成立过失致死罪。[①] 可见，日本的判决是从有责任能力的原因中确定实行行为性，且既有的判例都仅以过失犯为例。其实，如果将切入点由责任能力置换为行为，则问题将简单得多。日本的判例本身也叙明了其属于不作为犯的问题，核心是不作为义务（其实还包括保证人地位）。这是受限于当时不作为犯理论的发展，及刑法学者为贯彻“行为与责任同时存在原则”，不得不寻求理论上的支持，不得已将其纳入“原因自由行为”理论的视域。在不考虑保证人地位（婴儿与授乳者之间是否存在亲子关系）的前提下，以作为义务的有无来判断哺乳窒息婴儿案可能会扩大犯罪圈，但随着不作为犯保证人理论的出现及逐步成熟，其毫无疑问会起到限缩犯罪圈的积极作用。

在我国，尽管不作为犯的保证人地位理论尚不成熟，但实践中求诸不作为犯理论解决原先的“原因自由行为”案件，也不会扩大犯罪圈，因为我国《刑法》第13条的“但书”部分及超法规的违法性阻却事由等，能够起到限缩犯罪圈的异曲同工之效。例如，2011年4月12日母亲在给出生仅4天的婴儿喂奶时，因剖腹产后过于疲乏而睡着，不慎将乳房压住婴儿的鼻孔导致其窒息，20分钟后在　旁陪护的奶奶发现了该情况，但婴儿经抢救

---

① 参见［日］野村稔：《刑法总论》，全理其、何力译，法律出版社2001年版，第297页。

无效后死亡。[1] 对于类似情况，我国的公检法等部门并未介入，且即便介入了犯罪概念的“但书”部分等也足以承担起出罪事由的重任，而最终否定犯罪的成立。

可见，无论是在阶层化犯罪论体系还是四要件犯罪论体系下，“原因自由行为”理论均会造成其与行为及责任能力之间的原则与例外关系的窘困现象。因此，两种不同的犯罪论体系在对该制度的容纳上，不宜妄断优劣。然而，在求诸不作为犯处理以消解“原因自由行为”理论所造成的犯罪论体系周延性障碍后，因不作为犯理论在我国的相对滞后性，故对“原因自由行为”的处理上，四要件犯罪论体系似乎不会占有优势。可见，在确立三阶层犯罪论体系之基本立场下，废止“原因自由行为”理论后求诸不作为犯理论以缓和可能的犯罪论体系之冲突弊害，甚为必要。

① 参见刘少龙：《孩子，天堂那边不要怪爸妈》，载《潇湘晨报》2011 年 4 月 14 日 B06 版。

第三编　实践论

第八章　三阶层犯罪论体系之践行路径

孤立的人生跌宕，固然可以归结为偶然，可是不同罪犯境遇的汇聚，则会指向所处的社会历史深处的必然，与之难以割裂的是具有行为规范属性的刑法及刑法对行为的评价模式。四要件犯罪构成曾历史性地充当了并仍然充当着定罪的规格，这有着深刻的时代根源，即使在人权价值及四要件犯罪论体系之诸多缺陷拷问下犯罪构成阶层化之主张日趋有力时，四要件犯罪论体系所赖以生存的条件在当下也依旧存在，且短时间内难以有效消除。故而，主张激变式地改造我国犯罪论体系的论调，明显存在有违我国刑事法治现实的客观情势之嫌，带有浓厚的主观主义色彩。

不可否认，我国犯罪论体系在既有的基础上应作实质性变更——犯罪论体系走向阶层化，但无视我国法治的诸多客观限制条件，“激变”式地将阶层化犯罪论体系（包括变相的阶层化犯罪论体系[1]）付诸我国的司法实践，由此产生的负面效应不言而喻，甚至其破坏性程度超乎想象。与此相适应，我国的刑事法治化进程也是一条逐步彰显人权的“渐变”之路。在此之前，进一步深化刑法理论上对相关问题的探讨，为犯罪论体系由平面化向阶层化的平稳过渡积累充足的素材，并逐步实现阶层化犯罪论体系对刑事法律实务施加影响力，为最终的实质性转型夯实根基，实在是理性指引下法律人所应保有的姿态。

---

① 如阮齐林教授提出的“犯罪概念特征论与犯罪构成合一的体系”。参见阮齐林：《中国刑法学犯罪论体系之完善》，载《法学研究》2013 年第 1 期。

第一节 “供体”包含的缺陷对改造的实质影响

在我国犯罪论体系阶层化改造过程中,作为“供体”的阶层化犯罪论体系本身所包含的缺陷,无疑会对这一改造产生实质性的影响。由此,在我国犯罪论体系的阶层化改造路径上,相较于“激变”之路,“渐变”之路更为稳妥。在此,以因果关系理论和反面的构成事实错误理论为例试作说明。

一、刑法因果关系理论在归责层面并不完美

(一)条件说是合理的事实因果判断标准

文献资料显示,条件说是现代欧陆刑法因果关系的源头。依据该说,刑法意义上的“原因”(Ursache)是指每个条件均不得省略,否则在具体个案中“结果”(Erfolg)就不发生。其判断公式为“若无前行为,则无后结果之发生”。因为该说将每个条件在刑法上视为等价,所以又被称为等价(值)说或平等条件说。回溯历史,当因果关系在刑法学中受到关注后,自然科学的巨大成就,使刑法中的因果关系不得不接受自然科学所主导的方法论和价值观的检验,“满足”这一要求的条件说在德国逐步得到了理论上的认可,并为审判实践所采纳。事实上,对自然的因果经过进行合乎可资证明的科学法则的检验,也是刑法因果关系理论自身具备科学属性的内在要求。在当下,“在因果关系缺乏客观的自然科学证明之处,不允许将这个因果关系通过自由证据评价的途径,由法官的主观确信来加以代替”①。条件说对客观的因果关系的筛选,“只是展示一个逻辑规则,并没有涉及具体的评价或认定”②。实际上,这样的逻辑规则本身难以融入主观的内涵和规范的内涵,而使条件说具有鲜明的客观性,这契合了那个狂热时代对构成要件要素是“自然科学的、实证主义的、自然主义的”③认识。由此,刑法因果关系跳脱出中古时期的教条主义陷阱,极大地避免了罪刑擅断。

从整体上看,在刑法因果关系的百余年发展中,条件说经历了由因果

---

① [德]克劳斯·罗克辛:《德国刑法学 总论》(第1卷),王世洲译,法律出版社2005年版,第235页。

② 许玉秀:《当代刑法思潮》,中国民主法制出版社2005年版,第427页。

③ 参见[日]小野清一郎:《犯罪构成要件理论》,王泰译,中国人民公安大学出版社2004年版,第75页。

关系判断的全部标准到局部标准的演变。在德国,"今天的主流观点,对原因关联确定依照的是条件理论"[①]。同样地,在日本,在"刑法上的因果关系 = 条件关系 + 相当因果关系"框架下,分歧的是相当因果关系是否为"归责的基础",而非条件关系是否为"归责的基础"。[②] 这意味着,因果关系判断标准的变化并未根本性地动摇条件说所贯穿的客观属性。换言之,条件说在自然科学(尤其是物理学层面)的价值恰恰为刑法因果关系理论所坚守,这也构成了刑法因果关系的初始位阶。其实,这大体也是条件说诞生后,欧陆刑法自始未抛弃该说作为刑法因果关系判断基底的根源所在。

当然,质疑条件说的观点始终存在。其中,宽泛论、错误论和无用论是备受瞩目的批评意见。宽泛论持有者认为,条件说会不当地扩大因果关系的范围。在过去,这是条件说面临批评异常集中的地方;但自从承认客观构成要件的满足并不单独取决于客观的因果关联性,还必须另外补充归责标准后,"这种批评就已经从根本上失去了重要性"。[③] 与此相适应,刑法因果关系的判断呈现清晰的"归因"到"归责"的层次性,而自然科学层面的因果关联性判断被视为"归因"的范畴。错误论持有者认为,在择一的因果关系等场合条件说会得出错误的结论。例如,无意思联络的 A 和 B,以杀人的故意同时开枪射杀 C,且均击中 C 的心脏,C 当场死亡。依据纯粹条件说的见解,将得出十分荒谬的结论。在历史上,错误论的意见推动了条件说的自我完善和替代性学说的发展。无用论持有者认为,条件说只能适用于被查明的因果关系中,它对查清因果关系发挥不了什么作用。[④] 例如,孕妇在怀孕期间服用了某种安眠药 A,生下来身体残疾的 B。只有当 A 的药效与 B 的残疾这一因果意义上的关联已经清楚时,条件说才有意义,如果客观上是否存在这一因果关联并不清楚,那么就不能通过假定剔除服用 A 药来确定 A 药是 B 残疾的原因。

---

① [德]约翰内斯·韦塞尔斯:《德国刑法总论》,李昌珂译,法律出版社 2008 年版,第 95 页。

② 参见辰井聡子:『因果関係論』、有斐閣、2006、頁 7。

③ 参见[德]克劳斯·罗克辛:《德国刑法学　总论》(第 1 卷),王世洲译,法律出版社 2005 年版,第 234 页;[德]汉斯·海因里希·耶赛克、托马斯·魏根特:《德国刑法教科书》,徐久生译,中国法制出版社 2001 年版,第 346 ~ 347 页;[德]布莱恩·瓦利留斯:《因果关系与客观归责》,载梁根林、[德]埃里克·希尔根多夫主编:《刑法体系与客观归责》,北京大学出版社 2015 年版,第 127 页;等等。

④ 参见[德]乌尔斯·金德霍伊泽尔:《刑法总论教科书》,蔡桂生译,北京大学出版社 2015 年版,第 80 页;[德]埃里克·希尔根多夫:《德国刑法学:从传统到现代》,江溯等译,北京大学出版社 2015 年版,第 265 页;[德]克劳斯·罗克辛:《德国刑法学　总论》(第 1 卷),王世洲译,法律出版社 2005 年版,第 234 页;等等。

但是,自我修正的条件说以及众多的替代性学说,都不是在舍弃或绕开自然科学层面的因果关联性的方向上,来寻求刑法因果关系的解决之道。究其原因,作为刑法因果关系基础素材的自然的因果经过是客观真实的,而自然科学的目的就在于发现"真实",因而,替代性的学说无不将自然科学层面的检验置于不可或缺的突出位置。由此,刑法因果关系在该层面的因果关联性的检验标准,受自然科学方法论和价值观的规制必然走向客观化。"在人们存在怀疑时,因果关系从来不会通过什么公式,而是永远仅仅只能通过准确的自然科学方法(主要是实验)来加以证明。"①当然,这不是说刑法因果关系的判断标准完全不能纳入主观的或规范的内涵,而是说自然科学这一层面的因果关联性的判断标准排斥主观的或规范的内涵。

那么,在自然科学层面的因果关联性判断上,能否完全以自然科学的法则标准来取消或替代条件说?例如,我国台湾地区刑法学者许玉秀认为,在"归因"与"归责"区分的意义上,因果关系是一种物理关系,它的判断依赖物理法则,条件理论的逻辑规则帮不上忙。② 笔者认为,自然科学的法则对刑法因果关系的查明和确认,具有无可争辩的重要作用,这尤其体现在自然科学的法则可以为条件说的判断提供可予考虑的事实,但自然科学的法则并不是也不可能成为条件说这一逻辑规则本身的内容。客观上,自然科学的法则标准以发掘并提供真理和对自然的因果经过的最大化还原为要务,而条件说则以判断客观的因果关联性为己任。二者在某些方面具有共性的内容,但它们又明显存在分属于不同领域和层次的问题。并且,随着现代刑法理论的精细化,在因果关系判断之前法益理论、行为理论等就已开启对归责要素的筛选。因此,符合自然的科学法则的客观的因果经过在范围上要大于经由条件说筛选出的事实因果。况且,在某些领域(如公害犯罪领域),由于自然科学的法则并不完全清楚。因此,无法精确地还原自然的因果经过,原本这应该以不具有因果关系论,但疫学上的高度盖然性无法否定,"刑法上也应该肯定存在条件关系"③。

不难发现,条件说无用论的错误也恰恰在此。难以否认,条件说所依赖的"想象其不存在"的方法或者说"思维排除法"确实存在局限性。意大利刑法学者杜里奥·帕多瓦尼早就指出:"条件理论的真正缺陷不在于它扩大了原因的范围,而是深藏于其运作机制的本身:运用'思维排除法'的

---

① [德]克劳斯·罗克辛:《德国刑法学 总论》(第1卷),王世洲译,法律出版社2005年版,第235页。

② 参见许玉秀:《当代刑法思潮》,中国民主法制出版社2005年版,第430页。

③ [日]大塚仁:《刑法概说(总论)》(第3版),中国人民大学出版社2002年版,第92页。

前提,是人们必须事先就已经知道究竟条件具备何等的原因力,即知道这些条件如何作为原因(之一)而发挥作用;否则,条件理论就根本无法运作。"[①]德日刑法学者也有类似的批判,其教科书式的经典表达为,条件说是因果关系的适用公式,但并不是因果关系的发现公式。[②] 诚然,受诸多条件的制约,人类一定时期的认知总是有限的,自然科学的法则对因果经过的确定并不总能给出清晰的结论,此时条件说的逻辑公式在因果关系的判断上似乎显得无能为力。例如,在我国台湾地区的鼎新地沟油案件中,鼎新公司售卖的地沟油是否会危害食用者的人身健康,依据现有的科技手段无法鉴定出来。[③] 问题是这一缺陷并非条件说所独有。"在我们的经验知识不能够对某个情况是否在具体的结果中发生了作用的问题提供明确回答的时候,合法则的条件说同样不能够对我们有所帮助。"[④]况且,"诸如避孕药是否导致婴儿畸形的经验科学问题,这不是任何法学理论所能或所应解决的问题,法律上所能且所应处理的,一来是如何将经验科学知识引进法律程序,此即鉴定制度问题;二来是正视专业鉴定也无能为力时,法律上到底应如何处理"[⑤]。

此外,有学者认为:"条件公式'非P则非Q'的运用中,对P与Q的选择与界定,深受规范评价的影响。"[⑥]这一批评是不妥当的。如前所述,条件说的逻辑规则本身难以融入主观的内涵和规范的内涵。尽管依据这一逻辑规则所进行的判断会产生因果关系的范围过宽的问题,但这正是"归责"理论的价值所在。且"客观归责学说之价值,反而透过条件理论之缺陷被明显的呈现"[⑦]。毕竟,如后所述,"归责"理论不是以舍弃条件说为前提,而是在条件说确认的事实因果基础上对刑法因果关系进行限缩。至于张明楷教授主张:"即使是条件说,其中对原因与结果的限定、对禁止溯及

---

① [意]杜里奥·帕多瓦尼:《意大利刑法学原理》(注评版),陈忠林译,中国人民大学出版社2004年版,第137页。

② 参见[日]西田典之:《日本刑法总论》,刘明祥译,中国人民大学出版社2007年版,第69页;[日]山口厚:《刑法总论》(第2版),付立庆译,中国人民大学出版社,第53页;[德]乌尔斯·金德霍伊泽尔:《刑法总论教科书》,蔡桂生译,北京大学出版社2015年版,第80页;[德]埃里克·希尔根多夫:《德国刑法学:从传统到现代》,江溯等译,北京大学出版社2015年版,第265页;[德]克劳斯·罗克辛:《德国刑法学　总论》(第1卷),王世洲译,法律出版社2005年版,第234页;等等。

③ 在客观上,地沟油对食用者的人身健康的危害只存在有或无两种状态,无法鉴定出来不等于事实上的绝对没有。

④ [德]约翰内斯·韦塞尔斯:《德国刑法总论》,李昌珂译,法律出版社2008年版,第97页。

⑤ 林钰雄:《新刑法总则》,中国人民大学出版社2009年版,第121页。

⑥ 劳东燕:《事实因果与刑法中的结果归责》,载《中国法学》2015年第2期。

⑦ 李圣杰:《因果关系的判断在刑法中的思考》,载《中原财经法学》2002年第8期。

论的采纳,也可谓一种客观归责论。”[①]这一批评除了同样存在上述不当外,似乎主观地赋予了条件说作为因果关系理论之外的功能。例如,根据条件说,行为人的父母和祖父母对于被谋杀者的死亡来说也是原因。如今,尽管处理的方案不尽一致,如有的通过归责理论来过滤,[②]有的通过否定是构成要件行为来过滤,[③]有的通过罪过概念来过滤,[④]但都不是对条件说注入主观的或规范的内容来过滤的。

在此,不得不提的是合法则的条件说。历史上,条件说的缺陷使修正和替代的因果关系理论陆续出现。如今,大部分理论已经仅仅具有历史沿革的意义,如原因说、重要关系说、危险关系说等,但合法则的条件说依旧是十分醒目的理论。就该说而言,与其说它是条件说的修正理论,不如说替代理论。不过,合法则的条件说对条件说的替代并不成功。

众所周知,在批判条件说的基础上德国学者 Engisch 率先提出了替代性的“合法则性条件公式”,即“当一个行为与在时间上紧随其后发生的外部世界的变化之间是按照(自然)法则联系在一起,且后者是某个在刑法上被规定为构成要件结果的具体事实的组成部分的时候,则该行为是特定构成要件结果的原因”。[⑤] 此后,阿明·考夫曼(Armin Kaufmann)教授进一步将合法则的条件说中因果关系的判断区分为一般因果关系和具体因果关系。[⑥] 其中,在一般因果关系层面要确认是否存在普遍的因果法则,在具体因果关系层面,要确认具体的事实是否合乎已确认的普遍的因果法则。这样,因果关系的判断实为三段论的演绎推理,形式上合法则的条件说也是一个逻辑规则。

但是,合法则的条件说有着明显不同于条件说之处,这主要包括:其一,条件说将原因理解为必要条件,而合法则的条件说将原因理解为当代科学知识所认可的条件。其二,在因果关系的判断上,条件说采用的是“想象其不存在”的排除法。与此不同,合法则的条件说“并不采取‘去除法’,而是以自然法则为连结,正面判断从‘行为’到‘结果’的因果关系”[⑦]。其

---

① 张明楷:《刑法学(上)》(第5版),法律出版社2016年版,第181页。

② 参见[德]汉斯·海因里希·耶赛克、托马斯·魏根特:《德国刑法教科书》,徐久生译,中国法制出版社2001年版,第347页。

③ 参见许玉秀:《当代刑法思潮》,中国民主法制出版社2005年版,第426~428页。

④ 参见黄荣坚:《基础性法学(上)》(第3版),中国人民大学出版社2009年版,第175页。

⑤ [德]埃里克·希尔根多夫:《德国刑法学:从传统到现代》,江溯等译,北京大学出版社2015年版,第273页。

⑥ 徐凌波:《因果关系在产品刑事责任案件中的认定问题》,载《政治与法律》2014年第11期。

⑦ 林钰雄:《新刑法总则》,中国人民大学出版社2009年版,第123页。

三,条件说与合法则的条件说在划定的因果关系范围上不尽一致,如在渎职罪的场合,条件说可能肯定事实的因果关系,而合法则的条件说肯定事实的因果关系或许相当困难。[①] 既然如此,那么,对条件说而言,合法则的条件说是“归因”层面的替代理论,还是“归责”层面的补充理论？有学者认为,合法则的条件说“是条件理论在方法上的补充说明而已,而不是另外一个独立的理论”[②],这是不妥当的。如果合法则的条件说仅仅在方法上起补充说明的作用,那么条件说在因果关系的判断过程中必定要发生作用,但合法则的条件说三段论的推理根本容不下条件说发挥作用。对此,合法则的条件说持有者坦言:“‘条件公式’对之没有任何益处,有益处的只是专家们的内行判断。”[③]另外,合法则的条件说是在判断有无事实因果关系,而不是在事实因果关系存在的前提下探讨结果归属问题。因而,合法则的条件说是条件说的替代理论。

不过,合法则的条件说在一般因果关系层面和具体因果关系层面上的缺陷,使它对条件说的替代难以成功。

在一般因果关系层面“法则”的具体内容不明确。合法则的条件说中的法则如何理解,理论上有狭义说和广义说的区别。狭义说主张,法则仅限于“决定论自然法则”这种必然性法则。例如,在阿明·考夫曼看来:“统计上的高度相关或许是由于因果法则的作用,但也可能处于完全的偶然性,因此不能被认为是因果关系。”[④]广义说主张,法则不限于必然性法则,还包括盖然性法则和经验法则。[⑤] 这一分歧源于,否定社会学层面的相当因果关系说后,在因果关系领域如何解决该理论原先处理的内容。

其一,未知的自然科学法则引起的不明确性。人们并非总是完全认识了决定论的自然科学法则,这会造成一般因果关系认定上的困难。德国联邦最高法院的皮革喷雾剂案[⑥]就是著名的适例。该案的难点在于能够确定某种产品造成了人身伤害,但不清楚是该产品中的何种物质造成的,这对一般因果关系的认定是否已经足够？“通过排除替代性原因的方法来论

---

① 参见张明楷:《刑法学(上)》(第5版),法律出版社2016年版,第185页。

② 黄荣坚:《刑罚的极限》,台北,元照出版有限公司1999年版,第62页。

③ [德]汉斯·海因里希·耶赛克、托马斯·魏根特:《德国刑法教科书》,徐久生译,中国法制出版社2001年版,第345页。

④ 徐凌波:《因果关系在产品刑事责任案件中的认定问题》,载《政治与法律》2014年第11期。

⑤ 参见小林憲太郎:『因果関係と客観的帰属』、弘文堂、2003、頁199～200。

⑥ 参见[德]克劳斯·罗克辛:《德国最高法院判例·刑法总论》,何庆仁、蔡桂生译,中国人民大学出版社2012年版,第248～253页。

证因果联系”,[1]德国联邦最高法院做出了肯定的回答。然而,这在理论上受到了质疑:当人们未能完整地认识那些可能的原因时,就不应当也不可能可靠地排除它们成为原因的可能。[2] 尽管不少学者为“排除替代性原因的方法”进行了辩护,并将这一方法的适用严格限定在其他因素成为原因的可能性都被排除的前提下,[3]但质疑的观点直指的深层次问题是,“排除替代性原因的方法”实质倒置了举证责任,变相强迫被告人自证其罪,这不当加重了被告人的负担,有违法治国原则。这一问题在后来的木材防护剂案中更加明显,受到的质疑也更加激烈。简言之,此时“合法则”的结论与其说是事实判断(法官“排除了”替代性原因)的结果,毋宁说是价值选择(让被告人提供替代性原因的反证)的结果。

其二,社会科学领域内法则的不明确性。否定社会学层面的相当因果关系说,合法则的条件说所面临的问题是社会科学法则是否真的存在?肯定说认为,社会科学中存在“客观性”的法则,尽管它们有时不如自然科学中的法则精确,但不能否定社会科学法则解释的恰当性。[4] 肯定说主要从三个方面来证立社会科学法则的。第一,从统计法则的角度证立社会科学法则。例如,Puppe 教授认为统计法则可以用来解释心理性因果关系,埃里克·希尔根多夫教授更是将统计法则的适用扩及第三人介入的场合。[5] 然而,社会科学领域内的统计法则难以进行精确的量化,早已是公认的事实。相应地,迄今为止鲜有其他学者在刑法因果关系的解释中使用统计法则。第二,例外性的替代方法证立社会科学法则。例如,科里亚特(Koriath)认为在心理性因果关系的场合完全不能进行因果分析,进而拒绝适用合法则的条件说和条件说,并开创性地提出来一套“非因果性的归责原则”。[6] 但在否定心理性因果关系的场合能够进行因果分析的前提下,主张“非因果性的归责原则”无疑是将归责的基础置于主观而非客观之上,由此证立社会科学法则未免失当。第三,从对个案涉及的法则假设进行具体化的角度证立社会科学法则。这实际上是将决定论的思维僵硬

① 参见[德]乌尔斯·金德霍伊泽尔:《刑法总论教科书》,蔡桂生译,北京大学出版社 2015 年版,第 81 页。

② 参见[德]克劳斯·罗克辛:《德国刑法学　总论》(第 1 卷),王世洲译,法律出版社 2005 年版,第 236 页。

③ 参见[德]汉斯·海因里希·耶赛克、托马斯·魏根特:《德国刑法教科书》,徐久生译,中国法制出版社 2001 年版,第 346 页。

④ [德]埃里克·希尔根多夫:《德国刑法学:从传统到现代》,江溯等译,北京大学出版社 2015 年版,第 285 ~ 286 页。

⑤ 同上书,第 286 ~ 290 页。

⑥ 同上书,第 287 页。

地运用到社会科学领域,由此必然导致任何已经发生了的结果都具有必然性。显然,这不合理。实际上,肯定说无异于将条件说与社会学层面的相当因果关系说的因果判断合二为一地加以解决。

在存在专家组决定(Gremienentscheidungen)的场合,合法则的条件说也被认为潜含着风险。笔者认为,这是不妥当的。自然科学的法则并不以支持者的多寡来获得自身的真理性,当应然的自然科学法则与实然的专家组决定在因果关系的认定上出现偏差时,必定是认知上的原因造成的;那么,解决的方向是如何让决策更加贴近真理性的认知,而不是张冠李戴地批评合法则的条件说。这就是说,在自然科学法则层面,专家组决定所导致的因果关系判断错误,不是刑法因果关系理论本身所要解决和所能解决的问题。

在具体因果关系层面,合法则的条件说所依赖的方法与得出的结论之间存在潜在的矛盾。合法则的条件说关注的重心始终是合法则关系是否存在,在方法上它放弃了对自然科学层面的"力"的作用的依赖和阐释。众所周知,在因果关系上,不作为犯有着不同于作为犯之处。"在所有那些否定不作为的因果关系的人那里,不作为情况下缺少有效的能够'导致'结果发生的力量的思想在起着作用;'造成'被从力学的自然科学的角度进行理解;'无不可能产生有'的过时的幽灵似的公式仍在作祟,仍然有人在探讨'原因过程',尽管在因果关系问题上丝毫不涉及'过程'、力学上的力的发挥及发展顺序,而只涉及两种条件的逻辑——认识论上的联系;不涉及物理上的存在或形式,而只涉及我们思维和认识方法。"[①]因而,合法则的条件说可以适用于不作为犯;但是,通说在赞同这一结论的同时,却强调原因必须是在某种意义上"真实地作用于"结果,这是对物理学层面"力"的作用的回归。在此意义上,合法则的条件说与不作为犯的因果关系之间显然存在矛盾。

此外,在涉及累积的因果关系、超越的因果关系和假定的因果关系的案件中,合法则的条件说被视为具有超过条件说的优越性。但事实恐非如此。首先,就累积的因果关系而言,由于各条件之间是互补性或协同性的关系,[②]因此,依据条件说得出具有事实因果关系的结论十分简洁。例如,妻子 A 以杀人的故意将放有毒药的炒饭供其丈夫 B 食用,却不知其子 C 为了遗产,早在 B 食用的菜中下毒,后来查明 B 死于两次下毒的共同作

---

① [德]李斯特:《德国刑法教科书》,徐久生译,法律出版社 2006 年版,第 196 页。

② 参见郑逸哲:《法学三段论法下的刑法与刑法基本句型(一)——刑法初探》(增修 6 版),台北,作者 2011 年自版,第 50 页。

用,且二人的毒药量均不足以单独致人死亡。依据条件说,对于B的死亡,既不能想象A的下毒行为不存在,也不能想象C的下毒行为不存在,因为两个行为任缺其一,毒药量均不足以单独致人死亡,所以,A和C的下毒行为与B的死亡结果之间具有因果关系。至于单独毒药量不足而可能引起的犯罪停止形态的争议,则不是因果关系理论所要解决的问题。

其次,就超越的因果关系而言,条件说在因果关系的判断上相当明确,例如,妻子A以杀人的故意将放有达到致死量的慢性毒药的炒饭供其丈夫B食用,但B在饭后散步途中,被A的情夫C射杀。依据条件说,妻子A下毒毒杀丈夫B的因果进程已经开始,但介入的情夫C的射杀行为独立造成了B死亡结果的提前发生,就这一具体的杀人既遂构成要件结果而言,可以想象下毒行为的不存在,而不能想象射杀行为的不存在。因此,A的下毒行为与B的死亡结果之间不具有因果关系。"一言以蔽之,超越因果关系中无因果关系的结论,正是条件理论运用的结果,而非条件理论的例外。"①当然,这不意味着A的行为不成立犯罪,对A应以杀人未遂罪论处,因为这是典型的因果历程错误。②

最后,就假定的因果关系而言,条件说的结论简洁而有力。例如,在使用电椅对死刑犯执行死刑之际,被害人的父亲基于复仇的心理推开执行官而按下电椅开关,最终电死了死刑犯。这是日本刑法教科书中的典型案例,多数学者认为依据条件说将无法肯定按下电钮的行为与死刑犯的死亡之间存在因果关系的尴尬。③ 可以认为,这是对条件说的误解。依据条件说,在死刑执行官按下电钮之前,被害人父亲按下电钮的杀人行为是独立造成被害人死亡结果提前发生的介入因素,就这一具体的杀人既遂构成要件结果而言,可以想象执行官按下电钮的行为不存在,而不能想象被害人父亲按下电钮的杀人行为不存在,即被害人父亲按下电钮的杀人行为与被害人的死亡结果之间具有因果关系。认为依据条件说会得出不当结论的见解,实质上在假定的因果关系判断上主观地加入了冗余内容("禁止附加说")。在日本,曾根威彦等学者注意到了这一问题,并积极主张"禁止附加说"。④

---

① 林钰雄:《新刑法总则》,中国人民大学出版社2009年版,第121页。

② 参见梁云宝:《反面的构成事实错误之辨伪》,载《中国法学》2014年第5期。

③ 参见[日]山口厚:《刑法总论》,付立庆译,中国人民大学出版社2011年版,第52页;[日]松宫孝明:《刑法总论讲义》,钱叶六译,中国人民大学出版社2013年版,第51页;山中敬一:『刑法総論』(第2版)、成文堂、2008、頁256~257;等等。

④ 参见[日]曾根威彦:《刑法学基础》,黎宏译,法律出版社2005年版,第184页。

不得不指出,合法则的条件说在上述方面所取得的虚假的优越性是以牺牲法则的明确性为代价。对此,批评的意见一针见血:“但这种‘合法则性关系’的具体内容却始终没有得到全面地阐明。有时,这种合法则性关系只被当作是一个空洞的公式被加以使用,以主张一个人们直觉推断的、不加详细证明的因果关系。而在另一些场合,对‘合法则性关系’的假定导致了以下结论,即条件公式以经验性知识的存在为前提。”①

可见,对条件说进行替代的合法则的条件说,并未对条件说形成无法超越的实质优势,也未根本性地摆脱类似于条件说的困境,反而因为自身存在难以克服的缺陷而陷入了质疑与辩解的恶性循环中,这使合法则的条件说对条件说的替代并不成功,也使该说难以成为限缩因果关系的合理基底,由此“合法则的条件说 + 客观归属论”的因果关系模式不具有比较优势。

(二)归责层面因果关系理论的演进与缺陷

条件说的缺陷开启了因果关系理论发展的修正和替代之路,但迄今为止替代的理论并不成功,在条件说认定的事实因果关系基础上进一步展开结果归属的检验,是受到广泛认可的可行之路。在结果归属的理论探索中,可辨的发展轨迹是,对因果关系的限缩呈现向社会学层面和刑事政策学层面延伸的态势。换言之,相当因果关系说与客观归属论不是以替代条件说为目的,而是在条件说划定的事实因果关系基础上,以限缩性思维分别从社会学和刑事政策学的角度筛选出刑法上有意义的因果关系。因此,它们可谓准因果关系理论。如果认为相当因果关系说是对条件说所确立的因果关系的一次限缩,那么客观归属论则是二次限缩。

1. 社会学层面的一次限缩

以条件说的缺陷为起点,相当因果关系说从社会学的角度对因果关系进行了限缩,其要旨是以不具有刑法上的因果关系论。相当因果关系说的基本主张是在认定刑法上的因果关系时,除了行为与结果间的条件关系外,仍须参照一般人的社会生活经验考察此行为造成彼结果若相当,就认定有因果关系。在源头上,相当因果关系说是刑法吸纳的一个概念,德国学者 von. Kries 于 19 世纪 80 年代末率先引入当时民法上用来判断无过错责任(Gefaehrdungshaftung)的因果关系的观点,试图突破刑法上采用条件

① [德]埃里克·希尔根多夫:《德国刑法学:从传统到现代》,江溯等译,北京大学出版社 2015 年版,第 274 页。

说之困境(特别是在结果加重犯的场合)。① 在德国,Sauer、v. Hipel 等学者支持该理论,②但审判实践并不采纳此说。不同地,相当因果关系说是日本和我国台湾地区审判实践常采的见解,在理论上也极为有力。

如前所述,受自然科学的深远影响,刑法上的因果关系被限制在客观的层面。相当因果关系说被引入刑法用来修正条件说的缺陷时,也带有这方面的清晰痕迹。相当因果关系说建构于可能性理论之上,而可能性理论是从数学上的概率原理导出来的。③ 经由社会生活经验判断的相当性,是一种可能性的概念或几率的概念,其要义是对一定时期反复出现的现象或类似现象的概括或抽象,它基本具有统计学意义上结论的相对确定性,这与自然科学所要求的结论的可证(辨)性相一致,从而赋予了相当因果关系说强烈的客观性。由此,将不可能发生或偶然发生的条件以不具有相当性加以排除,极大地降低了对"因果关系是客观的"确信的破坏。在此意义上,认为相当因果关系说维持着事实的、存在论的性质,④似乎并不缺乏合理的成分。德国早期的学说认为相当因果关系说是因果关系问题下的一个问题,⑤与此不无关系。

当然,相当性的内涵早已延伸到经验性的社会学层面。毕竟,自然科学不是万能的,除自然科学外社会学也对"实然规范"(规律)进行研究和检验。"经验性的社会研究对社会群体的事实行为做出断定,并将结果称为'社会'规范。这样的规范首先只表明通常的或多数人的事实行为;它确定的是事实,而非应然,多数人的行为被看作是'通常的'。"⑥应当说,这在方法论上具有重要意义。在事实因果的基础上,将行为人设定为理性人(=社会一般人/平均人)来考察何种行为在客观上可以避免结果的发生,从而限缩刑法因果关系。由此,仅仅是存在论上的行为人的认识或认识可能性无法起到决定性作用。例如,在弹弓伤人案中,立足于社会学的相当因果关系判断,不仅要调查统计学意义上案发前后晾衣架周围的人员出入频率、茅房的实际使用率等情况,也要调查一般人对非规范的场所(尤其是

① 参见[德]汉斯·海因里希·耶赛克、托马斯·魏根特:《德国刑法教科书》,徐久生译,中国法制出版社 2001 年版,第 348 ~ 349 页。

② 参见[德]约翰内斯·韦塞尔斯:《德国刑法总论》,李昌珂译,法律出版社 2008 年版,第 102 页。

③ 参见[美]H. L. A. Hart、Tony Honore:《法律中的因果关系》,张绍谦、孙战国译,中国政法大学出版社 2005 年版,第 423 页。

④ 参见曽根威彦:『刑法総論』、弘文堂、2008、頁 79。

⑤ 参见黄荣坚:《刑法问题与利益思考》,中国人民大学出版社 2009 年版,第 84 页。

⑥ [德]魏德士:《法理学》,丁晓春、吴越译,法律出版社 2005 年版,第 47 页。

案发地)练习打弹弓(非管制器械)应否采取或采取何种程度防护措施的认识,至于行为人是否认识到在非规范的场所练习打弹弓应采取必要的防护措施则不是限缩刑法因果关系的重点。再如,A 驾驶小型货车超速行驶,对前方道路及行人动态观察不够,致其车右后视镜与步行在公路旁的 B 肩部发生碰撞(轻伤),B 倒地后被小型货车后正常行驶的 C 所驾驶的车辆碾压而死。[①] 此时,A、C 的行为与 B 的死亡结果之间的因果关系,就不是单纯的自然科学规律能够解决的。相应地,有无因果关系的判断和有无相当因果关系的判断之间层次分明。事实上,即使在客观归属论出现后,以概率原理为基础采取负面的排除方式,将不寻常、异常、离奇的因果连结关系视为偶然发生的条件,以不具有相当性加以排除,仍不失其价值。

不难发现,社会学层面的相当因果关系判断在限缩刑法因果关系的范围时带有浓厚的"归责"属性。追溯渊源,这一属性是从"娘胎里"带出来的。在刑法引入相当因果关系说之前的民法上,该说被用于解决无过错责任的问题,在无过错责任中责任只能指向结果发生的因素,[②]即它在解决"结果的归属"问题。对此,德国的 Honig 指出:"相当因果关系理论依经验法则判断相当关系的原则,是一种解释原则,是存在论上因果关系概念之外的一种评价概念,而这一点相当因果论者自己都不曾注意到。"[③]在此意义上,将相当因果关系说与条件说置于同一位阶的观点与做法,显然违背了初衷,也难以实现。

此外,就"相当性"的判断标准而言,理论上存在主观说、客观说和折衷说的分歧。其中,主观说主张,以行为时行为人所认识或可能认识的事实为基础,进行相当性的判断;客观说主张,以行为时存在的全部事实和可能预测的行为后事实为基础,进行相当性的判断;折衷说主张,以行为时一般人可能预测的事实以及一般人虽不可能预测但行为人特别预见的事实为基础,进行相当性的判断。由于结果的归属着重解决的是,何种行为在客观上可以合理地避免结果的发生,即在社会学层面一般人而非行为人的认识才是决定性的。因此,相当性判断标准的优劣不难分辨。

2. 刑事政策学层面的二次限缩

对刑法因果关系的限缩扩展到经验性的社会学层面,是否意味着社会

---

① 参见丁栋生、张达伟:《碰撞致他人被后面车辆碾死如何定性》,载《检察日报》2005 年 3 月 4 日版。

② 参见[德]汉斯·海因里希·耶赛克、托马斯·魏根特:《德国刑法教科书》,徐久生译,中国法制出版社 2001 年版,第 349 页。

③ 许玉秀:《主观与客观之间》,法律出版社 2008 年版,第 178 页。

学层面是限缩因果关系的最终边界？回答是否定的。社会学层面的缺陷导致了相当因果关系说对因果关系的限缩欠缺力度，这推动了对因果关系的实质性限缩向刑事政策学层面的延伸。

最好的社会政策就是最好的刑事政策（李斯特语），刑事政策的目的蕴含着特定的价值观。因此，"塑造社会"被普遍认为是刑事政策学的重要任务之一。这是规范性的刑事政策学与经验性的社会学之间的重要区别，也是社会学难以完成的任务。在"塑造社会"上刑事政策具有"当为规范"的属性，"它并不描述是什么，也不描述统计的平均值、自然规律与历史规律，而是规定行为命令或确定语句，这些行政命令或确定语句包含着规范性的、具有约束力的形成意志"。[①] 经验性的社会学无法完成"塑造社会"的任务，使该层面的相当因果关系说在限缩刑法因果关系上存在难以克服的缺陷。

关于相当因果关系说在限缩因果关系上的不力，我国学者周光权教授归纳了四点，即规范判断程度不高、缺乏判断构成要件行为（实行行为）的具体规则、忽略犯罪成立条件判断上的"位阶性"和对部分案件的处理没有考虑刑事政策的要求。[②] 应当说，在与客观归属论比较的意义上，这一归纳问题不大。但是，由于日本刑法理论发展出了完整的"实行行为"概念，[③]且因果关系虽然离不开因和果，但只是二者之间的"东西"。因此，让相当因果关系说提供判断实行行为的具体规则似乎值得商榷。

直观地看，相当因果关系说的标准不明确是公认的显性缺陷。例如，采相当因果关系说的西田典之教授认为："因果过程、介入情况是否罕见，这只是相对而言。即便介入情况本身非常罕见，但如果为行为所'支配'、'诱发'，介入情况的异常性也得以缓和而转化为通常性。"[④]这种理论上思辨的合理性，在现实中将遭遇操作上精细化的质疑，也难以有效限制执法者的恣意。这一缺陷背后的深层次原因是，相当因果关系说架构于数学的概率原理之上，而不是规范之上，但单纯的概率高低和经验描述无法提供

---

① ［德］魏德士：《法理学》，丁晓春、吴越译，法律出版社2005年版，第134页。

② 参见周光权：《客观归责理论的方法论意义》，载《中外法学》2012年第2期。

③ 参见［日］西原春夫：《犯罪实行行为论》，戴波、江溯译，北京大学出版社2006年版，第13页以下。

④ ［日］西田典之：《日本刑法总论》，刘明祥、王昭武译，中国人民大学出版社2007年版，第80页。

一个明确的相当性判断标准,[①]这在具有一定的社会相当的因果经过上体现得格外明显。举例来说,江西南昌一名黑车司机载了三名女大学生,一路开车一路“玩笑”,称“要把她们卖到妓院”“拐到村里当媳妇”。惊恐之下,一名女大学生跳车摔成重伤。警方以涉嫌过失致人重伤罪将司机刑事拘留,但检察院未批准逮捕司机,称“司机的玩笑行为和重伤之间没有刑法上的因果关系,属于意外事故”,学者之间的观点更是存在分歧。[②] 此后不久,司机被以过失致人重伤罪逮捕。[③] 显然,上述立场的转变与刑法上因果关系的不同认定有直接关系,而不同的结论直指相当性判断标准不明确的症结。

正是基于相当性判断的不精确这一缺陷,在民法上曾得到广泛运用的相当因果关说被新的理论代替。究其原因,在结果归属的认定上,社会学层面的相当因果关系说出现了方法与目的之间的不协调,即所用经验性的方法很难达到合理限缩因果关系的目的。由此引发的批评,不言而喻。譬如,针对将相当性区分为广义的相当性和狭义的相当性并在德日产生了不小影响的 Engisch,批评的意见是:“Engisch 本质上已经承认相当理论还不足够作为唯一纠正等价理论的工具。因为有一系列的情况是行为与结果之间的因果关系完全客观上可以预见,因为因果关系并不是在高度盖然性之外。但是在这些案例中,让行为人在刑法上对结果负责,刑事政策上却是荒谬的。”[④]事实上,相当因果关系说的上述缺陷与我国传统“必然—偶然”因果关系理论的缺陷大体相似。张明楷教授就批评道:“如何判断‘偶然因果关系’,还值得研究。此外,偶然因果关系说基本上也是事实判断,同样缺乏规范判断。”[⑤]

由此,在结果归属的认定中纳入刑事政策的规范内涵将是难以避免的发展方向。在这一方向上,自我修正的相当因果关系说和客观归属论是两条不同的主要路径。其中,就前者而言,其基本立场是在相当因果关系说

---

① 历史上,这一弊端暴露得较早。例如,von Kries 主张原因显地增加结果发生的概率才具有相当性,而 Tarnowski 等认为概然性的最轻微增加也足以使一个条件变成相当原因。参见[美]H. L. A. Hart、Tony Honore:《法律中的因果关系》,张绍谦、孙战国译,中国政法大学出版社 2005 年版,第 439 页。

② 参见佚名:《江西一黑车司机开玩笑称将女生卖妓院　女生跳车成植物人》,载 http://www.jxcn.cn/system/2014/08/14/013268695.shtml,最后访问日期:2017 年 3 月 16 日。

③ 参见许卓:《女大学生被黑车司机吓得跳车摔成植物人"吓人"者被批捕》,载 http://jiangxi.jxnews.com.cn/system/2014/09/16/013329296.shtml,最后访问日期:2017 年 4 月 10 日。

④ [德]Schünemann:《关于客观归责》,载许玉秀、陈志辉编:《不移不惑献身法与正义——许乃曼教授刑事法论文选辑》,台北,新学林出版股份有限公司 2006 年版,第 549 ~ 550 页。

⑤ 张明楷:《刑法学(上)》(第 5 版),法律出版社 2016 年版,第 175 页。

这一平台上纳入规范的内涵,并在相当性判断的名义下整合资源以梳理或重构刑法教义学结构。例如,不少域内外刑法学者将注意规范的保护目的纳入相当因果关系说的范畴。有意思的是在学说史上,为克服相当因果关系说在解决民事责任界限时标准不明确的问题,替代性的理论被提出并加以应运,这就是在责任界限的判断上应考虑规范的目的。[①] 此后,这一思想直接影响了刑法上的客观归属论。因而,刑法上的相当因果关系说不可能先天性地包含规范的保护目的这一内容。并且,立足于社会学层面的角度,相当因果关系说根本无法纳入注意规范的保护目的这一与规范息息相关的内容。再如,将客观归属论业已消化吸收的规范层面的"结果回避可能性"[②]作为相当性的判断规则之一。事实上,不少日本刑法学者并不讳言。佐伯仁志教授就认为:"在我国,一般认为刑法上的因果关系不仅包括事实的因果判断,而且包括结果归属的判断。而且,最近的相当因果关系说,实质上吸收了客观归属论的内容。"[③]井田良、吉田敏雄等表达了类似的观点。[④] 山中敬一教授更是早就主张学说上不仅出现了在相当因果关系中加入客观归属理论的旧瓶装新酒式见解,而且实务上已经在向客观归属理论求援。[⑤] 这一现象在我国台湾地区同样存在。换言之,尽管相当因果关系说,依旧是我国台湾地区审判实践的基本立场,但近年来实务有逐渐接受客观归属论的趋向,在实际的判断标准中运用"规范保护目的""合法替代手段"或"结果回避可能性"等客观归属论的审查方式,这扩大且改变了相当因果关系说的内涵。[⑥] 在大陆,刘艳红教授似乎也是在上述意义上提倡相当因果关系说的,即相当因果关系说的判断"显然不是纯自然科学概率层面的逻辑推理,也不是价值中立的形式考量,而是以行为人实际所造成的客观事实为基础,并借助行为人的预见可能性与结果回避可能性

① 参见[德]汉斯·海因里希·耶赛克、托马斯·魏根特:《德国刑法教科书》,徐久生译,中国法制出版社2001年版,第349页;苏俊雄:《刑法总论Ⅱ》(修正版),台北,作者1998年版,第105页;等等。

② 结果回避可能性曾是传统过失论判断过失犯的要件之一,后来被客观归属论吸纳为实现不法风险的下位归责之一。参见林钰雄:《新刑法总则》,中国人民大学出版社2009年版,第384页。尽管相当因果关系说早已探讨结果回避可能性,但它主要是在经验性的社会学层面进行的。

③ 佐伯仁志:『因果関係(2)』、《法学教室》、287号(2004年)。

④ 参见井田良:『犯罪論の現在と目的的行為論』、成文堂、1995、頁79以下;吉田敏雄:『因果関係と客観的帰属』(下)、『北海学園大学学園論集』146号(2010年)。

⑤ 参见山中敬一:『日本刑法学における相当因果関係の危機と客観的帰属論の台頭』,载林东茂等著:《罪与刑:林山田教授六十岁生日祝贺论文集》,台北,五南图书出版有限公司1998年版,第34页以下。

⑥ 参见王皇玉:《刑法总则》,台北,新学林出版股份有限公司2014年版,第185页。

等刑法规范层面的思考以及刑事政策、法律目的等进行相当性的常识判断，最终确定是否以及如何将结果归之于行为人，此一阶段，实际是归责问题”。[①] 在此意义上，无论是理论上有力的客观的相当因果关系说，还是主流的折衷的相当因果关系说都纳入了规范的内涵，是修正的相当因果关系说，而规范内涵的纳入无疑会收缩相当因果关系说原先划定的范围。

就后者而言，客观归属论一般被定义为：“只有行为人的行为对行为对象创设了一个被允许的风险之外的危险时，行为人所造成的结果才能够归责于客观的构成要件。”[②]在德国，关于客观归属论的文献资料十分丰富，但影响力真正波及域外的是克劳斯·罗克辛的（现代）客观归属论。该理论包括制造法所不允许的风险、实现不法风险和构成要件的效力范围三部分，[③]它是实质的规范判断理论。追根求源，对于作为新古典暨目的论犯罪论体系思想基础的新康德主义，在文化价值观和概念上存在含糊不清的问题，因而必须以刑法体系化所特有的刑事不法标准予以取代，这个标准就是作为现代刑事政策基础的现代刑罚目的理论。[④] 同时，在刑事政策与刑法体系关系上，他尝试“要把个别的犯罪类型——构成要件符合性、违法性、罪责——从一开始就用它们的刑事政策之机能的视角加以观察、加以展开、加以体系化”[⑤]。在“将刑事政策目标设定（主要是预防性考虑）引入教义学的努力”指导下，对侵害法益的结果在客观上进行是否应当归属于行为人的判断时，一般预防的理念贯穿其中，并且这种归属必须视行为人是否违反规范的要求而定。如今，“在法律的语境下，即使是因果关系这样的概念也是规范性的，而且立法者或者法律适用者能够让因果关系在一定限度内适应刑事政策的需求”。[⑥] 对此，日本有学者总结道：“（客观归属论）可以说是意图在体系性、政策性观念下，从各种案例类型中将具体的下位规则体系化，立足于目的理性的观点，按照规范的、事实的观点来组织归责标准的方法论。”[⑦]另外，客观归属论的作用也是在限缩刑法因果关系的

---

① 参见刘艳红：《客观归责理论：质疑与反思》，载《中外法学》2011 年第 6 期。

② ［德］托马斯·魏根特：《客观归责——不只是口号?》，载梁根林、［德］埃里克·希尔根多夫主编：《刑法体系与客观归责》，北京大学出版社 2015 年版，第 95 ~ 96 页。

③ 参见［德］克劳斯·罗克辛：《德国刑法学　总论》（第 1 卷），王世洲译，法律出版社 2005 年版，第 247 页以下。

④ 参见周维明：《雅各布斯的客观归责理论研究》，载《环球法律评论》2015 年第 1 期。

⑤ ［德］克劳斯·罗克辛：《刑事政策与刑法体系》，蔡桂生译，中国人民大学出版社 2010 年版，第 20 页。

⑥ ［德］托马斯·魏根特：《客观归责——不只是口号?》，载梁根林、［德］埃里克·希尔根多夫主编：《刑法体系与客观归责》，北京大学出版社 2015 年版，第 103 页。

⑦ 铃木茂嗣：『刑法総論（犯罪論）』、成文堂、2001、頁 87。

成立范围。虽然在该理论的发展过程中,有学者辩称客观归属的概念不是用来解决因果关系的问题,但这样的辩解不算诚实,客观归属论的缘起就是对因果关系进行规范性和评价性的限制,[①]只是该理论后来被纳粹政权不当地利用,“二战”后西欧传统的自由主义对刑法理论进行了除纳粹化的必要清理和人权保障理念的适度还正,该理论焕发了生机。[②] 当下,客观归属论的审查必须在“结果”出现,且具备“条件关系”之后才能开启。这就是说,客观归属论是从规范性的刑事政策学的角度来限缩刑法因果关系的。当然,例外的情形是存在的。在被害人存在特殊体质和介入因素是自然力、动物侵袭等场合,因责任主体相对欠缺,所以刑事政策的影响更多地体现在对刑法上因果关系的否定相对谨慎。迄今为止的德国判例,也表露出了大体相同的立场。[③] 但是,整体上看,如果说相当因果关系说是对刑法因果关系的一次限缩,那么,客观归属论是因果关系的二次限缩理论。甚至可以认为,因果关系理论在条件说之后发展的基本轨迹,是对条件说划定的因果关系范围进行实质限缩的理论,是刑法上有意义的因果关系理论。其中,相当因果关系说是对条件说所确立的因果关系的一次限缩,客观归属论是二次限缩。

3. 仍待解决的问题

承上分析,在置入规范内涵后修正的相当因果关系说与客观归属论是“归责”层面限缩因果关系的两大理论。总的来看,德日刑法理论作出了各自不同的选择。在德国,客观归属论是理论上的主流观点。在日本,相当因果关系说是理论和实务上的通说,[④]且实质上是修正的相当因果关系说。那么,在这择一的选取中两条路径的分歧实质到底是什么,是我国刑法因果关系理论变动中不得不探究的问题。笔者认为,在刑事政策学层面都不缺乏规范内涵的条件下,二者的分歧实质是,何者更能提供清晰的结果归属判断所需的刑法教义学标准。

就修正的相当因果关系说而言,纳入规范的内涵后该理论似乎称不上已经有效地提供了清晰的结果归属判断所需的教义学标准。一方面,该说未能摆脱它从“娘胎里”带出来的先天性缺陷。如前所述,刑法吸纳的相

---

① 参见[德]k. H. 舒曼:《论刑法中所谓的“客观归属”》,载《清华法律评论》编委会编:《清华法律评论》(第六卷　第一辑),清华大学出版社 2012 年版,第 223 ~ 224 页。

② 参见梁云宝:《客观归属论之要义:因果关系的限缩》,载《法学》2014 年第 1 期。

③ 参见[德]布莱恩 · 瓦利留斯:《因果关系与客观归责》,载梁根林、[德]埃里克 · 希尔根多夫主编:《刑法体系与客观归责》,北京大学出版社 2015 年版,第 130 页。

④ 参见辰井聡子:『因果関係論』、有斐閣、2006、頁 58。

当因果关系说是民法上当初用来解决无过错责任这一问题的理论，在无过错责任那里责任仅能指向结果发生的因素，且责任的承担无须考虑行为人主观上的过错，但刑法上结果犯的成立离不开主观上的故意或过失，这意味着刑事责任不仅能指向引起结果发生的因素，也能指向主观上的故意或过失（相当于民法上的过错责任），且责任的承担必须考虑主观上的故意或过失。这一错位导致的问题是，刑法上能够用相当性标准解决的因果关系问题，几乎都可以通过故意或过失的概念的过滤而得出相同的结论。其实，此后民法上相当因果关系说适用范围的变动，也未能妥善解决这一问题。① 在刑事领域，相当性标准不明确的缺陷恰恰推动了上述思路的发展。据此，生下杀人犯的母亲不承担刑事责任，是因为欠缺杀人的主观构成要件故意。在日本，西田典之教授认为只要否定存在相当性，或者否定存在过失即可。② 在我国，并非没有学者注意到这一问题。有学者认为相当性标准的不明确使得异常因果关系的排除，必须借助主观构成要件的审查，尤其是“预见可能性”这一概念，才能排除归责。③ 为彻底解决这一问题，在德国，刑法理论将“社会相当性”概念导入故意和过失的概念领域中，以构成要件之界定问题去处理，而不再当作事后加以推测的因果关系问题。④ 同时，随着 1953 年德国第三次刑法修正案对结果加重犯的修改，相当因果关系说在德国刑法上几乎不被认可。⑤

另一方面，该说依旧没有解决相当性标准不明确的问题。前已述及，传统的相当因果关系说用概率高低和经验描述来评价因果关系，存在标准不明确的缺陷。在纳入规范的内涵后，该内涵与原有的经验性内涵要么是补充关系，要么是替代关系。

如果是补充关系，那么它不会动摇该说来自社会学的经验性根基。问题是，传统的相当因果关系说所具有的判断标准不明确的缺陷，正是来自这一经验性的根基。由于经验通常性未能明示概率的高低、异常性的程度、贡献度的大小等，它不过是判断时应该留意的要因而非标准，相当性判断的标准是什么并不明确。⑥ 同时，规范内涵的介入，不但未能解决老问

---

① 参见［美］H. L. A. Hart、Tony Honore：《法律中的因果关系》，张绍谦、孙战国译，中国政法大学出版社 2005 年版，第 432 页。

② 参见［日］西田典之：《日本刑法总论》，刘明祥译，中国人民大学出版社 2007 年版，第 85 页。

③ 参见王皇玉：《刑法总则》，台北，新学林出版股份有限公司 2014 年版，第 182 页。

④ 参见苏俊雄：《刑法总论Ⅱ》（修正版），台北，作者 1998 年版，第 104 页。

⑤ 参见［德］布莱恩·瓦利留斯：《因果关系与客观归责》，载梁根林、［德］埃里克·希尔根多夫主编：《刑法体系与客观归责》，北京大学出版社 2015 年版，第 128 页。

⑥ 参见山中敬一：『刑法における客観的帰属の理論』、成文 1997、頁 85。

题，反而引发了新问题。例如，在为营救人质而下令放任对暴力恐怖犯罪嫌疑人的刑讯逼供是否构成犯罪的场合，无罪论是有力的见解，其理由是成立正当防卫，即肯定因果上的相当性。不同地，恐怖分子绑架了人质 A，要挟政府交纳赎金并释放被关押的同伙，否则便杀死 A，但政府总理 B 指示有关部门拒绝该不法要求导致 A 被害。[①] B 不成立犯罪是理论上的通说，即否定了 B 的行为与 A 的死亡结果之间的相当性。但无论是肯定还是否定的判断结论，都更多的是建立在价值选择而非法官对精确的概率数字的具体统计之上。对此，德国的 Jakobs 教授批评指出，相当因果关系说根本容不下规范的内涵，即该理论利用统计学的标准和一般性的感知来评价因果关系，无法解释这一标准在规范上的相关性。[②] 德国联邦最高法院支持了这一批评的立场。[③] 日本的山中敬一教授也坦言，对相当因果关系说所陷入的危机进行纳入规范的客观归属论内容的修正，迈向的不是转机而是该说的"内部崩坏"。[④] 实质上，这虚化或取消了经验性内容在因果关系判断中的主导作用，规范内容对经验内容名为补充而实为替代。这就是说，坚守与放弃经验性内容的主导作用，修正的相当因果关系说要么回归传统相当因果关系说的老路，要么就是在该说的名义下行客观归属论之实。在此意义上，认为相当因果关系说在提供结果归属判断所需的刑法教义学标准上具有比较优势，无疑是荒谬的。

如果是替代关系，那么这无异于实质性地采纳了客观归属论。具有代表性的是山口厚教授的"危险的现实化"说。该说在取消事实的关联和规范的限定两个阶段的基础上，将"行为的危险性是否向结果现实地转化了"作为基准来展开因果关系的判断，即在因果关系上要依次讨论作为起点的构成要件行为（实行行为）、作为事实关系的因果关系（条件说）和作为危险之现实化的因果关系（相当因果关系说）三个方面内容。[⑤] 从形式上看，他以危险的现实化来补充相当性的教义学结构，属于修正的相当因果关系说的范畴；但是，西田典之教授在对德国的客观归属论进行说明时

---

① 周光权：《行为无价值论与客观归责理论》，载《清华法学》2015 年第 1 期。

② 周维明：《雅各布斯的客观归责理论研究》，载《环球法律评论》2015 年第 1 期。

③ 参见［德］约翰内斯·韦塞尔斯：《德国刑法总论》，李昌珂译，法律出版社 2008 年版，第 102 页。

④ 参见山中敬一：『日本刑法学における相当因果関係の危機と客観的帰属論の台頭』，载林东茂等：《罪与刑：林山田教授六十岁生日祝贺论文集》，台北，五南图书出版有限公司 1998 年版，第55～56 页。

⑤ 参见［日］山口厚：《刑法总论》（第 2 版），付立庆译，中国人民大学出版社 2011 年版，第 58～60 页。

指出："其理论（客观归属论）核心在于'创出不被允许的危险'、'该危险实现于结果'，这分别对应于我国的实行行为性的判断、相当因果关系论。"① 比较后可见，山口厚教授在因果关系上的见解实质上无异于客观归属论。对此，山口厚教授也承认："这样的一种立场，可以说与基于规范的考虑来判断能否把结果归属于行为的客观归属论已经没有什么差别了。"②既然如此，再认为相当因果关系说在提供结果归属判断所需的刑法教义学标准上具有比较优势，其荒谬性不言而喻。

就客观归属论而言，似乎也很难说它已经清晰地提供了结果归属判断所需的教义学标准。这至少包括：

（1）客观归属论内部较为凌乱。客观归属论看似轮廓清晰，实则内部相当凌乱。罗克辛在设计客观归属论时虽然谨慎使用规范的保护目的、被害人自伤、征得被害人同意、第三人责任等概念，并与违法性阶层中的正当事由区别开来，但仍备受诟病，而被允许的风险在演绎中所导致的各原则之间的交叉重叠，③加剧了该理论内部的凌乱。对此，埃里克·希尔根多夫教授将客观归属论视为"一类为了堆放未被解决的构成要件与正当化事由问题的杂物间"，而 Seher 更是认为目前"鲜有著作能够对这个概念的具体化作出实质性的贡献"。④ 同样，魏根特教授认为："'客观归责'在释义学上无确定的规则可循。"⑤

（2）客观归属论应否无差别地适用于故意犯与过失犯。Reyes 认为，客观归属论应无差别地适用于故意犯与过失犯。⑥ 罗克辛则认为客观归属论"主要存在于过失犯罪中"，有时也对部分故意犯罪适用。⑦ Schünemann 基于故意犯的归责标准不同于过失犯，主张客观归属论不应无差别地适用于故意犯与过失犯。⑧ 当前，主张故意犯与过失犯在客观归属论的适用上应有所不同的论调渐趋有力，但究竟应如何不同，依旧莫衷一是。

（3）客观归属论会造成阶层化犯罪论体系各阶层之间的粘连。"刑法

---

① ［日］西田典之：《日本刑法总论》，刘明祥译，中国人民大学出版社 2007 年版，第 85 页。

② ［日］山口厚：《刑法总论》（第 2 版），付立庆译，中国人民大学出版社 2011 年版，第 59 页。

③ 参见许玉秀：《主观与客观之间》，法律出版社 2008 年版，第 206～207 页。

④ ［德］托马斯·魏根特：《客观归责——不只是口号？》，载梁根林、［德］埃里克·希尔根多夫主编：《刑法体系与客观归责》，北京大学出版社 2015 年版，第 95 页。

⑤ 同上书，第 104 页。

⑥ 参见许玉秀：《主观与客观之间》，法律出版社 2008 年版，第 209 页。

⑦ ［德］克劳斯·罗克辛：《德国刑法学　总论》（第 1 卷），王世洲译，法律出版社 2005 年版，第 246 页。

⑧ 参见［德］Schünemann：《关于客观归责》，载许玉秀、陈志辉编：《不移不惑献身法与正义——许乃曼教授刑事法论文选辑》，台北，新学林出版股份有限公司 2006 年版，第 557～558 页。

科学的传统认识告诉我们,通过客观归属这一范畴,构成要件符合性和违法性二者之间出现了不允许的交织混合现象。这正体现在客观归属的经典内容中:风险降低。"[①]实际上,这是该理论与"正当化原理"在体系上存在一定冲突的结果。

据此,在规范性的刑事政策学层面,立足于提供清晰的结果归属判断的教义学标准,很难说修正的相当因果关系说与客观归属论何者有比较优势。不过,在归属理论成为刑法上因果关系理论的必要内容后,修正的相当因果关系说的自我完善离不开客观归属论发展出来的下位规则与内容,但该说对理论根基的不同选择,要么走上传统的相当因果关系说的老路,要么实质性地倒向客观归属论;相反,客观归属论无须通过修正的相当因果关系说的下位规则来完善自身。另外,相当性这一要素与客观归属论之间并非水火不容,立足于经验性内容的相当性判断依旧是归责的准则之一,尤其在排除反常的因果历程上发挥着重要作用。[②] 例如,为抢救危重病人甲,在限速70公里/小时的街道上,救护车司机乙以100公里/小时行驶,导致丙重伤。其一,就条件说而言,要判断的仅是乙的驾车行为与丙的重伤结果之间有无因果关系,结论是有因果关系;其二,就相当因果关系说而言,要进一步判断乙在限速70公里/小时的街道上以100公里/小时行驶(超速行为)与致丙重伤之间有无相当性,结论是具有刑法意义的因果关系;其三,就客观归属论而言,还要判断法律是否允许救护车为救危重病人甲而在限速70公里/小时的街道上以100公里/小时行驶(超速原因),结论是不具有刑法意义的因果关系。正因如此,德国的判决迄今没有明确表明对客观归属论是支持还是反对,联邦最高法院对此也是含糊其辞。[③]在日本,判例在"注意规范的保护目的""被害人对危险的承担""基于中立行为的共犯"等问题上,有明显的客观归属论倾向。[④]

可见,在这样的背景下,努力探索以实现阶层化犯罪论体系下刑法因果关系理论的自我完善必不可少,在此之前试图一蹴而就"激变"地完成我国犯罪论体系的阶层化改造,无疑是带有冒险性质的不明智之举。

---

① [德]K. H. 舒曼:《论刑法中所谓的"客观归属"》,载《清华法律评论》编委会编:《清华法律评论》(第六卷　第一辑),清华大学出版社2012年版,第230页。

② 参见[德]布莱恩·瓦利留斯:《因果关系与客观归责》,载梁根林、[德]埃里克·希尔根多夫主编:《刑法体系与客观归责》,北京大学出版社2015年版,第128页。

③ 同上书,第129页。

④ 参见[日]安达光治:《日本刑法中客观归属论的意义》,孙文译,载《国家检察官学院学报》2017年第1期。

二、反面的构成事实错误理论之辨伪

构成事实错误(或称事实错误/构成要件错误)是阶层化犯罪论体系下传统刑法错误理论不可或缺的内容,它通常被划分为客体错误、打击错误[①]和因果历程错误三种类型;同时,反面的构成事实错误(Umgekehrter Tatbestandsirrtum)就是不能犯,长期以来被传统刑法理论奉为圭臬,而构成事实错误与反面的构成事实错误之间是正面与反面的关系。[②] 因此,构成事实错误与不能犯就是"一体两面"关系。如果事实果真如此的话,那么在类型上不能犯与构成事实错误之间必然呈现一一对应关系。然而,传统刑法理论将不能犯划分为客体不能、方法不能与主体不能三种类型。[③] 这样稍加比较后就可以发现,构成事实错误与不能犯之间的一一对应关系是存在重大问题的。

换言之,如果说客体错误与客体不能之间可能存在正反面的"一体两面"关系的话,那么,打击错误与方法不能(或主体不能)之间以及因果历程错误与主体不能(或方法不能)之间绝无可能形成一一对应关系。毕竟,打击错误、因果历程错误充其量只能分别与"打击不能"、因果历程"不能"形成一一对应关系,方法不能、主体不能只应分别与方法错误、主体"错误"形成一一对应关系。况且,所谓的因果历程"不能"、主体"错误"等,是并不存在于传统刑法理论中的伪概念。因此,域外传统刑法理论长期坚持的构成事实错误与不能犯之间"一体两面"关系的命题在传统的划分类型下难以成立。由此逻辑上的进路必然是:要么彻底否定构成事实错误与不能犯之间的"一体两面"关系,要么重新替换必要内容以维持传统刑法理论中这一命题的正确性。

应当说,彻底否定构成事实错误与不能犯之间的"一体两面"关系,并不具有充分的合理性。理由是至少客体错误与客体不能之间确实存在"一

---

① 如后所述,我国不少刑法学者将打击错误与方法错误(或称手段错误)混为一谈,是不合理的。

② 参见林山田:《刑法通论》(上册),台北,作者2008年自版,第499页;陈志龙:《人性尊严与刑法体系入门》,台北,作者1998年自版,第245页;等等。需指出,Umgekehrter Tatbestandsirrtum(不能犯)在与构成事实错误相对应的意义上,有的学者将其译为"反面的构成要件错误",有的将其译为"逆转的构成要件错误",还有的将其译为"反面的构成事实错误"。

③ 参见林山田:《刑法通论(上册)》(增订10版),台北,作者2008年自版,第500页;黄常仁:《刑法总论:逻辑分析与体系论证》,台北,新学林出版股份有限公司2009年版,第183~191页;林东茂:《未遂犯》,载《月旦法学杂志》第138期(2006年);[日]井田良:《刑法総論の理論構造》,成文堂2007年版,第261页;森住信人:『未遂処罰の理論的構造』、専修大学出版局、2007、頁111~138。

体两面"关系。例如,甲误认为乙的狗是乙而开枪射杀。从客观的角度来看,这是典型的(不等价)客体错误,[①]属于财产法益范畴的狗与属于生命法益的人不具有等价性;从主观的角度来看,这是典型的客体不能,狗不能成为杀人罪的客体。所以,客体错误与客体不能是基于不同角度对同一事物得出的结论,二者之间存在"一体两面"关系。因而,在传统的构成事实错误与不能犯轮廓下,替换二者的必要内容以维持传统命题的正确性,才是逻辑上的妥当结论,且这也具有可行性。下文将具体阐述。

(一)方法不能与打击错误在对应上的真伪

1. 与方法不能具有"一体两面"关系的是方法错误

毋庸置疑,方法不能是传统刑法理论关于不能犯(或称不能未遂)分类中不可或缺的类型之一。一般认为,方法不能是指行为人自认为已经着手实行构成要件行为,但其所采取的方法(手段)客观上根本不能实现构成要件。域内外刑法教科书上常常列举的案例是误将白糖当做砒霜用来杀人。如果说反面的构成事实错误与不能犯是同一概念的不同称谓,且不能犯与构成事实错误是正反面的"一体两面"关系,那么,与方法不能具有"一体两面"关系的就不是打击错误,而是方法错误。因为,所谓方法错误,通常是指行为人误以为攻击的方法(手段)有效,但客观上却根本不能实现构成要件;打击错误则是指行为人因犯罪技术欠佳或因障碍事由的出现,导致行为人所想侵害的对象与实际侵害的对象不一致。如果是这样,则行为人误将白糖当做砒霜用来杀人,从主观上来看是行为人发生了主客观不一致的错误,从客观上来看白糖根本不具有实现杀人构成要件的可能性,这恰恰构成了方法不能与方法错误之间对应的"一体两面"关系。与此不同,打击错误与方法不能之间不具有这种"一体两面"关系。

问题是:在构成事实错误的传统划分中,作为必要类型的是打击错误,而不是方法错误!由此,推论只能要么是构成事实错误理论本身包含了方法错误的类型,但在传播过程中出现了偏差,要么是构成事实错误理论本身出现了问题,要么是其他原因造成了方法错误本身被忽略或未能受到应有的重视。[②] 时至当下,与其穷本溯源地探求造成这一现象的原因,不如

---

① 虽然客体错误往往被划分为不等价客体错误和等价客体错误两种,但由于等价客体错误"非属刑法上有意义的客体错误",如误将甲当成乙而射杀,在依据构成要件的定罪上并不会发生实质性障碍,因此,不存在所谓的"等价"客体不能与等价客体错误相对应。

② 部分学者认为,构成事实错误中方法错误被忽视是由于类似误将白糖当做砒霜用来杀人的错误类型属于欠缺"刑法上有意义的行为"类型,从而忽视了方法错误。参见郑逸哲:《刑法基本理解的矫正》,台北,作者2008年自版,第309页。

对与方法不能具有“一体两面”关系的是方法错误这一命题进行进一步求证以确定其真伪，并在此基础上确定构成事实错误理论应然的推进方向，似乎更有意义。

应当说，传统刑法理论在对构成事实错误中方法错误进行研究时，存在将重心放在类似于误将白糖当做砒霜用来杀人类型的方法错误（以下简称**一型方法错误**）之上的倾向，甚至该类型的方法错误被片面当作方法错误的全部内容，这必然在方法论上陷入“以偏概全”的困境，并导致错失对别的独特类型的方法错误的深入研究。与此相适应，方法错误在传统的构成事实错误理论中地位欠缺或不高，就不足为奇了。举例来说，甲乙二人有不共戴天之仇，甲谋划毒杀乙，但在下毒时不知自己所投下的毒药量仅足以致乙伤残而不足以致死，因此，乙喝下毒药后仅造成了生育功能的丧失。这是现实中客观存在的有别于一型方法错误的独特类型的方法错误（以下简称**二型方法错误**）！理由是：在一型方法错误下行为人实施的“杀人行为”因方法上存在瑕疵根本不能对攻击对象造成任何生命法益的侵害。因此，对于一型方法错误而言，行为人自信有实行的着手，但事实上自始无着手，即自始欠缺“刑法上有意义的行为”，正因如此，行为人主观上的“杀人行为”对攻击对象的生命法益而言自始无危险；然而，二型方法错误与此不尽相同。就行为人自信有实行的着手而言，二型方法错误与一型方法错误并无任何区别，但从行为人自信着手时起在一型方法错误下就客观上的法益侵害，或威胁而言实害或危险自始不存在，但二型方法错误下客观上的法益是否发生了实害或危险，是要具体分析的。亦即就杀人构成要件而言，由于毒药致死量不足。因而，对攻击对象的生命法益来说投毒“杀”人的行为客观上既不可能造成实害，也不会形成危险；就伤害构成要件而言，尽管毒药致死量不足，但对攻击对象的身体法益来说投毒“杀”人的行为客观上能够造成实害或者危险（被害人丧失生育能力），即具有伤害构成要件该当性。因此，二型方法错误并不缺乏“刑法上有意义的行为”。换言之，较之一型方法错误，二型方法错误在构成要件该当性判断上所体现出的顺序性或层次性更为明显，而如后文所述错误理论中的具体危险说、客观危险说等恰恰在该问题上出了纰漏。

既然一型方法错误与二型方法错误都属于方法错误范畴，而一型方法错误与反面的构成事实错误中方法不能之间具有一一对应的“一体两面”关系，那么，二型方法错误应当与反面的构成事实错误中方法不能之间具有一一对应的“一体两面”关系，事实也确实如此。立足于主观的角度，二型方法错误中甲用毒药量不能发生致死效果的毒药杀人，属于客观上根本不能实现杀人构成要件的行为,但行为人主观上自认为已经着手实行杀人构成要件行为,这无疑属于方法不能;立足于客观的角度,行为人甲想要采取的毒药量足以致死的杀人方法与实际所采取的毒药量不足以致死的杀人方法之间存在不一致,是主观与客观不一致的方法错误。因此,二型方法错误与反面的构成事实错误中方法不能之间也具有一一对应的"一体两面"关系。在此意义上,方法错误在范围上至少包括一型方法错误与二型方法错误,而传统构成事实错误理论恰恰忽视了二型方法错误这一独特的方法错误内容,从而衍生出一系列严重的问题。其中,尤其引人注目的就是如后文所述的未遂犯与不能犯在基本结构或者说成立要件上的模糊不清,这直接导致了二者在区分上的含混不清。

2. 打击错误并非构成事实错误的应然类型

就攻击的目标客体与实害客体不一致而言,打击错误与客体错误外观上似乎具有重合的部分,但"此一'打击错误'应严格与'客体错误'进行区别之。因'客体错误'仍是命中目标(因果过程并无错误),仅是客体之身份或资格错置或如误人为物或误物为人等"①。一般认为,打击错误可划分为等价打击错误与不等价打击错误。前者如,甲想射杀乙,却因枪法失准而误中丙,致丙死亡;后者如,甲想射杀乙,却因枪法失准而误中尾随乙的斗牛犬,致斗牛犬死亡。即因打击错误所导致的目标客体与实害客体不一致时,对于目标客体而言行为人应成立未遂犯;对于实害客体而言应当依据行为人主观上是否存在过失,以及刑法是否有处罚过失的明文规定来决定行为人是否成立过失犯。若过失犯成立,则要进一步依据想象竞合犯原理对行为人从一重处断。换言之,对于目标客体乙而言,甲成立故意杀人未遂罪;对于实害客体丙而言,甲成立过失致人死亡罪。因此,依据想象竞合犯原理从一重处断成立故意杀人未遂罪。可见,所谓的打击错误基本上是一个未遂犯·过失犯的(准)想象竞合问题,与不能犯没有关联。

同样地,不等价打击错误在处理方法与步骤上与等价打击错误基本上相当。即使对于实害客体而言,在不等价打击错误下过失犯有时不成立,如针对上例的不等价打击错误,甲误中乙的斗牛犬因我国法律并不处罚过失毁坏财物罪而不成立犯罪。因此,在得出甲所成立的故意杀人未遂罪结论时想象竞合犯原理似乎并非必要。但是,这种情形在等价打击错误下也是存在的,如甲想射杀乙的斗牛犬,却因枪法失准而误中了丙的斗牛犬,致

① 黄常仁:《刑法总论:逻辑分析与体系论证》,台北,新学林出版股份有限公司2009年版,第42页。

其死亡。实际上,由于等价打击错误与不等价打击错误能够共用一套处理模式。因此,二者具有共用或准用想象竞合公式的可能性。这里需要释疑的是,当侵害或威胁的目标客体与实害客体因欠缺特定的要件而不成立犯罪时,所谓的打击错误如何依据想象竞合犯原理处理?一般认为,想象竞合原理的逻辑公式为:若 P 与 Q,则 $P(P>Q)$ 或 $Q(P<Q)$。当对目标客体或实害客体进行攻击而不成立犯罪时,不过是 P 或 Q 中有一者为零而已,此时想象竞合原理之逻辑公式为:若 P 与 Q,则 $P(Q=0)$ 或 $Q(P=0)$。就上述不等价打击错误案例而言,当乙的斗牛犬被误杀因刑法不惩处过失毁坏财物罪而不成立犯罪($Q=0$ 或 $P=0$)时,甲所成立的故意杀人未遂罪之结论(P 或 Q),可以视为想象竞合的省略模式而准用想象竞合公式,是一个准想象竞合问题。

在此,不得不提的是日本刑法理论处理打击错误时所依据的抽象符合说、法定符合说与具体符合说。[①] 抽象符合说早已是式微的学说,法定符合说是日本刑法理论中的多数说,而具体符合说是有力的学说。[②] 尽管在20世纪就有学者提倡具体符合说(如刘明祥),但法定符合说向来是我国的通说。[③] 不过,随着新内容的注入最近具体符合说在我国开始变得有力。[④] 应当说,基于错误的方法论不当地扩大了打击错误的范围,是法定符合说的主要问题所在。在方法论上,“抽象的法定符合说未能使构成要件该当性的判断和‘法定的符合’的基准发生连动”,[⑤]是有问题的。如意图杀乙的甲因枪法失准而杀死了丙,依据法定符合说,构成要件该当事实的具体性(乙的生命法益还是丙的生命法益)对于故意杀人罪的成立来说不具有重要性,重要的是甲意图杀人并杀死了人。因此,理应成立单纯的故意杀人罪(既遂),但法定符合说的结论令人疑惑。即使是修正后的“一故意说”,[⑥]也因法定符合说无法提供故意犯的择一基准而备受诟病。[⑦] 事

① 关于日本的抽象符合说、法定符合说与具体符合说的诸见解,可参见佐久間修:『刑法における事実の錯誤』、成文堂、1987、頁106页以下、頁80页以下。

② 参见井田良:『刑法総論の理論構造』、成文堂、2007、頁86~87。

③ 参见陈兴良主编:《刑法总论精释》,人民法院出版社2010年版,第338页。

④ 参见刘明祥:《论具体的打击错误》,载《中外法学》2014年第2期。

⑤ 参见[日]山口厚:《刑法总论》(第2版),付立庆译,中国人民大学出版社2011年版,第208页。

⑥ 参见阿部純二:『刑法総論』、日本評論社、2007、頁113;[日]大塚仁:《刑法概说》(总论),冯军译,中国人民大学出版社2002年版,第190页;福田平:『全訂刑法総論(第4版)』,有斐閣2004年版,頁120。

⑦ 参见井田良:『刑法総論の理論構造』、成文堂、2007、頁95;[日]山口厚:《刑法总论》(第2版),付立庆译,中国人民大学出版社2011年版,第209页;等等。

实上,在意图杀乙的甲因枪法失准而杀死了丙的场合,若甲开枪时对丙的死亡持间接故意(未必的故意),则这已不是(等价)打击错误的问题。如前所述,打击错误是一个主观认识和客观效果不一致的问题,也是一个未遂犯·过失犯的(准)想象竞合问题。在间接故意的场合,由于间接故意属于故意范畴。因此,这决定了行为人的主观认识与客观效果不存在不一致的错误问题,这恰恰否定了打击错误存在的可能性。可见,法定符合说的一部分支持者不当地扩大了打击错误的范围。

可以说,无论在处理等价打击错误还是不等价打击错误时,打击错误都不是必要的概念,想象竞合才是处理打击错误型案例时不可或缺的概念。日本学者在阐释打击错误时都会自觉或不自觉地应用着想象竞合的概念,[①]打击错误的传统处理模式无不围绕着适用或准用想象竞合的公式而展开。正是在此意义上,部分学者立足于"对应原理"的角度试图突破传统的打击错误理论,主张对等价打击错误和不等价打击错误适用想象竞合原理。[②] 甚至更有学者主张:"'打击错误'从来就不是'基本类型',而是'基本类型'与'基本类型'的'偶然''竞合类型'。"[③]严格地说,打击错误并非构成事实错误的应然类型,它与作为构成事实错误必要内容的客体错误、方法错误只是在行为人主观认识与客观效果不一致的意义上具有同等位阶性,除此之外打击错误与客体错误、方法错误之间没有必然联系的属性,真正与打击错误难以分割的是想象竞合。

换言之,就前列的等价打击错误案例而言,在处理上如前所述是分成目标客体与实害客体两部分进行的,而这两部分具有"同一事实行为"(Handlung)并具有"同一事实因果关系"(或称客观的因果经过)。如果一定要进行必要的分割,那么,针对目标客体的部分将是:甲想射杀乙,却因枪法失准而未打中。很明显,行为人甲客观上已着手故意杀人构成要件的实行,构成要件结果因意志以外的原因而未得逞。因此,该部分具有完整的故意杀人未遂罪构成要件该当性,应成立杀人未遂罪。同时,这完全不同于行为人自以为有着手却客观上自始无着手的不能犯,因而,二者不具有"一体两面"关系。针对实害客体的部分则是:甲开枪不小心误中丙,致丙死亡;同样地,该部分显然也完全具有过失致人死亡的构成要件该当性。可见,所谓的"同一事实行为"(Handlung)是指存在论意义上的开枪行为,

---

① 参见佐久間修:『刑法における事実の錯誤』、成文堂、1987、頁110。

② 参见林钰雄:《新刑法总则》,中国人民大学出版社2009年版,第160~161页。

③ 郑逸哲:《错误的现有"构成事实错误理论"——"未遂犯"、"不能犯"和"构成事实错误"三者间的概念互动关系》,载《月旦法学杂志》第160期(2008年)。

而“同一事实因果关系”是指开枪行为与乙、丙不同结果之间引起与被引起的关系。这恰恰是故意与过失竞合的想象竞合类型！一般认为，当单数的存在论意义上的事实行为(Handlung)与复数的“刑法上有意义的行为”(Tat)不一致时，受禁止重复评价原则和充分评价原则的双重制约，拟制一个重罪的罪名并拟制该罪名的刑罚(包含着轻罪刑罚的“封锁作用”①)，从而达到尽量充分评价的“一罪一刑”，这种罪刑的双重拟制是想象竞合的要义。不难发现，从等价打击错误的目标客体来看，它与想象竞合中的故意犯部分相吻合；从实害客体来看，它与想象竞合中的过失犯相吻合。因此，等价打击错误是一个故意犯(未遂)·过失犯的想象竞合问题。

就前列的不等价打击错误案例而言，如前所述即使目标客体的部分与实害客体的部分中的故意行为或过失行为不成立犯罪($Q=0$ 或 $P=0$)，想象竞合的公式依旧具有适用的可能性。因此，不等价打击错误是一个故意犯(未遂)·过失犯的准想象竞合问题。可见，无论在处理等价打击错误还是不等价打击错误时，“打击错误”概念本身都不是必不可少的，且在处理过程中打击错误并不存在类似于客体错误与客体不能、方法错误与方法不能之间“一体两面”的“打击不能”——“打击不能”是一个伪概念，行为人客观上具有实行的着手排除了不能犯的成立；真正必不可少的概念是“想象竞合”。因此，打击错误原则上属于(准)想象竞合的范畴，而不是构成事实错误应有的独特类型。

(二)反面的构成事实错误在(重大的)因果历程错误上的错乱

在对传统的构成事实错误中，客体错误类型与打击错误类型进行分析后，接下来要说明的无疑会是因果历程错误类型。如果说在维持与不能犯(反面的构成事实错误)之间“一体两面”关系上，传统的构成事实错误只须以已经存在的方法错误类型代替原本就不属于构成事实错误的打击错误类型即可的话，那么，反面的构成事实错误中尚不存在任何一种能够与构成事实错误中的因果历程错误之间，形成“一体两面”关系的不能犯类型。究其根源，因果历程错误并非构成事实错误的必要内容，传统构成事实错误理论将因果历程错误作为必要类型是一个严重的错误，重大的因果历程错误属于未遂犯范畴，而非重大的因果历程错误是因果关系的适应问题，属于既遂犯范畴。

① 参见陈志辉：《刑法上的法条竞合》，台北，作者1998年自版，第27～28页。

1. 反面的构成事实错误之基本结构

要厘清构成事实错误与因果历程错误之间的关系,绕不开对不能犯(反面的构成事实错误)与未遂犯的基本结构进行分析。在未遂犯与不能犯的关系上,域内外传统刑法学理论一般认为未遂犯的类型包括普通未遂(障碍未遂)、中止(犯)未遂和不能(犯)未遂。这种将不能未遂与普通未遂、中止未遂同等地视为未遂犯的类型,是误解了不能犯与未遂犯在结构上存在重大区别的结果,是欠妥当的。

在域外,以节制国家刑罚权为精髓的罪刑法定原则要求构成要件必须具体而明确,早已是现代刑法理论的通识,与此相适应入罪逐步成为一个自洽而闭合的体系。因此,既遂构成要件、未遂构成要件、不能犯构成要件都应当是具体而明确的,甚至可以认为既遂构成要件、未遂构成要件、不能犯构成要件都是成文的。当然,这里的“成文”与“不成文”是相对应的,但“成文”并不意味着必须具有显性的条文规定。毕竟,出于立法技术简约化等考虑的“隐性”成文规定是允许的。例如,《德国刑法典》第 22 条规定了未遂犯:“行为人已着手实行犯罪,而未发生行为人所预期的结果,是未遂犯。”尽管表述不尽一致,但日本刑法典第 43 条、我国台湾地区“刑法”第 25 条第 1 款都有类似的规定。应当说,这是罪刑法定原则下刑法典对未遂构成要件进行明确化的必要举措,且可以肯定未遂构成要件是对既遂构成要件进行修正的构成要件,①是“第二次”的构成要件。同时,由于《德国刑法典》第 15 条规定:“本法只处罚故意行为,但明文规定处罚过失行为的,不在此限。”②因而,就主观构成要件部分而言,未遂构成要件与既遂构成要件并无不同,既遂构成要件被修正的部分只是客观构成要件。易言之:其一,实际上,未遂构成要件也无法在主观构成要件部分对既遂构成要件进行任何修正。理由是单纯就客观事实而言,无所谓既遂或未遂。例如,针对单纯将人杀成重伤的事实,无法判断是既遂(伤害)还是未遂(杀人)。即使考虑主观“意欲”,当客观事实与主观“意欲”一致时,仍然是既遂而非未遂。如故意将人杀成重伤并客观上“杀成”了重伤的,只能是伤害罪既遂,并不是杀人罪未遂。因而,只有在客观事实与主观“意欲”(或者说主观计划)不一致时未遂才有意义。对此,理论上争议甚微,学者们在论及该方面时也相当简略。例如,被誉为当代日本刑法学少壮派“三巨子”之一的松宫孝明仅用了一句:“未遂犯的故意终究必须是以既遂为目

① 参见郑逸哲:《法学三段论法下的刑法与刑法基本句型(一)——刑法初探》(增修 5 版),台北,作者 2011 年自版,第 268 页。

② 日本及我国台湾地区刑法第 38 条与第 12 条都有类似规定。

标的故意。”[①]其二,至于既遂构成要件被修正的部分则是:从客观构成要件的实行着手开始,到“既遂构成要件因果关系下构成要件结果”出现为止,即着手而未果。因此,举动犯(抽象危险犯)不存在未遂问题,结果犯(具体危险犯属于结果犯范畴)才有未遂成立的余地。同时,这样一来未遂的客观构成要件在形式上必然是一个集合,即“着手于‘既遂的’客观构成要件≤未遂客观构成要件<既遂构成要件因果关系下的构成要件结果的出现”[②]。

不过,不能犯的结构与未遂犯的结构有着重大的不同。不同之处的核心在于不能犯的“实行的着手”。如前所述,构成事实错误与不能犯之间存在“一体两面”关系,不能犯是基于主观的角度对同一事物得出的结论。因此,无论不能犯的界定如何千差万别,其要义均在于就意欲侵害的法益而言,行为人自信有实行的着手却客观上自始无实行的着手,自始不发生任何危险。这样:其一,在主观方面,不能犯与既遂犯、未遂犯并无实质性的区别,如果一定要说区别的话,那么,不能犯的主观方面所独具的特殊性在于对构成事实发生了认识错误,且这样的错误在刑法上的功效与构成事实错误恰恰相反,即被认为原则上不阻却故意,而未遂犯通常并不存在对构成事实发生认识错误。值得一提的是,不能犯在主观上的认识错误能否被归结为“重大无知”,理论上存在不同观点。肯定说认为不能犯以行为人主观上的重大无知为必要条件,即认识错误的内容仅限于重大无知,如林东茂教授、[③]林钰雄教授[④]等持此观点。据此,开枪射杀被害人因枪支射程距离不足而未中,成立普通未遂犯,而非不能犯。否定说主张不能犯主观上的认识错误与“重大无知”关系不大,[⑤]据此,开枪射杀被害人因枪支射程距离不足而未中,成立不能犯,而非普通未遂犯。显然,不能犯中行为人主观上自信有实行的着手而客观上无实行的着手,将这种行为人主观上的认识错误局限于大多数国家(地区)刑法典中未规定的“重大无知”欠缺合理性;同时,将不能犯的认识错误局限于“重大无知”的观点最大的问题是,过度将可罚性重点置于行为人内在的危害法益意思,却忽略只有足以损害法益的外在行动才能引发后续侵害后果。[⑥] 因此,否定说是妥当的。

---

① [日]松宫孝明:《刑法总论讲义》,钱叶六译,中国人民大学出版社2013年版,第174页。

② 参见郑逸哲:《法学三段论法下的刑法与刑法基本句型(二)——刑法进阶》,台北,作者2006年自版,第302页。

③ 参见林东茂:《刑法综览》(修订5版),中国人民大学出版社2009年版,第157页。

④ 参见林钰雄:《新刑法总则》,中国人民大学出版社2009年版,第289~290页。

⑤ 参见黄惠婷:《论不能未遂》,载《台湾法学杂志》第163期(2010年)。

⑥ 关于“重大无知说”的批判,可参见许恒达:《评析不能未遂修法后的实务动向》,载《月旦法学杂志》第194期(2011年)。

其实,德国部分学者也坦言,"即使如今受到欢迎的印象理论的发展前景也不容乐观"。[①]

其二,在客观方面,不能犯不存在实行的着手使其与未遂犯根本性地区别开来。传统刑法理论一般认为,着手实行是不能犯不可或缺的构成要件要素。[②] 这也是不能犯被纳入未遂犯作为其重要类型的理论依据之一。然而,不能犯的"实行的着手"只是行为人主观上的确信,而非客观上的事实,客观上不能犯根本无实行的着手。如前列的将白糖当作砒霜杀人案中,因自然的因果法则的缺失,行为人的"杀人"行为只是行为人主观上的错误确信,不会成为客观事实,也难以有效地危及刑法所保护的生命法益。实际上,不仅基于实质的客观论能得出该结论,即便基于形式的客观理论结论也基本相当。形式的客观论以"实施构成要件一部分之行为或与构成要件行为有近接密切关系之行为"作为实行着手的标准,[③]依此标准不能犯也未必存在实行的着手,前文二型方法错误中针对行为人意欲侵害的生命法益却不存在"实行的着手"的分析即可例证。当然,主张不能犯客观上不存在实行的着手,并非笔者所独创的异端邪说,在域内外早有学者持此观点,如我国台湾地区刑法学者郑逸哲、[④]日本刑法学者大谷实[⑤]等。

既然如此,那么是否意味着不能犯与未遂犯在客观方面没有共性?答案是否定的,未发生构成要件结果是二者的共性。对此,理论界与实务界均无异议。长期以来聚焦不能犯与未遂犯客观方面所争议的是危险及其判断标准问题。

具体而言,迄今为止关于不能犯的立法例主要有三种:一是明文涉及不能犯现象的处理,如德国刑法典第 23 条第 3 款规定:"行为人由于重大无知而对犯罪对象和手段认识错误,在性质上其行为不能实行终了者,法院得免除其刑罚,或减轻其刑罚。"[⑥]二是明文规定不能犯不处罚,如我国台湾地区"刑法典"第 26 条规定:"行为不能发生犯罪之结果,又无危险

---

① [德]托马斯·魏根特:《刑法未遂理论在德国的发展》,樊文译,载《法学家》2006 年第 4 期。

② 参见陈朴生:《实用刑法》,台北,三民书局 1988 年版,第 150 页;蔡墩铭:《刑法精义》(2 版),台北,翰芦图书出版有限公司 2007 年版,第 292 页;[日]西田典之:《日本刑法总论》,刘明祥、王昭武译,中国人民大学出版社 2007 年版,第 249 ~ 250 页;等等。

③ 蔡墩铭:《刑法精义》(2 版),台北,翰芦图书出版有限公司 2007 年版,第 283 页。

④ 参见郑逸哲:《法学三段论法下的刑法与刑法基本句型(一)——刑法初探》(增修 5 版),台北,作者 2011 年自版,第 299 ~ 300 页。

⑤ 参见[日]大谷实:《刑法讲义总论》(新版第 2 版),黎宏译,中国人民大学出版社 2008 年版,第 342 页。

⑥ 一般认为该条不是对不能犯成立条件的规定,而是对特殊类型的不能犯(重大无知)的规定。参见蔡圣伟:《刑法问题研究(一)》,台北,元照出版有限公司 2008 年版,第 89 ~ 93 页。

者，不罚。”三是刑法典不作明文规定，如日本和我国。但是，在刑法主观主义退潮后，这种形式上的差异不足以影响不能犯与未遂犯的划分，也不足以影响不能犯结构在各国（地区）之间的一致性。理由是如果说未遂构成要件是对既遂构成要件的修正，那么，不能犯构成要件是对（普通）未遂构成要件的修正，是对既遂构成要件的再修正：未遂构成要件修正的是既遂构成要件的构成要件结果部分，据此，未遂犯不发生构成要件结果；不能犯构成要件修正的是（普通）未遂构成要件的实行行为部分，也是对既遂构成要件的二次修正，据此，不能犯客观上不具有实行行为。这也能解释未遂犯与不能犯在无构成要件结果上的同质性。若似此，则未遂犯与不能犯的区分在于不同层次或程度修正的构成要件，更在于有无实行行为。实际上，这也是德国刑法典第 23 条第 3 款中使用“得减免”，但通说采取限制解释的立场认为法官只能“必减免”，甚至有学者主张原则上应“免除其刑”，只有在例外的情形才可以只减轻的根源所在。① 且随着不能犯理论在德国研究的深入化，不处罚不能犯的观点正变得更加有力。如 Roxin 认为：“不能犯的行为，任何具有理知的人根本不会认真看待，这行为不会惊扰人心，所以没有充分的处罚理由。”②在后者的意义上，“法院得免除其刑罚，或减轻其刑罚”的规定，不是以不能犯名义进行处罚的规定，而是对不能犯行为人的犯罪行为进行处罚的规定。这样，逻辑上“不能未遂，不罚”不等于“不能未遂行为人不犯罪”。③

同时，由于不发生构成要件结果，因此，围绕着未遂犯与不能犯的区分始终绕不开的是所谓的危险问题。关于这一问题，德日在主观主义与客观主义的大旗下出现了纯粹的主观说、主观说的派生理论、具体的危险说、客观的危险说、印象说、构成要件欠缺理论等一系列学说。④ 在域外，主观主义理论衰微后未遂犯的处罚依据早已转向了客观的危险理论或以此为基础的某种修正的学说。对此，我国的留日派学者已进行了引介，如张明楷教授、⑤陈家林教授、⑥黎宏教授⑦等。然而，这并未使相关问题简单化。究

---

① 参见蔡圣伟：《刑法问题研究（一）》，台北，元照出版有限公司 2008 年版，第 89 页。

② 林东茂：《刑法综览》（修订 5 版），中国人民大学出版社 2009 年版，第 153 页。

③ 参见郑逸哲：《不能未遂行为人未必不犯罪》，载《月旦法学教室》第 46 期（2006 年）。

④ 关于德日未遂犯与不能犯的危险及其判断标准介绍，可参见［日］森住信人：『未遂処罰の理論的構造』、専修大学出版局、2007、頁 48 ~ 53、頁 78 ~ 110；［日］前田雅英：『刑法総論講義』（第 4 版）、東京大学出版会、2006、頁 151；［日］井田良：『刑法総論の理論構造』、成文堂、2007、頁 266 ~ 274；等等。

⑤ 参见张明楷：《刑法学》（第 4 版），法律出版社 2011 年版，第 329 ~ 332 页。

⑥ 参见陈家林：《外国刑法通论》，中国人民公安大学出版社 2009 年版，第 437 ~ 454 页。

⑦ 参见黎宏：《刑法学》，法律出版社 2012 年版，第 246 ~ 251 页。

其原因,将不同层次的问题混为一谈是主要的。具体而言:

由于不能犯构成要件是对(普通)未遂构成要件的修正,因此,在不能犯与未遂犯的危险之有无和大小的评价上,二者必然共用一套标准。实际上,在客观主义框架下以危险理论为评判标准,不能犯与未遂犯的危险量确定涉及三个层面:第一,事实危险。事实危险具有自然科学能判断的属性,它是刑法判断的对象,属于存在论意义层面的范畴,也属于"前构成要件"层面的范畴。第二,危险构成要件。这是针对刑法规定的抽象构成要件进行结构形式分析的概念,包括具体危险构成要件和抽象危险构成要件,不具有"构成要件实害结果要素"的构成要件就是危险构成要件。危险构成要件是犯罪与否的评价标准,该标准本身不包含任何存在论意义上的事实。第三,构成要件危险结果要素的实现。这是刑法适用过程中以具体危险构成要件为标准对客观的事实危险进行判断后所得出的结论,也是刑法适用论领域内的范畴,更是构成要件该当性判断中不可或缺的部分。换言之,未遂犯与不能犯的危险以客观发生的事实为判断对象,以行为时为判断时点,以科学的因果法则为判断基准。

例如,行为人将一般人也会误认是剧毒物质氰酸钾的白糖粉末放入饮料中让被害人饮用,无论是依据具体危险说还是抽象危险说,都会得出成立犯罪未遂的结论。[①] 这是有问题的。无论是具体危险说还是抽象危险说,大体上属于未遂犯与不能犯判断中判断标准层面的范畴,是抽象的范畴而非具体的事实,具体的事实是放入了白糖粉末而不是氰酸钾,而一般人也会误以为白糖粉末是氰酸钾,是对事实的看法而不是事实本身,否则将导致"支持者的多寡成为真理与否的判断标准"的不合理现象。因而,将这种架构在自然科学概率论基础上的可能性理论却在具体案件中不进行实证调查而欠缺实证性的成分纳入定罪标准是值得重新思考的。毕竟,从行为人主观要侵害的法益来看,白糖粉末饮料对被害人的生命法益自始无危险,行为人主观上以为的"杀人行为"欠缺实行行为性。因此,是典型的不能犯,不应处罚,而不是以未遂犯进行处罚。但是,这并不意味着上述误认白糖粉末为氰酸钾而杀人的行为完全不应纳入刑法的视域,因为日本刑法典第 201 条规定了预备杀人罪。因此,同一事实行为可能成立预备杀人罪。[②] 由此产生的疑问是:在涉及不能犯问题上,行为人不成立意欲实现的犯罪的未遂却成立该罪的预备,是否合理?答案是肯定的。如甲仇恨

---

① 参见[日]野村稔:《刑法总论》,全理其、何力译,法律出版社 2000 年版,第 349 页;[日]川端博:《刑法总论》,余振华译,台北,元照出版有限公司 2008 年版,第 333 页;等等。

② 预备的处罚与未遂、中止的处罚,在理论根据上有着根本性区别。对此,笔者将另文专述。

社会而想毒杀乙村人泄愤,于是准备了毒药向乙村里的水井投毒,不想该村有两口水井,而甲投毒之井是早已弃之不用的废井。这样的一型方法错误在未遂犯与不能犯之间划出的界限十分清晰,其体现的行为人不成立犯罪未遂却成立同一罪名的预备,更加明显。即将毒药投在无人饮水的废井中,在科学的法则上不可能对乙村人的生命法益及公共安全构成任何危险,因而不成立投放危险物质罪的未遂,但甲为投毒而准备毒药的行为完全可能成立投放危险物质罪的预备。即使在四要件犯罪论体系下结论也并无不同,因为甲向废井投毒的行为,貌似齐备了我国刑法第 23 条犯罪未遂的全部要件,但事实并非如此。甲在无人饮水的废井中投毒,在科学的因果法则上不可能对任何犯罪客体(生命权、公共安全)造成实害和危险,甲的投毒行为欠缺实行行为性,不能认定为"已经着手实行犯罪"。因而,是投放危险物质罪的不能犯。这也正如前文所述的,一型方法错误在构成要件该当性判断上是有层次性的,具体危险说与抽象危险说在这一问题上陷入了误区;同时,犯罪预备的处罚都是针对重大法益的限制性处罚,我国也不例外,①这有效地避免了处罚范围的膨大化。可见,不能犯现象的处理基本包含两个层次:一是对行为人意欲实施的犯罪能不能以不能犯名义处罚,二是不能犯行为人的同一事实应不应评价为其他犯罪。类似地,将用从执行职务中的警察手中抢来的空枪实施杀人的行为,基于警察配枪未填装子弹并非"通常的情况"的理由而论以杀人罪(未遂),②向认为被害人正在睡觉的床开枪,却因被害人"偶尔"起床去了卫生间而逃过一劫,对行为人论以杀人罪(未遂),③都存在同样的问题,即"通常的情况""偶尔"都是对事实的看法而非事实本身,这混淆了事实与评价之间的层次关系而难以得出正确结论。据此,山口厚先生在科学的因果法则之外"画蛇添足"地以"假定事实存在的可能性"调整不能犯范围,④西田典之教授主张的对"盖然性"的判断,⑤前田雅英教授主张的对"概率"的判断等,⑥都有着相似的错误。

至于客观危险说(又称绝对不能·相对不能说),在德国早已无学者

---

① 参见梁根林:《预备犯普遍处罚原则的困境与突围》,载《中国法学》2011 年第 2 期。

② 这是 20 世纪 50 年代日本地方法院的判例,具体可参见[日]山口厚:《刑法总论》(第 2 版),付立庆译,中国人民大学出版社 2011 年版,第 276 页。

③ 参见[日]西田典之:《日本刑法总论》,刘明祥、王昭武译,中国人民大学出版社 2007 年版,第 254 页。

④ 参见[日]山口厚:《刑法总论》(第 2 版),付立庆译,中国人民大学出版社 2011 年版,第 278 页。

⑤ 参见[日]西田典之:《日本刑法总论》,刘明祥、王昭武译,中国人民大学出版社 2007 年版,第 251 页。

⑥ 参见[日]前田雅英:『刑法総論講義』(第 4 版)、東京大学出版会、2006、頁 146。

采纳,[①]但却是日本“二战”前审判实践的立场,在当前依旧具有一定的影响力。所谓客观危险说,是指行为人所意欲的侵害结果自始不能实现(绝对不能)而无危险时,成立不能犯,但行为具有实现侵害结果的可能,却在特定状况下未发生侵害结果(相对不能)而具有危险时,成立未遂犯。客观危险说在域内外受到了诸多批判,其中致命的缺陷是会将未遂犯纳入不能犯范围而不当扩大了不能犯的范围。[②] 笔者认为,客观危险说的真正缺陷同样在于混淆了不同层次的问题,即在事实判断中混入了主观的看法。以公认的用不知致死量不足的毒药杀人为例,若致死量“根本”(おょそ)不足,则成立绝对不能;若致死量只是“偶尔”(たまたま)不足,则成立相对不能。[③] 无论是“根本”不可能实现犯罪的绝对不能,还是“偶尔”不可能实现犯罪的相对不能,都在判断标准(无论是否以科学法则之名)中将主观的看法(根本/偶尔)纳入了作为判断对象的“事实”之中。对于用不知致死量不足的毒药杀人(仅致重伤)并最终造成被害人伤害的情形(二型方法错误),就行为人意欲实现的故意杀人罪而言,因为是合乎科学法则的方法不能,行为人自信有着手的“杀人行为”并不能对杀人构成要件所保护的生命法益形成客观的事实危险,所以是故意杀人罪的不能犯;而行为人的同一事实行为启动了故意伤害罪的因果进程,成立故意伤害罪既遂。因此,行为人的行为是故意杀人罪的不能犯与故意伤害罪的既遂犯的“竞合”,而客观危险说“毕其功于一役”地解决,显然混淆了不同层次间的内容,是应予否定的。据此,因不能犯“不罚”而最终成立故意伤害罪既遂,才是妥当的。

可见,尽管德日刑法典在涉及不能犯的条文表述上不尽一致,但二者在不能犯的结构和不处罚的立场上是完全一致的,而“不能犯不处罚”是指在客观主义刑法立场下不能以不能犯的名义处罚行为人,这不意味着该行为人的行为绝对无处罚的可能性,至于到底应否处罚及如何处罚则应根据刑法典分则条文的具体规定,有可能是可罚的预备、既遂等,甚至不可罚。在此意义上,我国台湾地区“刑法典”2005 年对不能犯条文的修改,[④]与其说是不能犯处罚范围的变更,毋宁说是将不能犯不处罚立场的表述由隐性改为显性。正因如此,部分学者主张我国台湾地区“刑法典”关于不

---

① 参见林山田:《刑法通论(上册)》(增订 10 版),台北,作者 2008 年自版,第 509 页。

② 参见森住信人:『未遂処罰の理論的構造』、専修大学出版局、2007、頁 99。

③ 参见井田良:『刑法総論の理論構造』、成文堂、2007、頁 270。

④ 原条文为:“行为不能发生犯罪之结果,又无危险者,减轻或免除其刑。”修改后的条文为:“行为不能发生犯罪之结果,又无危险者,不罚。”

能犯的条文根本是赘文。[1]

2.（重大的）因果历程错误属于未遂犯范畴

所谓（重大的）因果历程错误，通常是指行为人主观上预见的因果历程与客观上发生的因果历程存在重大不一致的情形，因果历程的偏离通常包括结果提前发生和延后发生。[2] 前者如甲将不会游泳的乙由高桥上推下企图使其淹死，但乙在落水之际却误中猎杀水鸟的丙的子弹而死（以下简称淹死打死案）；后者如丁以杀人的故意将戊勒“毙”后，戊昏迷却未死亡，丁误以为戊已死而抛尸荒野，最终戊被野兽咬死（以下简称勒死咬死案）。传统刑法理论一直将因果历程错误作为构成事实错误的必要内容，如前文所述这是有问题的，因果历程错误本质上属于因果关系理论的适用问题。在这一基础上，有学者进一步认为（重大的）因果历程错误属于未遂犯范畴。[3] 其实，重大的因果历程错误是发生了结果的未遂，在德国的刑法理论和审判实践中早已得到了认可。[4] 对此，笔者表示赞同。

毕竟，在“一体两面”的意义上反面的构成事实错误中，确实没有一种类型能够与构成事实错误中的因果历程错误相对应。而要确定因果历程错误的属性，不得不提及自始错误（自始不能）与嗣后错误（嗣后不能）的分类。所谓自始错误（自始不能）是指犯罪行为人因发生认识错误而使其所实施的以实现构成要件为目的的行为自始至终都不具有任何现实的危险。与此不同，所谓的嗣后错误（嗣后不能）是指犯罪行为人因发生认识错误而使其所实施的实现构成要件为目的的行为一度具有现实的危险。不难发现，不能犯属于自始不能的范畴，而未遂犯属于嗣后不能的范畴。理由是在不能犯中行为人的认识错误与行为人的行为：自始至终不具有危险性之间具有合乎科学的因果法则关系；在未遂犯中，即使存在行为人认识错误的情况，该认识错误也不会导致行为人所实施的实现构成要件为目的的行为—实行行为—欠缺客观的危险性，也就是说行为人着手时是有可能实现既遂的。例如，误人为狗却因枪法失准而未击中时，即使不成立故意毁坏财物罪（不能犯）也不意味着当然不成立任何犯罪，为毁坏财物准

---

① 参见郑逸哲：《法学三段论法下的刑法与刑法基本句型（一）——刑法初探》（增修5版），台北，作者2011年自版，第351～352页。

② 至于因果历程错误中“重大”与否的标准，理论上是存在争论的。

③ 参见郑逸哲：《错误的现有“构成事实错误理论”——“未遂犯”“不能犯”“构成事实错误”三者间的概念互动关系》，载《月旦法学杂志》第160期（2008年）。

④ 参见［德］汉斯·海因里希·耶赛克、托马斯·魏根特：《德国刑法教科书》，徐久生译，中国法制出版社2001年版，第375～376页；［德］克劳斯·罗克辛：《德国刑法学　总论》（第1卷），王世洲译，法律出版社2005年版，第335～338页；等等。

备工具、制造条件的，是该罪的预备，至于该罪的预备是否具有可罚性则应根据各国（地区）刑事法律规定的具体规定来判断。在误狗为人却因枪法失准而未击中的场合，不成立杀人罪（不能犯）只意味着不能以不能犯的名义惩处行为人，但应根据各国（地区）刑事法律规定的具体规定来决定是否惩处行为人为杀人而准备工具、制造条件的预备行为。

真正影响因果历程错误在不能犯与未遂犯上准确定性的，是对既遂构成要件要素的结果的理解。由于未遂构成要件根本性地排斥既遂构成要件要素结果。因此，未遂构成要件常常被视为以既遂构成要件要素结果的不发生为前提，这是传统刑法理论的重大误区之一。事实上，未遂构成要件中“未发生行为人所预期的结果”并不等于作为既遂构成要件要素的结果自始不出现。传统刑法理论在既遂构成要件要素结果上的错误认识，恰恰导致了因果历程错误被不当地纳入不能犯范畴。从自始不能与嗣后不能的角度来看，不能犯中的不能是自始不能，而未遂犯中的不能是嗣后不能，二者有着本质性的区别，而因果历程错误中的不能在性质上应当属于嗣后不能，而非自始不能。具体而言：其一，就结果的提前发生而言，淹死打死案中作为杀人构成要件要素结果的被害人乙的死亡客观地出现了，但该死亡结果并非行为人甲所预期的杀人“既遂构成要件因果关系下构成要件结果”，即乙因被推入水中而淹死，但甲基于杀人故意将乙推下高桥的行为是杀人“既遂构成要件因果关系”下的实行行为，具有客观的危险性，不属于不能犯中自始不能的范畴，但丙误中乙并使其死亡导致甲主观上预期的因果关系与客观上实际的因果关系发生了偏离，也导致了乙被淹死的预期结果客观上无法实现。因而，对甲以未遂犯而非不能犯惩处才是妥当的。其二，就结果的延后发生而言，勒死咬死案中丁勒“毙”戊的行为无疑属于杀人罪的实行行为，这排除了不能犯成立的可能性，但戊死亡结果的出现是“多因一果”，让丁负杀人既遂的责任属于不当的过剩评价，而以未遂犯论处才是妥当的。可见，（重大的）因果历程错误是一种结果出现的罕见的未遂犯类型。

在因果历程错误既遂与未遂的定性上，容易引起混淆的是行为人型因果历程错误。如甲想先用麻药使乙昏迷后再勒死乙，但事实上乙死于麻药过量（以下简称勒死麻死案）；再如，丙想击杀丁后焚尸灭迹，丁事实上并非死于丙的击杀行为，而是死于焚尸行为（以下简称杀死烧死案）。与被害人型因果历程错误、第三人型因果历程错误、自然力型因果历程错误等不同，①

① 参见梁云宝：《三阶层犯罪构成体系下构成要件错误理论探疑》，载《政治与法律》2013 年第 4 期。

在行为人型因果历程错误中如果从一般经验来看前行为(第一行为)招致了后行为(第二行为)及其结果,且当两个行为都可能是实现构成要件的适格行为时,行为人所想象的因果历程与实际发生的因果历程之间的偏离,不视为重大偏离到超出一般预见可能性的范围,行为人应负既遂的刑事责任(第一行为关键说)。[①] 即上述针对同一主体的同类法益的因果历程错误,被视为非重大的因果历程错误。该说是德国的通说。在此意义上,非重大的因果历程错误既不属于不能犯的范畴,也不属于未遂犯的范畴,而属于既遂犯的范畴,是因果关系理论的适用问题。所以,无论在勒死麻死案还是杀死烧死案中,客观上发生的因果历程偏离,都不是重大的因果历程错误,行为人都要对被害人的死亡结果负责,承担既遂责任。

(三)主体不能不应是不能犯的必要类型

所谓主体不能,是指行为人误以为自己具有特定的行为主体资格,但客观上其行为根本不构成犯罪的情形。例如,邮局的清洁工误以为自己是邮政工作人员,擅自开拆了他人的信件,是私自开拆邮件罪的主体不能犯。尽管传统刑法理论一直将主体不能视为反面的构成事实错误的必要类型,但即使在德国反对将主体不能纳入不能犯领域的学者也不鲜见,如Jakobs、Vogler、[②]Kaufmann[③] 等。的确,细究德国刑法典第 23 条第 3 款可以发现该条款只规定了客体不能与方法(手段)不能两种类型——这是主体不能应否属于不能犯分歧的根源之一,若承认主体不能则被认为违反了罪刑法定原则,[④]也会造成不能犯与幻觉犯(误想犯)之间区别的困难,德国学说至今也无法详加分辨二者,[⑤]如 Jakobs 等是在幻觉犯的“下属情况”意义上使用“主体不能”概念的,但这为德国刑法理论通说所不采。[⑥]

笔者认为,德国的理论通说不采纳将主体不能划入幻觉犯的类型的做法具有合理性,但将主体不能视为不能犯的类型之一并不妥当。理由是在“一体两面”的关系上,与主体不能形成一一对应关系的是规范性构成事实错误,而规范性构成事实错误具有事实面错误与规范面错误的双重属

---

① 参见[德]Puppe:《对于故意实现构成要件的归责》,陈志辉译,载《政大法学评论》第 55 期(1996 年)。

② 参见[德]约翰内斯·韦塞尔斯:《德国刑法总论》,李昌珂译,法律出版社 2008 年版,第 359 页。

③ 参见[德]汉斯·海因里希·耶赛克、托马斯·魏根特:《德国刑法教科书》,徐久生译,中国法制出版社 2001 年版,第 642 页。

④ 参见郑逸哲:《浅谈不能犯》,载《月旦法学杂志》第 27 期(1997 年)。

⑤ 参见林东茂:《刑法综览》(修订 5 版),中国人民大学出版社 2009 年版,第 156 页。

⑥ 参见林钰雄:《新刑法总则》,中国人民大学出版社 2009 年版,第 291 页。

性,但传统刑法理论并不将规范性构成事实错误作为构成事实错误的必要类型之一。因此,将作为反面的规范性构成事实错误的主体不能列为不能犯的必要类型之一也就缺乏合理性。换言之,只有将客体错误、方法错误与规范性构成事实错误视为构成事实错误的必要类型时,在"一体两面"的意义上不能犯的类型才应当是客体不能、方法不能与主体不能。但由此产生的问题是规范性构成事实错误既涉及事实面的错误,又涉及规范面的错误,将它视为与客体错误与方法错误相并列的构成事实错误的必要类型是欠妥当的。这也是传统刑法理论未将规范性构成事实错误视为独立的构成事实错误必要类型之一的根由。

举例来说,在救灾过程中,村长甲委托村会计乙保管村仓库中的救灾物资,乙误认为自己只是村会计而不是国家工作人员,拿点自己保管的救灾物资给属于灾民的自己用用问题不大,结果乙擅自使用了救灾物资。会计乙对自己此时所具有的国家工作人员身份发生了误有为无的错误,由于国家工作人员身份这一规范性构成要件要素是以构成要件要素的形式出现。因此,对国家工作人员身份这一规范性构成要件要素的认识,虽不是一个纯事实的认识问题,但它仍然被视为故意的认识对象,这也使规范性构成事实错误成为了一个拟制性的构成事实错误问题。也因此,行为人会计乙虽然对客观上的具有的国家工作人员身份发生了误认,但除非理由充分否则仍然具有故意,其行为具有贪污罪构成要件该当性。相反地,村长丙将村里筹措来的用来为村办企业修围墙的一部分钱,用来盖了自家的羊圈,误以为身为村长是国家工作人员而构成贪污罪。村长丙对此时的国家工作人员身份发生了误无为有的错误,同样因国家工作人员身份属于规范性构成要件要素而在主观上无法阻却故意,但规范性构成事实要素本身所具有的规范性属性,即国家工作人员的范围是由法律规范具体确定的,这导致了对国家工作人员身份这一规范性构成要件要素的认识,也成为了规范面认识错误层次的问题。对主体资格(包括身份和特定的关系)的认识错误被传统刑法理论界定为主体不能,而身份和特定关系等主体资格属于规范性构成要件要素。所以,主体不能与反面的规范性构成事实错误具有等价性,与规范性构成事实错误具有"一体两面"的一一对应性。可见,部分学者基于主体资格被视为客观不法构成要件要素,得出主体不能是不能犯的必要类型的不当结论,①是忽视了规范性构成要件要素所具有的事实

① 参见林山田:《刑法通论》(上册),台北,作者2008年自版,第510页;许泽天:《刑总要论》,台北,元照出版有限公司2009年版,第261页;等等。

面与规范面的双重属性所致。据此，在主体不能犯的意义上，村长丙因不能犯“不罚”而不成立其主观上发生误认的贪污罪，但其同一事实行为可以评价为侵占罪。同样地，对于前列的邮局清洁工发生了主体资格误认的主体不能，依据不能犯“不罚”原理是不成立私自开拆邮件罪的，但其同一事实行为应评价为侵犯通讯自由罪。

事实上，我国部分刑法学者早就提出了“不能把主体错误作为一种事实错误看待”的观点。[①] 因此，作为与主体错误存在一一对应关系的构成事实错误反面的主体，不能也不会成为不能犯的应然类型。当然，刘明祥教授据以立论的依据——身份不是故意犯罪的认识内容，是值得商榷的。尽管有学者提出了“客观超过要素”的概念（类似于“客观处罚条件”），但主客观相统一的四要件体系架构无法在主客观要件之外容纳第三个要件，身份只能隶属于客观要件，这也是传统理论的通说，由此必然使身份成为故意的认识内容。[②] 同时，以我国刑法中“明知自己的行为会发生危害社会的结果”（第14条）来排除身份是故意的认识内容，无疑混淆了犯罪故意的认识与一般社会危害性的认识之间的关系。[③] 因此，否定主体不能是反面的构成事实错误的必要类型之一，不会造成域内外在该问题上的定性差异。[④]

另外，需要说明的是主体不能与幻觉犯之间的关系。所谓幻觉犯，是指行为人的行为不构成犯罪，但行为人出于对法律规范的误解而误认为构成犯罪，包括反面的禁止错误、反面的容许错误和反面的包摄错误三种类型。如误以为同性恋之间的性行为构成犯罪（反面的禁止错误）。应当说，承认主体不能并不会导致它与幻觉犯之间的区分困难。毕竟，二者在结构上的差异是明显的。虽然主体不能与幻觉犯在行为人对规范面发生了误认上具有一致性，且都属于误无为有的错误，但在主体不能的场合从行为人主观意欲实现的犯罪角度来看，其实行行为根本不存在，而在幻觉犯的场合从行为人主观误认的犯罪角度来看，其行为根本不是刑法上有意义的行为，即欠缺不法行为，幻觉犯的行为不会对任何法益造成影响，甚至是刑法应当保护的。其实，为数众多的德国刑法学者也大体在此意义上区

① 参见刘明祥：《刑法中错误论》，中国检察出版社2003年版，第60页。

② 参见黎宏：《刑法学》，法律出版社2012年版，第191页。

③ 参见赵秉志主编：《刑法争议问题研究》（上卷），河南人民出版社1996年版，第288页。

④ 实际上，即使承认“客观处罚条件”，不认可身份是故意的认识内容，通过行为人的行为是否具有公务性的判断（客观处罚条件），也不至于得出与传统刑法学者在罪与非罪上不一样的结论。

分主体不能与幻觉犯的。①

综上所述,继受了大量苏俄(联)时代刑法内容的我国传统犯罪论体系存在不少问题,在德日刑法理论的引介和深入发展下正在逐步退出历史舞台,这也是我国刑事法治发展的重要内容,但德日刑法在错误理论上存在的上述问题,随着国内刑法学者无甄别的大力度引入,正在成为将要困扰我国刑法学界的重大理论与实务问题。因此,在辨别是非的基础上,提升阶层化犯罪论体系下错误理论的逻辑自洽性与体系协调性,是对我国犯罪论体系进行阶层化改造时无法回避的,也是我国刑事法治在前进之路的选择时要认真对待的。

三、共谋共同正犯理论之否定

一般认为,共谋共同正犯是日本审判实践率先创设的概念,随后学者在判例基础上进行了理论上的阐释和逻辑上的周延,逐步形成了影响波及域外的独特的共谋共同正犯理论。随着以德日刑法理论为先锋的域外刑法理论在我国的有序展开,围绕着应否肯定"共谋共同正犯(理论)",学界的分歧日益明显。令人欣慰的是无论是肯定论的倡导者还是否定论的持有者,在共谋共同正犯的研究范式上由无关体系的单纯引介、评价向置身体系的比较、争辩的转型,清晰地描画出我国刑法学理论急速发展的轨迹。其实,受域外刑法理论与实务的影响,包含了实行犯、组织犯等类型的我国"共同犯罪"体系在应否承认无行为分担的共同正犯上理论与实务出现了分歧,这是共谋共同正犯成为热点的根源所在;同时,在"犯罪与参与"问题上因行为分担方式的发展所导致的新类型正犯的出现,催生了兼具共性与个性的事实支配理论与共谋共同正犯理论。因此,在"正犯—共犯"区分体系下如何厘清二者的关系就成为域内外刑法理论中的重要命题。

(一)行为刑法下共同正犯的基本结构

众所周知,行为刑法与行为人刑法曾是刑法学派之争的重要内容之一。在行为刑法体系中刑罚与违法行为联系在一起,对可罚性起决定作用的是对行为人因实施表明其特性的犯罪行为的指责("行为责任");在行为人刑法体系中刑罚则直接与行为人的危险性联系在一起,该危险性源于行为人的"生活方式责任"。② 尽管纯粹的行为人刑法从来没有出现过,但

① 参见[德]冈特·施特拉腾韦特、洛塔尔·库伦:《刑法总论 I——犯罪论》,杨萌译,法律出版社2006年版,第269~270页。

② 参见[德]汉斯·海因里希·耶赛克、托马斯·魏根特:《德国刑法教科书》,徐久生译,中国法制出版社2001年版,第70~71页。

历史上行为人刑法理论不幸被法西斯政权所利用，这对人权造成了深重的灾难，“二战”后行为人刑法理论整体上受到了清理。因此，行为刑法的基本结构在战后各国（地区）得到了确立。由于行为刑法将刑罚与违法行为联系在一起，因而在“犯罪与参与”问题的处理上实行行为被置于核心的位置。在“正犯—共犯”区分体系的早期，犯罪参与人是否现实地参与了实行行为，被实质性地视为正犯与共犯的区分标准，即只有当行为人现实地参与分担了实行行为时，才成立共同正犯，与此相关联的共犯理论是形式的客观理论。在此意义上，共同正犯仅指实行共同正犯。然而，“犯罪与参与”形态所出现的无行为分担的形式，如雇凶杀人的雇主、黑社会（性质）犯罪的幕后人物等，凸显出形式的客观理论存在的严重的处罚漏洞，这导致了该理论逐渐走向衰落。不过，形式的客观理论对后来的日本刑法中的正犯与共犯理论产生了深远的影响。实际上，即便时至今日依然不乏刑法学者以此为信条来否定共谋共同正犯的成立。①

在批判形式的客观理论基础上实质的客观理论应运而生：在日本，为填补形式的客观理论在“犯罪与参与”上出现的处罚漏洞，审判实践率将参与谋议却未参与实行行为的新型行为分担形式，纳入共同正犯的打击范围——共谋共同正犯，这导致了实行行为范围的扩张，也拉开了共谋共同正犯理论的帷幕。至此，“共同正犯的实行行为，并不是指各共同行为人个人个别的实行行为，而是指共同正犯整体共同的实行行为”②。与日本不同的是，德国刑法理论及实务在批判形式的客观理论基础上综合“必要性理论”“同时性理论”“优势理论”“生、心理探寻因果”等内容而成实质的客观理论、与客观理论相对应的主观理论以及整合主观理论与客观理论而成的“综合理论”，先后应运而生。然而，这些理论均未能有效克服在确切区分正犯与共犯上存在的缺陷。③ 此后，原本用于犯罪行为可罚性判断方法的“犯罪事实支配”概念被用于诠释正犯与共犯的区分，并逐步系统化为事实支配理论，且最终替代了实质的客观理论的原有内容而居于核心地位，而作为事实支配理论重要内容的“功能支配”解决了对无行为分担方

---

① 参见［日］野村稔：《刑法总论》，全理其、何力译，法律出版社 2000 年版，第 406 页；［日］大塚仁：《刑法概说（总论）》（第 3 版），冯军译，中国人民大学出版社 2003 年版，第 261 页；福田平：『刑法总论』、有斐阁、2004、頁 273；［日］泷川幸辰：《犯罪论序说》，王泰译，法律出版社 2005 年版，第 153 页；等等。

② 甘添贵、谢庭晃：《捷径刑法总论》（修订 2 版），台北，瑞兴图书股份有限公司 2006 年版，第 271 页。

③ 关于客观理论、主观理论以及综合理论在区分正犯与共犯上缺陷，可参见柯耀程：《变动中的刑法思想》，中国政法大学出版社 2003 年版，第 159 ~ 163 页。

式犯罪的恰当惩处。不过,日本的实质的客观理论始终未能形成一个内涵确切的理论,而是一个诸多学说的松散集合或载体。

当前,一般认为在“正犯—共犯”区分体系下共同正犯的基本结构是:二人以上,基于个别具有的构成要件故意和共同实行一个单独正犯构成要件客观部分的故意,共同实行一个单独正犯构成要件客观部分的各个行为人,都是共同正犯。若从主客观两个方面加以解构,则共同正犯的主观方面包含着双重故意:其一,行为人个别具有的构成要件故意(同质的故意);其二,行为人具有的共同实行一个单独正犯构成要件客观部分的故意(分工的故意)。就故意的内容而言,当欠缺同质的故意时至多成立同时犯;当分工的故意内容与同质的故意内容不一致时,行为人将独自承担过限部分的责任。共同正犯的客观方面是各个行为人共同实行一个单独正犯构成要件客观部分。其图表(函数)结构如表 8 - 1 所示:

表 8 - 1　共同正犯基本结构

<table>
<tr><td colspan="3">共同正犯的基本结构:$f(X,Y)$</td></tr>
<tr><td colspan="2">犯意联络①(X)</td><td>行为分担(Y)</td></tr>
<tr><td>同质的故意(a)</td><td>分工的故意(b)</td><td rowspan="2">$Y_{b1}+Y_{b2}+\cdots\cdots+Y_{bn}=1(Y_{bn}\geqslant 0)$</td></tr>
<tr><td colspan="2">$X_{a1}=X_{a2}=\cdots\cdots=X_{an}=1$($n$ 为自然数,且 $n\geqslant 2$),且 $X_{b1}+X_{b2}+\cdots\cdots+X_{bn}=1(X_{bn}\neq 0)$。</td></tr>
<tr><td colspan="3">$f(X,Y)=f(X)+f(Y)$</td></tr>
</table>

其实,若以各行为人是否分担了具有刑法意义的行为为标准,则客观的情形大抵有三种:其一,行为人未分担任何行为;其二,行为人分担了预备、教唆、帮助等非实行行为;其三,行为人分担了实行行为。显然,具有同质及分工故意的行为人分担了实行行为,是域内外最无争议的共同正犯类型——实行共同正犯。我国台湾地区部分学者将共同正犯细化为不真正共同正犯与真正共同正犯,②前者是指各共同行为人其各自的行为均已完全实现犯罪构成要件,即各共同行为人对于特定犯罪,一起合力实行犯罪构成要件的行为;后者是指各共同犯罪人因共同协力的行为,才实现犯罪构成要件,其各自的行为或仅止于未遂,或根本不成立犯罪。可见,所谓的不真正共同正犯就是实行共同正犯。争议几乎都集中于真正共同正犯,即

① 依据上文,其是指二人以上具有个别的构成要件故意,且沟通彼此自己的构成要件故意,并明示或默示同意共同实行这一本属于单独正犯构成要件的客观部分。

② 参见甘添贵、谢庭晃:《捷径刑法总论》(修订 2 版),台北,瑞兴图书股份有限公司 2006 年版,第 269 页。

在“正犯—共犯”区分体系下具有同质及分工故意的行为人分担了实行行为以外的行为或未分担任何行为，能否成立共同正犯？

由上述共同正犯的基本结构不难发现：在“犯罪与参与”中共同实行一个单独正犯构成要件客观部分中的“共同实行”，是允许部分参与人无行为分担的（以下简称**无分担型共同正犯**），即 $Y_{bn}=0(n\geqslant2)$ 的情形。前已述及，德国的事实支配理论与日本的共谋共同正犯理论，均认可无分担型共同正犯。[①] 具体而言，就事实支配理论而言，尽管域内外理论对于事实支配的概念内涵的认定不尽一致，但这并不妨碍对行为支配、意思支配与功能支配成为事实支配理论三大支柱的共识。其中，共同正犯的功能支配，通常是指参与人都具有无法替代的功能，若任何一个参与人拒绝实施分工部分，则犯罪计划就会失败。[②] 尽管存在内涵界定上的分歧，但无论用什么概念和条件补充其内涵，所支配的对象无非是侵害法益的因果流程。[③] 一般认为，“功能支配”型共同正犯包含了无分担型共同正犯。就共谋共同正犯理论而言，以部分行为人未分担实行行为为前提的共谋共同正犯，晚近在日本被划分为上位者优越地支配着下位的实行行为人的支配型（以下简称**支配型共谋共同正犯**）和各自分担了必要的行为的分担型（以下简称**分担型共谋共同正犯**）两种。[④] 很明显，支配型共谋共同正犯基本为无分担型共同正犯。此外，事实支配理论与共谋共同正犯理论也都认可行为人分担了实行行为以外的行为所成立的共同正犯（以下简称**非实行型共同正犯**）。非实行型共同正犯即为分担型共谋共同正犯。由此，难以回避的问题是无分担型共同正犯与非实行型共同正犯是否是对行为刑法的背离。

如前所述，“二战”后纳粹刑法理论受到了大力度的清理，行为人刑法的内容被大量剔除，但这种清理也运用了“不明确法概念”的内容替换的“妥协方式”。因此，在行为刑法的框架下“犯罪构成必须将非典型的行为人个性包含其中”。[⑤] 在日本，受美国主导和纵容的缘故，对法西斯思想的清除更多地集中在宪法层面，“二战”后日本刑法典始终未叙明罪刑法定

---

① 如后所述，正犯后正犯主要是刑事司法替政治背书的产物，是一个刑法政治化的概念，因此，本文暂且将其纳入共同正犯中探讨。

② 参见[德]克劳斯·罗克辛：《正犯与犯罪事实支配理论》，载陈兴良主编：《刑事法评论》（第25卷），北京大学出版社2009年版，第50页。

③ 参见许玉秀：《当代刑法思潮》，中国民主法制出版社2005年版，第581页；郑逸哲：《法学三段论法下的刑法与刑法基本句型（一）——刑法初探》（增修5版），台北，作者2011年自版，第402～403页；等等。

④ 参见[日]山口厚：《刑法总论》（第2版），付立庆译，中国人民大学出版社2011年版，第325页。

⑤ 参见[德]汉斯·海因里希·耶赛克、托马斯·魏根特：《德国刑法教科书》，徐久生译，中国法制出版社2001年版，第71～72页。

原则即可例证,其罪刑法定原则的"确立"是通过解释论(求诸宪法条文)来实现的。因而,"二战"后日本刑法在贯彻行为刑法的结构时行为刑法的边界较为模糊,其中作为行为刑法重要内容的实行行为内涵的模糊化就是一例,这受到了实行行为是"黑匣子"的质疑,部分学者甚至开始提倡实行行为不要说,并主张构建不包括实行行为概念的犯罪论体系。①

有趣的是,尽管无论事实支配理论还是共谋共同正犯理论,都是通过附条件地扩张实行行为来解决"犯罪与参与"中新型行为分担方式的惩处问题,但这在域外通常被认为并非是对行为刑法的背离。究其根源,"二战"后在经历了西欧传统和美国自由主义系统的清理后德日的行为人刑法之主体早已崩溃,即使偶有残余成分,但该部分内容意图凭借正犯与共犯的区分实现对行为人刑法的复辟,在既有的行为刑法基本框架下可能性甚微。况且共同正犯的成立并非不以实行行为为要件,只是不要求每个共同行为人都亲手实行而已,即"共同正犯的实行行为,并不是指各共同行为个人个别的实行行为,而是指共同正犯整体共同的实行行为"②。这也契合了整体与部分的哲学原理!事实支配理论与共谋共同正犯理论的差异,主要在于事实支配理论所附的条件是"功能支配",而共谋共同正犯理论所附的条件则处于不断的变动中。

当然,为达到以共同正犯论处的目的附条件地扩张实行行为的观点与做法,在日本还是受到了实行行为理论捍卫者的诸多诟病。例如,山中敬一就直陈:"共同正犯必须分担实行行为,仅仅参加共谋的人,即使制订了行为计划、布置了详细过程、施加了强大的精神影响力、是实现构成要件不可或缺的,但只要未分担实行,实行行为人对是否实行就具有规范障碍,共谋人并不能像工具一样支配实行行为人。"并进一步认为:"较之单独实行,'共同实行'的内涵应允许扩大解释,但不能放弃共同正犯中'共同实行'要件的形式明确性。"③类似地,在德国,联邦最高法院支持的以共同正犯论处的附条件地扩张实行行为的观点与做法,同样不缺乏批判的声音。④ 我

---

① 参见[日]奥村正雄:《论实行行为的概念》,王昭武译,载《法律科学》2013 年第 2 期。

② 参见甘添贵、谢庭晃:《捷径刑法总论》(修订 2 版),台北,瑞兴图书股份有限公司 2006 年版,第 271 页。

③ 山中敬一:『刑法总论』(第 2 版)、成文堂、2008、頁 878、879。

④ 典型的案例是:A、B、C 三名逃亡的罪犯已经做出将可能的追捕者射死的共同计划,不久在某个深夜逃亡的过程中,其中的 A 在错将同伙 B 当做追捕者而出于杀人的故意向 B 开枪并致其重伤。德国联邦最高法院最终裁判对被害人 B 以谋杀未遂罪论处。参见[德]克劳斯·罗克辛:《正犯与犯罪事实支配理论》,载陈兴良主编:《刑事法评论》(第 25 卷),北京大学出版社 2009 年版,第 52 页。

国台湾地区刑法学者许玉秀教授更是直言："功能性的观点，原本是作为一种判断构成要件行为的实质标准，但是这个实质标准并没有使'形式的'构成要件概念更具体，反倒是一个更空泛的概念。"①

（二）共谋共同正犯在正犯与共犯划定上的交叉重叠

在明确了既有的附条件地扩张共同正犯之"共同实行"并不违反行为刑法后，接踵而至的问题明显是：在认可无分担型共同正犯和非实行型共同正犯的框架下，如何有效地使其与共犯区分开来？对该问题的回答将直接涉及区分正犯与共犯的标准和"功能支配"型共同正犯与共谋共同正犯的关系。

"二战"后，在与行为人刑法相联系的统一性正犯体系受到彻底的批判而式微后，②"正犯—共犯"区分体系更为稳固地占领了德日共犯体系的高地。与此相适应，由正犯与共犯区分是否必要转为如何有效地区分正犯与共犯，是域内外理论与实务发展中不变的方向。在事实支配理论下"功能支配"型共同正犯，包括无分担型共同正犯与非实行型共同正犯，而在共谋共同正犯理论下共谋共同正犯包括支配型共谋共同正犯与分担型共谋共同正犯，那么，事实支配理论与共谋共同正犯理论，是确立共同正犯的不同标准还是同一标准在不同国家或时空中的称谓，即二者在划定共同正犯的范围上是否一致？若认为二者是确立共同正犯的不同标准，则各自所确定的共同正犯的范围一致的可能性不大；若认为二者是同一标准的不同称谓，则各自所确定的共同正犯的范围应该是一致的。

值得一提的是，在"正犯—共犯"区分体系下日本创设的共谋共同正犯与该体系的协调很难说已经得到了有效解决，于是，部分日本刑法学者借鉴德国事实支配理论中的部分概念或内容来补充共谋共同正犯理论以图解决矛盾。例如，山口厚在"实质的正犯概念"下借用了"支配"的概念来补充、修正共谋共同正犯理论。③ 这客观上造成了事实支配理论与共谋共同正犯理论之间位阶关系的复杂化。此外，部分刑法学者在德日共同正犯确立标准上的误解，也提升了问题的复杂性。我国台湾地区刑法学者张丽卿认为"德国通说对于共同正犯，采取'行为（犯罪）支配理论'，亦肯定共谋共同正犯之存在"④即为一例。

---

① 许玉秀：《当代刑法思潮》，中国民主法制出版社2005年版，第581页。

② 参见高桥则夫：『共犯体系与共犯理论』、成文堂、1988、頁16～19。

③ 参见［日］山口厚：《刑法总论》（第2版），付立庆译，中国人民大学出版社2011年版，第325～326页。

④ 张丽卿：《刑法总则理论与运用》，台北，一品文化出版社2005年版，第311页。

笔者以为,事实支配理论与共谋共同正犯理论既不是确立共同正犯的不同标准,也不是同一标准在不同国家或不同时空中的称谓,而是在解决新型行为分担方式所引起的“犯罪与参与”问题时发展出的具有交集的理论,交集的部分是共同正犯,而非交集的部分包括了共犯(事实支配理论还包括了间接正犯)。

具体而言,如后文所述,共谋共同正犯起源于统一性正犯理念弥补早期“正犯—共犯”区分体系在处理“犯罪与参与”上存在的不足,从而带上了浓厚的嫁接色彩,这造成了正犯与共犯区分标准问题含混不清的弊病,且尽管“正犯—共犯”区分体系的贯彻逐步深入,但该问题一直未能得到彻底解决,而受“正犯—共犯”区分体系及实行行为理论捍卫者的持续批判,共谋共同正犯的理论依据屡次变更,在此过程中该理论不断加深与“正犯—共犯”区分体系之间的联系以降低嫁接后的异体排斥,这也是不少学者对当前的事实支配理论与共谋共同正犯理论等量齐观的根源所在。在此意义上,共谋共同正犯理论是“正犯—共犯”区分体系下祛除统一性正犯观念不完全的“烂尾工程”!

正因如此,较之事实支配理论,共谋共同正犯理论获得的对于“正犯—共犯”区分体系的“同根性”,在域外并未受到普遍的认可,这不仅体现在德国刑法学界整体性地对日本共谋共同正犯理论的漠视,也体现在我国台湾地区早年引进了日本共谋共犯理论晚近呈现被事实支配理论代替的不可逆转之势。究其根源,虽然共谋共同正犯的依据更替不断,但尚没有哪一种依据有效地解决了正犯与共犯区分标准的含混问题,这不可避免地导致了共谋共同正犯理论不当地扩大共同正犯的处罚范围。例如,大谷实教授在论及共谋共同正犯与共犯的区别时无奈地指出:“我认为,唯一的判断标准就是社会一般观念,看根据社会一般观念,是否能够认定为使二人以上结为一体实施了实行行为。”①与此类似的论调并不鲜见,而这样的标准实在让人难以准确把握二者的边界,也必然遭受诟病。在日本,实务中共谋共同正犯论所造成的正犯范围的宽泛更是不争的事实。统计数据显示,日本1952年至1998年的共同犯罪中正犯(包括间接正犯与共同正犯)比率为97.9%,而共犯(教唆犯与帮助犯)比率仅为2.1%。② 这种共犯比率极低的异常现象的重要原因恰恰在于部分共犯被不当地当成了共同正犯。

至于将共谋共同正犯划分为分担型共谋共同正犯与支配型共谋共同

---

① [日]大谷实:《日本刑法中正犯与共犯区别》,王昭武译,载《法学评论》2002年第6期。

② 参见亀田源太郎:『正犯与共犯的区别』、弘文堂、2005、頁2~13。

正犯的观点，则被认为是实质性地借鉴了事实支配理论的内容，这在一定程度上可以实现与事实支配理论兼容或重合，但共谋共同正犯的原有内容必将被压缩（压缩共同正犯）或部分地剔除（扩张共犯），这客观上必然使共谋共同正犯理论仅仅成为了事实支配理论的一张"画皮"。若似此，则继续保留有名无实的共谋共同正犯理论不无疑问。

而对于部分学者所主张的"支配"，很难解释共谋人与实行犯站在平等的地位而在犯罪中发挥重要作用时的共同正犯，①该论调是难以成立的。事实支配理论下的"功能支配"强调参与人都具有无法替代的功能，其依托的判断方法是"假设判断"或反向排除法，即若其他行为人无法片面否定其因果进程的支配参与，则属于共同正犯；②司法实务历来都十分重视查明若部分参与人主动放弃犯罪时其他行为人是否存在继续犯罪的意向。因此，支配关系是否存在与参与人之间，是否存在隶属等关系并无必然联系。

诚然，针对事实支配理论，尽管部分学者批判道："Roxin 的功能性犯罪支配理论，并没有从传统的形式客观说或实质客观说跨出任何一步。"③但采纳假设判断法且以操控侵害法益的因果流程为要义的事实支配理论，还是得到了理论的广泛认可和司法的积极适用。毕竟，功能支配型共同正犯被公认为能够有效地区分正犯与共犯从而切实地贯彻"正犯—共犯"区分体系。在此意义上，弥补早期"正犯—共犯"区分体系缺陷的共谋共同正犯理论，因自身固有缺陷的难以克服而在事实支配理论成型后，大抵沦为了"正犯—共犯"区分体系下不必要的重复理论。

就共谋共同正犯论不当纳入的共同正犯而言，在"正犯—共犯"区分体系下共谋共同正犯论所导致的正犯与共犯划分的重合部分为共犯，即其会将部分属于共犯的内容置入正犯中处罚，这成了共谋共同正犯理论与事实支配理论非交集的重要内容。其中，共犯却误论以正犯既可能发生在未分担任何行为的场合，也可能发生在分担了非实行行为的场合。就前者而言，通常所谓的"事前同谋，推由他人实施（包括事后得赃）"是典型的情形。针对该种情形，由于行为人在犯罪着手实行时一般并不在现场，也未参与实行行为。因此，是否成立共同正犯的核心在于行为人是否策划、组织、指挥他人实施犯罪并对犯罪的因果流程有了实质的贡献。如果是，那

① 参见金光旭：《日本刑法中的实行行为》，载《中外法学》2008 年第 2 期。

② 参见[德]克劳斯·罗克辛：《正犯与犯罪事实支配理论》，载陈兴良主编：《刑事法评论》（第 25 卷），北京大学出版社 2009 年版，第 50 页。

③ 许玉秀：《当代刑法思潮》，中国民主法制出版社 2005 年版，第 581 页。

么即使行为人仅仅"功能性"在场(如电话、短信等遥控),甚至完全不在场(如通过邮件事先安排好),也应肯定功能支配关系的存在而成立共同正犯,否则至多应论以共犯。应当说,现实中仅仅单纯的"事前同谋"而未达到功能性支配程度的情形是大量存在的,如盗窃团伙的普通成员参与"共谋"且事后得赃却因故"推由他人实施"的(这在扒窃型盗窃罪中尤其常见),对此不能片面地单纯依据"共谋"事实而论以"共同正犯",以共犯来处罚才是妥当的。与此相当,在非组织犯罪中若不是团伙头目等决定性人物,单纯的"事先同谋"(包括"事后得赃")通常难以达到支配整个犯罪因果进程的程度。因此,以共犯而非正犯来惩处似乎更为妥当。

就后者而言,较为典型的情形是望风行为(又称把风行为或放风行为)。望风行为应否一律以共同正犯来惩处,理论与实务中存在重大分歧。理论上,客观说中的"行为说"主张,望风是于行为实施之际的重要帮助,并非实施犯罪构成要素行为,应成立从犯;与此不同,客观说中的"时间说"则主张,望风是实施中的帮助,而非实施前的帮助,应成立正犯。[①] 随着实质客观说的出现与扩张,行为人之行为"是否具有无法欠缺遂行犯罪的重要地位"成为区分正犯与共犯的标准,在此基础上,望风行为应整体性地纳入各共同行为人之行为进行评价,并判断望风行为是否具备正犯行为的实质,[②]成为了有力的观点。主观说则依据行为人的犯意决定来认定望风行为的性质,若望风行为人以自己犯罪的意思参与犯罪时,应视为正犯,否则为从犯。至于审判实践,尽管部分日本学者认为:"判例上所采取的态度是,根据不同的情况,研究各种不同事态中守望行为的具体意思,作出从犯或共同正犯的解释。"[③]但是,如前所述,在共谋共同正犯理论诞生和发展过程中望风行为除"下级审的判例"外鲜有论以从犯的,这在晚近的判例中尤其明显。同时,日本审判实务在判处共谋共同正犯成立与否时的标准也基本由"作用+(相互)利用的意思"转为"(作用)+正犯意思"是明显的,这被认为是向主观说倾斜的立场而模糊了正犯与共犯的边界以致受到了批判。[④] 我国台湾地区的审判实践在望风行为的定性上,大抵呈现由早期的共同正犯向其后的从犯再向晚近的依据支配理论确定正犯或共犯

---

① 参见韩忠谟:《刑法原理》,中国政法大学出版社2002年版,第214页。

② 参见[日]川端博:《刑法总论》,余振华译,台北,元照出版有限公司2008年版,第334~335页。

③ 参见[日]木村龟二主编:《刑法学词典》,顾肖荣等译,上海翻译出版公司1991年版,第378页。

④ 参见[日]西田典之:《日本刑法总论》,刘明祥、王昭武译,中国人民大学出版社2007年版,第290~292页。

的变动之势。究其根源,随着日本刑法学理论在我国台湾地区完全为德国刑法学理论所代替,其早期继受的共谋共同正犯理论基本被抛弃,而事实支配理论彻底终结了望风行为在正犯与共犯定性上作单一选择的时代,且在“共同犯罪的决意”(或正犯意思)之外考量“事前决策参与性”“事中选角自主性”与“事后分赃受益性”以确定望风行为是否具有因果进程的实质支配性的观点渐趋有力。① 这否定了单纯依据正犯意思判定行为人在犯罪中的作用从而成立共同正犯与否(主观说)的做法,也有效地抵制了共谋共同正犯论。类似地,部分日本刑法学者也主张“谋议之际”行为人所扮演的角色是认定望风行为性质的重要依据(如川端博)。若似此,则将本应属于(共同)正犯范畴的望风行为称为共谋共同正犯,除了加剧正犯与共犯区分难度外毫无必要,而将部分属于共犯的望风行为论以正犯,凸显的也只是共谋共同正犯论的乖谬而已。毕竟,“‘共谋’即包含相互教唆或相互帮助(心理上)于其中。就此,若承认‘共谋者’为‘共同正犯’之一员,则无异加剧‘正犯’与‘共犯’(教唆犯或帮助犯)之区别困难,同时也混淆了‘共犯’之从属性问题”②。该批判并非没有合理的成分。

应当说,日本刑法学理论与实务并非没有意识到共谋共同正犯理论存在的问题,即使是在一边肯定共谋共同正犯理论一边限制共谋共同正犯的成立范围成为共识后,该问题同样难以忽视,否则共识的内容在逻辑上就显得十分荒诞。其实,该逻辑指向的恰恰是依据共谋共同正犯理论所成立的正犯在范围上不当纳入了部分共犯,而限制共谋共同正犯成立范围所力图剔除的正是不当纳入的内容——共犯。例如,有学者主张在财产犯罪中若不具有接受不法利益的分配的意思,则不能成立共谋共同正犯。③ 至于否定共谋共同正犯理论后对于原本所谓的共谋共同正犯的处理,大部分学者主张论以教唆犯或帮助犯。如认为对没有作出实行行为的单纯共谋者,不外乎要根据其共谋的性质,追究其作为教唆犯或者帮助犯的责任,且对教唆犯可“科以正犯之刑”,可以避免刑罚上的漏洞。④ 与此类似的还有泷

---

① 参见郑逸哲:《法学三段论法下的刑法与刑法基本句型(一)——刑法初探》(增修5版),台北,作者2011年自版,第403页;林钰雄:《新刑法总则》,中国人民大学出版社2009年版,第339页;等等。

② 黄常仁:《刑法总论:逻辑分析与体系论证》,台北,新学林出版股份有限公司2009年版,第217页。

③ 参见[日]大谷实:《刑法讲义总论》(新版第2版),黎宏译,中国人民大学出版社2008年版,第393页。

④ 参见[日]大塚仁:《刑法概说(总论)》(第3版),冯军译,中国人民大学出版社2003年版,第261页。

川幸辰[①]等。然而,结合上文分析不难发现,在范围上共谋共同正犯与正犯仅是一种交叉关系,而非包含关系,非交叉的部分才是共犯,因而上述否定说论者对于"共谋共同正犯"一律按照共犯处理的论调,明显有失偏颇。

(三)共谋共同正犯论依据更替及根由

1. 共谋共同正犯论依据及其更替

检阅刑法史料可知,为了对"望风行为"实现恰当的惩处,日本审判实务率先肯定对分担了并非是实行行为的"望风行为"以正犯论处,即肯定了"望风行为"在因果进程的贡献上与实行行为相当。受日本影响《大清新刑律》关于正犯的规定(第 29 条第 2 款)就包括:"于实施犯罪行为中者之际,帮助正犯者,准正犯论。"[②]这实际上确立了行为分担形式不同寻常的新类型的正犯,即共谋共同正犯(雏形)。因此,共谋共同正犯的重点并非在于"共谋",而在于不同寻常的行为分担方式。这为共谋共同正犯理论的产生与延续提供了不可或缺的条件。事实上,自从 1895 年的日本刑事审判实务率先肯定"望风行为"应成立正犯,而次年的大审院判决更是认为"既然共同谋议行事,则不论何人当局,其行为也不外乎共谋者整体的行为"[③],此后"望风行为"论以正犯几成定制。

同时,在"望风行为"之外实质性推动实践中共谋共同正犯发展的,无疑是黑社会组织(又称暴力团)犯罪、涉政治刺杀的犯罪、恐怖主义犯罪的严重化所引发的舆论与政治压力在刑事司法上的释放。其中,与域外的黑社会组织不同,日本的黑社会组织继承和沿袭了日本封建主义的传统,与国内的右派势力相勾结,具有比较鲜明的政治色彩。[④] 如"二战"前的黑龙会、大日本赤化防止团、洋洋会等,"二战"后同样严重的山口组、[⑤]稻川会、住吉联合会等。因此,为惩处作为"幕后黑手"的组织头目以缓解舆论与政治压力,共谋共同正犯的行为分担方式进一步泛化,即部分参与人的行为由非实行行为扩及单纯的共谋行为。即西田典之所谓的"准实行共同正犯论"。[⑥]

---

① 参见[日]泷川幸辰:《犯罪论序说》,王泰译,法律出版社 2005 年版,第 153 页。

② 张雍鑫编:《大清新刑律总则全集》,台北,作者 1996 年自版,第 71 页。

③ 参见[日]山中敬一:『刑法总论(第 2 版)』、成文堂、2008、頁 865。

④ 参见李文燕、田宏杰:《"打黑除恶"刑事法律适用解说》,群众出版社 2001 年版,第 13 页。

⑤ 即使是近年来山口组也发生的几起针对政府官员的暗杀事件,这让日本政府忍无可忍,其警方已增派万名警力对付"山口组"。参见王彬:《"江湖"黑帮》,载《彭城晚报》2009 年 10 月 20 日 A08 版。

⑥ 参见[日]西田典之:《日本刑法总论》,刘明祥、王昭武译,中国人民大学出版社 2007 年版,第 287 ~ 288 页。

"二战"后，典型的案例是关西黑社会组织非法持枪案。① 在此意义上，可以认为共谋共同正犯的发展与刑事司法替政治"背书"密切相关，这导致了在共同犯罪惩处上的刑法政治化倾向。事实上，受日本早期刑法典影响的《大清新刑律》以帮助行为所处的阶段来确定所成立的是正犯还是共犯，即若于"实施犯罪行为中"帮助，则成立正犯；若于"实施犯罪行为以前"帮助，则成立共犯。这是共谋共同正犯受政治影响不大时代的立法例，其也从侧面征表了日本共谋共同正犯受政治影响的发展脉络。

审判实践创设共谋共同正犯后理论上的周延性解释如影随形，这逐步发展成共谋共同正犯论的依据。其实，我国刑法学者早已引介了相关学说，结合日本刑法理论晚近的新发展，共谋共同正犯论不断变更的依据大体可归纳如下：

其一，概观日本旧刑法时代大审院关于共谋共同正犯的判例，可以发现此时尚处于"实践先行，依据待定"阶段，我国部分学者将其依据概括为"共谋一体论"。② 进入新刑法时代，在共同意思主体说出现之前大审院于1911年（明治44年）判处共谋共同正犯的依据是："数人共谋，为完成犯罪而策划其方法，使共谋者中之一人负责担任实行时，对其担任者基于共同犯意为自己及其他共谋者实行犯罪，应谓之其他共谋者使役该一人完成自己之犯意。"（使役说）③此后，草野豹一郎（1886－1951）借鉴"民法合伙的理论"创设出共同意思主体说，④认为异心别体之数人在同一犯罪目的下通过共谋形成共同意思主体，当其中一人或数人实行犯罪时其效果归属于全体成员而成立共同正犯。共同意思主体说在日本的共谋共同正犯理论发展史上具有里程碑的意义，对实务产生了巨大的影响。如被认为全面承认共谋共同正犯的1936年（昭和11年）大审院刑事联合部判决，就受到了共同意思主体说的强烈影响。⑤ 但是，共同意思主体说因缺陷明显受到了

① 该案案情为：关西黑社会组织头目在东京游玩时，随行保镖为保护头目安全从该组织东京分部获取了枪支同行，日本最高裁判所2005年（平成17年）11月29日最终裁判该组织头目成立共谋共同正犯，理由是：被告人即使没对随行保镖下令要求其携带枪支起保卫作用，但明确了解到随行保镖会自发地携带枪支保护被告人，并认为这是理所应当的并认可他们的行为。同时，案发时，被告人与下属同行，之后一部分保镖为保护被告人开始佩戴枪支，其也确定性地认可其行为，实质上也即让保镖持有枪支了，这是可以肯定的。参见［日］松原芳博：《间接故意的共谋共同正犯》，载《刑事法杂志》第14号（2009年）。

② 参见毕英达：《日本判例认定"共谋共同正犯"的根据》，载中国人民大学刑事法律科学研究中心编：《刑事法学的当代展开》，中国检察出版社2008年版，第416～417页。

③ 日本大审院判决明治44年（1911年）10月6日《大审院刑事判决录》第17辑第1618页。

④ 参见草野豹一郎：『刑法要论』、有斐阁、1956、頁119。

⑤ 参见［日］山中敬一：『刑法总论』（第2版）、成文堂、2008、頁868。

诸多诟病。“只要将共同意思主体作为犯罪主体，认为可将其刑事责任归属于各构成成员，那便属于基于团体责任的观点，在个人责任的视点看来并不合适。而且，该说以仅参与共谋作为共同正犯的标准，对这一点也抱有疑问。”①

其二，当共同意思主体说式微后，替代的学说是藤木英雄提出的间接正犯类似说。该说认为，共谋者之间就实行犯罪达成合意，在彼此利用实现犯罪结果的意义上与间接正犯中的利用行为并无性质上的差异。因此，应当承认共谋共同正犯。在日本，1958 年（昭和 33 年）著名的练马事件判决将共谋共同正犯的根基替换为间接正犯类似说。② 目前间接正犯类似说的支持者甚寡，川端博可谓代表性的人物。③ 究其根源，该说主张“将他人作为工具而加以利用”，通常难以被认可，且间接正犯中利用人与被利用人之间的关系，与共谋共同正犯中单纯的共谋人和实行行为人的关系不同。④ 实际上，更为致命的是与共同意思主体说一样，该说会使共同正犯与共犯难以区分开来。⑤

其三，当事实支配理论（Tatherrschaftslehre）在“二战”后的德国进一步发展并成为区分正犯与共犯的主流学说后，受其影响部分日本学者开始将共谋共同正犯的依据与事实支配理论挂钩。其中，代表性的理论有“目的的行为支配说”与“优越支配共同正犯说”。⑥ 在德国，当区分正犯与共犯的理论进入构成要件时代后，事实支配理论逐渐成为引人注目的理论。其中，与行为理论相结合的 Welzel 的“目的支配”理论尤其醒目，据此，正犯是有目的意识地（zweckbewußt）制造犯罪现象；共犯虽对于自己的参与行为有犯罪支配，但对于构成要件行为本身则否；共同正犯是指数人有目的地以相互交错的行为分担共同作成行为决意，共同正犯只能是共同作成犯罪决意，并且因而都有犯罪支配的人。⑦ “二战”后，与行为人刑法存在密切联系的统一性正犯体系受到彻底批判并成为通识后，事实支配理论有力地促进了“正犯—共犯”区分体系的扩张。令人遗憾的是日本对法西斯思

---

① ［日］西田典之：《日本刑法总论》，刘明祥、王昭武译，中国人民大学出版社 2007 年版，第 286 页。

② 参见日本最高裁判所大法庭昭和 33 年（1958 年）5 月 28 日《刑事判例集》第 12 卷第 8 号第 1718 页。

③ 参见［日］川端博：《刑法总论》，余振华译，台北，元照出版有限公司 2008 年版，第 331 页。

④ 参见［日］大谷实：《刑法讲义总论》（新版第 2 版），黎宏译，中国人民大学出版社 2008 年版，第 391 页。

⑤ 参见［日］西原春夫：《犯罪实行行为论》，戴波、江溯译，北京大学出版社 2006 年版，第 289 页。

⑥ 参见山中敬一：『刑法总论』（第 2 版）、成文堂、2008、頁 873～874。

⑦ 参见许玉秀：《当代刑法思潮》，中国民主法制出版社 2005 年版，第 576 页。

想的清除更多地集中在宪法层面。因此，刑法领域中对统一性正犯原理的清理缺乏力度，备受统一性正犯观念影响的共谋共同正犯得以延续。另外，事实支配理论进入日本后，学说唯共谋共同正犯的既有判例是从的倾向使对事实支配理论的批判成为了主流论调；而事实支配是一个开放性概念，“开放”即意味着不确定，[①]这也使批判本身成为可能。其实，在德国，事实支配理论所包含的不确定性的缺陷并非未受到有力的批判，[②]但这未能实质性冲击该理论的司法适用和扩张。不过，在认可共谋共同正犯前提下区分正犯与共犯所引起的正犯与共犯区分标准的含混不清是难以克服的，故而，“默许”错误并必要地纠正错误就成为缓解矛盾的体面之举。由此，日本刑法学界关于共谋共同正犯的争论焦点由存废与否转向限缩成立范围。在共谋共同正犯立场的调整上团藤重光具有代表性！团藤重光原本以定型说为基础来否定共谋共同正犯，但后来转向了行为支配理论而认为未必应采取纯粹否定说。[③] 例如，针对走私大麻案团藤重光直陈：“考虑到社会生活的现实，司法部门执著于承认共谋共同正犯，至少在一定限度内是有道理的。”[④]即有限度地承认共谋共同正犯。

此外，“二战”后实质的正犯论在日本得到了发展，如平野龙一（意思方向说）、西田典之（准实行共同正犯论）、前田雅英（修正实行行为的形式性、统一性说）、庄子邦雄（规范的正犯说）等，[⑤]但共谋共同正犯论的传统思路和方法论并未因此而脱离所陷的困境，共谋共同正犯所引发的正犯与共犯区分标准含混不清的痼疾也未得到根治。毕竟，实质的正犯论“在实质上扩张实行的概念，在规范主义、价值上将‘共谋’与实行行为或者其分担的一部分等量齐观”[⑥]。因此，除了博取“理论”创新的噱头外，在欠缺有效的判定方法下指望扩张实行行为以实现“正犯—共犯”区分体系纳入共谋共同正犯后的周延，恐怕只会是学究式的幻想。一般认为，实质的正犯论的缺陷大抵有三：其一，该说有倾向于主观的正犯概念之嫌；其二，该说在正犯概念实质化的名义下有意无视“部分实行”这一事实的重要性，是关键性的缺陷；其三，该说的核心是为对等型共谋共同正犯提供

---

① 参见许玉秀：《当代刑法思潮》，中国民主法制出版社 2005 年版，第 580 ~ 582 页。

② 参见［德］克劳斯·罗克辛：《德国最高法院判例·刑法总论》，何庆仁、蔡桂生译，中国人民大学出版社 2012 年版，第 201 页。

③ 参见团藤重光：『刑法纲要总论』（第 3 版）、创文社、1990、頁 390 ~ 397。

④ 日本最高裁判所大法庭昭和 57 年（1982 年）7 月 16 日《刑事判例集》第 36 卷第 6 号第 695 页。

⑤ 参见山中敬一：『刑法总论』（第 2 版）、成文堂、2008、頁 875 ~ 877。

⑥ 马克昌：《比较刑法原理》，武汉大学出版社 2002 年版，第 627 页。

理论基础，认为应当处罚幕后人物以外的人，但其所列举的具体标准，能否纠正对于不是幕后人物而只是单纯从犯的人也要作为正犯来处罚的现实是有疑问的。① 虽然在限缩共谋共同正犯的成立范围上，实质的正犯论是具有比较优势的学说，但日本的实质的正犯论是诸多见解的松散集合，这导致了其内涵不甚明了。因此，日本的实质的正犯论的“虚胖”也是醒目的。

2. 共谋共同正犯论依据更替之根由

毋庸置疑，就“犯罪与参与”问题而言，共谋共同正犯所创设的新型行为分担方式的犯罪类型在打击犯罪上作出了值得肯定的贡献。在此意义上，共谋共同正犯论与具有同样功能的事实支配理论确实有等量齐观的一面。然而，围绕着共谋共同正犯论所展开的批判与反批判，是持久而激烈的，这推动了共谋共同正犯论依据的更替，在此过程中审判实践对于共谋共同正犯的立场也由单纯的肯定论转向了限缩论，这无疑是共谋共同正犯论包含的弊害所致。其中，首当其冲的是共谋共同正犯论会损害“正犯—共犯”区分体系的周延性，而正是对“正犯—共犯”区分体系周延性的追求才构成了共谋共同正犯论依据频繁更替的动力源。

严格地说，共谋共同正犯是统一性正犯观念补充“正犯—共犯”区分体系的产物。近现代以来日本在共犯体系上先后师从法国和德国。就前者而言，日本1880年制定的刑法是以法国1810年刑法为蓝本的，虽然此时法国刑法在共犯上存在一些问题，如共犯被区分为正犯与帮助犯，教唆犯属于帮助犯范畴——教唆帮助犯，但“正犯—共犯”区分体系的轮廓是清晰的，因此，“正犯—共犯”区分体系在日本得到了初步确立，审判实践起初也基本贯彻了旧刑法第104条关于正犯的规定。例如，1891年大审院判决撤消了将参加盗窃共谋却未去现场的人认定为正犯的原审判决，故而，旧刑法正犯条文中“二人以上現ニ罪ヲ犯シタル者”（“二人以上实际犯罪的”）被解读为共同正犯“仅指实行共同正犯”。② 就后者而言，当德国在欧洲崛起后日本刑法转而师从德国，1907年制定的刑法就是以《德意志帝国刑法典》为蓝本的。在共犯体系上，虽然德国全面继受了罗马法，③但由于罗马法规定科处犯罪参与人以刑罚却并不从概念上对犯罪参与人予

① 参见山中敬一：『刑法总论』（第2版）、成文堂、2008、頁876。

② 参见中山研一、浅田和茂、松宫孝明：『レヴィジオン刑法1：共犯论』、成文堂、1997、頁80～81。

③ 参见戴东雄：《中世纪意大利法学与德国的继受罗马法》，中国政法大学出版社2003年版，第212～214页。

以区分(晚期罗马法的立场),[①]因而,并未接受统一性正犯观念的德国刑法采取了“区分共犯的不同形式”,而这种特殊共犯理论是中世纪晚期意大利刑法学的重要成果,该成果经《查理五世刑事法院条例》(1532 年)得以延续,并最终为 1810 年《法国刑法典》(第 60 条)继受,且通过 1851 年《普鲁士刑法典》被吸收进《德意志帝国刑法典》。[②] 于是,德国刑法中进一步精细化了的“正犯—共犯”区分体系在日本得到了展开,教唆犯作为独立的共犯形态得以确立。

问题是,日本继受“正犯—共犯”区分体系之初区分正犯与共犯的理论尚处于因果关系论时代,在这一时代“正犯—共犯”区分体系与统一性正犯体系罕见地具有了相同的逻辑起点——条件说,而以因果关系理论之条件说为基础的主观共犯论极容易陷入统一性正犯体系的泥沼。具体而言,在条件说框架下刑法意义上的“原因”是每一个条件均不得省略,否则具体案件中的“结果”将不发生,且无论是实害结果还是危险结果都无法分割细化,而每个条件在刑法上均被视为等价,即各个条件都能全部且充分地引起结果发生,因此,企图致力于区分原因和单纯的条件以实现正犯与共犯的区分(若只是为犯罪的产生提供了条件,则被视为帮助犯)不切实际,为了使此等区分“站得住脚”,科学和司法被迫走上了纯主观论的歧途![③] 然而,植根于条件说的主观的共犯论也被视为统一性正犯原理的理论根据! 毕竟,“条件说 = 主观的共犯论 = 共犯独立性说”是统一性正犯体系极具诱惑力的逻辑公式。[④] 尽管统一性正犯概念直到近代才被使用,但统一性正犯有着悠久的历史,部分日本刑法学者认为惩处共谋共同正犯的思想渊源可以追溯到我国古代刑法中“造意者为首”的观念,[⑤]其更为直接的渊源是德国普通法时代的“阴谋理论”。[⑥] 而与惩处“造意者为首”观念相兼容的是统一性正犯体系,即不问参与犯罪的形式如何,只要是参与了犯罪的人都是正犯,且对参与人适用同样的法定刑。事实上,当早期的共犯论在正犯与共犯的区分上缺陷尽显而备受诟病时,理论与实务都不得

① 参见[德]李斯特:《德国刑法教科书》(修订译本),徐久生译,法律出版社 2006 年版,第 354 页。

② 参见[德]汉斯·海因里希·耶赛克、托马斯·魏根特:《德国刑法教科书》,徐久生译,中国法制出版社 2001 年版,第 778 ~ 779 页。

③ 参见[德]李斯特:《德国刑法教科书》(修订译本),徐久生译,法律出版社 2006 年版,第 356 页。

④ 参见高桥则夫:『共犯体系与共犯理论』、成文堂、1988、頁 12 ~ 13。

⑤ 参见[日]川端博等:《共同正犯论的课题与展望》,载《现代刑事法》2001 年第 8 号。

⑥ 参见[日]木村龟二主编:《刑法学词典》,顾肖荣等译,上海翻译出版公司 1991 年版,第 356 页。

不顾及该缺陷所招致的问题，尤其是刑罚上的差异[①]和证据上的难题，因此，向统一性正犯观念靠拢，以二者的重合或交集部分处理，即以正犯论处或处以正犯之刑不失为缓解矛盾的可行之道。以“望风行为”为例，无论是“正犯—共犯”区分体系，还是统一性正犯体系，在惩处“望风行为”的立场上并无实质性差异，且对早期的条件说而言“望风行为”与实行行为在因果关系的贡献上差别甚微，而对统一性正犯体系而言这至关重要，因为“根据统一性正犯概念，活动的刑法重要性的基准仅仅在于‘因果关系’”[②]。这种状况直到区分正犯与共犯的构成要件论时代才有所改观，即“就其使共犯按正犯处罚，依当时发轫之构成要件理论，只有正犯实现构成要件，而共犯所实行者为非构成要件之行为，此种共犯行为犹不免与正犯并受同等刑罚之科处，由于依藉客观主义以缔释刑法之结果，遂咸信共犯所负之责任，系由来于他人之行为及责任，演成为共犯从属性理论(Akzessorietat der Teilnahme)之确立”[③]。据此，“望风行为”的定性取决于其是否属于构成要件行为。在此意义上，可以认为共谋共同正犯在确立之初是区分正犯与共犯理论隐含的缺陷所引发的向统一性正犯观念妥协的产物，或者说统一性正犯观念补充了“正犯—共犯”区分体系惩处“帮助行为”不力的缺陷，但也不当地扩展了共同正犯的范围。不过，共谋共同正犯并非自始一无是处，它曾具有的积极意义不容否定，只是随着解决“犯罪与参与”问题新理论的出现其才丧失了应有的意义。

当然，共谋共同正犯引发的问题十分明显！在“正犯—共犯”区分体系下“正犯与‘教唆犯’‘帮助犯’，并非单纯是‘量’的差异，始终应认为系‘质’的差异”[④]。因此，将“望风行为”无差别地评价为正犯，必然会导致统一性正犯观念的扩张，体系上的冲突难以避免，这是共谋共同正犯论引起的正犯与共犯界限模糊的根源所在，也无疑会招致“正犯—共犯”区分体系维护者的竭力反对。针对从判例发展而来的共谋共同正犯概念，平野龙一概括道：(在早期)理论上批判的立场是多数说。[⑤] 即使在草野豹一郎提出影响甚巨的共同意思主体说后，在学术界肯定共谋共同正犯理论的观点依旧是少数说，而反对的核心理由是没有实行行为的共同就没有共同正

---

① 日本刑法典规定教唆犯准照正犯处罚(“科以正犯之刑”)，但对帮助犯规定了刑罚的必要性减轻(“按正犯之刑减轻之”)。

② 高桥则夫:『共犯体系与共犯理论』、成文堂、1988、頁 11。

③ 蔡墩铭:《现代刑法思潮与刑事立法》，台北，汉林出版社 1976 年版，第 300 ~ 301 页。

④ [日]川端博:《刑法总论二十五讲》，余振华译，台北，元照出版有限公司 1999 年版，第 292 页。

⑤ 参见[日]平野龙一:『刑法概说』、东京大学出版会、1984、頁 120。

犯。只是与理论上的强烈批判背道而驰的是实务中对共谋共同正犯范围的扩张！“当初，判例就诈骗罪、恐吓罪等所谓的智能犯肯定了共谋共同正犯，此后，则将其适用范围延伸至杀人罪、放火罪，再后则扩展至盗窃罪、强盗罪等所谓的实力犯。”①

此后，缘于追随判例的立场，肯定共谋共同正犯的观点逐渐有力。“判例是将法具体化的事物，学说不过是为判例提供参考意见。所以，在判例已经确立的场合应通过立法对其进行修正。作为解释论，必须以判例的基本线为前提。”②另外，20 世纪 70 年代，日本刑法修正草案对共谋共同正犯予以了明文化（第 27 条第 2 项），即“二人以上为实行犯罪之谋议，而由共谋者之某人基于共同之意思予以实行者，其他共谋者，亦皆为正犯。”而其理由更是与以往判例肯定共谋共同正犯的立场休戚相关！③ 虽然该条文最终并未通过，但其使肯定论对抗否定论的不利形势发生了逆转。④ 然而，在任何时候支持人数的多寡都不应也不会成为真理的判断和检验标准。因此，山口厚先生在论及共谋共同正犯时不得不承认：“不过，反对说依然顽强地得以主张。”⑤究其根源，基本是相关解释性学说在正犯与共犯区分标准上的含混不清。现实中，批判理论唯判例马首是瞻的做法更是掷地有声。如佐伯千仞就认为：“批判的态度决定了根据情况的不同也可能对实务采取否定的态度，若遗忘了这一点而使学问从属、屈从于判例、实务，则歪曲理论以迎合实务就有沦为权力侍女的危险。忘了对实务说‘不’而沦为权力侍女的法学理论，已不配冠以学问之名。最近，在共谋共同正犯问题的处理上，使人感到了若干此种危险。”⑥

事实上，“二战”后在统一性正犯理论受到系统性清理及事实支配理论成型后，日本对共谋共同正犯的基本立场进行了一定程度的纠偏，而纠偏的方向是努力寻求解释论上的周延以图将共谋共同正犯纳入“正犯—共

① ［日］山口厚：《刑法总论》（第 2 版），付立庆译，中国人民大学出版社 2011 年版，第 324 页。

② 平野龙一：『刑法之基础』、东京大学出版会、1966、頁 243。

③ 1974 年日本刑法修正草案中共谋共同正犯的立法理由主要为：（1）共谋共同正犯系远自大审院以来一贯为判例所采用。（2）纵如反对者所主张不增设本项，亦不能预料判例之见解将会变更。（3）最近之判例对于共谋共同正犯之范围采取严格解释，从而有必要根据此种见解设立明文规定，以防止其不当的扩张解释。（4）由于明文化而使成立共谋共同正犯之情形明确，从罪刑法定主义之立场而言亦甚相宜。（5）因有本规定之设立，共谋共同正犯之成立范围虽稍受限制，但尚有可能以教唆犯或从犯处断，故犯人亦无不当脱免处罚之虞为理由，决定增设本项之规定。

④ 参见［日］川端博：《刑法总论》，余振华译，台北，元照出版有限公司 2008 年版，第 329 页。

⑤ ［日］山口厚：《刑法总论》（第 2 版），付立庆译，中国人民大学出版社 2011 年版，第 325 页。

⑥ 佐伯千仞：『刑法讲义总论』（修订 4 版）、有斐阁、1981、頁 351。

犯”区分体系，或至少使二者并行不悖。例如，由于1908年施行的日本刑法典第11章“共犯”进一步继受了“正犯—共犯”区分体系。因此，在共谋共同正犯受到判例肯定的背景下，理论上部分学者继续推进否定论的立场，但更多的学者进行了妥协，即“为不使实务中共谋共同正犯出轨而进行解释论上的限制，成为学说的任务，这样的思路占据着支配性地位”①。可是，将共谋共同正犯纳入“正犯—共犯”区分体系的学说或多或少地会混乱正犯与共犯的区分标准，因而，司法实务中深入贯彻“正犯—共犯”区分体系的努力未曾间断。例如，“最高裁判所的意图是想限于在其所述的‘关系中承认参加了共谋事实’时肯定共谋共同正犯，从而限制其成立范围，这可以说是多少想回答从来的学说指出共谋共同正犯的观念歪曲了刑法第60条的解释这种批判，值得肯定。在下级审的判例中，也有否定共同正犯、认为是从犯的例子等，也可以看到是想严格地把握共谋的事实”。② 同时，立法上将共谋共同正犯纳入“正犯—共犯”区分体系的努力，甚至被公开叙明。例如，1974年日本刑法修正草案在增设共谋共同正犯条款时该草案说明指出：“因有本规定之设立，共谋共同正犯之成立范围虽稍受限制，但尚有可能以教唆犯或从犯处断，故犯人亦无不当脱免处罚之虞为理由，决定增设本项之规定。”③不过，共谋共同正犯论的确存在难以区分正犯与共犯的弊病，所以该条款最终未能通过。此外，由于共谋共同正犯论在日本域内外影响颇巨，甚至被视为日本刑法学“重要的贡献”，以及其在惩处“幕后黑手”上的功效。因此，纠偏的力度较为有限。

我国刑法学者自20世纪以来陆续介绍并探讨了日本关于共谋共同正犯的判例与学说，④但仔细研究后不难发现，迄今为止尚没有学者研究统一性正犯理念对日本共谋共同正犯的影响，更没有学者深入思考共谋共同正犯理论依据的变更与共犯体系之间的密切关系。其实，日本共谋共同正犯论在持续不断的否定声中变革前行，是裹挟在“大和民族自豪感”下将

---

① 山中敬一：『刑法总论』(第2版)、成文堂、2008、頁865。

② [日]大塚仁：《刑法概说(总论)》(第3版)，冯军译，中国人民大学出版社2003年版，第261页。

③ 杨建华：《刑法总则之比较与检讨》，台北，三民书局1988年版，第247页。

④ 例如，李邦友：《日本刑法共谋共同正犯的理论及其发展》，载《法学评论》2001年第1期；林亚刚：《共谋共同正犯问题研究》，载《法学评论》2001年第1期；陈姗姗：《论共谋共同正犯》，载《时代法学》2006年第4期；毕英达：《日本判例认定“共谋共同正犯”的根据》，载中国人民大学刑事法律科学研究中心编：《刑事法学的当代展开》，中国检察出版社2008年版，第416～424页；刘艳红：《共谋共同正犯论》，载《中国法学》2012年第6期；等等。

错就错且纠错不力的结果！毕竟，试图用以弥补“正犯—共犯”区分体系缺陷的共谋共同正犯，因嵌入了统一性正犯观念而使弥补之道带上了浓厚的主观主义色彩，这受到了强烈的批判。我国台湾地区因曾继受了日本的共谋共同正犯理论，故该问题也十分突出。“自早期实务以来，即把共同正犯的要件，扩张到主、客观要件‘择一’（主观 v. 客观）成立即可，换言之，具有‘主观之意思联络’或‘客观之共同实行行为者’，皆为共同正犯，据此展开了台湾地区‘法’上洋洋大观，‘一有同谋即视为共同正犯’。”[①]因此，在固守“正犯—共犯”区分体系下认可共谋共同正犯，并寻求解释论上的周延，除了延缓矛盾的根本解决之外，彰显的无非是方法论上的失当，而共谋共同正犯论依据的不断变更，征表的无非是“正犯—共犯”区分体系的深入贯彻与该体系下共谋共同正犯生存境遇的尴尬。

此外，值得一提的是共谋共同正犯论所引发的共犯惩处的政治化问题。就此而言，是否应当否定或减少共谋共同正犯与政治之间的瓜葛早已成为共谋共同正犯论的重要内容。实际上，克服共犯惩处的政治化倾向是一个世界性难题。在德国，与共犯惩处的政治化相关联的是“正犯后正犯”理论。与日本的单纯“共谋”所成立的共同正犯相当的是具有利用“组织支配”属性的“正犯后正犯”，且准用间接正犯理论处理的“正犯后正犯”也是德国刑法政治化的学说，是刑事司法替政治背书的产物，因而其在理论上颇具争议。[②] 同时，尽管日本的判例与学说尚未一般性地肯定“正犯后正犯”的概念，如丸山雅夫在肯定共谋共同正犯理论是作为惩处“幕后黑手”理论而诞生的基础上进一步指出：共谋共同正犯理论并不是以处罚幕后黑手为“目的”的理论，也不应为此而存在的，共谋共同正犯是否成立，并非取决于对幕后黑手的处罚得当与否。[③] 但是，部分学者认为“正犯后正犯”已然包含在“共谋共同正犯”概念中（如高桥则夫等）。[④] 因此，在刑法政治化意义上，正犯后正犯理论很难说与日本的共谋共同正犯理论风马牛不相及。

总之，肯定共谋共同正犯论的观点会导致正犯与共犯的划分在范围上出现实质性的交叉重叠，即不当地将一部分共犯当做共同正犯惩处，究其根源共谋共同正犯是应对“犯罪与参与”问题时创设出的新类型的正犯，

---

① 林钰雄：《新刑法总则》，中国人民大学出版社 2009 年版，第 338 页。

② 参见黄常仁：《间接正犯与正犯后正犯》，台北，汉兴书局有限公司 1998 年版，第 118～126 页。

③ 参见［日］丸山雅夫：《共谋共同正犯：构造与成立范围》，载《南山法学》第 33 卷第 3・4 合并号（2010 年），第 69～70 页。

④ 参见高桥则夫：『共犯体系与共犯理论』、成文堂、1988、頁 82。

尤其引人注目的是单纯共谋所成立的共同正犯，这对有效打击犯罪具有值得肯定的积极作用的一面。不过，共谋共同正犯是统一性正犯观念补充早期“正犯—共犯”区分体系区分正犯与共犯不足时的产物，而统一性正犯观念的介入造成“正犯—共犯”区分体系陷入了周延性困境，这导致了共谋共同正犯论依据的不断更替。因此，一部共谋共同正犯发展史几乎就是一部共犯体系追求周延的历史。随着包含“功能支配”型共同正犯的事实支配理论的成型，在“正犯—共犯”区分体系下共谋共同正犯论已经沦为了不必要的重复理论，即若将本应属于共同正犯范畴的行为称为共谋共同正犯，则除了加剧正犯与共犯区分难度外毫无必要，而将属于属于共犯的行为论以正犯，只会彰显共谋共同正犯论的荒谬。

第二节　“受体”的客观情势对改造的实质影响

人权价值引导下犯罪论体系在不法与有责上的结构性划分，可以有效地解决我国四要件犯罪论体系蕴含的诸多缺陷，这指引着我国犯罪论体系变革的基本方向。然而，不顾及我国刑事法治这一“受体”的客观情势，激变式地主张实现犯罪论体系阶层化的论调，明显存在有违我国现实之嫌，带有浓厚的主观主义色彩而陷入了“学究”式的幻想。笔者以为，在制约我国犯罪论体系阶层化难以“激变”式地完成的诸多因素中，下文因素尤为醒目。

一、刑法文化因素之节制

尽管域内外刑法对行为的评价结构具有相似之处，但源于各自文化特色所孕育出的差异，是难以否定的事实。笔者以为，在未顾及甚至无视我国刑法文化时代内涵的潜在影响，对我国犯罪论体系作阶层化的“激变”式变更，更多的是学究式的憧憬，其必将在现实的阻滞下支离破碎。

（一）刑法文化之时代内涵

我国传统法律文化中刑法文化之真谛，绝非一个“刑”字所能概括，因为舍弃“礼”字，其精髓将黯然失色。一般认为，礼与法的相互渗透与结合，构成了中华法系最本质的特征和特有的中化法文化，且在我国古代“诸法合体，民刑不分”的法典编纂体例上，是以刑为主的，传统法律文化具有

“刑治”的特质。[①] 梅因曾断言:“法典愈古老,它的刑事立法就愈完整、愈详细。”[②]这种现象在我国古代征表得尤为明显,且刑法文化主导我国法律文化的基本格局,在清末西方法律文化入侵以前,并未有实质性的变更。尽管各种特定的法观念在各种法律秩序中并非占有排他性的支配地位,表面上居支配地位的法观念之外的各种观念都或多或少地同时且公开地发挥着作用。[③] 但礼法交织下的刑法文化,在法是弥补性手段观念渗透下的“家族·乡土”社会,逐步形成了定罪上的双重标准。

易言之,在我国传统礼法交融的刑法文化中,礼与法都是行为规范和裁判规范,定罪时既要依据形式的法,又要遵从实质的礼,前者为同一性的行为规范和裁判规范,后者为差别性的行为规范和裁判规范,[④]但二者的地位和作用并非等量齐观。由于礼作为我国古代社会(帝国)秩序的调节器和稳定器,带有强烈的实用理性色彩,[⑤]因此,其深刻地影响了法律的品格,引人注目的是法律的儒家化进程。以礼入法,法律儒家化后,礼最终塑造出了我国古代法律独特的定罪精神和风貌。法在定罪中居于基础性地位,主要是强制性或惩罚性手段作用的发挥,而礼则处于高于法的超然支配性地位,更多地侧重于维护贵贱、尊卑、长幼、亲疏、男女差序(等级)格局和进行道德修复。当个案中发生礼与法冲突、法无规定或规定得不明确时,礼往往担当定罪的最终标准,且这种现象在各更迭的王朝中均存在,并都是一种常态,而绝非为某一个王朝所独有。

例如,《后汉书·循吏列传》载:“(仇)览初到亭,人有陈元者,独与母居,而母诣览告元不孝。览惊曰:‘吾近日过舍,庐落整顿,耕耘以时。此非恶人,当是教化未及至耳。母守寡养孤,苦身投老,奈何肆忿于一朝,欲致子以不义乎?’母闻感悔,涕泣而去。览乃亲到元家,与其母子饮,因为陈人

① 参见张晋藩主编:《中国法制史》,中国政法大学出版社1999年版,绪论第5~6页;梁漱溟:《中国文化要义》,学林出版社1987年版,第83页;《乔伟文集》编辑委员会编:《乔伟文集》(第4卷),山东大学出版社2000年版,第76~81页;许发民:《刑法文化与刑法现代化研究》,中国方正出版社2001年版,第128~129页;徐忠明、任强:《中国法律精神》,广东省出版集团、广东人民出版社2007年版,第113~153页;张中秋:《中西法律文化比较研究》(第4版),法律出版社2009年版,第80~94页。

② [英]亨利·萨姆奈·梅因:《古代法》,高敏、瞿慧虹译,九州出版社2007年版,第459页。

③ 参见[日]大木雅夫:《东西方的法观念比较》,华夏、战宪斌译,北京大学出版社2004年版,第5页。

④ 瞿同祖先生在《中国法律之儒家化》中,提出法律儒家化实为以礼入法,怎样将礼的精神和内容窜入法家所拟定的法律里的问题。参见瞿同祖:《中国法律与中国社会》,中华书局2003年版,第355~374页。

⑤ 关于实用理性的论述,可参见李泽厚:《李泽厚哲学文存》(下编),安徽文艺出版社1999年版,第731~737页。

伦孝行,譬以祸福之言。元卒成孝子。”[①]而《全唐书·良吏列传》载:“(韦景骏)开元中,为贵乡令。县人有母子相讼者,景骏谓之曰:‘五少孤,没见人养亲,自恨终天无分,汝幸在温情之地,何得如此?锡类不行,令之罪也。’因垂泣呜咽,仍取《孝经》付令习读之,于是母子感悟,各请改悔,遂称慈孝。”[②]尽管上述案例相距数百年,但以礼破法的定罪标准却一脉相承。

这种定罪上的双重标准,在清末西方法律文化大举入侵后,虽屡遭冲击,但并没有实质性的变更。随后的民国时期,尽管西方法律文化影响日盛,但较之《大清新刑律》北洋政府颁行的《中华民国暂行新刑律》除删去了“侵犯皇室罪”一章和有关特别保护皇权的条款、删改了带有帝制色彩的文字,其实质内容并无任何变化。“北洋政府在刑事立法上,最显著的特点是隆礼与重刑。”[③]南京国民政府在刑事立法上,吸纳西方新的刑法理论和刑法原则,进一步革除礼教内容,但没有完全清除礼教对刑法的影响,[④]而颁行的对自身传统顾及甚少的刑法典,因原有的社会结构和思想观念变革相对滞后,常常陷入了被弱化或虚化的窘境。因此,在中西刑法文化的冲突、融合中,定罪的双重标准较为明显,并常常置审判实践于礼与法的两难境地。[⑤]

毕竟,立法者“可以把其需求按其意志付诸每一项法律内容——但法律上的效力只能在毫不脱离民众生活实际的情况下才能实现,否则民众生活就会拒绝服从它;一项法律只有在其实际运用于大多数情况下时都能指望切实可行时,才会‘产生效力’。因为对法权而言,法律实质上不仅是欲然和应然,而且还是人民生活中的一种实际有效的力量”[⑥]。即使在新中

① (宋)范晔撰:《后汉书》,中华书局1965年版,第2480页。在汉代父母告子不孝,处弃市之刑罚,且其应收之妻子子女不得以爵位和金钱赎罪,更不得免除刑罚。参见苑媛:《汉朝“不孝”罪的历史考察》,载曾宪义主编:《法律文化研究》(第二辑),中国人民大学出版社2006年版,第533~539页。

② (后晋)刘昫等撰:《全唐书》,中华书局1975年版,第4797页。需指出的是,根据《唐律·名例》的规定,子犯有“不孝”重罪属于“十恶”,罪不可恕,处徒刑;同时,若子告母,也属于“不孝”列入“十恶”重罪,处绞刑。但韦景骏并未依法断案,而是以礼破法,采取了道德说教的方法,感悟母子,了结此案。

③ 张晋藩主编:《中国法制史》,中国政法大学出版社1999年版,第470页。

④ 参见张晋藩主编:《中国法制史》,中国政法大学出版社1999年版,第498~499页。

⑤ 费孝通先生列举的民国时期的案例:有个人因妻子偷了汉子打伤了奸夫。在乡间这是理直气壮的,但是和奸没有罪,何况没有证据,殴伤却又罪,故裁判陷入两难处境。并认为,现行的司法制度在乡间发生了很特殊的副作用,它破坏了原有的礼治秩序,但未能有效地建立起法治秩序。这是对民国时期礼法冲突及定罪标准两难的精准表达。参见费孝通:《乡土中国 生育制度》,北京大学出版社1998年版,第58页。

⑥ [德]拉德布鲁赫:《法学导论》,米健、朱林译,中国大百科全书出版社1997年版,第2页。

国彻底废除《六法全书》，断绝与传统刑法文化联系，进行刑法制度、刑法典的重新构建后，定罪双重标准也始终如幽灵般隐现。这种状况在1997年刑法修订后和对域外刑法理论、刑法制度的大量介绍下，依然存在，并在可见的未来仍将持续下去，但其表现形式已然不是简单地以礼破法或道德准则对法律规则的粗暴凌驾。

由刑法文化角度观之，"家族·乡土"社会下的我国传统刑法文化，因礼的深度渗透和人治模式的贯穿，刑法带上了召之即来挥之即去的忠实包衣色彩，这在西方刑法文化所凸显出的正义、平等、人权等法治理念冲击下，随着家族特色的消解和乡土社会向城乡二元结构转型，更加显出直不起腰来的奴才形象，故其原有的大量有悖于正义、平等、人权等现代法治理念的实质性内容，难免沦为历史的遗迹。

然而，我国传统刑法文化绝非一无是处。的确，儒家法家（包括道家等）的许多思想在当下已然不合时宜，但深刻左右我国刑法文化生成和刑法走向的儒家法家等，无不奉维持社会秩序为圭臬。[①] 这在我国社会结构业已呈现农村城市二元结构、传统刑法文化与西方刑法文化冲突融合并初现刑法文化时代内涵端倪的当下，仍不失其积极意义的一面。因为，随着我国经济社会的进一步发展，城市化进程的深入推进，尤其是在我国业已成为全球第二大经济实体并急剧缩小与第一大经济实体美国之间的差距下，虽然社会仍然存在诸多有待解决的矛盾，甚至有些矛盾尚尖锐，但国家整体上稳定有序，进入了华夏三千年未有之盛世（李傲语），而传统的礼治秩序让位于法治秩序已是不争的事实。同时，尽管当下至少二元的混合秩序（如习俗、宗规、礼仪）离法治秩序尚远，[②]但中央集权体制下的中国高扬法治旗帜是也更将是坚定不移的方向，并在法治之路上会越来越自信，且正在开辟一条有别于西方却可能与西方并驾齐驱的法治之路。

这在刑法文化上的征表为：在传统刑法文化与西方刑法文化冲突融合中，契合我国客观情势，初现端倪的刑法文化时代内涵，是一种本于我国近现代以来，尤其是20世纪70年代末以来法律实践的原生态的内涵；其既

---

① 瞿同祖先生认为儒家法家都以维护社会秩序为目的，区别仅在于它们对于社会秩序的看法和达到这种理想的方法。儒家以礼为维护社会秩序之行为规范，法家以法律为维护社会秩序之行为规范，儒家以德教为维持礼之力量，法家以法律制裁为推行法律之力量。儒、法对抗的时代为战国及秦，西汉后儒法之争渐趋消失。参见瞿同祖：《中国法律与中国社会》，中华书局2003年版，第292、329页。

② 刘作翔先生认为，当代中国法律文化呈现"二元结构"，即并存着以适应现代化社会潮流的较为先进的制度性法律文化和以传统社会为根基的较为落后的观念性法律文化。参见刘作翔：《法律文化理论》，商务印书馆1999年版，第262～274页。

不是在传统刑法文化上，对西方刑法文化的移植或嫁接，也不是在完全不顾及或刻意回避传统刑法文化下，对西方刑法文化批判地吸收，而是在对秩序价值的倚重下，批判地吸收人权等现代法治内容——这在修订后刑法的目的、任务中表现得尤为明显，[①]而秩序价值既有对传统刑法文化下秩序内容的容纳，又有对西方刑法文化下秩序内容的撷取，但其既非传统的，也非西式的，而是工具理性与价值理性交融的产物，当前秩序价值确立了刑法文化时代内涵应对犯罪的基本立场和基本框架，即效率前提下的合理，支撑这种秩序的实质性内核是现代民主的而非专制的理念；而随着依法治国框架的确立，人权等现代法治的内容借助市场经济的推动日趋扩张着自己的功效，并最终成为左右刑法应对犯罪的新生力量，是刑法文化时代内涵变动中能够期待的方向。

（二）刑法文化时代内涵之节制

毋庸置疑，清末以来我国先后颁布了七部较为重要的刑法典，[②]除《大清现行刑律》外，对西方刑法理念和制度等纳入力度愈来愈大，对传统的刑法文化顾及愈来愈少，但不宜由此得出刑法文化时代内涵是在西方刑法文化框架内批判地吸收我国传统刑法文化内容的结论。

因为，这种刑法文化时代内涵区别于传统刑法文化最为明显的是，它承认、尊重、维护个人利益，否定义务本位，背离贵贱、尊卑、长幼、亲疏、男女差序格局下的秩序，即不是“从自己推出去的和自己发生社会关系的那一群人里所发生的一轮轮波纹的差序”[③]，道德对社会关系的实质性调整，已分崩离析，偶尔的残留也只是寄身在法律的许可（包括默许）下或因法治精神的重塑其实质内容已隶属法律的而非道德的范畴。

其区别于西方刑法文化最明显的特征在于对秩序价值的倚重，即是在秩序价值下最大化地追求正义、平等、人权等价值，当二者之间冲突时秩序价值居于优先地位，其主要是个人利益对集体、社会、国家利益的让位。同时，人权价值等现代法治内容之功效对秩序价值的超越而成为刑法时代内涵的主体，亦非一蹴而就即可完成。

---

① 我国刑法关于刑法的目的、任务之规定，承苏俄刑法而来，苏维埃刑法的任务以各个时期国家的任务为转移，苏联的重要刑事法规都明确了刑法的目的和任务，这在法国、德国等资产阶级刑法典中是没有的。参见王立民主编：《中国法律与社会》，北京大学出版社 2006 年版，第 449～451 页。

② 这七部刑法典分别为：清末 1910 年的《大清现行刑律》和《大清新刑律》；北洋时期 1912 年的《中华民国暂行新刑律》；国民党时期 1928 年和 1935 年的《中华民国刑法》；中华人民共和国 1979 年和 1997 年的《中华人民共和国刑法》。

③ 费孝通：《乡土中国　生育制度》，北京大学出版社 1998 年版，第 27 页。

相应地，反映在刑法对行为的评价上，在对脱胎于苏俄的四要件犯罪论体系之固守难以为继而向阶层化犯罪论体系转型时，犯罪构成之阶层化绝不仅仅是一个单纯的对德日阶层化犯罪论体系的刚性移植。因此，过渡所征表出的循序性难以逾越。

例如，2014 年 7 月，来自猴戏之乡河南新野的鲍凤山等 4 人带着自家繁殖饲养的 6 只猕猴在黑龙江省牡丹江市街头表演猴戏时，被该市森林公安局民警以没带野生动物运输证为由带走，并进行了刑事拘留。同年 9 月 23 日，经东京城林区基层法院判决认定，鲍凤山等 4 人成立“非法运输珍贵野生动物罪”。[①] 该一审判决一出，立即引起了轩然大波。在传统（刑法）文化层面，这是一起较为典型的刑法判决与传统文化相抵触的案例。这是因为，河南新野县是有名的猴戏之乡，猴戏在此已经有 2000 多年的历史，不仅当地许多人以它为谋生手段，猴戏更是当地引以为豪的非物质文化遗产。因作为谋生手段的猴戏表演的地点的变动频繁性，民间猴戏艺人往往并不知道下一场猴戏在哪里表演。因此，运输珍贵野生动物猕猴所需要的运输许可证基本不可能及时办下来。现实中，大量的街头猴戏表演艺人没有珍贵野生动物运输许可证可谓这一行业的习惯。一审法院的判决忽视了这一传统习惯，以形式上不具有珍贵野生动物运输许可证为由判处鲍凤山等人成立非法运输珍贵野生动物罪，是僵硬地理解和适用了非法运输珍贵野生动物罪的法律条文，欠缺妥当性。不可否认，这判决会对河南新野的猴戏这一非物质文化遗产造成一定的冲击；同时，这一判决也集中暴露出四要件犯罪论体系在价值承载上的倾向和不足。幸运的是，二审法院最终通过我国刑法第 13 条“但书”进行了出罪，即“但 4 名上诉人利用农闲时间异地进行猴艺表演营利谋生，客观上需要长途运输猕猴，在运输、表演过程中，并未对携带的猕猴造成伤害，故四名上诉人的行为属于情节显著轻微，危害不大，可不认为是犯罪”。

我国四要件犯罪论体系是特定历史时期的产物，“是在‘垂直’维度的政策指导下建立的，是在政治革命的大背景下发生的”，[②]更多地非出于智慧的选择，而是强烈意识形态的指引。在当下企图凭借政策力量断然除旧布新，激变式地引进阶层化犯罪论体系，未免过于武断，也有脱离实际之嫌——四要件犯罪论体系依旧在刑事司法实务中发挥着不可替代的功效，且在阶层化犯罪论体系于我国刑法理论上趋于完善，并对刑事法律实务日

① 参见黑龙江省东京城林区基层法院（2014）东刑初字第 46 号刑事判决书。

② 蔡道通：《犯罪构成理论是如何形成的：一种“政策”的分析视角》，载《江苏社会科学》2008 年第 1 期。

渐发挥影响力，以致最终替代四要件犯罪论体系之前，四要件犯罪论体系都将在定罪中一如既往地恪守着自己的使命。检阅历史，清末至民国期间，对大陆法系国家刑法理念、制度激变式的引进，在我国传统刑法文化的消解下其常常进退维谷，且类似的影响在翻版苏联四要件犯罪论体系后亦存在，故不能不成为我国犯罪论体系变动中应警醒的。

如前所述，在德国，犯罪论发展的每一种体系，都必须从其精神史根源和前一阶段人们通过学术体系的重建而加以改造和克服的计划的联系中去解释。在日本和我国台湾地区，阶层化犯罪论体系的引进及本土化所呈现的无不是一条漫长而艰难的历程。因此，**即使在犯罪论体系阶层化方向渐趋明朗的背景下，我国犯罪论体系的变动，依旧更多地依赖于中西方之间、理论实务之间、不同观点学者之间的博弈，在利弊权衡中逐步确立演进的立场。**例如，我国台湾地区“刑法”第 13 条第 1 款规定：“行为人对于构成犯罪之事实，明知并有意使其发生者，为故意。”[①]然而，这一规定承德国刑法典修正草案而来，但该草案在德国最终未获通过。因此，在德国故意的概念主要依赖于学说及实务的探讨。当前，对于故意在犯罪论体系中的地位，德国的“学说及实务上基本上也是认为，行为人于行为时必须有所谓的知与意，才能说行为人是有故意。然而少数说则认为，针对意图类型以外之一般故意犯罪的构成，主观不法上仅以行为人对于一定事实的认知为要素，至于所谓的意，和故意的构成并没有关系”[②]。在我国台湾地区，通说与德国的并无二致，即对故意的阐释“包括知与欲等两个要素”[③]。但上述“刑法”规定故意概念后，这一概念开启了本土化历程。于是，渊源于德国的故意学说与上述“刑法”规定并不总能协调一致，这在作为构成要件故意的“特别要素”之意图——“不法所有或得利意图”[④]（如普通盗窃罪与普通抢劫罪中的“不法之所有”意图）上十分明显。因此，有学者质疑道：“唯对于溢出故意范围外的行为人意向，其范围为何？对于构成要件该当的判断作用又应如何理解？在学理的探讨中，可谓相当贫乏，则其与故意的内容有何差异？其对于主观要件的故意，究竟有何作用？恐怕在认定此类犯罪类型成立之前，学理必须先将故意与额外之主观意向间的关系，详

① 1928 年《中华民国刑法》第 26 条第 1 款规定：“犯人对于构成犯罪之事实，明知并有意使其发生者，为故意。”《大清新刑律》则并未明晰故意之概念，其第 13 条规定：“非故意之行为，不为罪；但应论以过失者，不在此限。”

② 黄荣坚：《基础刑法学（上）》（第 3 版），中国人民大学出版社 2008 年版，第 269 页。

③ 参见林山田：《刑法通论（上册）》（增订 10 版），台北，作者 2008 年自版，第 286 页。

④ 参见林钰雄：《新刑法总则》，中国人民大学出版社 2009 年版，第 146 页。

为分析确认,否则将会陷入如评析之判决一般的谬误。”①同样地,“既然行为人已经基于意图(充分条件)而构成意图故意,那么条文当中所说的明知即属多余(即使不是明知,也还是故意)。基于上面对故意概念所做的实质讨论,以及条文技术上的瑕疵,我们建议,完全废弃我国刑法第十三条关于故意概念的规定”②。该论调彰显的也是刑法本土化历程的艰难。

同时,与刑法文化时代内涵相适应的犯罪论体系转型的循序性,必然排斥跨越式发展。因此,由四要件犯罪论体系向阶层化犯罪论体系转进的设想,不可避免地接受来自理论与实务的双重检验。然而,从既有的现实来看,这样的检验极为细致而谨慎,甚至可谓苛刻,而夹杂其间的批判、曲解等,屡见不鲜。例如,“实务界普遍的观点是四要件犯罪构成理论方便、实用。目前尚未见到有实务界的人士明确提出,由于运用四要件犯罪构成理论,导致重大冤案、错案的发生”③。再如,在德日体系下“该当性”与“有责性”始终被分而论之,但由于“分离”的指导思想并不十分明确,且要件之间的关系错综复杂,故一般误认为德日体系每一层面均是对行为整体的分析;然而,自韦尔策尔的目的论体系出现及在该体系之后的理论发展中,阶层之间的关系及所谓的整体性分析思路被构造得异常复杂——主客观要件交错分析的情况比比皆是,并不断出现所谓的“回旋飞碟现象”。④ 复如,“日本刑法学者也认为,日本的犯罪论体系由于受德国刑法学的绝对影响,采用的是‘构成要件’‘违法性’‘责任’这种观念的、抽象的犯罪论体系,因为必须考虑什么是构成要件,构成要件和违法性、责任之间处于什么样的关系,因此,具有强烈的唯体系论的倾向。结果,一般国民就不用说了,其他法律领域的人也因为刑法体系过于专业而难以接近。不仅如此,这种体系,无论在战前还是在战后,都难以自下而上地对刑罚权的任意发动现象进行批判,并为这种批判提供合理根据”⑤。故而,可以预期的是,我国犯罪论体系的变革将是一条充满荆棘的艰难之路。

二、理论素材之累积及实务化之博弈

在我国,阶层化犯罪论体系在经由理论向实务的推进中,一方面要协

---

① 柯耀程:《刑法问题评析》,台北,元照出版有限公司 2004 年版,第 83 ~ 84 页。

② 黄荣坚:《刑罚的极限》,台北,元照出版有限公司 1999 年版,第 353 页。

③ 高铭暄:《论四要件犯罪构成理论的合理性暨对中国刑法学体系的坚持》,载《中国法学》2009 年第 2 期。

④ 参见冯亚东:《中德(日)犯罪成立体系比较分析》,载《法学家》2009 年第 2 期。

⑤ 黎宏:《我国犯罪构成体系不必重构》,载《法学研究》2006 年第 1 期。

调阶层化犯罪论体系内部之争议,以形成合力对抗固守论与改良论的批判与阻挠,而内部协调的过程也是一场艰难的博弈过程,必将充满着质疑、批判与反批判;另一方面阶层化犯罪论体系之内容要对刑事法律实务发生实质性的影响,绝不会一蹴而就,而是一个逐步替代四要件犯罪论体系的过程,甚至可能交织着政治博弈。这无不决定了犯罪论体系阶层化之艰难而漫长的属性,也引导着我国犯罪论体系之变革对"渐变论"立场的选取。

(一)理论素材之累积

实践所具有的"主观见之于客观"的属性,要求"欲行变革之实践,必需变革之理论"。因此,犯罪构成阶层化付诸实践,一整套完整而详备的阶层化犯罪论理论体系不可或缺。然而,迄今为止,备述现有的四要件犯罪论体系明显劣于西方的或不合时宜的论调,尽管在理论上日渐有力,但断言我国已经拥有了完整而详备的阶层化犯罪论理论体系,未免有些言过其实。这是因为:

其一,对阶层化犯罪论体系弊害的质疑,在我国并不乏支持者。诚然,阶层化犯罪论体系本身有其弊害,对此无须讳言。例如,德国刑法学者罗克辛在指陈体系性思考的危险时,列举了"忽略具体案件中的正义性""减少解决问题的可能性""不能在刑事政策上确认为合法的体系性引导""对抽象概念的使用"等弊端。① 但在"体系性思考"与"问题性思考"的利弊权衡上,"体系性思考"优势明显。"法律明确性的要求,从一开始就使与体系性相联系的思考获得了优先权。不过,人们经常忽视,在体系性思考和问题性思考之间进行综合是富有成果的,并且在一定程度上是可能的。"② 实际上,阶层化犯罪论体系在"体系性思考"而非"问题性思考"上,与四要件犯罪论体系并无差异,即"体系性思考"之弊端在四要件犯罪论体系上同样存在。

就对阶层化犯罪论体系弊端的质疑而言,不同国家的刑法学者之言论,不绝于耳。例如,德国刑法学者 Jakbos 认为,德国学者争辩因果行为论或目的行为论何者更佳,以及争辩阶层构造理论,纯粹是因为"二战"之后,刑法学者逃避政治压力(作为战败国的知识分子,谈规范的目的或规范的本质会有自我否定的压力),将精力放在这种技术性问题上所致。③ 再如,日本刑法学者夏目文雄等人就曾指出:"将责任能力作为责任(主观方

① 参见[德]克劳斯·罗克辛:《德国刑法学 总论》(第1卷),王世洲译,法律出版社2005年版,第128~131页。

② 同上书,第132页。

③ 高铭暄:《关于中国刑法学犯罪构成理论的思考》,载《法学》2010年第2期。

面)的问题加以论述,但将其与主体加以分离论述时不妥当的。"[1]复如,我国刑法学者黎宏认为阶层化犯罪论体系存在前后冲突、现状和初衷背离、唯体系论而偏离了司法实践等弊端,并进一步主张通过贯彻客观优先的阶层递进观念以及梳理不同意义的犯罪概念的方法来克服四要件犯罪论体系的弊害,而无须进行犯罪论体系的重构。[2] 这是改良论中较为醒目的论调,且拥有为数不少的支持者。当然,这受到了批判。经黎宏先生改良后的四要件犯罪论体系"给人的感觉是'客观违法(含客体与客观要件)——责任(含主体与主观要件)——无客观违法(正当防卫、紧急避险等)'",这种体系分割了违法性判断,并不理想。[3] 笔者以为,黎宏教授改良的体系本质上可归入定罪标准二元范畴。然而,类似分歧、质疑及由此产生的争辩,阻滞的无非是犯罪论体系阶层化的进程。

其二,对阶层化犯罪论体系误解之逐步纠正,必然导致了转型的持久性。对阶层化犯罪论体系误解的逐步纠正,在内容上包括主动纠正与被动纠正。前者系阶层化犯罪论体系之持有者在探索中主动做出的纠正。如张明楷教授在两阶层体系构建中不断扬弃部分观点。试举一例:关于消极的构成要件要素理论之立场,张明楷教授曾主张:本书也不采取消极的客观构成要件理论,即本书不认为客观构成要件是积极的客观构成要件,正当防卫等违法性阻却事由是消极的客观构成要件。理由是构成要件要素与正当化事由的条件难以简单地互换,两种符合性的判断标准、方法与原则存在重大差异;[4]其后,该观点被修正为:本书没有采用消极的构成要件要素理论,但与消极的构成要件要素理论似乎没有本质区别,没有使用消极的构成要件要素,是因为消极的构成要素原本就存在于违法构成要件中,其难以独立于违法构成要件之外。[5] 这类纠正无疑是时间及智力凝聚的结果,其必然会迟滞我国犯罪论体系阶层化的进程。

后者系固守论与改良论的持有者对阶层化犯罪论体系误解的被动纠正。例如,三阶层体系曾被我国学者批评为构成要件中的主观内容与实质内容被抽走,构成要件概念过于形式化、客观化,但考虑到将主观的、实质的内容抽出来单独考虑,整体上并未遗漏犯罪的全部要素。因此,这种批

---

① 陈家林:《外国刑法通论》,中国人民大学出版社 2009 年版,第 122 页。

② 参见黎宏:《我国犯罪构成体系不必重构》,载《法学研究》2006 年第 1 期。

③ 参见张明楷:《犯罪构成体系与构成要件要素》,北京大学出版社 2010 年版,第 99 页。

④ 参见张明楷:《刑法学》(第 3 版),法律出版社 2007 年版,第 124 页。

⑤ 参见张明楷:《刑法学》(第 4 版),法律出版社 2011 年版,第 131 页。

评意见已无人赞同。① 被动纠正的前提必然是阶层化犯罪论体系理论的深入展开，这难免需要时间的积累。

其三，阶层化犯罪论体系倡导者之间的博弈，也会延缓我国犯罪论体系阶层化进程。犯罪论体系阶层化的核心驱动力量，必然是阶层化犯罪论体系的倡导者，这要求该体系的提倡者要做充足的理论准备。然而，迄今为止，阶层化犯罪论体系的倡导者中真正谙熟于该理论体系的，可谓屈指可数，而形态众多的阶层化犯罪论体系及彼此的差异增加了谙熟的难度。因此，我国犯罪论体系阶层化变革前的理论准备，与其说业已完整而详备，不如说刚刚拉开帷幕。同时，在阶层化犯罪论体系的倡导者中，理论上的分歧较为明显，如结果无价值与行为无价值的争辩、规范违反说与法益侵害说的博弈、形式解释论与实质解释论的对抗等，这些分歧的彻底解决恐非一日之功，由此必然会延缓犯罪论体系阶层化的步伐。可见，犯罪论体系阶层化"必须在国内已做好了充分的知识上的准备和智识上的训练，这一点目前也难以说已经具备"②，并不缺乏合理性。

（二）阶层化犯罪论体系之实务化

尽管犯罪论体系阶层化的论调在理论上渐趋有力，但其对刑事法律实务的影响相当有限，甚至可谓微乎其微。毕竟，四要件犯罪论体系中四要件之间"对应工整，界限清晰、简洁明快，具有鲜明的可操作性"之论断，依旧强悍地统率着绝大部分实务操作者的思维及举止。因此，阶层化犯罪论体系之实务化，必将受到四要件犯罪论体系捍卫者的抵死反击。

例如，以虚假身份应聘司机开走单位汽车案（以下简称虚假应聘案），交织在职务侵占罪与诈骗罪之间的定性分歧，是阶层化犯罪论体系与四要件犯罪论体系博弈及其试图影响实务的一次缩影。

2008 年 8 月，王某以虚假的身份证、驾驶证到某服装公司应聘驾驶员，应聘后上班第一天，王某接受公司指派，驾驶公司的小轿车送公司办事员外出，即借机将该车开走，占为己有。其后，王某采取同样手段又非法占有了三家公司的三部小轿车。经查，非法所得小轿车价值 10 万余元至 20 万余元不等。③

---

① 参见曲新久主编：《刑法学》（第 4 版），中国政法大学出版社 2011 年版，第 43 页。

② 高铭暄：《论四要件犯罪构成理论的合理性暨对中国刑法学体系的坚持》，载《中国法学》2009 年第 2 期。

③ 许少宇：《以虚假身份应聘司机开走单位汽车如何定性》，载《检察日报》2009 年 10 月 14 日第 3 版。

在虚假应聘案中，王某的行为是成立诈骗罪、职务侵占罪抑或盗窃罪，分歧明显。部分阶层化犯罪论体系的倡导者，秉持三阶层理论体系思维先客观判断后主观判断逻辑，主张王某的行为成立职务侵占罪。[①] 其理由为：客观的构成要件具有故意的规制机能，即客观行为不依赖主观故意而存在，但主观故意却依附于客观行为而存在；从客观行为来看，王某利用职务便利占有本单位财物的行为是一种职务侵占行为，而从主观目的来看，王某具有诈骗目的，根据是其取得职务身份的行为具有诈骗的主观目的，因此，成立职务侵占罪；相反地，四要件犯罪论体系的持有者则主张，在虚假应聘案中王某的行为成立诈骗罪。[②] 在撇开虚假应聘案定性上的博弈结果不谈，[③]这种阶层化犯罪论体系与四要件犯罪论体系在我国语境下的交锋意义重大，且会裨益阶层化犯罪论体系在我国的深入与四要件犯罪论体系本身的完善，也会拓宽长期笼罩在四要件犯罪论体系下的司法人员之视域，为我国犯罪论体系的根本变革积蓄发轫之力量。

同时，与四要件犯罪论体系弊端联系紧密的，必然是改良论者最优化的技术改良努力。在司法实务中，四要件犯罪论体系在博弈中也不会轻易放弃最大化地承载既有理论成果的尝试，并积极应对现实中不断涌现的新问题。因此，我国犯罪论体系在由四要件向阶层化演进中，只能是一条艰难的“渐变”之路。

第三节　向阶层化转型之权宜之计

在明确了对于我国犯罪论体系之阶层化变革的基本立场及求诸“激变”方式不可行之后，必然是对犯罪论体系变革之“渐变论”的确信。因此，在犯罪论体系实现阶层化变革之前，谨慎而理性的应对之道应当是：除了继续深化对阶层化犯罪论体系的探索外，应对实务中依旧发挥着不可替代之功效的四要件犯罪论体系作必要的技术上的改良。其中，核心是对定罪标准二元化的妥协。故而，在犯罪论体系经由平面化向阶层化变革中，“渐变”式的路径遴选不得不倚重延缓矛盾或适度消解矛盾的权宜之计。

---

① 参见陈兴良：《定罪的四个基本规则》，载《检察日报》2009 年 11 月 5 日第 3 版。

② 参见刘明祥：《以虚假身份应聘司机开走单位汽车应定诈骗罪》，载《检察日报》2009 年 12 月 11 日第 3 版。

③ 笔者以为，本案即使依据阶层化犯罪论体系思维，也依旧成立诈骗罪。因为“不法所有”的意图系主观的构成要件之特别要素。

例如，要对我国混合的犯罪概念作入出罪功能之转换。下文将具体阐述。

一、犯罪概念之入出罪功能转换

前已述及，我国现行《刑法》第 13 条确立的混合的犯罪概念兼具入罪与出罪两大功能，①而作为犯罪概念基本属性之一的社会危害性对四要件犯罪构成具有刑法解释机能，在秩序价值下其能够借助现代刑法所允许的扩张解释等形式不当入罪，从而使犯罪概念的入罪功能取得优势于出罪功能的功效，故蕴含着侵犯人权的巨大风险。据此，笔者主张对我国混合的犯罪概念应作入/出罪与出罪的功能转换，即针对包含社会危害性属性的我国犯罪概念具有入罪和出罪两大功能，且在理论与实务中都具有话语权，应强化犯罪概念的出罪功能，虚化其所具有的入罪功能，实现犯罪概念的入出罪两大功能向单一出罪功能转换以彰显人权保障功效。这大体涉及以下三个方面。

其一，还正罪刑法定原则的人权保障机能，正本清源地为犯罪概念之入/出罪二元化功能向单一的入罪功能转换提供保证。

解决问题，扬汤止沸只是权宜之计，釜底抽薪才是根本之道。罪刑法定原则之人权保障机能的还正，才能为犯罪概念的功能转换提供原动力，并消解犯罪概念之入罪功能反向地异化罪刑法定原则的人权保障机能。

如前所述，为避免同一法律体系内不必要的重复式表述，应对罪刑法定原则之积极侧面作省却处理，其社会保护机能更多地交由刑法的目的、任务等承载，积极还正罪刑法定原则原初意义上的人权保障机能。同时，积极推进我国违宪审查制度的落实，赋予罪刑法定原则的还正及人权价值的捍卫以根本的制度保障。唯如此，才能为犯罪概念向单一的出罪功能转换奠定坚实的基础。

其二，在入罪时严守犯罪构成在定罪中唯一的且最终的标准，确立犯罪概念之出罪功能对犯罪构成解释的绝对地位，虚化以至否定犯罪概念之入罪功能对犯罪构成的解释功效。

当下四要件犯罪构成仍旧在刑法理论中居于优势性地位，且在司法实践中始终占据着压倒性优势。然而，不可否认的是四要件犯罪构成确实隐含着诸多弊病。其中，法定阻却事由（正当防卫、紧急避险等）与超法规的违法性阻却事由对四要件犯罪构成之定罪标准一元化冲击巨大，且这是四要件犯罪构成本身难以克服的固有弊端，因此，在实现犯罪构成阶层化以

---

① 参见第二章第二节“混合的犯罪概念批判”。

根除该弊害之前，定罪标准二元化不失为最大化降低弊害负面效应的权宜之计，即将法定阻却事由与超法规的违法性阻却事由置于四要件犯罪构成之后，作为刑法评价行为的出罪事由。

质言之，由于法定阻却事由与超法规的违法性阻却事由在体系之内及体系之外处理，都会产生犯罪论体系周延性问题。因此，在四要件犯罪论体系框架下努力的重心无疑应转向：如何进一步巩固和拓展社会主义法治下的人权价值。尽管主张将出罪事由置于四要件犯罪构成之外，无法消除其所造成的逻辑及体系上的不周延，也会导致对犯罪概念与犯罪构成之定罪二元标准的默许，但仍不失为彰显人权的方法之一。毕竟，实质违法性在我国通常被置于犯罪概念中加以阐释，而犯罪概念的出罪功能是显性的，因此，较之体系内解决同样存在逻辑不周延之弊害，外置化解决无疑具有人权价值意义上的比较优势。其实，若牺牲人权保障来实现犯罪论体系的周延，则无疑是一条凶险的歧途，而牺牲犯罪论体系的周延以贯彻人权保障的价值理念，在“秩序下的人权”取向下可能面临诸多诟病，但这并非完全不可接受的异端邪说。

因此，在入罪时严守犯罪构成在定罪中唯一的且最终的标准，虚化以至否定犯罪概念之入罪功能对犯罪构成的解释功效，限缩犯罪圈；同时确立犯罪概念之出罪功能对犯罪构成解释的绝对地位，彰显人权；并努力寻求解释论周延上的突破与可能的根本解决之道，待理论与实务的时机成熟时再作实质性调整。

据此，剩下的问题就只是如何防止犯罪概念的出罪功能沦为秩序价值或以社会治安稳定为导向的附庸。与此相关，我国部分刑法学者指出：“在苏式体系的代表作《犯罪构成的一般原理》一书中，可以看到特拉伊宁运用犯罪构成及其四要件的原理对大量案例所做的分析，其得出无罪及罪轻结论的事例比比皆是（占所举出案例的半数以上）——仅此一客观情形也足以说明该体系是完全可用于出罪分析的。”[①]前文已分析，我国犯罪概念兼具的入/出罪功能可以表现在其指导法官实质地理解与适用犯罪构成之解释机能上。因此，否定四要件犯罪构成能够出罪的论调，着实不妥，但以既有的犯罪构成具有出罪机制为由，无视我国犯罪概念的入/出罪功能在“秩序下的人权”价值取向下难以避免地陷于博弈后占据优势地位的入罪之窘境，而对犯罪构成固步自封或不作实质性改进，则其前景不免暗淡。

故而，上述问题可备选择的解决之道之一是，在还正我国罪刑法定原

① 冯亚东等：《中国犯罪构成体系完善研究》，法律出版社 2010 年版，第 141 页。

则的人权保障机能后，严格以其作为“宽严相济”的刑事政策的指导总纲，坚决反对刑事政策突破或变相地突破罪刑法定原则的节制，而刑事政策的“宽”与“严”作为社会整体性或局部性治安的风向标，仅对犯罪的惩处起宏观的指导作用，而不涉及个案的具体规制，以消解政策性风险。坚决反对基于社会治安状况的担忧或刑事政策之宽严等理由，以“刑罚过剩”或变相“刑罚过剩”为载体来承负刑罚“教育”或“改善”等目的，厘清刑罚报应与矫正目的的层次及位阶，防范“刑法超载主义”与“法定司法失职主义”。在具体案件的处理中，犯罪构成是入罪的唯一根据，但容忍在还正人权保障机能后的罪刑法定原则职框架下犯罪概念之出罪功能对犯罪构成的解释功效，矫正司法实务中存在犯罪概念之入罪功能对出罪功能的优势地位，从而使入/出罪二元化走向实质性的出罪一元化。

其三，对犯罪概念中社会危害性与刑事违法性之间的交叉重叠问题，有必要对既有的社会危害性理论与刑事违法性理论作理论上的探索创新，化解对犯罪概念的基本属性与具体特征之二重结构的依赖，在此基础上逐步厘清犯罪概念与犯罪构成之间的关系，最终在彰显人权的基本立场上确立定罪之犯罪构成一元化标准。

针对我国犯罪概念中社会危害性与刑事违法性之间的交叉重叠关系，迫切需要寻求解释论上的解决之道，并开启彻底化解办法的探索，消除刑法理论与司法实务对犯罪概念之二重结构的依赖，从而实质性地厘清犯罪概念与犯罪构成之间的关系，赋予我国刑法典也是犯罪人“大宪章”的特色。令人欣慰的是我国已有刑法学者开启了这样的方向，如黎宏教授主张社会危害性是危害行为的客观属性，其评价不应当为行为人的主观内容所左右，应将主观要素排除在认定基础之外。① 对此，应给予肯定的评价。但后续的探索仍任重道远，有待刑法理论与实务双向的不懈努力。

当然，混合的犯罪概念之社会危害性与刑事违法性间的混杂关系源于特定历史的原因，而该历史成因的弊害在短时间内难以消除，即使当下混合的犯罪概念在我国存在的根基依旧牢固。因此，企图一步到位地废除我国刑法典中的混合的犯罪概念并代之以形式的犯罪概念的论调，无非是某些刑法学究们一厢情愿的美好愿景。在正视我国刑事法治客观情势下，其逻辑进路似乎更应该是在尊重我国混合的犯罪概念这一既定事实的基础

---

① 黎宏：《浅谈社会危害性的基本内容》，载《刑法理论与实务热点聚焦》（上卷），中国人民公安大学出版社2010年版，第49～54页。

上，转换犯罪概念出入罪功能二元化为出罪功能一元化，在彰显人权之路上逐步完善犯罪论体系实现定罪标准一元化，从而虚化实质的犯罪概念之出罪解释功效，最终确立起形式的犯罪概念。在此过程中，我们应当坚信："将来刑法是否可获成效，取决于将来的刑事法官是否将歌德在'马哈德，大地之主'中所说的话铭刻心上，即：他应惩罚，他应宽容；他必须以人性度人。"①

概言之：首先，消除社会危害性与刑事违法性之间的交叉重叠关系，仅确立犯罪概念之出罪功能对四要件犯罪构成的解释功效，虚化以至否定犯罪概念相应的入罪功能；其次，探索犯罪概念与犯罪构成之间的关系，寻求解释论或相关理论上的突破，消除理论与实务对混合的犯罪概念之二重结构的依赖，确立实质的违法性理论在犯罪论体系中清晰而明确的位置与位阶，彻底实现定罪标准之犯罪构成一元化，虚化犯罪概念的出罪功能；最后，在还正了人权保障机能的罪刑法定原则框架下，逐步确立形式的犯罪概念，并在此基础上推动我国犯罪论体系向阶层化转进。

综上所述，在刑法混合的犯罪概念之现实一时难以有效改变的格局下，坚持强化其出罪功能，虚化其所具有的入罪功能，实现混合的犯罪概念之入/出罪两大功能向单一出罪功能转换的立场，并以此来指导当前的刑法司法实务从而践行人权保障的理念，逐步向形式的犯罪概念与犯罪论体系的实质性变更的过度，无疑更为理性而切合实际。当然，混合的犯罪概念功能向出罪一元化转换并非毫无代价，其同样存在出罪时一定程度上牺牲定罪之四要件犯罪构成一元标准的弊害。另外，伴随这一转换过程的是对我国罪刑法定原则之人权保障机能作必要的还正，并在该原则与犯罪构成之间建立起实质性的联系，加速刑法兼顾犯罪人人权保障的进程；降低甚至消解脱离罪刑法定原则节制的刑事政策等对定罪的不当干涉，弱化刑事司法的政策性风险；积极推进社会危害性理论、违法性理论、犯罪构成理论等刑法基本理论的创新，在学说交锋中为犯罪论体系的完善提供不可或缺而可备遴选的有益素材。

二、定罪中作必要逻辑顺序之坚守

如前所述，我国四要件犯罪论体系存在不当入罪与出罪不力的潜在风险，且以犯罪客体为犯罪成立的首要条件时，存在主观判断与价值判断过于前置的弊端。尽管司法实务中犯罪客体要件呈现形骸化之势，但定罪标

① ［德］拉德布鲁赫：《法学导论》，米健、朱林译，中国大百科全书出版社1997年版，第99页。

准一元化的逻辑必然实质性地赋予了犯罪客体主观判断与价值判断之内涵。因此,在实现犯罪构成之不法与有责的结构性划分,以彻底解决价值判断过于前置的弊端时,定罪标准二元化似乎是降低这一弊端之危害的不二法门,这使定罪中一定的逻辑顺序具有保障人权的价值。下文具体阐述。

(一)在定罪中作客观判断先于主观判断之逻辑坚守

实际上,尽管经由客观到主观的定罪逻辑系人类理性及智慧的凝聚,且传统通说也从未放弃对该定罪逻辑坚守的标榜,但令人遗憾的是这一逻辑结构无论在理论上还是实务中均未得到切实的贯彻。举例试析之:

A与B有夺妻之恨,遂暗起报复B之心。一日,A撞见B于古玩市场购得昂贵的宋代中型青花瓷瓶一只,遂尾随其后至地势高处向B所在方向投掷石块,B躲闪及时,石块未击中B及怀中青花瓷瓶。(以下简称投石报复案)

传统通说认为,犯罪的间接故意系指行为人明知自己的行为可能发生危害社会的结果,并且放任这种结果发生的心理态度。① 即间接故意在意志上的特征为“放任”——不是希望或积极追求,而是在明知行为可能发生特定危害结果的情况下,为达到既定目的,仍决议实施该行为,对阻碍危害结果发生的障碍不去排除,也不设法阻止危害结果的发生,而是听之任之,自觉听任危害结果的发生。因此,间接故意犯罪中,行为人放任的心理态度排除了犯罪预备、未遂、中止等停止形态存在的可能。②

然而,尽管行为人的主观目的不同,但其行为所引起的客观危害(石块未击中B及青花瓷瓶)并无不同,故依据由客观到主观的定罪判断逻辑,无论A之主观目的是积极追求B伤害还是青花瓷瓶毁损,客观上A投掷石块的行为所侵害或威胁的B之身体法益或财产法益(青花瓷瓶)并无不同。因此,只有投掷石块的行为客观上对B之身体法益或财产法益造成客观危险时,才能评价为具有社会危害性,才能进一步探讨行为人主观故意的内容之必要。同时,在行为人主观目的无法具体查明时,受罪刑法定原则节制不得做出不利于被告人的推断,即不得为“概括的故意”之推定或解释,而财产法益明显轻于人身法益,故即使成立犯罪也只能是故意毁坏

① 参见高铭暄、马克昌主编:《刑法学》,北京大学出版社、高等教育出版社2000年版,第112页。

② 参见陈兴良:《陈兴良刑法学教科书》,中国政法大学出版社2003年版,第127页。

财物罪(未遂)。令人遗憾的是,传统通说在犯罪的评判上明显过于向A的主观意图倾斜而轻视了客观危险的作用。

因此,在对四要件犯罪论体系的改良中,要进一步强化犯罪构成的人权保障机能,必不可少地要将在定罪对经由客观到主观的抽象的或空洞的标榜,转化为落实在依托四要件犯罪论体系判断的每一个细节上。

(二)在定罪中作事实判断先于价值判断之逻辑坚守

犯罪成立与否的判断在内容上必然涵盖事实判断与价值判断,但定罪绝对排斥事实判断与价值判断的杂乱无章。因此,经由事实判断到价值判断的顺序得到了域内外犯罪论体系的一致认可,所不同的仅在于不同犯罪论体系对这一顺序的贯彻力度。毕竟,“事实是一个有没有的问题,而价值是一个评价问题”①。

在阶层化犯罪论体系下,无论其演进过程中各阶层内部结构之内容如何调整,均未根本性地动摇先事实判断后价值判断的顺序。例如,新古典体系被公认为采取了“双重位阶色彩”的认识方式,②即行为事实的主观意思成分,同时属于构成要件与罪责;评价的色彩同时存在于构成要件与违法性。这在还原构成要件本色的基础上模糊了违法性与有责性的界限,从而受到了强烈的批判。新古典体系向新古典及目的论综合体系的演进,与此不无关系。因此,当前在德日居于通说地位的三阶层体系,可以认为构成要件该当性大抵属于事实(包括行为事实与心理事实)的范畴,而违法性是对行为事实的价值评价,有责性则是对心理事实的规范评价。与此相适应,经由事实判断到价值判断的逻辑顺序大抵得到了恪守。故而,阶层化犯罪论体系在上述投石报复案中得出故意伤害罪(未遂)的结论要谨慎得多。

尽管四要件犯罪论体系因自身平面化的特征在定罪中对经由事实判断到价值判断之逻辑顺序的贯彻上往往缺陷明显,但仍旧要采取积极应对的姿态,尤其要具体而微地落在实处,而非抽象地宣示立场。例如,在故意伤害罪与一般殴打行为的界限上,有论者主张:“要把故意殴打他人和故意伤害他人两种不同性质的故意区分开来。所谓殴打的故意其目的是使被害人遭受身体上的痛苦而不是损害被害人的健康。而伤害的故意则不仅要使被害人遭受痛苦,而且要损害其身体健康。”③再如,有论者认为:“这

① 陈兴良:《定罪的四个基本规则》,载《检察日报》2009年11月5日第3版。

② 参见柯耀程:《刑法构成要件解析》,台北,三民书局2010年版,第83页。

③ 最高人民检察院《刑事犯罪案例丛书》编委会编:《刑事犯罪案例丛书(伤害罪)》,中国检察出版社1992年版,第7页。

不仅仅因为(一般殴打行为)未造成伤害或者伤害轻微,而且是因为事实证明行为人没有伤害他人的故意,或者不能证明行为人有伤害他人的故意。”[①]复如,有论者指出:“一般殴打行为,是指对他人身体使用轻微物理力而没有达到轻伤程度的行为。‘轻微’,是指没有达到破坏他人肉体组织的完整性和生理正常机能程度的伤害,如暂时性肉体疼痛、轻微精神刺激等。”[②]显然,上述三种不尽一致的见解,对于在四要件犯罪论体系下经由事实判断到价值判断之定罪逻辑的贯彻力度的差异,一目了然。

其实,传统通说从不缺乏对在定罪中经由事实判断到价值判断逻辑坚守的宣示,缺乏的恰恰是具体而微的精细化贯彻见解及举措。然而,四要件犯罪论体系下对经由事实判断到价值判断逻辑的精细化贯彻见解及举措,无疑是将人权保障落在实处的有效捍卫者与执行者,但这样的具体见解及举措无疑需要时间、智力、经验等共同的累积。因此,不得不求诸理论与实务的协同努力。

可见,在四要件犯罪论体系下坚守经由事实判断到价值判断的定罪逻辑,也是一条博弈重重而渐趋彰显人权价值的艰辛之路。当然,四要件犯罪论体系对权宜之计的倚重,远非上列这种宏观上的举措,还包括一系列具体而微的措施,如前文业已明细的对教唆犯条文的“转化论”处理。[③] 因此,这种宏观与微观的权宜之计确定的只是削弱四要件犯罪论体系弊害的方向,至于宏观与微观手段的遴选,可以且应当深入探讨以期进一步合理化、科学化,但这不会根本性地动摇犯罪论体系阶层化的方向及“渐变论”的践行路径。

---

① 王作富主编:《刑法分则实务研究(上)》(第2版),中国方正出版社2003年版,第1008页。

② 曲新久主编:《刑法学》(第4版),中国政法大学出版社2011年版,第405页。

③ 参见第五章第三节“共犯之处罚基础”。

结　论

与苏联(俄)犯罪论体系有着渊源关系的我国四要件犯罪论体系,在社会危害性的统率下平面化特征鲜明,这使它在定罪量刑上存在诸多不容忽视的缺陷。对此,能否通过改良实现根本性的克服理论上存在认识上的差异,这逐步形成了小修小补的维持论、大刀阔斧的改良论和另起炉灶的移植论的分歧。并且,晚近以来随着以德日刑法为先锋的大陆法系刑法理论的深度介入,理论上以阶层化犯罪论体系为参照坐标的改良论和移植论在理论上的影响力持续增加。

不过,与理论上争论激烈形成鲜明对比的是实务中犯罪论体系争论的持续遇冷,而遇冷的主要原因与政治施加的直接影响早已关系不大。因此,我国犯罪论体系究竟何去何从,就成为我国刑事法治发展过程中不得不直面的问题。就此而言,我们认为在价值属性的引导下,我国犯罪论体系的变革是一条阶层化改造的移植(论)之路,但在外观上却完全可能是一条倾向于固守(论)和改良(论)的本土化之路,且这一过程无法一蹴而就地"激变"地实现,更宜"渐变"地完成。

换言之,紧紧围绕我国犯罪论体系的变动这一中心命题,我们揭示了一国(地区)的犯罪论体系既有工具属性的一面,也有价值属性的一面。相较于价值属性,立足于工具属性的立场,犯罪论体系的变动以实现对犯罪的有效应对,似乎更加容易;但是,忽视或无视犯罪论体系的价值承载这一实质,在工具属性意义上机械进行犯罪论体系的优劣比较和变革,充其量只是一国(地区)犯罪论体系在原有基础上进行自我优化的动力之一。价值属性才是一国(地区)犯罪论体系发展的根本动力。在价值层面,四要件犯罪论体系与作为近现代以来刑法灵魂的罪刑法定原则之间缺乏实质联系,即使我国1997年刑法典叙明了该原则,也因积极侧面的附加,而使该体系对人权价值的承载有一定缺陷;同时,四要件犯罪论体系在对人权价值的承载力度上存在劣势。与之相对,阶层化犯罪论体系呈现一派清晰的"价值引导结构,结构决定功能"的脉络。而在承载价值的发展中,罪刑法定原则虽在限制国家刑罚权上虽遭受挫折,但却与犯罪论体系之间建立起了实质性联系,并建立起了罪刑法定原则限制国家刑罚权的绝对确信。随着"以人为本"理念在我国的深入发展,四要件犯罪论体系在价值承载上必然将其落在实处并发展出契合我国实际的新内涵。

在本体层面，在主客观相统一的哲学基础上，四要件犯罪论体系求诸社会危害性理论似乎并不缺乏出罪的功效。然而，这是以对定罪标准二元化的容忍为代价。实际上，四要件犯罪论体系在定罪中常常难以做到主客观相统一，在未遂犯、偶然防卫等的处理上都突出地体现了这一点，于是，定罪中主观化倾向难以避免；同时，犯罪客体、犯罪客观方面、犯罪主体、犯罪主观方面在主客观内容上的交叉，使定罪在事实判断与价值判断、形式判断与实质判断、客观判断与主观判断上纠缠不清，这无疑削弱了该体系的合理性。

究其根源，实质违法性在四要件犯罪论体系之构成要件层面的缺失，导致该体系不得不求诸犯罪概念来实现对其承载，这衍生出主客观相统一的犯罪构成诸要件在不法与有责上的混乱。解释论上对犯罪构成作定罪标准一元化的努力，无法阻止定罪中犯罪概念对四要件犯罪构成的“干涉”，也无力周延性地解决正当化事由的体系地位问题，导致了事实上的定罪标准二元化；但是，定罪标准二元化存在十分明显的体系上的周延性问题及对刑法基本制度的容纳能力有限。因此，定罪标准二元化并不可取。

与之相对，渊源于主客观二分法而作不法与有责结构性划分的阶层化犯罪论体系，将实质违法性纳入犯罪构成中成为其要件之一实现定罪标准一元化，不失为解决问题的有效举措，但这会使混合的犯罪概念难以维持而转向形式的犯罪概念。若似此，则四要件犯罪论体系在克服自身弊害的过程中将难以维持。

这意味着，在四要件犯罪论体系下，定罪标准一元化不可得，定罪标准二元化不可取，而基于四要件犯罪构成缺陷进行的修正却使四要件犯罪论体系框架本身难以为继，故在人权价值的引领下犯罪构成不可避免地趋于阶层化，且罪刑法定原则在我国根基的暗弱会实质性地引导阶层化犯罪论体系倾向于构成要件符合性、违法性与有责性之三阶层体系。毕竟，两阶层体系存在在犯罪圈划定上的宽泛、在与我国既有的刑法理论及实务做法上难以有效地衔接等重大弊害，而在犯罪圈划定上的限缩及在既有的理论与实务做法上尽量实现“无缝对接”，是我国犯罪论体系变革中不得不予以倾斜的。

但是，四要件犯罪论体系曾历史性地充当着并仍然在充当定罪的规格，即使在四要件犯罪论体系之诸多缺陷拷问下犯罪构成阶层化之主张日趋有力时，四要件犯罪论体系所赖以生存的条件在当下依旧存在。无视我国法治的诸多客观拘束条件，“激变”式地将其付诸司法实践，由此产生的负面效应不言而喻，甚至其破坏性超乎想象。另外，阶层化犯罪论体系本身存在的一些亟待完善的问题，对我国犯罪论体系的变动也会产生实质的影响。因此，我国犯罪论体系的阶层化改造是一条“渐变”之路。当然，我们并不反对我国变革后的阶层化犯罪论体系依旧使用四要件犯罪论体系下的传统术语，在外观上阶层化犯罪论体系可以亲近固守论和改良论，只要该体系的实质得以保存即可。

参考文献

一、著作

1. 何秉松:《犯罪构成系统论》,中国法制出版社 1995 年版。

2. [苏联]A. H. 特拉伊宁:《犯罪构成的一般学说》,薛秉忠等译,中国人民大学出版社 1958 年版。

3. [苏联]A. A. 皮昂特科夫斯基等编:《苏联刑法科学史》,曹子丹等译,法律出版社 1984 年版。

4. 薛瑞麟:《犯罪客体论》,中国政法大学出版社 2008 年版。

5. 杨兴培等:《"犯罪客体"的反思与批评》,法律出版社 2009 年版。

6. 武树臣等:《中国传统法律文化》,北京大学出版社 1994 年版。

7. 樊凤林主编:《犯罪构成论》,法律出版社 1987 年版。

8. 林山田、许玉秀等合著:《刑法七十年之回顾与展望纪念论文集(一)》,台北,元照出版有限公司 2000 年版。

9. 郑逸哲:《法学三段论法下的刑法与刑法基本句型(一)——刑法初探》(增修 4 版),台北,作者 2009 年自版。

10. 戴炎辉编著:《唐律通论》(2 版),台北,元照出版有限公司 2010 年版。

11. 杨春洗、甘雨沛等:《刑法总论》,北京大学出版社 1981 年版。

12. 最高人民检察院《刑事犯罪案例丛书》编委会编:《刑事犯罪案例丛书(流氓罪)》,中国检察出版社 1990 年版。

13. [日]西田典之:《日本刑法各论》,刘明祥、王昭武译,武汉大学出版社 2005 年版。

14. 张军、姜伟、郎胜、陈兴良:《刑法纵横谈(总则部分)》,北京大学出版社 2008 年版。

15. 国家法官学院、中国人民大学法学院编:《中国审判案例要览(2006 年刑事审判案例卷)》,人民法院出版社、中国人民大学法学院出版社 2007 年版。

16. [德]拉德布鲁赫:《法学导论》,米健、朱林译,中国大百科全书出版社 1997 年版。

17. 『日』大谷实、前田雅英:『エキダイテイング刑法總論』、有斐阁、

1999 年版。

18. 郑逸哲:《法学三段论法下的刑法与刑法基本句型(二)——刑法进阶》,台北,作者 2006 年自版。

19. 蔡墩铭:《刑法总论》(修订 8 版),台北,三民书局 2009 年版。

20. 洪福增:《刑法理论之基础》,台北,三民书局 1977 年版。

21. 陈子平:《刑法总论》(2008 年增修版),中国人民大学出版社 2009 年版。

22. 马克昌主编:《近代西方刑法学说史》,中国人民公安大学出版社 2008 年版。

23. 靳宗立:《刑法总论 Ⅰ——刑法基础理论暨犯罪论》,台北,作者 2010 年自版。

24. 王玉成:《社会变迁中之罪刑法定原则》,台南,大伟书局 1988 年版。

25. [日]大塚仁:《刑法概说(总论)》(第 3 版),冯军译,中国人民大学出版社 2002 年版。

26. 蔡墩铭主编:《刑法总则论文选辑(上)》,台北,五南图书出版有限公司 1984 年版。

27. [日]西原春夫:《犯罪实行行为论》,戴波、江溯译,北京大学出版社 2006 年版。

28. 林山田:《刑法通论(上册)》(增订 10 版),台北,作者 2008 年自版。

29. [德]克劳斯·罗克辛:《德国刑法学 总论》(第 1 卷),王世洲译,法律出版社 2005 年版。

30. 陈璇:《刑法中社会相当性理论研究》,法律出版社 2010 年版。

31. 张明楷:《外国刑法纲要》(第 2 版),清华大学出版社 2007 年版。

32. [德]英戈·穆勒:《恐怖的法官——纳粹时期的司法》,王勇译,中国政法大学出版社 2000 年版。

33. 林东茂:《刑法综览》(修订 5 版),中国人民大学出版社 2009 年版。

34. 林东茂:《一个知识论上的刑法学思考》,台北,五南图书出版有限公司 2001 年版。

35. [意]杜里奥·帕多瓦尼:《意大利刑法学原理》(注评版),陈忠林译评,中国人民大学出版社 2004 年版。

36. [法]卡斯东·斯特法尼等:《法国刑法总论精义》,罗结珍译,中国政法大学出版社 1998 年版。

37. 何秉松主编:《新时代曙光下刑法理论体系的反思与重构》,中国人民公安大学出版社 2008 年版。

38. [日]福田平、大塚仁编:《日本刑法总论讲义》,李乔等译,辽宁人民出版社 1986 年版。

39. J. W. Peltason, *Understanding the Constitution*, 14th *ed.*, Orlando, Harcourt Brace College Publisher, 1997.

40. [日]西田典之:《日本刑法总论》,刘明祥、王昭武译,中国人民大学出版社 2007 年版。

41. 张明楷:《刑法原理》,商务印书馆 2011 年版。

42. 储槐植:《刑事一体化》,法律出版社 2004 年版。

43. [美]道格拉斯 · N. 胡萨克:《刑法哲学》,谢望原等译,中国人民公安大学出版社 2004 年版。

44. [美]乔治 · 弗莱彻:《反思刑法》,邓子滨译,华夏出版社 2008 年版。

45. [英]J. W. 塞西尔 · 特纳:《肯尼刑法原理》,王国庆等译,华夏出版社 1989 年版。

46. [英]J. C. 史密斯、B. 霍根:《英国刑法》,李贵方等译,法律出版社 2000 年版。

47. 储槐植:《美国刑法》(第 3 版),北京大学出版社 2005 年版。

48. 周光权:《犯罪论体系的改造》,中国法制出版社 2009 年版。

49. 彭文华:《犯罪构成本原论及其本土化研究》,中国人民公安大学出版社 2010 年版。

50. [日]矶谷幸次郎:《法学通论》,王国维译,中国政法大学出版社 2005 年版。

51. [俄]л. В. 伊诺加莫娃 ~ 海格主编:《俄罗斯联邦刑法(总论)》(第 2 版),黄芳、刘阳、冯坤译,中国人民大学出版社 2010 年版。

52. 赵秉志主编:《新刑法教程》,中国人民大学出版社 1997 年版。

53. 张明楷:《犯罪构成体系与构成要件要素》,北京大学出版社 2010 年版。

54. [德]克劳斯 · 罗克辛:《刑事政策与刑法体系》(第 2 版),蔡桂生译,中国人民大学出版社 2010 年版。

55. 陈兴良:《刑法哲学》(修订 2 版),中国政法大学出版社 2000 年版。

56. [德]克劳斯·罗克辛:《德国刑法学 总论》(第1卷),王世洲译,法律出版社2005年版。

57. [德]汉斯·海因里希·耶赛克、托马斯·魏根特:《德国刑法教科书》,徐久生译,中国法制出版社2001年版。

58. [日]大谷实:《刑法讲义各论》(新版第2版),黎宏译,中国人民大学出版社2008年版。

59. 黄荣坚:《基础刑法学(上)》(第3版),中国人民大学出版社2008年版。

60. [美]罗纳德·德沃金:《认真对待权利》,信春鹰、吴玉章译,中国大百科全书出版社1998年版。

61. 马克昌:《比较刑法原理》,武汉大学出版社2002年版。

62. 张明楷:《刑法的基本立场》,中国法制出版社2002年版。

63. 韩忠谟:《刑法原理》,中国政法大学出版社2002年版。

64. 张明楷:《刑法学》(第3版),法律出版社2007年版。

65. 张明楷:《罪刑法定与刑法解释》,北京大学出版社2009年版。

66. 刘士心:《美国刑法中的犯罪论原理》,人民出版社2010年版。

67. 姚海:《俄罗斯文化之路》,浙江人民出版社1992年版。

68. 刘祖熙主编:《斯拉夫文化》,浙江人民出版社1993年版。

69. 何秉松、科米萨罗夫、科罗别耶夫主编:《中国与俄罗斯犯罪构成理论比较研究》,法律出版社2008年版。

70. 林山田:《刑法特论》,台北,三民书局1981年版。

71. 张明楷:《刑法分则的解释原理》,中国人民大学出版社2003年版。

72. 陈兴良:《规范刑法学》(第2版),中国人民大学出版社2008年版。

73. 黄常仁:《刑法总论——逻辑分析与体系论证》,台北,新学林出版股份有限公司2009年版。

74. 张明楷:《刑法学(上)》(第5版),法律出版社2016年版。

75. 陈兴良:《本体刑法学》,商务印书馆2001年版。

76. 杨耕等主编:《马克思主义哲学概论》,高等教育出版社2004年版。

77. 李海东:《刑法原理入门(犯罪论基础)》,法律出版社1998年版。

78. [美]E.博登海默:《法理学:法律哲学与法律方法》,邓正来译,中国政法大学出版社1998年版。

79.『日』曽根威彦:『刑法総論』(第3版)、弘文堂、2007。

80. 高铭暄:《中华人民共和国刑法的孕育和诞生》,法律出版社 1981 年版。

81. 张明楷:《刑法学》(第 4 版),法律出版社 2011 年版。

82. 陈兴良:《罪刑法定主义》,中国法制出版社 2010 年版。

83. 高铭暄、马克昌主编:《刑法学》,北京大学出版社、高等教育出版社 2000 年版。

84. 余振华:《刑法违法性理论》,台北,元照出版有限公司 2001 年版。

85. [德]拉德布鲁赫:《法学导论》,米健、朱林译,中国大百科全书出版社 1997 年版。

86. [德]G. 拉德布鲁赫:《法哲学》,王朴译,法律出版社 2005 年版。

87. 陈兴良:《刑法知识论》,中国人民大学出版社 2007 年版。

88. 杨春洗:《刑法基础论》,北京大学出版社 1998 年版。

89. 童伟华:《犯罪客体研究——违法性的中国语境分析》,武汉大学出版社 2005 年版。

90. 张明楷:《法益初论》,中国政法大学出版社 2000 年版。

91. 陈志龙:《法益与刑事立法》(第 3 版),台北,作者 1997 年自版。

92. [德]冈特・施特拉腾韦特、洛塔尔・库伦:《刑法总论Ⅰ——犯罪论》,杨萌译,法律出版社 2006 年版。

93. 高金桂:《利益衡量与刑法之犯罪判断》,台北,元照出版有限公司 2003 年版。

94. 许玉秀、陈志辉合编:《不移不惑献身法与正义——许乃曼教授刑事法论文选辑》,台北,新学林出版股份有限公司 2006 年版。

95. 熊琦:《德国刑法问题研究》,台北,元照出版有限公司 2009 年版。

96. [日]西田典之:《日本刑法总论》,刘明祥、王昭武译,中国人民大学出版社 2007 年版。

97. [日]野村稔:《刑法总论》,全理其、何力译,法律出版社 2000 年版。

98. [意]贝卡里亚:《论犯罪与刑罚》,黄风译,中国法制出版社 2005 年版。

99. 冯军主编:《比较刑法研究》,中国人民大学出版社 2007 年版。

100. 谢觉哉:《谢觉哉日记(下)》,人民出版社 1984 年版。

101. 高铭暄主编:《新编中国刑法学》,中国人民大学出版社 1998 年版。

102. [苏联]H. A. 别利亚耶夫等主编:《苏维埃刑法总论》,马改秀等译,群众出版社 1987 年版。

103. 苏俊雄:《刑法总论Ⅱ》(修正版),台北,作者 1998 年自版。

104. [日]大塚仁:《犯罪论的基本问题》,冯军译,中国政法大学出版社 1993 年版。

105. 林钰雄:《新刑法总则》,中国人民大学出版社 2009 年版。

106. 柯耀程:《变动中的刑法思想》,中国政法大学出版社 2003 年版。

107. [日]山口厚:《刑法总论》(第 2 版),付立庆译,中国人民大学出版社 2011 年版。

108. 许玉秀:《当代刑法思潮》,中国民主法制出版社 2005 年版。

109. 陈家林:《外国刑法通论》,中国人民大学出版社 2009 年版。

110. 杨兴培:《犯罪构成原论》,中国检察出版社 2004 年版。

111. 付立庆:《犯罪构成理论:比较研究与路径选择》,法律出版社 2010 年版。

112. 刘生荣:《犯罪构成原理》,法律出版社 1997 年版。

113. 冯军:《刑事责任论》,法律出版社 1996 年版。

114. [德]约翰内斯·维塞尔斯:《德国刑法总论》,李昌珂译,法律出版社 2008 年版。

115. 黄翰义:《刑法总则新论》,台北,元照出版有限公司 2010 年版。

116. [德]格吕恩特·雅科布斯:《行为·责任·刑法——机能性描述》,冯军译,中国政法大学出版社 1997 年版。

117. 张丽卿:《刑法总则理论与运用》(修订 2 版),台北,一品文化出版社 2005 年版。

118. 张晋藩主编:《中国法制史》,中国政法大学出版社 1998 年版。

119. 姜伟:《犯罪故意与犯罪过失》,群众出版社 1992 年版。

120. 林亚刚:《犯罪过失研究》,武汉大学出版社 2000 年版。

121. 童德华:《刑法中的期待可能性论》,中国政法大学出版社 2003 年版。

122. [日]川端博:《刑法总论二十五讲》,余振华译,台北,元照出版有限公司 1999 年版。

123. 林东茂:《危险犯与经济刑法》,台北,五南图书出版有限公司 1996 年版。

124. 郑逸哲:《构成要件理论与构成要件适用》,台北,作者 2004 年自版。

125. 张明楷:《未遂犯论》,法律出版社、日本成文堂 1997 年版。

126. 鲜铁可:《新刑法中的危险犯》,中国检察出版社 1998 年版。
127. 陈焕生、刘秉钧:《刑法分则实用》(第 2 版),台北,一品文化出版社 2009 年版。
128. 卢映洁:《刑法分则新论》,台北,新学林出版股份有限公司 2009 年版。
129. [英]巴里·尼古拉斯:《罗马法概论》,黄风译,法律出版社 2010 年版。
130. 戴东雄:《中世纪意大利法学与德国的继受罗马法》,中国政法大学出版社 2003 年版。
131. [法]孟德斯鸠:《论法的精神》,张雁深译,商务印书馆 2007 年版。
132. 郑逸哲:《刑事法学及其方法(三)——刑法总则与分则的对话》(增修 3 版),台北,作者 2010 年版。
133. 许玉秀:《主观与客观之间——主客观理论与客观归责》,法律出版社 2008 年版。
134. 洪福增:《刑法理论之基础》,刑事法杂志社 1977 年版。
135. [日]小野清一郎:《犯罪构成要件理论》,王泰译,中国人民公安大学出版社 2004 年版。
136. [德]恩施特·贝林:《构成要件理论》,王安异译,中国人民大学出版社 2006 年版。
137. [日]泷川幸辰:《犯罪论序说》,王泰译,法律出版社 2005 年版。
138. 李立众:《犯罪成立理论——一个域外方向的尝试》,法律出版社 2006 年版。
139.『日』内田文昭:『犯罪概念と犯罪论の体系』、信山社、1990。
140. 屈学武主编:《刑法总论》,社会科学文献出版社 2004 年版。
141. 肖中华:《犯罪构成及其关系论》,中国人民大学出版社 2003 年版。
142. 王政勋:《犯罪论比较研究》,法律出版社 2009 年版。
143. 劳东燕:《刑法基础的理论展开》,北京大学出版社 2008 年版。
144. 曲新久主编:《刑法学》(第 2 版),中国政法大学出版社 2009 年版。
145. 张永红:《我国刑法第 13 条但书研究》,法律出版社 2004 年版。
146. 赵秉志等:《刑事大案要案中的法理智慧》,中国法制出版社 2011 年版。

147. 周光权:《刑法总论》,中国人民大学出版社 2007 年版。

148. 陈兴良主编:《刑法学》(第 2 版),复旦大学出版社 2009 年版。

149. 陈兴良主编:《刑法总论精释》,人民法院出版社 2010 年版。

150. 王玉全:《对应理论与错误理论——解析因果流程错误》,台北学林文化出版事业有限公司 2002 年版。

151. 蔡墩铭:《刑法精义》,台北,翰芦图书出版有限公司 1999 年版。

152. 甘添贵:《刑法之重要理念》,台北,瑞兴图书股份有限公司 1996 年版。

153. [德]黑格尔:《法哲学原理》,范扬、张企泰译,商务印书馆 1961 年版。

154. 刘志伟、周国良编:《刑法因果关系专题整理》,中国人民大学出版社 2007 年版。

155. [德]魏德士:《法理学》,丁晓春、吴越译,法律出版社 2005 年版。

156. 林亚刚:《刑法教义学(总论)》,北京大学出版社 2014 年版。

157. [德]埃里克·希尔根多夫主编:《刑法体系与客观归责》,北京大学出版社 2015 年版。

158.『日』井田良:『刑法総論の理論構造』、成文堂、2005。

159. 黄村力:《刑法总则比较研究(欧陆法比较)》,台北,三民书局 1997 年版。

160. 刘明祥:《刑法中错误论》,中国检察出版社 2003 年版。

161. 高仰止:《刑法总则之理论与实用》,台北,五南图书出版有限公司 1994 年版。

162. 谢瑞智:《刑法总论》(增订 4 版),台北文笙书局 2006 年版。

163. 陈家林:《共同正犯研究》,武汉大学出版社 2004 年版。

164. 陈兴良:《共同犯罪论》(第 2 版),中国人民大学出版社 2006 年版。

165. [日]高桥则夫:《共犯体系和共犯理论》,冯军、毛乃纯译,中国人民大学出版社 2010 年版。

166. 陈子平:《共同正犯与共犯论》,台北,五南图书出版有限公司 2000 年版。

167. 高铭暄、赵秉志编:《中国刑法立法文献资料精选》,法律出版社 2007 年版。

168. 马克昌:《马克昌文集》,武汉大学出版社 2005 年版。

169. [日]川端博:《刑法总论》,余振华译,台北,元照出版有限公司

2008 年版。

170. 黄仲夫编:《刑法精义》(修订版),台北,元照出版有限公司 2005 年版。

171. 张雍鑫编纂:《大清新刑律总则全集》,台北,作者 1996 年自版。

172. [日]木村龟二主编:《刑法学词典》,顾肖荣等译,上海翻译出版公司 1991 年版。

173.『日』辰井聡子:『因果関係論』、有斐閣、2006。

174. [德]乌尔斯·金德霍伊泽尔:《刑法总论教科书》,蔡桂生译,北京大学出版社 2015 年版。

175. [德]埃里克·希尔根多夫:《德国刑法学:从传统到现代》,江溯等译,北京大学出版社 2015 年版。

176. 黄荣坚:《刑罚的极限》,台北,元照出版有限公司 1999 年版。

177.『日』小林憲太郎:『因果関係と客観的帰属』、弘文堂、2003。

178. [德]克劳斯·罗克辛:《德国最高法院判例·刑法总论》,何庆仁、蔡桂生译,中国人民大学出版社 2012 年版。

179. [德]李斯特:《德国刑法教科书》,徐久生译,法律出版社 2006 年版。

180. [日]松宫孝明:《刑法总论讲义》,钱叶六译,中国人民大学出版社 2013 年版。

181.『日』山中敬一:『刑法総論』(第 2 版)、成文堂、2008。

182. [日]曾根威彦:《刑法学基础》,黎宏译,法律出版社 2005 年版。

183. [美]H. L. A. Hart、Tony Honore:《法律中的因果关系》,张绍谦、孙战国译,中国政法大学出版社 2005 年版。

184. 黄荣坚:《刑法问题与利益思考》,中国人民大学出版社 2009 年版。

185.『日』井田良:『犯罪論の現在と目的的行為論』、成文堂、1995。

186. 王皇玉:《刑法总则》,台北,新学林出版股份有限公司 2014 年版。

187.『日』铃木茂嗣:『刑法総論(犯罪論)』、成文堂、2001。

188.『日』山中敬一:『刑法における客観的帰属の理論』、成文堂、1997。

189.『日』森住信人:『未遂処罰の理論的構造』、専修大学出版局、2007。

190. 郑逸哲:《刑法基本理解的矫正》,台北,作者 2008 年自版。

191.『日』阿部純二:『刑法総論』、日本評論社、2007。

192.『日』福田平:『全訂刑法総論(第 4 版)』,有斐閣、2004。

193.『日』佐久間修:『刑法における事実の錯誤』、成文堂、1987。

194. 陈志辉:《刑法上的法条竞合》,台北,作者 1998 年自版。

195. 陈朴生:《实用刑法》,台北,三民书局 1988 年版。

196. 蔡圣伟:《刑法问题研究(一)》,台北,元照出版有限公司 2008 年版。

197.『日』前田雅英:『刑法総論講義』(第 4 版)、東京大学出版会、2006。

198. 许泽天:《刑总要论》,台北,元照出版有限公司 2009 年版。

199. 黎宏:《刑法学》,法律出版社 2012 年版。

200. 赵秉志主编:《刑法争议问题研究》(上卷),河南人民出版社 1996 年版。

201. 甘添贵、谢庭晃:《捷径刑法总论》(修订 2 版),台北,瑞兴图书股份有限公司 2006 年版。

202. 张丽卿:《刑法总则理论与运用》,台北,一品文化出版社 2005 年版。

203.『日』亀田源太郎:『正犯与共犯的区别』、弘文堂、2005。

204. 李文燕、田宏杰:《"打黑除恶"刑事法律适用解说》,群众出版社 2001 年版。

205.『日』团藤重光:『刑法綱要総論』(第 3 版)、创文社、1990。

206.『日』佐伯千仞:『刑法讲义総論』(修订 4 版)、有斐阁、1981。

207. 张晋藩主编:《中国法制史》,中国政法大学出版社 1999 年版。

208. 梁漱溟:《中国文化要义》,学林出版社 1987 年版。

209. 徐忠明、任强:《中国法律精神》,广东省出版集团,广东人民出版社 2007 年版。

210. 张中秋:《中西法律文化比较研究》(第 4 版),法律出版社 2009 年版。

211. [英]亨利·萨姆奈·梅因:《古代法》,高敏、瞿慧虹译,九州出版社 2007 年版。

212. [日]大木雅夫:《东西方的法观念比较》,华夏、战宪斌译,北京大学出版社 2004 年版。

213. 瞿同祖:《中国法律与中国社会》,中华书局 2003 年版。

214. 费孝通:《乡土中国　生育制度》,北京大学出版社 1998 年版。

215. 王立民主编:《中国法律与社会》,北京大学出版社 2006 年版。

216. 冯业东等:《中国犯罪构成体系完善研究》,法律出版社 2010 年版。

217. 陈兴良:《陈兴良刑法学教科书》,中国政法大学出版社 2003 年版。

218. 柯耀程:《刑法构成要件解析》,台北,三民书局 2010 年版。

219. 王作富主编:《刑法分则实务研究(上)》(第 2 版),中国方正出版社 2003 年版。

二、论文

1. 陈瑞华:《义务本位主义的刑事诉讼模式——论“坦白从宽、抗拒从严”政策的程序效应》,载《清华法学》2008 年第 1 期。

2. 钟文华:《犯罪记录封存语境下的毒品再犯认定》,载《中国检察官》2014 年第 6 期。

3. 胡东飞:《毒品累犯与毒品再犯竞合之处理》,载《法商研究》2017 年第 1 期。

4. 丁慧敏:《刑法目的观转变简史——以德国、日本刑法的祛伦理化为视角》,载《环球法律评论》2011 年第 2 期。

5. 孙万怀:《以危险方法危害公共安全罪何以成为口袋罪》,载《现代法学》2010 年第 5 期。

6. 刘艳红:《犯罪构成要件:形式抑或实质类型》,载《政法论坛》2008 年第 5 期。

7. 蔡桂生:《韦尔策尔犯罪阶层体系研究》,载《环球法律评论》2010 年第 1 期。

8. [法]雅克 · 博里康:《法国的犯罪——犯罪人二元论体系介绍》,朱琳译,载《法学杂志》2006 年第 6 期。

9. 赖早兴:《英美法系国家犯罪构成要件之辨正及其启示》,载《法商研究》2007 年第 4 期。

10. [日]松宫孝明:《犯罪体系论再考》,张小宁译,载《中外法学》2008 年第 4 期。

11. 周长军:《犯罪论体系的程序向度:研究误区与理论反思》,载《清华法学》2008 年第 3 期。

12. 邢馨宇、邱兴隆:《刑法的修改:轨迹、应然与实然——兼及对刑法修正案(八)的评价》,载《法学研究》2011 年第 2 期。

13. 周少华:《罪刑法定与刑法机能之关系》,载《法学研究》2005 年第 3 期。

14. 陈兴良:《入罪与出罪:罪刑法定司法化的双重考察》,载《法学》2002 年第 12 期。

15. 张明楷:《司法上的犯罪化与非犯罪化》,载《法学家》2008 年第 4 期。

16. 刘艳红:《刑法的目的与犯罪论的实质化》,载《环球法律评论》2008 年第 1 期。

17. 陈志军:《我国相对刑事责任立法之检讨》,载《法商研究》2005 年第 6 期。

18. 欧阳本祺:《对〈刑法〉第 17 条第 2 款的另一种解释》,载《法学》2009 年第 3 期。

19. 刘艳红:《犯罪构成体系平面化之批判》,载《法学研究》2011 年第 5 期。

20. 陈兴良:《主客观相统一原则:价值论与方法论的双重清理》,载《法学研究》2007 年第 5 期。

21. 张明楷:《以违法与责任为支柱构建犯罪论体系》,载《现代法学》2009 年第 6 期。

22. 高铭暄:《关于中国刑法学犯罪构成理论的思考》,载《法学》2010 年第 2 期。

23. 张明楷:《新刑法与客观主义》,载《法学研究》2007 年第 6 期。

24. 齐文远、周详:《对刑法中"主客观相统一"原则的反思》,载《法学研究》2002 年第 3 期。

25. 阮齐林:《犯罪构成理论对公诉要点与顺序的影响》,载《人民检察》2011 年第 1 期。

26. 王世洲:《中国刑法理论中犯罪概念的双重结构和功能》,载《法学研究》1998 年第 5 期。

27. 王乃彦:《两岸犯罪成立要件之比较》,载(台北)《军法专刊》2009 年第 4 期。

28. 周光权:《犯罪构成理论与价值评价的关系》,载《环球法律评论》2003 年秋季号。

29. 黎宏:《罪刑法定原则下犯罪的概念及其特征——犯罪概念新解》,载《法学评论》2002 年第 4 期。

30. 樊文:《罪刑法定与社会危害性的冲突》,载《法律科学》1998 年第 1 期。

31. 陈兴良:《社会危害性理论:进一步的批判性清理》,载《中国法学》

2006 年第 4 期。

32. 许发民:《二层次四要件犯罪构成论——兼议正当化行为的体系地位》,载《法律科学》2007 年第 4 期。

33. 陈兴良:《违法性理论:一个反思性检讨》,载《中国法学》2007 年第 3 期。

34. 冯亚东:《中德(日)犯罪成立体系比较分析》,载《法学家》2009 年第 2 期。

35. 冯亚东:《犯罪构成与诸特殊形态之关系辨析》,载《法学研究》2009 年第 5 期。

36. 张明楷:《违法阻却事由与犯罪构成体系》,载《法学家》2010 年第 1 期。

37. 张文:《犯罪构成初探》,载《北京大学学报(哲学社会科学版)》1984 年第 5 期。

38. 高铭暄:《我国五十年来刑事立法的回顾与展望》,载《法学》1995 年第 1 期。

39. 林亚刚、邹佳铭:《行为四分法之初探——兼反思我国犯罪构成模式》,载《当代法学》2009 年第 3 期。

40. 杨兴培:《犯罪主体的重新评价》,载《法学研究》1997 年第 4 期。

41. 张丽卿:《无期待可能性》,载《月旦法学教室》2008 年第 6 期。

42. 游伟、肖晚祥:《"期待可能性"与我国刑法理论的借鉴》,载《政治与法律》1999 年第 5 期。

43. 丁银舟、郑鹤瑜:《期待可能性与我国犯罪构成理论的完善》,载《法商研究》1997 年第 4 期。

44. 冯亚东、张丽:《期待可能性与犯罪动机》,载《北京大学学报(哲学社会科学版)》2008 年第 6 期。

45. 刘艳红:《调节性刑罚恕免事由:期待可能性理论的功能定位》,载《中国法学》2009 年第 4 期。

46. 欧阳锦:《期待可能性理论的继承与批判》,载《法律科学》2000 年第 5 期。

47. 屈学武:《死罪、死刑与期待可能性》,载《环球法律评论》2005 年第 1 期。

48. 柯耀程:《行为刑法》,载《月旦法学教室》2002 年第 1 期。

49. 郑逸哲:《一切犯罪莫非结果犯》,载(台北)《军法专刊》1998 年第 10 期。

50. 黎宏:《行为无价值论批判》,载《中国法学》2006 年第 2 期。

51. 陈兴良:《犯罪构成论:从四要件到三阶层——一个学术史的考察》,载《中外法学》2010 年第 1 期。

52. 王充:《体系与机能之间——论构成要件与违法性的关系》,载《法律科学》2011 年第 2 期。

53. 林东茂:《误想防卫》,载《刑事法杂志》1996 年第 6 期。

54. 陈子平:《违法性阻却事由前提事实错误——容许构成要件错误》,载《月旦法学教室》2006 年第 1 期。

55. [日]佐久间修:《构成阻却违法事由之事实错误——以误想正当防卫为中心》,王正明译,载《刑事法杂志》1992 年第 6 期。

56. 赵秉志:《论犯罪构成要件的逻辑顺序》,载《政法论坛》2003 年第 6 期。

57. 许道敏:《犯罪构成理论重构》,载《中国法学》2001 年第 5 期。

58. 周详:《四要件与三阶层犯罪论体系共生论》,载《中外法学》2012 年第 3 期。

59. 阮齐林:《中国刑法学犯罪论体系之完善》,载《法学研究》2013 年第 1 期。

60. 陈兴良:《作为犯罪构成要件的罪量因素——立足于中国刑法的探索》,载《环球法律评论》2003 年秋季号。

61. 夏勇:《我国犯罪构成理论研究视角疏议》,载《法商研究》2003 年第 2 期。

62. 陈兴良:《形式与实质的关系:刑法学的反思性检讨》,载《法学研究》2008 年第 6 期。

63. 张天一:《财产犯罪在欧陆法制史上之发展轨迹——从罗马法时代至现代德国法》,载《玄奘法律学报》2007 年第 8 期。

64. 储槐植:《一个半因果关系》,载《法学研究》1987 年第 3 期。

65. 冯亚东、李侠:《从客观归因到主观归责》,载《法学研究》2010 年第 4 期。

66. 刘艳红:《客观归责:质疑与反思》,载《中外法学》2011 年第 6 期。

67. 周光权:《客观归责理论的方法论意义》,载《中外法学》2012 年第 2 期。

68. 伍柳村:《试论教唆犯的二重性》,载《法学研究》1982 年第 1 期。

69. 刘明祥:《“被教唆的人没有犯被教唆的罪”之解释》,载《法学研究》2011 年第 1 期。

70. 何庆仁:《我国刑法中教唆犯的两种涵义》,载《法学研究》2004 年第 4 期。

71. 王充:《日本刑法中的原因自由行为理论》,载《法商研究》2004 年第 2 期。

72. 劳东燕:《事实因果与刑法中的结果归责》,载《中国法学》2015 年第 2 期。

73. 李圣杰:《因果关系的判断在刑法中的思考》,载《中原财经法学》2002 年第 8 期。

74. 梁云宝:《反面的构成事实错误之辨伪》,载《中国法学》2014 年第 5 期。

75.『日』佐伯仁志:『因果関係(2)』、《法学教室》、287 号(2004 年)。

76.『日』吉田敏雄:『因果関係と客観的帰属』(下)、『北海学園大学学園論集』146 号(2010 年)。

77. [日]安达光治:《日本刑法中客观归属论的意义》,孙文译,载《国家检察官学院学报》2017 年第 1 期。

78. 林东茂:《未遂犯》,载《月旦法学杂志》第 138 期(2006 年)。

79. 刘明祥:《论具体的打击错误》,载《中外法学》2014 年第 2 期。

80. 黄惠婷:《论不能未遂》,载《台湾法学杂志》第 163 期(2010 年)。

81. 梁根林:《预备犯普遍处罚原则的困境与突围》,载《中国法学》2011 年第 2 期。

82. [德]Puppe:《对于故意实现构成要件的归责》,陈志辉译,载《政大法学评论》第 55 期(1996 年)。

83. [日]奥村正雄:《论实行行为的概念》,王昭武译,载《法律科学》2013 年第 2 期。

84. [日]大谷实:《日本刑法中正犯与共犯区别》,王昭武译,载《法学评论》2002 年第 6 期。

85. 金光旭:《日本刑法中的实行行为》,载《中外法学》2008 年第 2 期。

86. 黎宏:《我国犯罪构成体系不必重构》,载《法学研究》2006 年第 1 期。

87. 高铭暄:《论四要件犯罪构成理论的合理性暨对中国刑法学体系的坚持》,载《中国法学》2009 年第 2 期。

跋

和导师刘艳红教授的师生情缘，对我来说，是一个奇迹。奇，在相遇；迹，在双城。

那年结束江城珞珈山求学之旅，现实的困厄使我不得不奔波于莽草间，继续求学的梦想成为一道刺痛心灵的伤。只是莽草间太多的生活细节，常常让人沮丧。消极、麻木、畏缩、逐流，是疲于应付生计中诸相的常态。因此，这样的伤痕也只有在午夜迷醉觉醒时分，我才原意去触碰。

寻遍经籍，鲧和禹早已上演了“堵”和“疏”的不同方法及衰与兴的迥然命运。不过，鲧的执著里，也曾承载过自己的梦想和追求，尽管那儿连接着虚妄的乐土，但一切的成败在散落的繁华里，早已变得沧桑和微茫。是故，不是不知疏导，而是不愿，何况人无不在追寻梦想，得到的无不是回忆。

绝望的是，莽草间我终究难谙奉承，难谙巴结，难谙觥筹交错中违心的应诺。我无法承受夜半时分来自心底的责问，我无力面对来自无辜者眼中盈溢的期待。当烦闷、焦躁、不安逐渐沉淀为日常的底色时，消极与沉默就成了生活的主旋律，也成了吞噬内心的幽暗。裹挟在其间，我常常失魂落魄。

入世当有所为有所不为，我无法改变这样的格局。因为渺小，因为卑微。所以，唯有在难以融入而盛行的潜规则中悄然离去。于是，在那个秋色满园的季节，与刘老师再次相遇在珞珈山下。我那一潭死水般的生活，才倏然间犹如注入了源头活水，荡开了涟漪。自那一刻起，一丝丝希望和憧憬爬上心头，蔓延开来幻化成我生活里难忘的色调。我毫不怀疑，这是上苍对我的眷顾：在背负卑微生存的沉重枷锁下，拯救灵魂之路从来都可遇而不可求。

再次回到校园，导师已转入旧都东南大学。对于这来之不易的求学之旅，我除了倍加珍惜之外，就只能格外努力了。由此，这也开启了我的学术之路。如果说，自古以来始于底层的求学饱含着挫折和艰辛大抵是常态，那么，我无疑是极为幸运的异态了。回望在旧都求学的历程，讲台上诸贤的教诲，令我时时欣喜；身边同侪的温情，也令我备感温馨；周佑勇老师的照顾和欧阳本祺师兄、杨志琼师姐等的关怀，更是常常令我感动。

至于导师，那无微不至的关怀更是令我动容，这也逐渐塑造出了我为人为学的品格。内疚的是,因我自身资质驽钝,这一塑造历寒暑经春秋,一再消耗着导师巨大的心血而一次次让我暗自潸然泪下。回首这来时的路,导师在言传为学之余,更不厌其烦地身教为人。于是,在教室里,在湖畔边,在书桌前;在清晨,在午后,在黄昏;从历史到当下,从价值论到方法论,从目标追求到结构变动,从面临问题到解决路径……导师娓娓道来,或欣喜,或凝重,或焦虑,或忧伤,其间夹杂着对命运的欣然、默然和释然,如火光般驱赶着我心中的幽暗。及至我毕业留校任教后,结婚、生子、工作……一路走来导师的关怀始终如影随从且深厚备至,一如亲人。

受教于导师的情怀、进取和期许,时间给了我敬重、信念和求索。

是了,尚"堵"之法的鲧终究是败了,败得彻底,而择"疏"之法的禹终究要以胜利者的姿态,被后世传颂千年,并仍将被传颂下去。这是历史的选择,一如随风旋转的风车,摆不脱自己画出的圆。

而我,在这一世的沉浮里,无论如何都会沿着这条学术之路竭力去画属于你我的圆!

雨夜于旧都书

图书在版编目(CIP)数据

我国犯罪论体系的阶层化改造 / 梁云宝著. -- 北京 : 法律出版社, 2020

ISBN 978-7-5197-4265-2

Ⅰ.①我… Ⅱ.①梁… Ⅲ.①犯罪学-法律体系-研究-中国 Ⅳ.①D924.114

中国版本图书馆CIP数据核字(2020)第028230号

我国犯罪论体系的阶层化改造
WOGUO FANZUILUN TIXI DE JIECENGHUA GAIZAO

梁云宝 著

责任编辑 黄琳佳
装帧设计 臧晓飞

出版 法律出版社
总发行 中国法律图书有限公司
经销 新华书店
印刷 三河市兴达印务有限公司
责任校对 晁明慧
责任印制 陶 松

编辑统筹 学术·对外出版分社
开本 710毫米×1000毫米 1/16
印张 23.25
字数 396千
版本 2020年10月第1版
印次 2020年10月第1次印刷

法律出版社/北京市丰台区莲花池西里7号(100073)
网址/www.lawpress.com.cn
投稿邮箱/info@lawpress.com.cn
举报维权邮箱/jbwq@lawpress.com.cn
销售热线/400-660-8393
咨询电话/010-63939796

中国法律图书有限公司/北京市丰台区莲花池西里7号(100073)
全国各地中法图分、子公司销售电话:
统一销售客服/400-660-8393/6393
第一法律书店/010-83938432/8433　西安分公司/029-85330678　重庆分公司/023-67453036
上海分公司/021-62071639/1636　深圳分公司/0755-83072995

书号:ISBN 978-7-5197-4265-2　**定价:**88.00元
(如有缺页或倒装,中国法律图书有限公司负责退换)